★ 업무와 생활에 대한 조언을 주는 우리 시대 최고의 책. 삶의 정리에 관해 내가 가장 좋아하는 책. 《쏟아지는 일 완벽하게 해내는 법》은 멀티태스킹과 업무 과부하의 시대에 필요한 새로운 기술들을 구축하도록 돕는다.
_월스트리트 저널Wall Street Journal

★ 개인 생산성 분야의 구루가 쓴 블록버스터 베스트셀러의 더욱 완벽해진 최신 개정증보판
_패스트 컴퍼니Fast Company

★ 앨런은 고차원적인 철학적 생각으로 아주 세부적인 시간관리 문제를 다루었다. 잠깐만 시간을 내서 이 책을 살펴보라.
_마크 헨릭스Mark Henricks(경제경영 칼럼니스트)

★ 데이비드 앨런은 목적이 분명할 때의 효과와 편안함의 본질적 성격을 명확히 설명할 뿐만 아니라, 일의 완벽한 처리를 위한 믿을 수 없을 정도로 간단한 지침들을 제시한다. 광범위한 경험과 개인사를 활용해 단순하고 빠르면서도 재미있게 일을 처리하는 자신만의 비결을 소개한다.
_프랜시스 헤셀바인Frances Hesselbein(리더 투 리더 재단 초대 회장)

★ 이 책의 독자는 누구나 지식과 기술들을 자신의 생활에 적용해 즉각적인 효과를 얻을 수 있다.
_스티븐 P. 마지Stephen P. Magee(텍사스 대학교 경영경제학과 석좌교수)

★ 《쏟아지는 일 완벽하게 해내는 법》은 정신없이 바쁜 사람들이 자신의 생활에 대한 통제력을 되찾도록 도와주는 믿을 수 없을 정도로 실용적인 방법을 소개한다. 이 책은 당신이 더욱더 큰 성공을 거두는 데 도움이 될 것이다. 그러나 그보다 더 중요한 점은 더 행복한 삶을 살도록 도와준다는 것이다.
_마셜 골드스미스Marshall Goldsmith(컨설팅 전문가)

**쏟아지는 일
완벽하게 해내는 법**

GETTING THINGS DONE(REVISED EDITION)
by David Allen
Copyright ⓒ David Allen, 2001

All rights reserved including the rights of reproduction in whole or in part in any form.
Korean translation copyright ⓒ Gimm-Young Publishers, Inc., 2016.
This Korean edition was published by arrangement with Penguin Books, an imprint of Penguin Publishing Group, a division of Penguin Random House LLC through EYA(Eric Yang Agency).

일을 쌓아두지 않고 성공적으로 처리하는 GTD 프로젝트

GETTING THINGS DONE

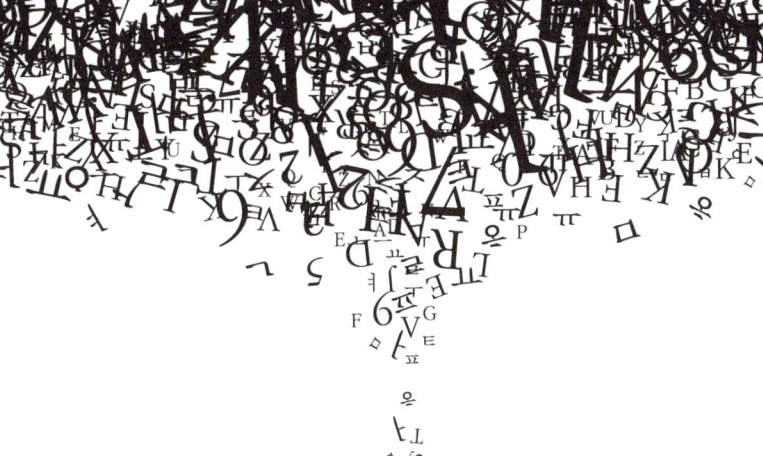

쏟아지는 일 완벽하게 해내는 법

데이비드 앨런 | 김경섭·김선준 옮김

김영사

쏟아지는 일 완벽하게 해내는 법

1판 1쇄 발행 2016. 7. 4.
1판 9쇄 발행 2025. 3. 10.

지은이 데이비드 앨런
옮긴이 김경섭·김선준

발행인 박강휘
편집 강지혜 | 디자인 조명이
발행처 김영사
등록 1979년 5월 17일(제406-2003-036호)
주소 경기도 파주시 문발로 197(문발동) 우편번호 10881
전화 마케팅부 031)955-3100, 편집부 031)955-3200 | 팩스 031)955-3111

이 책의 한국어판 저작권은 에릭양 에이전시를 통한 저작권사와의 독점 계약으로 김영사에 있습니다.
저작권법에 의해 한국 내에서 보호를 받는 저작물이므로 무단 전재와 무단 복제를 금합니다.

값은 뒤표지에 있습니다.
ISBN 978-89-349-7528-1 13420

홈페이지 www.gimmyoung.com   블로그 blog.naver.com/gybook
인스타그램 instagram.com/gimmyoung   이메일 bestbook@gimmyoung.com

좋은 독자가 좋은 책을 만듭니다.
김영사는 독자 여러분의 의견에 항상 귀 기울이고 있습니다.

이 도서의 국립중앙도서관 출판시도서목록(CIP)은 서지정보유통지원시스템 홈페이지
(http://seoji.nl.go.kr)와 국가자료공동목록시스템(http://www.nl.go.kr/kolisnet)에서
이용하실 수 있습니다.(CIP제어번호: CIP2016015601)

내 삶과 일의 특별한 파트너 캐스린에게
우리의 삶에서 중요한 건 무엇을 가지고 있는가가 아니라
누구의 도움을 받고 있는가이다.

_ J. M. 로런스 Laurence

| 추천사 |

제임스 펠로우(〈애틀랜틱〉 지 기자)

　수많은 책들이 당신의 업무습관, 건강, 생산성을 향상시키고 성공적인 삶을 증진시킬 조언들을 제공한다. 그 책들의 내용 중 일부는 상식에 불과한 말들에 멋진 옷을 입힌 것이고 일부는 허튼소리에 불과하다. 기껏해야 한 번은 읽을 가치가 있지만 책을 내려놓은 뒤 몇 시간 혹은 며칠 지나면 잊어버리기 십상인 책들도 수두룩하다.
　그러나 이 책은 다르다. 이 책은 처음 발간된 이후 꾸준히 많은 부수가 판매되었고, 세계 여러 곳에서 데이비드 앨런의 프로그램과 철학을 접한 독자들이 늘었다. 나는 이 책이 처음 나왔을 때 꼼꼼하게 읽은 것은 물론이거니와 그 뒤로도 1~2년마다 한 번씩 다시 펼쳐보았다. 그래서 여러분이 지금 읽고 있는 이 개정증보판이 나온다는 소식을 듣고 몹시 반가웠다.
　이 책만의 차별성이 무엇일까? 중요도가 낮은 것부터 차례로 다음 세 가지 특징을 들 수 있다. 이 책의 거의 모든 장에서 이 특징들이 분명히 나타난다.

하나는 실용성이다. 여기서 말하는 실용성은 GTD가 모듈식으로 구성되어 부분들만으로도 사용이 가능하다는 의미이다. 많은 자기계발 방법들은 모 아니면 도, '내일부터 모든 게 달라져야 한다'는 전제를 깔고 있다. 몸무게를 20킬로그램 빼고 싶거나 자신의 재무상황을 관리하고 싶거나 꿈꾸는 경력을 쌓고 싶을 경우 삶의 모든 측면들을 급격하고 철저하게 바꾸어야 한다.

때때로 사람들은 이런 급격한 도약을 시도하기도 한다. 금주 프로그램에 참여하거나 건강에 대한 심각한 불안감으로 새로운 식이요법 및 운동 계획에 몰입하거나 심지어 비즈니스 세계에서 일하다가 수도원에 들어가기도 한다. 하지만 대개의 경우 대부분의 사람들에게는 점진적으로 나아지고 실수에 관대한 접근방식이 장기적으로 더 효과가 있다. 그래야 어떤 한 부분을 잊어버리거나 늦추더라도 나머지를 전부 포기하지 않을 수 있다.

데이비드 앨런이 독자들에게 품은 소망은, 어떤 의미에서는 대부분의 다른 책들의 저자보다 더 원대하다. 앨런의 목표는 사람들이 업무와 개인생활에서 받는 스트레스와 불안을 떨쳐버림으로써 자신이 가장 추구하고 싶은 목적에 맞춰 매 순간 충실할 수 있도록 하는 것이다. 하지만 소수의 예외를 제외하면—예를 들어, 앨런은 모든 걸 기억하려고 스스로를 괴롭히지 말고 약속한 일이나 해야 할 의무들을 종이에 적거나 다른 방식으로 기록하도록 '수집' 습관을 들이라고 주장한다. 그리고 이런 데이터를 저장할 믿을 만한 보관처를 마련하라고 강조한다―그의 시스템의 이점은 모듈식이라는 점이다. 이 책의 전체를 받아들이면 더 효과가 있지만 한 부분씩 적용해도 유용하다.

예를 들어, GTD 시스템을 처음부터 끝까지 다 실행하지 않아도, '2분 규칙'을 적용하면 할 일을 미루지 않고 당장 처리하는 데 도움이 된다(6장에서 2분 규칙을 이렇게 설명한다. "2분 안에 끝낼 수 있는 행동으로 분류되는 그 시점에 즉시 실행 한다"). 혹은 이 책에서 계속 강조하는 '두뇌 보조도구 external brain'에 의지하라는 지침도 유익하다. 두뇌 보조도구란, 영수증들을 보관하는 간단한 폴더부터 열쇠, 안경, 그 외에 매번 찾느라 고생하고 싶지 않은 물건들을 항상 놓아두는 정해진 보관처에 이르기까지 우리를 대신해 분류하고 기억하는 일을 하는 도구를 말한다.

인간은 바쁘고 실수할 수 있다는 것을 잘 아는 사람이 이런 조언을 줄 수 있다. 앨런은 사람들이 죄책감이나 자신이 무능하다는 느낌을 받게 만들려는 게 아니라 도움이 될 만한 요령들을 알려주려고 이 책을 썼다. 또한 이 책은 삶에는 주기가 있다는 이해를 바탕으로 하고 있다. 상황은 좋아졌다가 또 나빠진다. 우리는 어느 시점에는 뒤처졌다가 다른 때는 따라잡거나 혹은 그러려고 노력한다. 누구에게나 압도당하거나 대처하기 힘든 사건이 벌어지기 마련인데, 이 책은 이럴 때 차분한 통제력을 되찾기 위해 일상에서 할 수 있는 조치들을 제시한다.

이 책의 두 번째 장점은 무제한 적용이 가능하다는 것이다. 데이비드 앨런이 업무와 생활에 대한 이 접근방식을 처음 고안하기 시작한 뒤 수십 년 동안, 개인 삶의 정리 차원에선 대부분의 현실이 달라지지 않았다. 아무리 잠을 줄여도 하루의 시간은 정해져 있고, 우리가 진지하게 관계를 유지할 수 있는 사람의 수도 한계가 있다. 한 번에 할 수 있는 일도 마찬가지다. 그러나 업무생활의 다른 측면들은 급격하게 변화했다. 이 책의 초판이 나왔을 때만 해도 이메일은 처리하지 않고 놔두어도 죄책감을 불러일으키는 원흉이 아니라 흥미로운 신기술이었다. 앨런이 수행한 첫 기술 프로젝트는 초기의 팜파일럿PalmPilot용 작업관리 시스템인 '액셔니어Actionner'라는 프로그램이었다. 지금은 팜Palm 회사도, 한때 혁신적인 제품이었던 파일럿Pilot도 사라졌고, 아이폰과 안드로이드 스마트폰이 그 자리를 차지했다. 그리고 지금은 상상도 하지 못할 신기술들이 미래에 나타날 것이 틀림없다.

초판을 쓸 때와 마찬가지로 이번 개정증보판에서도 데이비드 앨런은 현재의 기술들을 숙지하고 있다. 하지만 한 시대의 주류 하드웨어나 소프트웨어—1980년대의 파일로팩스, 좀 더 최근의 스프레드시트나 파워포인트—와 밀접하게 연결되는 다른 개인 관리 서적들과 달리, 이 책은 특정 외부 시스템을 언급하긴 하지만 의존하지는 않는다. 앨런은 이번 책에서 현대기술의 변화와 현대 뇌과학의 연구

결과를 (대단히 상세하게) 반영했다. 하지만 그의 시선은 관심, 감정, 창의성을 관리하는 방식에 대한 시대를 초월하는 원칙들과 늘 연결되어 있다. 내 예상대로 이 책이 지금부터 10년 혹은 그후에 읽힌다면, 구식이 되어버린 IT기술에 대한 내용들은 건너뛸지언정 인간의 본성에 대한 통찰력은 얻을 수 있을 것이다.

세 번째 특성은 내가 앨런과 그의 아내 캐스린과 친구가 되면서 직접 느낀 것이다. 하지만 다른 사람들도 앨런을 직접 만나지 않아도 책을 읽으면서 이를 깨닫게 될 것이다. 바로 데이비드 앨런의 권고들에는 일체성과 신뢰성이 있다는 것이다. 앨런의 성품과 그가 전하는 메시지에는 일관성이 있다.

2004년 나는 〈애틀랜틱〉지에 앨런의 프로필을 작성하면서 그가 매우 다양한 이력과 삶의 경험을 보유한 사람이란 것을 알게 되었다. 아역배우였고 토론 챔피언이었으며 가라테 수련자이자 사범이었고 웨이터와 택시 운전기사, 잔디 관리업체의 관리자로도 일했다. 모두 앨런이 컨설턴트이자 생산성 어드바이저로 수십 년 동안 성공적으로 활동하기 전에 했던 일들이다. 앨런의 조언과 태도에는 이런 다양한 경험이 담겨 있다. 단지 실생활의 사례들을 풍부하게 인용할 수 있다는 점뿐만 아니라 자만심이라곤 전혀 찾아볼 수 없다는 데서도 이 경험들이 묻어나온다.

누군가의 저서를 평가할 때 저자의 개인적 특성을 간과하는 때도 있다. 예를 들어 스티브 잡스의 모든 말들은 개인적인 삶의 모델로

서보다는 디자인 개척자로서 더 많은 의미를 갖는다. 그러나 개인적 생활과 사고의 연결이 그 사람이 전하는 메시지의 힘을 강화하는 경우도 있다. 데이비드와 캐스린을 직접 겪어본 나는 많은 독자들이 짐작하고 기대하는 바에 대해 증언할 수 있다. 앨런은 그가 삶에서 배운 것에 대해 솔직해지기 위해 최선을 다하는 사람이다.

자신에게는 이런 책이 '필요'하지 않다고 생각하는 사람들도 있을지 모른다. 문자적 의미에서는 그런 생각이 맞다. 전 세계에서 그리고 아주 오랜 세월 동안 많은 사람들이 GTD 방식을 전혀 모르고도 성공적이고 만족스러운 삶을 영위해왔으니까. 하지만 이 책을 읽은, 내가 아는 대부분의 사람들은 여기에 담긴 메시지와 의미를 받아들이기 시작한 때부터 그 이점을 누렸다. 나는 책을 읽은 지 한두 달 뒤에도 그 내용을 기억하는지 그리고 내 세계관에 영향을 미치는지를 두고 그 책을 평가한다. 《쏟아지는 일 완벽하게 해내는 법》은 이 두 평가를 통과했다. 새로운 세대의 독자들에게 이 책이 소개되어 기쁘다.

제임스 펠로우 James Fallows 〈애틀랜틱〉 지의 기자이며, 최근 발간한 《차이나 에어본China Airborne》을 포함해 10여 권의 책을 저술했다. 2004년 〈애틀랜틱〉 지에 '당신의 삶을 정리하라Organize Your Life!'라는 기사에서 처음 데이비드 앨런에 대한 글을 썼다.

| 개정판 서문 |

   이 책은 2001년에 발간한 《Getting Things Done》을 완전히 고쳐 쓴 것이다. 일종의 개정증보판이라고 할 수 있다. 불완전하거나 시대에 뒤떨어지거나, 전 세계 어느 문화에서나 활용 가능한, 21세기와 그 이후까지 적용할 수 있는 '불후의' 안내서가 되는 데 맞지 않는 내용과 표현들을 확인하고 고친다는 목표 아래 실제로 원래 원고를 처음부터 끝까지 전부 다시 타이핑했다. 또한 초판이 발간된 이후 내가 이 방법론에 관해 무수한 방식으로 알고 배우게 된 가장 중요하고 흥미로운 것들을 담고 싶었다. 여기에는 이 방법론의 힘, 절묘함, 다양한 적용 범위에 대해 나 자신의 더 깊어진 이해뿐 아니라, 전 세계에 GTD*가 널리 알려지면서 어떻게 받아들여졌는지도 포함된다.

---

*   GTD(Getting Things Done의 약어)는 내가 이 책에서 설명한 방법론을 가리키는, 전 세계에서 인기 있는 약어가 되었다. 이 책에서는 이 약어를 자주 사용한다.

이 책을 재평가하면서 바꿀 필요가 없었던 것은 GTD의 근본원칙들과 핵심기법들이다. 이 개정판을 만들며 초판에서 썼던 내용들을 다시 읽으니 내가 설명했던, 스트레스 없는 생산성의 원칙들과 이들을 적용하는 최상의 방법들은 흔들리지 않았고 가까운 미래에도 그러할 것임을 알게 되어 기뻤다. 2109년에도 우주탐사팀이 목성에 착륙하려면 통제와 초점을 유지하기 위해 오늘날과 같은 원칙들을 채택해야 할 것이다. 첫 번째 탐사여행에서 자신들이 여러 가지 집중해야 할 것을 선택했지만, 예상을 벗어난 것들 중에서 개선해야 할 것들을 수집할 어떤 형태의 수집함(나중에 설명하겠다)이 필요할 것이다. 그리고 어떤 작업이든 성공적으로 수행하기 위해서는 다음 행동 결정이 항상 중요할 것이다.

초판 발간 이후 우리의 생활과 업무방식의 많은 요소들이 바뀌었다. 그래서 나는 기본 내용들을 적절하게 재정비하고 이 분야에서 새롭고 흥미롭다고 여겨지는 것들에 대한 내 생각을 담아 이 방법론을 처음 접하는 독자와 이번 개정판을 읽고 GTD와 관련한 최근의 동향을 따라잡으려는 GTD 팬들 모두에게 적절한 조언을 하려고 한다.

바뀐 내용들

개정증보 작업에 영향을 미친 '바뀐 내용' 범주의 주요 내용은 다음과 같다.

디지털 기술의 대두

디지털 세계가 확장되어 우리 일상생활에 사회적, 문화적 영향을 미치고, 무어의 법칙(디지털 처리 성능은 시간 경과에 따라 기하급수적으로 증가한다)이 실현되면서 우리를 놀라게 하고 즐겁게 함과 동시에 압도한다.《쏟아지는 일 완벽하게 해내는 법》은 우리가 관리해야 하는 일이 어떤 형태로 나타나거나 정리되는지(디지털 형태인지, 종이 형태인지) 관계없이 주로 그 내용과 의미를 다루기 때문에 기술발달은 GTD 방법론의 본질과는 다소 무관하다. 이메일 요청과 자판기 앞에서 받은 부탁은 본질적으로 동일한 일이며 같은 방식으로 처리해야 한다.

하지만 컴퓨터에 접속된 세계와 그렇지 않은 세계는 우리가 의미 있는 것을 수집하고 정리하고 이용하는 핵심 방법들의 적용 방식을 개선하기도 하고 악화시키기도 한다. 현재 우리는 매일같이 선보이다시피 하는 수많은 강력한 도구들과 애플리케이션들을 이용할 수 있지만, 이처럼 선택권이 너무 많으면 생산성에 문제가 생기기 쉽다. 끊임없이 변화하는 기술들을 파악하고 활용하느라 자신에게 맞는 업무흐름 방법론을 올바로 적용하는 데 상당한 부담이 더해지기 때문이다.

이에 따라 나는 특정 작업들에 어떤 유형의 도구가 가장 적합한지 강조하던 내용을 조금 고쳤고, 새로운 디지털·모바일 세계에서는 어디서든 도구를 이용할 수 있다는 점을 인정했다. 또한 초판에 나왔던 구체적인 소프트웨어 애플리케이션들에 대한 언급을 이번 판에서는 대부분 삭제했다. 이 분야의 혁신속도로 보건대, 어떤 소프트웨어 프로그램도 독자들이 이 책을 읽을 무렵이면 신제품이 나와 이미 구식이 되거나 업그레이드되거나 기능이 약해질 수 있다. 본질적으로 나는 디지털 도구들의 그러한 경쟁과 상관없이 어떤 도구든 그 유용성을 평가하는 전반적인 모델을 제시하는 쪽을 선택했다.

많은 젊은 세대들이 종이를 쓸모없다고 생각하게 되어 개정판을 준비하면서 종이 중심의 도구들과 자료들(특히 수집, 참고자료 파일링, 인큐베이팅)에 계속해서 얼마나 많은 관심을 쏟아야 할지 고민했다. 결국 나는 구닥다리가 되는 위험을 무릅쓰고 초판에 있는 종이 부분 설명 대부분을 그대로 옮기기로 결정했다. 이 책을 읽을 전 세계 많은 독자들은 여전히 최소 부분적으로라도 종이를 이용해 일하고 있을 것이기 때문이다. 역설적이게도, 디지털 방식에 가장 능숙한 사람들 사이에서 종이 사용에 대한 관심이 높아지고 있다.* 쉽게 구하고 쓸 수 있는 이 매체를 우리가 정말로 없앨 수 있을지는 시간이 지나 봐야 알 것이다.

---

* 이 글을 쓰는 지금, 나는 미국에서 유럽으로 이사하기 위해 내 물리적 소유물들을 최소로 줄이려고 노력하고 있다. 그래서 물리적 티클러 파일 Tickler file 안에 담긴 모든 것을 스캐닝해서 전자화했다(나는 티클러 파일을 30년 동안 사용해왔다). 그런데 이런 물리적 버전이 그대로 있었더라면 훨씬 더 쉽게 처리되었을 일들이 전자화 시스템 때문에 되레 불편해졌고, 이에 좌절한 적이 여러 번 있다.

주 7일, 하루 24시간 돌아가는 세상

새로운 건 없다. 다만 얼마나 자주 바뀌는지가 문제이다.

나는 서로 연결되어 있고 항상 접속해 있는 오늘날의 모바일 세계에 GTD가 어떤 새로운 도움을 줄 수 있는지 자주 질문을 받는다.

과거에는 복잡하게 쏟아져 들어오는 잠재적으로 중요한 정보들을 다루는 작업이, 나폴레옹이 유럽으로 행군할 때, 바흐가 작곡을 할 때, 앤디 워홀이 무엇을 그릴지 혹은 전시할지 결정할 때나 종종 필요했을 것이다. 하지만 오늘날에는 디지털로 연결되고 글을 읽을 줄 아는 전 세계 사람들이 잠재적으로 '중요한'—혹은 적어도 자기와 관련 있는—수많은 정보들을 끊임없이 받고 있다. 기술을 이용해 정보에 쉽게 접근할 수 있게 되면서 기회가 커지는 동시에 정보의 양, 속도가 변성에 따른 위험도 커졌다. 동네에서 사이렌 소리가 들리면 무슨 일인지 알고 싶어 안달하거나 파티에서 방 건너편의 사람들이 흥분해서 떠드는 이야기가 무슨 내용인지 궁금해하는 사람이라면 기술로 인해 끊임없이 주의가 산만해지기 십상이다. 궁극적으로 기술이 당신에게 긍정적인 역할을 할지, 부정적인 역할을 할지는 이 책에 나오는 실천방법들의 적용에 달려 있다.

GTD 방법론의 세계화

나는 "다른 나라 문화들로 GTD 프로세스를 옮길 수 있는가"라는 질문을 자주 받는데, 그 대답은 항상 "물론"이다. 이 책의 핵심 메시지는 본질적으로 인간의 상황과 연결되어 있기 때문에 나는 이 방법론을 적용하는 데 있어 어떤 문화적 편견도—그리고 솔직히 말해 어떤 성별, 연령별 혹은 성격 차이도—경험하지 못했다. 물론 이 방법론의 필요성에 대한 인식과 사용 목적은 개인마다 다르다. 하지만 여기에는 다른 요인들보다 삶에서 각자의 위치, 일의 성격, 자기계발에 대한 관심이 더 많이 작용한다. 실제로 당신은 이웃이나 사촌보다 전 세계 수십만 명의 사람들과 GTD에 대해 교감하는 점이 더 많을 것이다.

첫 발간 이후 이 책에 담긴 메시지가 전 세계적으로 퍼져나갔다. 초판은 서른 개 이상의 언어로 번역되었고, 우리 회사는 이 책의 내용을 바탕으로 한 교육프로그램을 만들어 제공하는 자회사를 여러 나라에 설립했다. 나는 이 책을 쓸 때부터 GTD 방법론이 상호문화적 연관성이 있다고 생각했지만, 책이 발간된 뒤 그 생각을 더 확신하게 되었다.

> 당장 수행 가능한 것보다 더 많은 일을 처리해야 할 책임이 있는 사람이 이 방법론을 이용하면 고민만 하는 것보다 일을 더 쉽고 효과적으로 처리할 기회가 생긴다.

더 많은 독자들과 사용자들을 아우르는 접근방식

이 책을 쓰게 된 주된 동기는, 그전까지 주로 기업교육 및 인력개발 분야에서 프로그램을 만들고 테스트하고 실험해온 방법론의 안내서를 만들고 싶어서였다. 문체, 외양, 느낌(표지 사진 속 나는 넥타이를 맸다!), 수록된 사례들을 보면 이 책은 원래 경영자, 임원, 고속 승진한 고위직 전문가들을 주 독자층으로 한다. 그런데 나는 그 내용이 주부, 학생, 사무원, 예술가, 심지어 은퇴자에게도 똑같이 가치 있을 수 있다는 걸 알았다. 당시 내가 제공하려 했던 도움, 즉 발전을 앞당기고 생산성을 향상시킬 뿐 아니라 그 과정에서 분별력을 유지하는 방법의 필요성을 가장 잘 인식한 사람들은 전문가들이었다. 그들은 곧 들이닥칠 정보의 홍수, 비즈니스 세계의 중대한 변화에 대응해야 하는 최전선의 전위부대였고, 이 문제들과 씨름하기 위해 자원들을 이용했다.

> GTD는 단순히 일들을 깔끔하게 처리하는 방법뿐만이 아니라, 당신의 업무와 삶에 적절하게 관여하는 법을 다룬다.

오늘날에는 편안하고도 통제력에 초점을 맞추어 얻을 수 있는 성과에 보편적으로 더 관심을 갖는 추세이다. 우리 모두가 겪고 있는 새로운 세계에 대처하기 위해서는 단지 일회성의 '시간관리' 요령들만이 아니라 생활에서의 지속적인 실천방식이 필요하다. 나는 천차만별의 상황에 놓인 전 세계 다양한 사람들에게서 GTD 원칙들을 적용하여 생활이 바뀌는 효과를 얻었다는 말을 자주 듣는다. 전 세계적으로 이러한 모델에 대한 필요성이 커지고 있음을 증명하는 이런 증언들은 이를 뒷받침하도록 많은 사례들과 초점을 재구성하도록 영감을 주었다.

이런 관점에서 이 책의 제목도 마치 더 열심히, 더 오래, 더 많은 일을 하라는 인상을 줄 오해의 소지가 있다는 걸 인정하게 되었다. 유감스럽게도 '생산성'이라는 말에는 '업무business'와 '바쁨busyness'이라는 두 의미가 내포되어 있다. 이 책은 일들을 처리하는 것보다 당신의 세계에 더 잘 적응하도록 돕는 데에 목적이 있다. 그래서 각 순간에 무엇을 할지에 대해 최선의 선택을 내리고 당신이 지금 하고 있지 않은 일로 정신이 분산되고 스트레스를 받지 않도록 안내하려고 한다. 그 결과 나타나는 명확성과 정신적 여유는 기업의 고위직 전문가들뿐 아니라 훨씬 더 다양한 사람들에게 도움을 줄 수 있다.

GTD의 원칙과 기법들을 적용했을 때의 가치를 뒷받침해주는 가장 흥미로운 증언들 중 몇몇은 뜻밖의 분야에서 나왔다. 세계 최대 금융조직의 대표, 미국의 인기 코미디언, 청취율이 가장 높은 미국 라디오 방송의 유명인, 유럽 주요 대기업의 CEO, 할리우드에서 가장 성공한 감독 중 한 명, 이 모든 사람들이 GTD로 생활과 일에 큰 도움을 받았다고 말한다. 여러 다른 종교 성직자들의 피드백 역시 흥미로웠다. 성직자들은 종교적인 일들을 처리하는 한편, 일상적인 업무에 정신을 분산하지 않음으로써 신도들과 영적인 영역에 더욱 집중할 수 있는 방법을 갈망해왔다. 학생, 디자이너, 의사 등 그 외에도 GTD 지지자임을 밝힌 사람들의 명단은 끝이 없다.

수년간 나는 우리 모두가 함께 이 게임에 참여하고 있다는 걸 알게 되었다. GTD 사용자 전체를 아우를 기회를 얻게 되어 기쁘다.

GTD 절차들을 완전히 실행하는 데 필요한 시간과 에너지, 이를 유지하기 위해 필요한 행동의 변화에 대한 인식 재고

그런데 최선을 다하면 이 책에서 말하는 실천방식들을 실행할 수 있을지라도, 다음 두 현상을 깨닫고 깜짝 놀랐다. ① 이 책에서 제시

> 삶에서 이룰 가치가 있는 모든 일은 연습이 필요하다. 사실 삶 그 자체가 하나의 긴 연습기간이고 우리의 동작을 갈고 닦는 끝없는 활동이다. 적절한 실천방식들을 이해하면 새로운 무언가를 배우는 작업이 즐겁고 차분하며 스트레스 없는 경험이 되며, 삶의 모든 영역들을 안정시키고 모든 어려움들에 대해 적절한 시각을 기르는 과정이 된다.
> — 토머스 스터너 Thomas Sterner

한 정보의 양과 활동들이 어떤 사람들에게는 너무 벅차게 느껴져 시작할 엄두도 내지 못할 수 있다. ② 기본적인 실천방법들을 습관화하는 데 대부분의 사람들에게 시간이 꽤 걸릴 수 있다.

나는 이 모델과 그 세부사항을 '지나치게 단순화'하는 것을 계속 거부해왔기 때문에 "받아들여야 할 게 너무 많다"는 반대 의견을 얼마나 극복할 수 있을지 모르겠다. 초판에서는 생활과 업무에서 이 방법론을 완전히 실행하는 방법에 관한 상세한 설명과 권고를 포함시켰고, 이번에도 그 내용들을 계속 유지했다. 많은 초보자들에게 이 방법론이 편하거나 한꺼번에 체화할 수 있는 것처럼 보이지 않는다는 걸 안다. 하지만 '한번 부딪쳐'보고 싶은 사람들을 위해 일상생활에서 이 기법을 실제로 통합하는 방법들을 자세히 설명할 수밖에 없다.

테니스를 배우고 싶어 하는 사람이 있다면, 나는 그의 목표기량과 거기에 이르는 데 필요한 학습과 훈련단계의 청사진을 제시할 것이다. 새로 추가한 15장에서 내가 소개하는 방법의 깊이와 넓이를 밝혔다. 독자가 읽은 내용들을 더 편하게 받아들이고 무엇이든 배우고 실행할 수 있게 하려고 노력했다. 이번 책에서는 각자의 업무와 시스템을 재정비하는 작업이 벅찰 수 있다는 점을 고려하여 좀 더 친절하게 설명하려고 하였다. 실제로 한 번에 한 단계씩 밟아나가면 된다.

그러나 어떠한 경우라도, 최소한의 의식적인 집중과 힘만을 들여 이 실천방법들을 꾸준하게 일련의 습관으로 정착시키고 지켜나가는 게 핵심과제다. 여러분의 정신적, 물리적 환경을 순리에 따라 적응시키는 것이다. 내가 누군가의 습관을 바꾸는 전문가가 될 수는 없다. 나는 스트레스 없는 생산성을 실천하는 방법들을 파악하고 다듬는 데 훨씬 더 많은 힘을 쏟았다.* GTD를 구성하는 행위들은 실제로 비교적 단순하고 모든 사람에게 익숙하다. 무언가를 적는 것, 어떤 일을 진전시키기 위해 다음 행동이 무엇인지 결정하는 것, 그 행동을 실행하도록 생각나게 해주는 실행 환기reminder 하기, 목록을 검토하기 등은 크게 어렵지 않다. 그런데 대부분은 이런 습관을 들여야 할 필요가 있다는 걸 인정하지만 만족스러울 정도로 꾸준히 실행하는 사람은 드물다. 불필요하게 주의를 흩뜨리는 모든 것들을 지속적으로 머리 밖으로 꺼내야 한다는 생각이 너무 깊게 자리 잡고 있어서, 어떤 사람들에게는 새 습관들이기가 매우 힘들다는 게 수년간 내가 느낀 가장 큰 놀라움들 중 하나다.

---

* 이 분야에 대해서는 찰스 두히그Charles Duhigg의 《습관의 힘The Power of Habit》을 참조하면 좋다.

GTD 방법론의 효율성을 입증한 인지과학의 연구결과들

이제 나는 21세기 전환시점에 그랬던 것처럼 '광야에서 홀로 외치고 있는 듯한' 느낌을 더 이상 받지 않는다. 이 책에서 설명한 원칙과 실천방법들을 입증하는 과학적 데이터들이 등장했기 때문이다. 이 책에 새로 추가된 14장(GTD와 인지과학)에서는 이런 연구들 중 일부를 살펴보았다.

> 무엇이든 존재할 가치가 있는 것은 알려져야 할 가치도 있다. 지식은 존재의 이미지이기 때문이다. 사물들은 모두 똑같이 의미가 있고 훌륭함이 존재한다.
> — 프랜시스 베이컨 Francis Bacon

GTD를 처음 접하는 사람이라면

서문의 이 부분까지 읽었다면 아마 실천 단계로 건너뛰고 싶을 것이다. 나는 이 책을 실용적인 안내서로 구성했다. 요리책처럼 먼저 기본 원칙들을 세우고 요리와 식사 준비의 여러 단계들을 제시하고 앞으로 할 요리에 도움이 되도록 구체적인 요리법들을 제공했다. 내가 이 개정증보판을 기획할 때의 의도대로, 여러분은 내키는 대로 다음 장부터 시작해 차근차근 읽어나가면 된다. 이 책에서 제시한 GTD 원칙들은 많이 사람들이 이를 숙지하고 적용하여 강렬한 경험을 했음이 입증되었다. 아니면 본문을 훑어보고 한두 문단에 집중하는 식으로 읽을 수도 있다. 이 책은 그렇게 읽어도 되도록 쓰였다.

GTD를 이미 경험한 사람이라면

이런 독자들에게도 이 개정증보판은 새로운 책이 될 것이다. 이 책에 실린 정보들은 수년간 여러 형태로 이용되어왔고, 사람들은 이 책을 다시 들출 때마다 항상 "세상에! 전에 읽었을 때 이해했던 것과 완전히 다른 정보와 관점이잖아!"와 같은 반응을 보였다. 초판을 다섯 번이나 읽은 사람들조차 "읽을 때마다 완전히 다른 책이에요!"라고 털어놓았다. 어떤 소프트웨어를 설치해 1년 뒤에 기본사용법들의 필요성을 느끼고 나서 매뉴얼을 읽는 것과 비슷하다. 그래서 당장 실행할 수 있지만(그리고 실행할 수 있었지만) 일단 GTD에 필요한 환경을 마련하느라 해결해야 하는 다른 중요한 문제들 때문에 미처 인식하고 실행하지 못했던 갖가지 좋은 정보들을 발견하고 놀라고 감격할 것이다.

초판을 언제, 그리고 얼마나 많이 읽었는지, 세미나, 교육, 온라인 세미나, 팟캐스트, 그 외의 설명회에 참여했는지에 상관없이, 당신은 이 개정증보판에 새롭게 몰입할 것이다. 그 점을 약속할 수 있다. 다음 페이지부터 당신이 이미 정착시킨 구조와 도구들 내에 포함시킬 수 있는 새로운 아이디어들이 펼쳐질 것이다.

이 책과 그 안의 정보들을 접하다보면 당신의 삶과 업무에서 정말로 중요한 측면들에 대해 긍정적이고 생산적인 사고방식을 얻을 수 있다.

| 들어가며 |

 당신이 지금 하고 있는 일이 무엇이든, 그 일을 더 명확히 파악하고 전념하여 더 많은 에너지와 편안함을 얻고 더 적은 노력으로 더 많은 것을 이루는 방법에 관한 통찰력으로 가득 찬 세계에 발을 들인 것을 환영한다. 당신이 나와 같다면 아마 일들을 잘 처리하고 싶고 삶을 즐기고도 싶을 것이다. 그렇게 하기가 온전히 불가능한 것은 아니더라도 무리해서 일한다면 점점 더 이루기 힘들어질 것이다. 이 문제는 양자택일의 명제가 아니다. 평범한 일상의 세계에서 효과적으로 일하면서 얼마든지 만족스러운 삶을 영위할 수 있다.
 나는 능률이 중요하다고 생각한다. 아마도 당신은 중요하거나 흥미롭거나 유용한 일을 하고 있을 수도 있다. 혹은 그렇지는 않아도 어쨌거나 해야 하는 일을 하고 있을 수도 있다. 전자의 경우, 당신은 그 일에 쏟은 시간과 에너지에 대해 가능한 한 많은 보상을 얻고 싶을 것이다. 후자의 경우에는 그 일을 찜찜하지 않게 매듭짓고 되도록

빨리 다른 일로 옮겨가고 싶을 것이다.

또한 무엇이든 그 순간 하고 있는 일에 더 편안해지고 지금 꼭 해야 하는 일을

> 마음을 편히 먹는 기술과 모든 근심 걱정을 떨치는 능력은 위대한 인물들이 지닌 비밀들 중 하나이다.
> — J. A. 하트필드Hatfield

하고 있다는 확신을 얻고 싶을 것이다. 퇴근 후에 직원들과 맥주를 한잔하든, 한밤중에 요람에 잠든 아이를 바라보든, 이메일에 답을 보내든, 회의 후에 새로운 잠재고객과 몇 분간 비공식적으로 시간을 보내든 그 일을 하는 동안 지금 꼭 해야 하는 일을 하고 있다고 확신을 가지길 원할 것이다.

필요하거나 원할 때마다 최대한 능률적이고 편안해지는 법을 알려주는 것이 이 책을 쓴 주된 목적이었다. 그리고 수년간 모든 연령대의 각양각색의 사람들, 천차만별의 환경에 있는 전 세계 사람들과 이 정보와 최상의 실천방법들을 나눈 뒤, 나는 GTD는 효과가 있다고 확실히 말할 수 있게 되었다.

지금 하고 있는 일이 지금 꼭 해야 하는 일이라는 걸 어떻게 알 수 있을까? 어떠한 소프트웨어도, 세미나도, 멋진 노트북도, 스마트폰도, 좌우명조차도, 당신에게 하루 24시간 이상을 주거나 상황을 단순화시키거나 이 어려운 선택을 대신 내려주지는 않는다.

그런 도구들을 적절히 사용하면 판단을 도울 수는 있지만 도구만 있다고 저절로 통제력이 생기고 집중이 되는 것은 아니다. 게다가 한 단계에서 생산성을 높이는 법을 습득하면 다음 단계의 책임과 창의적 목표로 옮겨가거나 그렇게 하라는 압력을 받게 될 것이다. 그리하

여 새로운 과제들이 나타나면 사용하던 간단한 공식, 유행하는 방식 혹은 새로운 디지털 모바일 기기로 업무와 생활이 더이상 편안해지기는 힘들다. 한동안 효과가 있는 개인적 습관과 도구를 마련할 수는 있지만 직무에 큰 변화가 생기거나 첫 아이가 태어나거나 집을 사는 등의 중대한 변화가 생기면 지속하기 힘들어지고 심각한 불편(큰 혼란은 아니더라도!)이 생길 수 있다.

완벽한 정리와 생산성을 안겨줄 하나의 기법이나 도구는 없지만 이를 촉진시킬 구체적인 방법들은 있다. 수년에 걸쳐 나는 일상의 현실을 주도적, 건설적으로 다루는 능력을 크게 높이면서도 더욱 의미 있는 우선순위들과는 계속 연결되어 있다는 느낌을 받게 해주는, 우리 모두가 쉽게 배울 수 있는 간단한 절차들을 발견했다. 그리고 그 방법들은 시대를 초월하여 보편적으로 실행할 수 있다고 입증되었다. 열두 살 때 숙제를 해결하려 할 때도, 지난번 이사회 이후에 기업 전략들을 재정비해야 할 때도 그리고 그 사이의 모든 일에 그 방법들을 적용할 수 있다.

다음에 이어지는 내용들은 개인과 조직의 생산성에 관해 족히 30년이 넘는 시간 동안 발견한 것들을 엮은 것으로, 일이 점점 더 많아지고 계속해서 변화하고 애매해지는 세계에서 아웃풋을 최대화하고 인풋을 최소화하기 위한 안내서이다. 나는(많은 동료들은) 당신이 상

> 방법은 백만 가지가 넘을 수 있지만 원칙은 얼마 되지 않는다. 원칙을 파악한 사람은 자신에게 맞는 방법을 성공적으로 선택할 수 있다. 원칙을 모른 채 방법들을 시도하면 문제가 생기기 마련이다.
> ― 랠프 월도 에머슨 Ralph Waldo Emerson

상할 수 있는 가장 똑똑하고 바쁜 사람들을 업무의 최전선인 그들의 책상과, 문을 닫아건 그들의 집에서 코치하면서 당면한 일과 약속 전부를 수집, 명료화, 정리하도록 돕는 데 엄청나게 많은 시간을 보냈다. 내가 발견한 기법들은 문화를 뛰어넘어 모든 유형의 조직, 모든 직무단계, 심지어 집과 학교에서도 매우 효과적으로 입증되었다. 지적이고 생산적인 전문가들(그들의 아이들도 함께)을 수년간 코치하면서 나는 세상이 이런 기법들을 갈망한다는 걸 알게 되었다.

최고경영진들은 자신의 삶이 적절하게 균형 잡히고 원활하게 돌아가도록 유지하는 법뿐 아니라 자신, 직원들, 조직문화에 엄격한 실행 기준을 도입할 방법을 모색하고 있다. 겉으로 드러나지 않아도, 퇴근을 했더라도 회신해야 하는 전화, 위임해야 하는 작업, 회의와 대화 중에 처리하지 못한 문제들, 아직 명료화하고 통제하지 않은 책임들, 수백 개(혹은 수천 개)의 이메일 중 중요할 수 있는 수십 개의 이메일은 그대로 남아 있다는 걸 그들도, 나도 알고 있다. 그래도 많은 사람이 성공할 수 있었던 이유는 사무실, 집, 서류가방 안의 처리하지 않은 일들로 생긴 문제들보다 해결한 위기와 이용한 기회가 더 많았기 때문이다. 하지만 오늘날의 일과 생활의 변화속도를 생각하면 과연 계속 그럴 수 있을지 의문이다. 그리고 많은 이들에게 더 위태로운 점은 자녀의 학교 연극, 스포츠 경기, 혹은 생활의 이런저런 면들에 충분히 관심을 쏟지 못하거나 언제, 어디서든 '현실에 집중하지' 못하고 있다는 것이다. 우리 사회에는 불안이 널리 퍼져 있다. 우리는 해야 하는데 하지 않고 있는 어떤 일이 있을 것이라는 느낌에 시달린다. 그리하여 해결도 안 되고 벗어나지도 못하는 긴장이 발생한다.

> 불안은 통제력, 정리, 준비, 행동이 부족하여 생긴다.
> — 데이비드 케키치 David Kekich

어떤 일도 빠뜨리지 않고 전략적, 전술적으로 에너지를 집중하도록 도울 입증된 도구가 필요한 한편, 다른 한편으로는 가장 배려심 많고 바쁜 사람들이 스트레스로 에너지가 소진되어버리지 않도록 해줄 사고습관과 업무환경을 만들어야 한다. 우리 조직에 가장 훌륭하고 똑똑한 사람들을 끌어들이고 유지할 긍정적인 업무 및 생활기준을 세워야 하며, 사랑하는 사람들과 무엇보다 우리 자신을 위해 명확성, 통제력, 창의성을 증진시킬 사적인 것과 가정에서의 실천방식이 필요하다.

우리는 이 정보가 조직에 매우 필요하다는 걸 안다. 이 정보는 또한 우리 아이들 대부분에게 정보를 처리하는 법, 성과에 포커스를 두는 법, 혹은 그 성과를 얻기 위해 취해야 하는 행동을 가르치지 않는 학교에도 필요하다. 그리고 주어진 모든 기회를 이용해 자신의 세계에 지속적이고 발전적으로 가치를 더할 수 있도록 우리 모두에게 필요하다.

이 책에서 소개하는 방법론의 힘, 간편성, 효과는 당신이 살고 있는 세계의 상황들에서 가장 잘 실감할 수 있다. 이 책을 읽거나 훑어보다 보면 분명 내가 이야기하고 있는 것들을 어떻게 실행할지 생각해보고 싶을 것이다. 읽은 부분을 바로 실행해보면 많은 도움이 될 것이고 더 심오하고 중요한 단계들을 이해할 수 있을 것이다. 당신은 이 모델들을 이해했을 때의 유용성을 알게 될 것이고, 직접 상황에 적용하면 큰 변화를 경험할 것이다.

이 책에서 나는 업무흐름 관리와 개인 생산성이라는 관련 있는 스킬을 선형 형식으로 제시했다. 큰 그림을 볼 수 있는 동시에 이 기법들을 실행해 나가면서 즉각적인 효과를 맛볼 수 있도록 책을 구성하려고 노력했다.

이 책은 세 부분으로 나뉜다. 1부는 방법론 전체를 설명한다. 시스템을 간단히 살펴보고 왜 독특하고 시의적절한 방법론인지 설명한 뒤, 가장 압축되고 기초적인 형태로 방법론을 제시한다. 2부는 시스템을 실행하는 방법을 보여준다. 이 모델의 핵심을 단계별로 적용하는 법을 개인 코칭하는 부분이라 할 수 있다. 3부는 더 깊이 들어가 이 방법론과 모델들을 업무와 생활에 통합할 때 기대할 수 있는 더 미묘하고 지대한 효과들을 설명한다.

불가피하게 세 부분에 중복되는 내용이 있을 수 있다. 핵심방법론은 비교적 간단하지만, 다양한 시점과 제시되는 교훈에 따라 깊이와 세부사항을 달리하여 표현하고 이해할 수 있다.

> 건전한 의심은 제시된 내용의 가치를 이해하는 가장 좋은 방법이다. 이의를 제기하고, 할 수 있다면 오류를 증명하라. 그러면 그 내용에 개입하게 되는데, 이것이 이해의 핵심이다.

나는 당신이 이 방법론을 실행해 시험해보고 이의도 제기해보기를 바란다. 내가 이 책에서 약속하는 것들이 가능할 뿐만 아니라 즉각 손수 이용할 수 있다는 점을 스스로 발견하길 바란다. 또한 내가 약속하는 모든 것이 실행하기 쉽다는 것도 알 수 있길 바란다. 여기에는 새로운 기술이 전혀 필요하지 않다. 당신은 집중할 일, 일을 적는 법, 결과와 행동을 판단하는 법, 옵션들을 검토하고 선택을 내리는 법을 이미 알고 있다. 당신은 지금껏 늘 본능적, 직관적으로 해오던 많은 일들이 옳다는 것을 확인할 것이다. 나는 그런 기본적인 기술들을 활용해 새롭고 안정적인 효과를 얻는 방법을 제시한다. 당신이 이 모든 방법들을 새로운 일련의 습관으로 만들고 싶은 마음이 들었으면 좋겠다.

이 책에서 종종 이 방법론을 적용했던 사람들과 함께 작업한 경험을 언급한다. 나는 소규모 제휴관계를 맺어 혼자 활동하다 세계적인 트레이닝 업체를 창업하고 지난 30년간 경영 컨설턴트, 경영진 코치, 트레이너로 일해왔다. 이 책에서 제시한 기법들을 바탕으로 개인적인 코치를 하고 워크숍을 개최하고 프레젠테이션을 하는 것이 내 주된 일이다. 나(그리고 내 동료들)는 수천 명의 사람들과 개별적으로 일하고 우리 회사와 전 세계에서 열리는 공공 세미나에서 수십만 명의 사람들을 훈련시켜왔다. 우리는 전 세계에서 가장 뛰어나고 똑똑한 사람들과 계속해서 관계를 맺는다. 내 경험담과 사례들은 여기에서 나온 것들이다.

나도 당신과 같이 배우는 입장이다. 누구나 그렇듯이 나 역시 통제력과 집중력을 잃는다. 나도 최적의 침착성을 유지하기 위해 여기에서 설명한 방법들을 주기적으로 접해야 한다. 15장에서 설명하는 것처럼, 이 방법론은 점점 더 높고 성숙한 수준으로 적용되어야 하는 평생에 걸친 생활습관들이다. 직접 경험하고 타당성을 시험하지 않은 내용 그리고 어떤 형태로든 내가 계속 이용하지 않을 방법들은 이 책에 담지 않았다.

한 고객의 글을 통해 이 책에서 제시하는 약속들을 소개한다.

"이 프로그램의 원리들을 습관적으로 적용하자 내 생활이 살아났다…… 이 원리들을 충실하게 적용하자 내 생활이 바뀌었다. 이 방법론은 매일의 총 싸움(주어진 근무시간의 위태롭고 급한 요구들 사이에)을 방지하는 예방접종이며, 많은 사람들이 자초하는 불균형을 해소할 해독제이다."

CONTENTS

차례

추천사 • 006

개정판 서문 • 012

들어가며 • 024

I 일을 깔끔하게 처리하는 기술

1장_ 새로운 현실에 맞는 새로운 실천방법 • 036

2장_ 자신의 삶 통제하기: 업무흐름을 지배하는 다섯 단계 • 073

3장_ 프로젝트를 창의적으로 진행하기: 프로젝트 계획 수립의 5단계 • 118

II 최소의 스트레스로 생산성 실현하기

4장_ 시작하기: 시간, 공간, 도구 마련하기 • 156

5장_ 수집하기: '일거리'들을 한 곳에 모으기 • 187

6장_ 명료화하기: 수집함 비우기 • 209

7장_ 정리하기: 적절한 시스템 구축하기 • 238

8장_ 검토하기: 항상 기능적이고 최신 정보가 담긴 시스템 유지하기 • 312

9장_ 실행하기: 최선의 행동 선택하기 • 331

10장_ 프로젝트 통제하기 • 365

III GTD 핵심 원칙들의 힘

11장_ 수집 습관의 힘 • 384

12장_ 다음 행동 결정의 힘 • 400

13장_ 결과에 초점을 맞출 때의 힘 • 419

14장_ GTD와 인지과학 • 432

15장_ GTD 숙달 경로 • 448

결론 • 468

역자 후기 • 471

GTD 용어 해설 • 474

GTD 프로그램 교육 안내 • 478

I

일을 깔끔하게 처리하는 기술

1장

새로운 현실에 맞는
새로운 실천방법

 할 일이 산더미처럼 쌓여 있어도 냉철한 머리와 여유 있게 일들을 조정할 수 있다는 긍정적인 마음만 있으면 생산적으로 일할 수 있다. 이것은 매우 효과적이고 능률적으로 생활하고 일할 수 있는 좋은 방법이다. 또한 무엇이든 지금 하고 있는 일에 전적으로 충실하고 순간순간 적절하게 대응해 나가는 최선의 방법이기도 하다. 그럴 때는 시간이 멈추고 집중력을 자유자재로 제어할 수 있다. 그래서 해야 하는 일들과 관심 있는 일들 전체를 고려하여 지금 하고 있어야 하는 바로 그 일을 하게 된다. 그럴 때 당신은 완벽하게 작동 가능한, '스위치가 켜진' 상태다.
 이것은 직업인이 뛰어난 성과를 거두고 성공하는 데 꼭 필요한 업무 스타일이다. 힘에 부치는 상황에 놓인 사람이 냉정을 유지하는 데 필요한 상태이고, 우리 모두가 저마다에게 가장 의미 있는 활동들을 최적의 방식으로 수행할 수 있는 근본적인 토대이다.

이렇게 건전하고 높은 성과를 내는 상태가 되기 위해 필요한 일들을 어떻게 해야 할지 당신은 이미 알고 있다. 하지만 평범한 사람이라면 이런 기술들을 좀 더 시의적절하고 완벽하며 체계적인 방식으로 적용해야 한다. 그래야 일들에 파묻혀 쩔쩔매는 대신 모든 일들을 감당할 수 있다. 또한 이 책에서 내가 설명하는 방법과 기법들은 매우 실용적이고 상식적이지만, 이 체계의 이점들을 완전히 누리려면 대부분의 사람들은 몸에 밴 일부 중요한 습관들을 고쳐야 할 것이다. 이 체계가 요구하는 작은 변화―당신의 주의를 끄는 모든 일들을 명확하게 파악하고 정리하는 방식의 변화―는 일상 활동의 일부 중요한 측면들에 접근하는 방식을 상당히 바꿀 수 있다. 하지만 그 결과 아주 커다란 변화가 일어났다는 이야기가 자주 들린다.

여기에서 제시하는 방법들은 모두 세 가지 핵심적인 목표가 바탕이 된다. 첫째, 지금 해야 하는 일이든 나중에 혹은 언젠가 해야 하는 일이든, 중요한 일이든 사소한 일이든 그 중간 정도의 일이든, 당신이 해야 하거나 당신에게 유용한 일들은 머리와 마음속에서만 떠돌게 하지 말고 모두 꺼내 논리적이고 신뢰할 만한 외부의 시스템에 담아둔다. 둘째, 당신의 생활에 들어온 모든

> 우리가 할 수 있는 일이 한 가지 있을 때, 가장 행복한 사람은 자기 능력의 한계치까지 그 일을 할 수 있는 사람들이다. 우리는 완전히 현재에 충실할 수 있으며 지금의 상황에 몰입할 수 있다. 우리는 자신 앞에 놓인 기회에 전념할 수 있다.
> ― 마크 반 도렌 Mark Van Doren

일들에 대해 처음에 미리 판단을 한다. 그래서 어떤 때라도 지금 실행할 수 있는, 혹은 재조정할 수 있는 '다음 활동' 목록이 항상 준비되어 있어야 한다. 셋째, 그 내용 모두를 관리, 조정하고 어떤 시점에서든 당신 자신과의, 그리고 당신이 상대할 사람들과의 다양한 수준의 약속들을 인식하여 활용한다.

이 책에서는 이렇게 높은 성과를 내는 작업흐름 관리를 위한 입증된 방법을 제시하고, 효과적인 실행 도구, 요령, 기법을 설명한다. 책을 읽으면서 알게 되겠지만, 이 원칙과 방법들은 업무뿐 아니라 개인 생활에서도 당신이 해야 하는 모든 일에 곧바로 편리하게 적용할 수 있다.* 이 책을 먼저 읽었던 다른 많은 독자들처럼 당신은 내가 '일과 세상에서의 지속적이고 동적인 운용 스타일'이라고 부르는 이 개념을 체화할 수도 있고, 필요할 때보다 뛰어난 통제력을 갖추기 위한 지침으로 사용할 수도 있다.

---

* 나는 여기에서 '일'을 '현재의 상태와 달라지길 원하거나 달라지게 해야 하는 무언가'라는 가장 보편적인 의미로 사용한다. 많은 사람들이 '업무'와 '개인의 삶'을 구분하지만 나는 아니다. 나에게는 정원의 풀을 뽑거나 유언장을 수정하는 것이 이 책을 쓰거나 고객과 상담을 하는 것과 같은 '일'이다. 이 책에 나오는 모든 방법과 기법들을 생활과 업무 전반에 적용할 수 있다. 또한 이 방법과 기법들이 효과를 거두려면 그래야만 한다.

문제점
새로운 요구들, 불충분한 자원

요즘 만났던 사람들은 너나없이 할 일은 너무 많은데 시간이 부족하다고 생각하고 있었다. 바로 전 주에는 한 글로벌 대형 투자회사의 임원과 상담을 했는데, 그는 자신이 새로 맡은 기업 운영업무 때문에 가정에 소홀해질까 봐 걱정했다. 또 지방 사무소의 인력을 1년 안에 1,100명에서 2천 명으로 두 배 늘린다는 목표 때문에 하루에 150통이 넘는 이메일과 씨름하는 한 중간급 인사 관리자는 주말만이라도 개인생활을 보장받으려 노력했다.

이 새로운 세기에는 한 가지 역설이 등장한다. 사람들은 삶의 질을 향상시켜왔지만, 동시에 자신이 처리할 수 있는 것보다 더 많은 일들을 떠맡음으로써 스트레스 지수가 높아지고 있다. 다 먹지도 못할 것에 식탐을 부리는 격이다. 그와 함께 수많은 선택권과 기회들로 의사결정과 선택의 압박이 생긴다. 대부분의 사람들은 상황을 어떻게 개선시킬지 몰라 얼마간은 좌절하고 당혹스러워한다.

일에 더 이상 뚜렷한 경계가 없어지다

스트레스 지수가 높아진 주요 원인은 우리가 하는 일의 실질적인 성격이 우리가 받은 훈련과 처리능력보다 더 극적이고 빠른 속도로 바뀌었기 때문이다. 조립 라인과 제조 및 운송 활동으로 대표되던 산업화 세계에서의 '일'의 개념이 피터 드러커 Peter Drucker 가 말한 '지식' 근로로 바뀐 것이 겨우 20세기 후반이다.

옛날에는 일이란 따로 설명이 필요 없는 뻔한 것이었다. 밭을 갈아야 했고, 기계를 가동시키고, 상자를 채우고, 소젖을 짜고, 궤짝을 옮겨야 했다. 어떤 일을 해야 하는지 알고 있었고, 바로 알 수 있었다. 일을 다 끝마쳤는지, 아닌지도 명백했다. 생산성 향상이란 일의 과정을 더 효율화시키는 것이 전부였고, 그렇지 않다면 더 힘들게 혹은 더 오래 일해야 했다.

하지만 오늘날 우리가 하는 프로젝트들은 대부분 딱 정해진 경계가 없는 경우가 많다. 내가 아는 대부분의 사람들은 당장 달성하려고 애쓰고 있는 일들, 혹은 바로 지금 개선하고 싶은 상황을 적어도 여섯 개는 떠안고 있다. 평생 노력해도 이 일들을 완벽하게 끝내지 못할 것이다. 당신도 아마 동일한 딜레마에 직면해 있을 것이다. 도대체 회의가 어느 정도까지 훌륭해야 훌륭하다고 할 수 있을까? 훈련 프로그램이나 경영자의 보상 체계는 어느 정도가 되어야 효과적이라 할 수 있을까? 아이에게 교육을 어느 정도 시켜야 잘했다고 할 수 있을까? 블로그에 쓴 글이 얼마나 완벽한지 어떻게 판단할까? 당신이 준비하는 회의가 직원들에게 얼마나 동기부여를 할지, 당신이 얼마나 건강한지, 부서 개편이 얼마나 효과적일지도 마찬가지다. 그리고 마지막 질문으로 그런 프로젝트들을 '더 잘' 수행하기 위해 필요한 정보를 얼

거의 모든 프로젝트는 항상 더 잘 할 수 있다. 지금은 이를 가능하게 하는 무한한 정보들이 존재한다.

마나 이용할 수 있을까? 지금은 '인터넷을 통해 무한한 정보에 쉽게 접근할 수 있거나 적어도 그럴 가능성이 있다'가 그 답이다.

다른 측면에서 보면, 경계가 없기 때문에 모든 사람의 일이 더 늘어날 수 있다. 오늘날에는 조직이 성과를 거두려면 부서 간의 소통과 협력, 참여가 필요한 경우가 많다. 사무실의 칸막이가 사라지고(혹은 적어도 제거되어야 하고) 예전에는 마케팅 부서나 인사부, 혹은 특정 문제를 처리하는 임시위원회가 참조로 보낸 이메일을 읽지 않아도 되었지만 지금은 그렇게 편하게 살 수 없는 시대가 되었다. 뿐만 아니라 이제 노인들도 인터넷과 스마트폰을 사용해 '연락을 유지'하여 친구, 가족과의 거리가 사라졌고 따라서 그들과의 교류도 늘어나고 있다.

나날이 새로워지는 통신기술 덕분에 일과 생활의 경계가 더욱더 모호해졌다. 2010년대에는 '항상 접속해 있는 상태'를 유지하는 문제가 무엇보다 중요해졌고, 세계화(내 팀원들 중 절반은 홍콩에 있고 또 다른 핵심 인물은 에스토니아에 있다), 가상 업무, 접속 성능의 향상 그리고 호주머니 안에 있거나 손목에 찬 작은 기기들에 대한 중독이 이런 관심을 가열시킨다. 이 작은 기기들의 용량은 1975년에 선보인 집채만 하던 컴퓨터보다 크다.

일과 일의 경계에 대한 인식이 더욱 모호해지고 불분명해질 뿐 아니라 우리 생활에 가치를 더해줄 유의미하고 접근이 용이한 데이터가 계속 급증함에 따라 우리가 개입할 수 있는(그리고 종종 개입해야 하는) 시간과 공간의 경계선도 모호해진다.

계속해서 변화하는 직무(그리고 생활)

실제로 맡은 프로젝트와 전반적인 일의 경계선이 없어지는 현상은 누구에게나 어려움을 던져줄 것이다. 하지만 지금은 직무의 정의가 끊임없이 바뀌고 더 넓은 범위의 생활에서 책임과 관심사가 자주 변화하는 문제도 다루어져야 한다.

세미나에서 나는 "처음 채용될 때 하기로 했던 일만 하고 있는 분이 계십니까? 또는 작년에 개인적으로 상당한 변화를 겪지 않은 분은 얼마나 되십니까?"라고 물어보곤 한다. 이 질문에 손을 드는 사람은 좀처럼 보기 어렵다. 일의 경계가 사라지고 모호해진다 해도, 구체적으로 명시된 직무를 오래 계속할 수 있다면 무슨 일을 얼마나, 어떤 수준으로 해야 할지 파악이 될 것이다. 또한 이사도 가지 않고, 관계의 변화도 없으며, 자신이나 사랑하는 사람들의 건강이나 생활방식에 무슨 문제가 일어나지도 않고, 예기치 않은 경제적 문제도 없을 뿐더러 새로운 방향을 시도해보라고 고무하는 동기부여 프로그램에도 참여하지 않았고, 직업적인 변화도 없는 등 전반적으로 평범한 삶을 유지할 수 있다면 생활을 꾸려나가는 일정한 리듬과 체계를 만들어 어느 정도 여유와 안정을 얻을 수 있을 것이다.

하지만 그런 호사를 누리는 사람은 드문데, 이는 다음 세 가지 이유 때문이다.

1. 현재 조직들은 거의 어디나 계속적인 변화를 겪고 있어 목표, 제품, 파트너, 고객, 시장, 기술, 소유주가 끊임없이 바뀐다. 그리하여 조직의 구조, 형태, 역할, 책임이 필연적으로 재편성된다.

2. 일반적인 직장인들은 그 어느 때보다 프리랜서에 가까워지고 있다. 이들은 부모 세대가 직장을 바꾸듯 종사하는 분야를 바꾼다. 40~50개의 경력이 지속적인 성장의 기준이 될 정도. 이들의 목표는 '전문가, 경영, 경영자 육성'이라고 두루뭉술하게 표현되는 현재의 주류에 더욱 통합되는 것이다. 이는 지금 하는 일을 오래 계속하지 않을 것이라는 뜻이다.*

3. 문화, 라이프스타일, 기술이 상대적으로 빨리 변화하여 사람들이 각자의 개인적 상황들을 더 효과적으로 통제해야 할 필요성이 높아졌다. 갑자기 부모님을 간호해야 하거나 학교에서 돌아온 아이를 돌봐야 하거나 뜻밖의 건강문제와 씨름해야 하거나 배우자가 중요한 변화를 맞이하여 여기에 생활을 맞추어야 할 수도 있다. 이 모든 일들이 예전보다 더 자주 일어나고 영향력도 더 큰 것처럼 보인다.

> 우리 대부분은 지난 72시간 동안, 우리 부모님들이 한 달, 심지어 1년 동안 받았던 것보다 변화를 일으키고 프로젝트를 창출하고 우선순위를 변화시킬 인풋을 더 많이 받았다.
>
> 우리는 절대 새로운 것에 전적으로 대비하지 못한다. 그저 여기에 적응해야 하는데, 허겁지겁 적응하다 보면 항상 자존감에 위기가 찾아온다. 우리는 시련을 거치며 자신을 증명해야 한다. 그러려면 내면의 동요 없이 급격한 변화에 대응하기 위해 자부심은 뒷전이 된다.
>
> — 에릭 호퍼 Eric Hoffer

---

* 21세기 초의 경기 대침체로 많은 사람들이 전통적 정년 이후로도 일해야 하고 부업을 찾아야 하는 경우도 흔해지면서 불확실성이 더 높아졌다.

사무실에서, 집에서, 비행기에서, 차에서, 동네 카페에서, 주말에, 월요일 아침에, 새벽 3시에 잠에서 깼을 때 그리고 '휴가' 때 무엇을 할지 장기적으로 확실히 정해져 있는 건 거의 없다. 어떤 인풋이 혹은 얼마나 많은 인풋이 그 일을 잘하는 데 도움이 될지도 분명하지 않다. 우리는 외부로부터 엄청난 양의 정보와 연락을 받고, 스스로도 그에 못지않을 만큼 많은 아이디어 및 자신과 타인과의 합의를 만들어낸다. 그런데 우리는 이런 엄청난 수의 내부적, 외부적 약속들을 처리할 준비를 잘 갖추고 있지 않다.

세계가 하나로 연결되고 첨단기술이 발달한 오늘날 완전히 새로운 것이란 없다. 단지 새로운 것이 얼마나 자주 등장하느냐가 문제다. 생활과 일의 변화속도가 훨씬 느렸던 시대에는 사람들이 새로운 것을 접했을 때 불가피하게 겪어야 하는 불편을 이겨내고 나면 그 뒤에는 오랫동안 순조롭게 생활하고 일을 진행할 수 있었다. 하지만 현재 우리들 대부분은 그런 식의 타임아웃을 누릴 수 없는 세상에 살고 있다. 여러분이 이 책을 읽고 있는 지금 이 순간에도 세상은 변화하고 있다. 그리고 만약 이 책을 읽는 도중에 다른 일들이 떠올랐다면, 혹은 의미 있는 새로운 인풋이 들어오지 않았을까 싶어 이메일을 확인하고 싶어졌다면 당신은 무언가를 놓칠까 봐 안달하는 조바심증후군을 실제로 겪는 중인 것이다.

구식 모델과 습관으로는 충분하지 않다

우리가 받는 표준적인 교육도, 전통적인 시간 관리 모델들도, 현재 이용할 수 있는 디지털 방식 혹은 종이 기반의 수많은 정리도구들도, 우리에게 요구되는 새로운 요청들을 충족시킬 적절한 방법은 아니다. 이런 절차나 도구들을 사용해본 적이 있다면 당신이 지금 하고 있는 일의 속도, 복잡성, 변화하는 우선순위들을 처리하기에는 역부족임을 발견했을 것이다. 풍요롭지만 변화가 극심하고 종종 정리되지 않는 이 시대에 집중력과 여유를 가지고 통제력을 발휘할 수 있으려면 새로운 사고방식과 업무방식이 필요하다. 우리가 이 세상을 감당할 수 있도록 도와줄 새로운 기법, 기술, 업무습관이 절실한 것이다.

전통적인 시간 관리 및 개인적 정리 방법들은 예전에는 유용했다. 이 방법들은 산업화 시대의 조립 라인 중심의 근로방식에서 벗어나 어떤 일을 할지 선택하고 그 일을 언제 할지도 결정해야 하는 새로운 유형의 업무를 하게 된 사람들에게 유용한 출발점이 되었다. 시간 자체가 하나의 업무요소가 되자 개인 일정표가 중요한 업무도구가 되었다(1980년대까지도 많은 직장인들이 날짜별로 일정을 기록할 수 있는 작은 수첩을 체계적인 업무관리의 핵심으로 생각했고, 오늘날에도 많은 사람들이 일정표와 이메일 및 문자 메시지 수신함을 통제의 중심도구로 여긴다). 시간을 재량껏 사용할 수 있게 됨에 따라 무슨 일을 해야 할지의 선택이 중요해졌다. 이렇게 내린 선택들을 효과적으로 점검하기 위해 개발된 핵심기법이 'ABC'로 우선순위를 매기고 그날그날 '해야 할 일to-do' 목록을 만드는 것이었다. 어떤 일을 할지 선택할 수 있는 자유가 주어진 사람에게는 우선순위를 고려해서 현명한 선택을 내릴 책임도 함께 주어진다.

일정표는 중요한 도구이긴 하지만 당신이 자신의 세계를 장악하기 위해 알아야 하는 것들의 작은 부분밖에 관리하지 못한다. 당신도 아마 어느 정도는 이 점을 알고 있을 것이다. 그리고 매일의 '해야 할 일' 목록과 단순하게 우선순위를 매기는 방법은 많은 업무량과 가변적인 업무들을 다루기에는 부적절하다고 판명되었다. 점점 더 많은 사람들의 일과 생활이 하루에도 수백 통씩 쏟아지는 이메일과 문자 메시지에 따라 이루어지고 있고, 단 한 건의 요청이나 불만, 지시, 혹은 회사나 가족의 전언도 간과할 수 없게 되었다. 모든 일에 우선순위를 매길 수 있는(혹은 매겨야 하는) 직무를 가진 사람은 드물다. 또한 그날 업무를 시작한 뒤 처음 걸려온 전화나 인스턴트 메시지로 예상치 못한 상황들이 벌어지고 상사나 배우자가 끼어드는데도 미리 세워놓은 '해야 할 일' 목록을 고수할 수 있는 사람도 별로 없다.

큰 그림 VS 핵심 사안

한편 다른 한쪽에서는 수많은 경영서, 모델, 세미나, 권위자 들이 우리의 복잡한 세계를 다루기 위한 해결책으로 '큰 그림'을 그려보라고 주장해왔다. 주요 목표와 가치를 명확히 정의한 뒤 이를 바탕으로 생각하고 우리의 일에 순서와 의미, 방향성을 부여하라는 것이다. 그러나 이런 가치 중심의 사고는 의도는 좋더라도 실제로 원하는 결과를 얻지 못하는 경우가 흔하다. 나는 이런 노력들이 다음과 같은 이유들로 실패하는 경우를 많이 보아 왔다.

> 바람과 파도는 언제나 가장 유능한 항해사의 편이다.
> ― 에드워드 기번 Edward Gibbon

1. 하루 단위, 시간 단위로 정해놓은 일들을 방해하는 것들이 너무 많아서 더 상위 수준의 가치에 제대로 초점을 맞추기 힘들다.
2. 개인적 정리 시스템이 비효율적일 경우, 잘 관리할 수 없을 것 같은 더 큰 규모의 프로젝트와 목표를 실행하기가 무의식적으로 꺼려진다. 그리하여 주의가 더 산만해지고 스트레스가 쌓인다.
3. 보다 높은 수준의 목표와 가치가 실제로 분명해지면 우리의 기준이 높아져서 바꾸어야 할 것들이 훨씬 더 많이 눈에 들어온다. 우리는 산더미 같은 일거리들에 이미 심각한 거부감을 느끼고 있지 않은가. 게다가 애초에 그 목록들의 많은 일을 만들어낸 게 무엇인가? 바로 우리가 정한 가치이다!

주된 성과와 가치에 포커스를 두는 것은 분명 중요하다. 수많은 옵션들 중에서 가장 주의를 기울여야 하는 일이 무엇인지뿐 아니라 어떤 일을 중단해야 하는지에 대해 때로는 어려운 선택을 내리는 기준이 되기 때문이다. 하지만 일을 줄여주거나 일을 끝낼 때까지의 어려움을 덜어주지는 못한다. 오히려 정반대이다. 이 방법은 우리가 매일매일 해야 하는 게임의 판돈을 올릴 뿐이다. 예를 들어 한 인사 관리자가 인재들을 영입하고 유지하기 위해 직장생활의 질이라는 문제를 다루기로 결정한다고 해서 그의 업무가 단순해지지는 않는다. 마찬가지로 어떤 엄마가 십대 딸이 직장이나 대학을 위해 집을 떠나기 전에 함께 보낼 수 있는 방학이 몇 번 남지 않아 소중한 경험을 하게 해줘야겠다고 생각하더라도, 엄마의 일이 줄어드는 것은 아니다. 우리의 사고와 할 일의 질을 높인다고 해서 관리해야 하는 중요한 일들의 양이 줄어들지는 않는다.

우리의 지식근로 문화에는 빠진 부분이 있다. 바로 실제로 일이 이루어지는 단계에서 효과적으로 작용하는 일관된 행위 및 도구들을 갖춘 시스템이다. 이 시스템에는 큰 그림의 결과뿐 아니라 가장 세세한 부분들까지 포함되어야 한다. 다양한 단계의 우선순위들을 관리해야 하고 매일 수백 개에 이르는 새로운 인풋들을 제어할 수 있어야 한다. 또한 이 시스템을 유지하는 데 필요한 것보다 더 많은 시간과 노력을 절감해야 하고, 일을 더 쉽게 끝내는 데 도움이 되어야 한다.

> 혼란이 문제가 아니다. 일관성을 찾는 데 얼마나 오래 걸리는지가 진짜 게임이다.
> — 닥 칠드리 Doc Childre
> 브루스 크라이어 Bruce Cryer

전망

무술인들의 '준비 완료' 상태

당신이 모든 단계에서 언제나 완벽하게 개인 관리를 할 수 있다면 실제로 어떨지 생각해보라. 생산성을 떨어뜨리는 것들이 전혀 없이 머리가 완전히 맑다면? 무엇이든 자신이 선택한 일에 아무런 방해 없이 1백 퍼센트 몰입할 수 있다면?

실제로 가능한 이야기다. 정신을 바짝 차리고 편안한 마음을 유지하며 생활과 업무 전반에서 최소한의 노력으로 의미 있는 일들을 끝낼 수 있는 방법이 있다. 여러분은 각자 처한 복잡한 세계에서 무술인들이 '물과 같은 마음'이라고 부르는 상태를 경험할 수 있다. 정상급 운동선수들은 이런 상태를 '존zone'에 들어갔다고 한다. 실제로 여러분은 이런 상태를 가끔 경험해봤을 것이다.

이것은 정신이 맑고 건설적인 일들이 일어나는 상태이다. 누구나 도달할 수 있고 이 세기의 복잡한 삶을 효과적으로 다루기 위해 점점 더 필요한 상태이기도 하다. 일과 삶에서 균형을 유지하고 일관성 있는 긍정적 결과물을 얻고 싶은 사람이라면 누구라도 이런 상태가 더욱더 많이 필요할 것이다. 세계적인 조정 선수인 크레이그 램버트Craig Lambert는 저서 《물 위에서의 마음 Mind Over Water》에서 그 느낌을 이렇게 묘사했다.

> 창문을 닦든, 걸작을 쓰려 노력하든, 실패하는 건 집중력 부족 때문이다.
> — 나디아 불랑제 Nadia Boulanger

조정 선수들은 이런 마찰 없는 상태를 '스윙swing'이라고 부른다……
어린 시절 뒷마당에서 그네를 탈 때의 순수한 즐거움을 떠올려보라. 쉬운 반복동작과 그네 자체에서 생기는 가속도. 우리가 그네를 타는 게 아니라 그네가 우리를 움직인다. 다리를 힘껏 구부렸다 펴면 그네가 반원을 그리며 더 높이 올라가지만 사실 가장 큰 역할을 하는 건 중력이다. 우리가 위로 올라갔다 아래로 내려왔다 하는 게 아니라 그네가 우리를 올렸다 내렸다 하는 것이다. 마찬가지로, 보트가 당신을 움직인다. 보트는 더 빨리 나아가길 원한다. 보트의 본성은 속도이다. 우리의 일은 그저 보트와 협력하고 더 빨리 나아가기 위해 물살을 가르며 노를 저으면서 보트를 제어하는 것이다. 너무 안간힘을 쓰면 보트의 속도에 방해가 된다. 노력이 분투가 되고, 분투는 소용없다. 출세주의자들은 귀족이 되려고 분투하지만 그런 건 소용없다는 것을 알게 될 뿐이다. 귀족들은 분투하지 않는다. 그들은 이미 도착해 있다. 스윙은 도착해 있는 상태이다.

'물과 같은 마음'이라는 비유

가라테에서는 완벽하게 준비된 상태를 정의하는 데 '물과 같은 마음'이라는 이미지를 사용한다. 잔잔한 연못에 조약돌을 던진다고 상상해보자. 물이 어떻게 반응할까? 물은 연못에 들어온 것의 힘과 부피에 맞추어 반응한 뒤 다시 고요해질 것이다. 과잉반응도, 미온적인 반응도 보이지 않는다.

물은 그대로이고 하던 일을 한다. 물은 압도할 수는 있지만 압도당하지는 않는다. 잔잔해질 수 있지만 성급하지 않다. 무언가에 의해 수로가 바뀔 수는 있지만 좌절하지 않는다. 이해가 가는가?

가라테에서 가격하는 힘은 근육이 아니라 속도에서 나온다. 맞는 순간의 집중적인 충격력에서 힘이 나온다. 몸집이 작은 사람이 송판과 벽돌을 손으로 깰 수 있는 것도 그 때문이다. 굳은살이나 완력은 필요 없고 빠른 속도로 집중해서 칠 수 있는 능력만 있으면 된다. 하지만 근육이 긴장되어 있으면 속도가 나지 않는다. 따라서 높은 수준의 무술 훈련에서는 균형과 긴장완화를 다른 어떤 요소 못지않게 중요하게 가르치고 요구한다. 머리를 맑게 하여 열린 마음으로 적절하게 반응하는 것이 핵심이다.

과잉반응이나 미온적인 반응을 불러일으키는 무언가는 당신을 지배할 수 있고 실제로 종종 지배한다. 이메일, 해야 할 일들, 자녀들, 혹은 상사에게 부적절하게 대응하면 원하는 것보다 효과적이지 않은 결과가 나올 것이다. 대부분의 사람들은 일을 할 때, 필요 이상으로 많거나 적은 관심을 기울인다. 물 같은 마음으로 일하지 않기 때문이다.

> 힘을 내는 능력은 긴장을 푸는 능력과 정비례한다.

당신은 필요할 때 '생산적 상태'에 돌입할 수 있는가?

마지막으로 자신이 매우 생산적이라고 느꼈던 때를 생각해보자. 그때 당신은 통제력을 발휘하고 있다는 기분이 들고 스트레스가 거의 없는 상태였을 것이다. 하고 있는 일에 고도로 집중하여 시간이 금세 지나간 듯 느꼈을 것이고(벌써 점심시간이야?) 의미 있는 성과를 향해 일이 현저한 진척을 보이고 있다는 생각을 했을 것이다. 그런 경험을 더 하고 싶지 않은가?

만약 당신이 그런 상태에서 한참 벗어나 있다면, 통제력을 잃고 스트레스가 쌓인 데다 집중도 안 되고 지루하고 일은 진척이 없는 것처럼 느껴지기 시작한다면, 생산적인 상태로 다시 돌아갈 수 있을까? 이 책에서 제시하는 방법론이 여러분의 삶에 가장 큰 영향을 미치는 것이 바로 이 부분이다. 이 방법론은 당신이 가진 모든 자원과 능력을 최대로 활용하여 물과 같은 마음으로 돌아가는 방법을 보여줄 것이다. 생산적인 상태에서 벗어났을 때 기준점으로 삼아야 할 것이 없어 어려움을 겪는 사람이 많다. 대부분의 사람들은 아주 오랫동안 끊임없이 어느 정도의 스트레스를 받으며 살아왔기 때문에 아주 다른 상태가 될 수 있다는 사실, 좀 더 긍정적인 입장에서 세계에 참여할 수 있다는 사실을 모른다. 이 책을 읽으면서 너무 많은 압박을 참고 지내지 않겠다는 생각이 들고, 압박을 줄이는 방법들을 배울 수 있길 바란다.

> 텅 빈 마음의 소유자는 항상 뭐든 받아들일 준비가 되어 있다. 그것은 모든 것을 향해 열린 마음이다.
> ─ 스즈키 순류 Shunryu Suzuki

원칙
하겠다고 마음먹은 일들을 효과적으로 다루어라

수십 년 동안 수천 명에게 조언을 하고 교육시키면서 내가 발견한 한 가지 기본적인 원리가 있다. 사람들이 겪는 대부분의 스트레스는 하겠다고 스스로 마음먹거나 하기로 수락한 일들을 부적절하게 관리하는 데서 생긴다는 것이다. 의식적으로 '스트레스를 피하는' 사람들도 삶의 미해결 과제들을 더 효과적으로 통제하는 법을 배우면 긴장이 풀리고 집중력과 생산적 에너지가 높아질 것이다.

여러분은 아마 스스로 인식하는 것보다 자기 자신과 더 많은 합의를 할 것이다. 그리고 크든 작든 모든 할 일은 무의식 속에서 좇게 마련이다. 무엇이든 제자리에, 제 방식대로 있지 않아 신경이 쓰이는 일을 나는 '미완의 일' '열린 고리'라고 부른다. 열린 고리에는 '세계의 기근 근절' 같은 거창한 문제부터 좀 더 온건한 '새 부하직원 채용' 그리고 '현관의 전구 교체' 같은 사소한 사안에 이르기까지 모든 일이 포함될 수 있다.

이 모든 일을 효과적으로 처리하기 위해서는 먼저 어떤 식으로든 '머리에 떠오르는' 모든 일들을 확인하고 수집하여 그 일이 당신에게 정확히 어떤 의미인지 명확히 한 뒤 이를 어떻게 처리할 것인지 결정해야 한다. 간단해 보일 수 있지만, 실제로 대부분의 사람들이 이 과정을 일관성 있게 수행하지 못한다. 지식이나 동기, 혹은 둘 다가 부족하기 때문이다. 그리고 무엇보다도 이런 과정을 무시했을 때 치러야 하는 대가를 모르기 있기 때문이다.

할 일을 관리하기 위한 기본 요건

할 일을 잘 관리하려면 몇 가지 기본적인 활동과 행위들을 실천해야 한다.

- 할 일이 머릿속에 들어 있으면 개운하지가 않다. 어떤 식으로든 마무리하지 못했다고 생각하는 일을 머릿속에서만 맴돌게 하지 말고 끄집어내어 당신이 정기적으로 확인하고 자세히 살펴보는 신뢰할 만한 시스템에 담아둔다. 나는 이 시스템을 '수집 도구collection tool'라고 부른다.

- 할 일이 무엇인지 정확하게 정의하고 이를 성취하기 위해 무슨 행동을 해야 할지 정한다.

무엇이든 제자리에 있지 않은 것, 제 방식대로 있지 않은 것은 '열린 고리'이다. 열린 고리를 적절하게 관리하지 않으면 신경이 쓰일 것이다.

- 해야 하는 행동들이 다 결정되었으면 평소 정기적으로 확인하는 시스템에 정리해두고 계속 상기한다.

이 모델을 테스트하기 위한 중요 연습

지금 이 순간 당신의 머릿속을 가장 많이 차지하고 있는 프로젝트나 상황을 글로 써보라. 당신을 가장 괴롭히는 일, 주의를 빼앗거나 흥미가 가는 일, 혹은 그 외의 다른 방식으로 당신 의식의 많은 부분을 차지하고 있는 일은 무엇인가? '지금 직면한' 프로젝트나 문제일 수도 있고 얼른 처리하라고 압박을 받고 있는 일이나 차라리 일찌감치 처리하는 게 좋다고 느껴지는 어떤 상황일 수도 있다.

다가오는 휴가 여행과 관련해 중요한 최종 결정을 내려야 할 수도 있고, 당신 부서에서 처리해야 하는 새롭고 긴급한 문제에 관한 이메일을 지금 막 읽었을 수도 있다. 혹은 최근에 6백만 달러를 상속받았는데, 그 돈으로 뭘 해야 할지 모를 수도 있다.

자, 이제 이 문제나 상황에 대해 당신이 생각하는 성공적인 결과를 한 문장으로 써보자. 즉, 이 프로젝트가 '완료'되었다고 표시하려면 어떤 일이 일어나야 할지 써보는 것이다. 예를 들면 "하와이로 휴가를 간다" "X고객의 상황을 처리한다" "수전의 대학 등록금을 해결한다" "새로운 부서 관리 구조를 명확하게 정한다" "마누엘의 독서 문제와 관련한 옵션들을 조사한다"처럼 간단할 수도 있다.

이제 상황을 진척시키기 위해 다음에 해야 할 구체적인 행동을 써보자. 만약 당신의 삶에서 이 문제를 끝내는 것 말고는 다른 할 일이 없다면 지금 어떤 가시적인 행동을 하겠는가? 누군가에게 전화를 하거나 문자 메시지를 보낼까? 이메일을 보낼까? 펜과 종이를 집어 들고 브레인스토밍을 할까? 웹에서 자료를 찾을까? 철물점에서 못을 살까? 배우자나 조수, 변호사, 혹은 상사와 직접 이야기를 나눌까?

답이 떠올랐는가? 좋다.

이 2분 동안의 생각에서 무언가 얻은 것이 있는가? 당신이 우리 세미나에서 훈련을 마친 대다수의 사람들과 같다면, 아마 적어도 조금은 통제력과 집중력이 향상되고 긴장이 풀리는 기분이 들었을 것이다. 또한 지금까지 그저 생각만 하고 있었던 상황에 대해 실제로 무언가를 해야겠다는 동기부여가 되었을 것이다. 그러한 동기부여가 생활과 업무의 한 방식으로 1천 배나 확대된다고 상상해보라.

이 작은 연습에서 긍정적인 무언가를 얻었다면 다음과 같이 생각해보자. 무엇이 바뀌었는가? 그리고 무엇이 이런 상태 변화를 불러왔을까? 상황 자체는 적어도 실제로는 진척된 게 없다. 그 일은 분명 아직 완료되지 않았다. 실제로 일어난 변화는 당신이 그 상황의 결과와 다음에 해야 할 행동을 좀 더 명확히 정의했다는 것이다. <u>이 변화는 명확성, 집중, 마음의 평화를 얻는 데 매우 중요한 요소이다. 즉, 당신이 자신의 세계에 참여하는 방식에 중요한 영향을 미친다.</u>

그렇다면 무엇이 이런 변화를 불러왔을까? '정리'나 '우선순위 설정'은 아니다. 그 답은 바로 '생각'이다. 많은 생각을 할 필요는 없다. 할 일들 각각에 주어진 압력이나 기회를 구체화할 정도면 충분하다. 사람들은 생각을 많이 한다. 하지만 대부분 문제나 프로젝트, 상황을 떠올릴 뿐 그것에 관해 생각하지 않는다. 내가 제시한 연습을 실제로 해보면 결과와 행동 위주로 생각을 정리해야 한다. 그런데 의식적으로 집중하지 않으면 정리가 되지 않는다. 반응은 무의

> 활동가처럼 생각하고 사색가처럼 행동하라.
> ― 앙리 베르그송 Henri Bergson

식적으로 일어나지만 생각은 그렇지 않다.

지식근로자가 실제 하는 일

'지식근로자'의 실상과 심오한 업무 원칙의 세계에 오신 걸 환영한다. 당신은 스스로 인식하는 것보다 자신의 일들에 관해 더 많이 생각해야 하지만 두려워할 것까지는 없다. 피터 드러커가 썼듯이 "지식근로에서…… 과제는 주어지는 것이 아니라 결정하는 것이다. '이 일에서 기대되는 결과가 무엇인가?'가 지식근로자의 생산성을 높이는 핵심 질문이다. 또한 위험 가능성이 있는 결정이 필요한 질문이기도 하다. 대개 정답은 없다. 대신 선택이 있다. 그리고 생산성을 얻어야 한다면 그 결과가 구체적으로 명시되어야 한다."*

대부분의 사람들은 자신의 세계로 들어온 어떤 일의 실제 의미를 명확하게 밝히고, 그 일과 관련해 무엇을 할지 결정하기 위해 힘을 들이는 걸 내켜 하지 않는다. 우리는 일에 대해 생각을 해야 그 일을 할 수 있다고 배우지 않았다. 일상 활동들 대부분은 출근했을 때 우리를 노려보고

> 모든 행동의 시작은 생각이다.
> — 랠프 월도 에머슨
> Ralph Waldo Emerson

---

* '지식근로'는 이 세기의 많은 사람들에게 익숙하지 않은 개념처럼 보일 수 있다. 현재 우리의 삶은 결정이 필요한 다수의 비실체적이고 애매한 일이 많은 부분을 차지하고 있어서 끊임없는 생각과 선택이 요구된다. 우리들 대부분은 항상 이런 상황에 놓여 있다(물고기는 자신이 물속에 살고 있다는 걸 모르는 법이다). 하지만 우리가 적용해야 하는 사고 과정을 아직 분명하게 인식하거나 실천하지 않는 사람이 대부분이다. 지식근로는 화이트칼라 직장인들에게만 제한된 개념처럼 보일 수 있다. 지난 세기에 이 개념을 처음 다룬 것이 이 사람들이었기 때문이다. 하지만 단순한 생존 모드에서 벗어난 사람이라면 누구든 이 게임에 참여하고 있다. 이를테면 아이에게 어떤 수업을 받게 하고 혹은 어떤 디지털 기기를 사줄지 고민하는 부모도 이 범주에 속한다.

있는 고정된 미완의 일들, 혹은 부양해야 하는 가족, 해야 하는 빨래, 옷을 입혀줘야 하는 아이들에 의해 이미 결정되었다. 원하는 결과와 다음에 필요한 행동을 정의하기 위해 집중적으로 생각하는 과정이 꼭 필요하다고 느끼는 사람은 드물다. 하지만 이 과정은 희망을 현실로 만들기 위해 이용할 수 있는 가장 효과적인 방법이다.

왜 일들이 머릿속에 있는가?

무슨 일이 머릿속에 남아 있는 이유는 대개 당신이 그 일이 지금과 다른 상태가 되길 원하는데 아직은,

- 원하는 결과를 정확하게 정하지 않았기 때문이다.
- 바로 다음에 실제로 해야 하는 행동을 정하지 않았기 때문이다. 또한/혹은
- 신뢰할 만한 시스템에 그 성과와 필요한 행동을 넣어두고 상기하지 않기 때문이다.

이래서 그 일이 머릿속에 있는 것이다. 그 생각들이 명확하게 확인되고 결정이 내려질 때까지, 그리고 필요할 때 접근하여 검토할 것이 분명한 시스템에 그 결과를 저장해놓을 때까지 당신의 뇌는 그 일을 단념하지 못한다. 다른 모든 사람은 속일 수 있어도 자신의 머릿속은 속이지 못한다. 당신의 머리는 당신이 필요한 결론에 도달했

는지, 그리하여 얻은 기대 결과와 행동을 신뢰할 만한 곳에 입력하여 의식 속에 적절하게 다시 떠오를 수 있도록 해두었는지 알고 있다.* 이렇게 하지 않으면 시간

> 해야 하는 모든 일에 이렇게 계속 비생산적으로 사로잡혀 있는 건 시간과 에너지를 가장 많이 소모하는 일이다.
> — 케리 그레손 Kerry Gleeson

이 지나도 그 일이 머릿속에 계속 맴돌 것이다. 문제 해결을 위한 다음 단계를 이미 결정했다 해도, 당신이 나중에 분명 살펴볼 장소에 그것을 담아둘 때까지 머리는 그 일을 놓아주지 않을 것이다. 그래서 그 일에 대해 아무것도 할 수 없는 때에도 다음 단계를 시작하라고 계속 압박한다. 그러면 스트레스만 늘어날 것이다.

머리는 스스로 판단하지 않는다

흥미롭게도 머리의 일부분은 좀 우둔하다. 머리에 타고난 지능과 논리가 있다면 어떤 일을 정말로 할 수 있을 때만 그 일을 해야 한다고 생각할 것이다.

손전등의 배터리가 다 닳은 경우를 생각해보자. 배터리를 갈아야 한다는 사실을 언제 다시 떠올리는가? 손전등을 쓰려고 하는데 배터리가 다 닳았다는 걸 알게 되었을 때이다! 일의 발생은 그다지 현명하다고 볼 수 없다. 머리가 있다면 당신이 손전등 배터리 가게 앞을 지날 때 배터리를 구매할까 생각했을 것이다.

---

* 14장에서 다룰 바우마이스터 Baumeister의 입증된 연구 참조.

오늘 아침에 일어났을 때부터 지금까지 당신은 해야 하는데 아직 하지 않은 일에 대해 생각한 적이 있는가? 그런 생각을 한 번 이상 했는가? 왜 생각했는가? 진행하지 않는 일에 대해 계속 생각하는 건 시간과 에너지 낭비이며, 해야 하는데 하고 있지 않은 일들에 대한 걱정만 더할 뿐이다.

대부분의 사람들은 수동적으로 많은 상황을 처리한다. 특히 '할 일이 너무 많은' 증후군을 가진 경우 더욱 그러하다. 당신은 아마 많은 '일거리', 많은 열린 고리들을 효과적으로 처리하지 못하는 내면의 위원회, 즉 머릿속에 넘겨버렸을 것이다. 연구에 따르면, 정신의 상당한 부분이 이 열린 고리들을 계속해서 확인할 수밖에 없는데, 이러한 확인은 지적이고 긍정적인 동기를 유발하는 게 아니라 당신이 생각해야 하거나 생각하고 싶어 하는 어떤 일에서 정신을 뺏는 역할을 한다.

'일거리'의 변형

여기에서 '일거리 stuff'란, 당신의 심리적 혹은 물리적 세계에 들어와 제자리를 찾지 못했거나, 아직 정확한 의미와 원하는 결과, 다음 행동단계를 결정하지 않은 모든 일을 의미한다. 대부분의 사람들에게 대다수의 정리 시스템들이 효과가 없는 이유는 정리하려는 모든 일들을 변형시키지 않았기 때문이다. 그 일이 여전히

> 당신의 마음을 지배하라. 아니면 마음이 당신을 지배할 것이다.
> ― 호라티우스 Horace

일거리로 남아 있는 동안은 통제가 되지 않는다.

수년간 내가 본 거의 모든 '해야 할 일'의 목록은 일들의 나열일 뿐이지 해야 되는 진짜 일의 목록이 아니었다. 이 목록은 해결되지 않은 많은 일들을 어느 정도 상기시키지만, 이 일들은 아직 결과와 행동으로 해석되지 않았다. 즉, 그 목록을 작성한 사람이 해야 하는 일의 실제 윤곽과 세부사항이 없다.

'해야 할 일' 목록에서 전형적으로 볼 수 있는 단어들은 '엄마' '은행' '의사' '베이비시터' '마케팅 부사장' 따위이다. 이런 단어들을 보고 있노라면 안도감보다는 스트레스가 쌓인다. 당신이 하기로 했거나 결정을 내리기로 한 어떤 일들을 일깨워주긴 하지만, 이들은 여전히 "나에 관해 결정을 내려!"라고 외치고 있기 때문이다. 그리고 현재 당신이 여기에 관해 생각하고 결정할 만한 에너지나 집중력이 없다면 자신이 상황을 감당하지 못해 쩔쩔매고 있다는 사실만 확인하게 될 것이다.

일거리는 본질적으로 나쁜 게 아니다. 당신의 주의를 끄는 일들은 성격상 대개 일거리의 형태로 나타난다. 하지만 일단 어떤 일이 우리 생활과 업무에 들어오도록 허용하면 우리에게는 그 의미를 정의하고 명확하게 할 책임이 생긴다. 직장에서 일을 하려면 이메일이 되었든, 아침에 열린 전략회의에서 쓴 메모가 되었든 (시시각각) 생각하고 평가하고 결정하고 실행해야 한다. 이것은 당신 일의 본성이다. 그런 일들을 생각할 필요가 없다면 아마도 당신이 필요하지 않을 것이다.

| 우리는 끌어모으고 축적한 모든 '일거리'들을 의미 있는 행동, 프로젝트, 유용한 정보의 명확한 목록으로 변형시켜야 한다.

그리고 개인적으로 우리가 일상생활의 문제들—가정, 가족, 건강, 재정, 경력 혹은 관계—에 대해 원하는 구체적인 결과와 필요한 행동을 정의하지 않고 의식 속에 묵혀놓으면 우리는 자신을 속이게 될 것이다.

한번은 세미나가 끝날 무렵, 주요 생명공학 회사의 고위 간부 한 명이 자신이 들고 온 '해야 할 일' 목록을 다시 살펴보더니 말했다. "어이쿠, 이건 할 수 없는 일들을 모아놓은 형체 없는 덩어리예요!" 그 말은 대부분의 시스템에서 정리 목록으로 통하는 것들에 대해 내가 들은 가장 정확한 표현이었다. 대다수의 사람들은 불명확한 일들의 불완전한 목록을 재배열함으로써 정리하려고 노력해왔다. 이들은 실질적인 성과를 올리기 위해 무엇을 얼마나 많이 정리해야 하는지 아직 깨닫지 못했다. 정리하기 노력이 성공을 거두려면, 생각나는 모든 일들을 모은 뒤에, 정리하기 노력이 성공할 것인지를 생각해보아야 한다.

과정
행동 관리

운동선수와 마찬가지로 당신은 해야 하는 모든 일들을 더 빠르게, 더 적절하게 반응하며, 더 집중해서 다루도록 자신을

> 생각은 행동의 동기가 될 때는 유용하지만 행동을 대신할 때는 방해꾼이 된다.
> ― 빌 라에더 Bill Raeder

훈련시킬 수 있다. 더 효과적으로 생각하고 결과를 더 쉽고 통제력 있게 관리할 수 있다. 직업과 개인 생활 전체에 걸쳐 미진한 부분들을 최소화하고 힘을 덜 들이면서 더 많은 일을 해낼 수 있다. 또한 수집한 모든 일거리에 대해 처음부터 판단을 내리고, 이 새로운 시대에서 생활하고 일하기 위한 표준 운영 절차를 만들 수 있다.

하지만 이중 무엇이라도 달성하려면, 머릿속에 아무것도 남기지 않는 습관을 길러야 한다. 지금까지 살펴보았듯이, 이런 습관은 시간이나 정보, 우선순위를 관리한다고 생기는 게 아니다. 결과적으로 당신은,

- 5분을 관리하면 일을 끝내는 데 6분이 걸린다.
- 과다한 정보를 관리하지 마라. 그렇게 하면 도서관에서 나오지 못하거나, 웹에 접속하는 순간 머리가 터져버릴 것이다.
- 우선순위를 관리하지 마라. 그냥 우선순위를 알고 있으라.

대신, 모든 일거리들을 관리하는 열쇠는 행동을 관리하는 것이다.

행동 관리가 가장 중요한 과제이다

자신이 가진 시간으로, 정보로, 몸으로 그리고 우선순위에 따른 주안점들을 고려해 하는 일들, 이 모든 일들은 당신이 가진 제한된 자원을 할당해야 하는 실질적인 옵션들이다. 진짜 문제는 어떤 시점에서 무슨 일을 할지 적절한 선택을 내리는 것이다. 행동 관리가 진짜 과제다.

이 말은 뻔한 소리처럼 들릴 것이다. 하지만 대부분의 사람들에게 얼마나 많은 프로젝트와 할 일의 다음 행동들이 많이 결정되지 않은 채 남아 있는지 알면 놀랄 것이다. 확인하거나 결정하지 않은 행동을 관리하기란 극히 어렵다. 대부분의 사람들은 진척을 보여야 할 일들이 여러 분야에 수십 가지 걸쳐 있어도 아직 그 일들이 무엇인지 모른다. 많은 프로젝트들이 감당하기 어렵게 보이기 때문에 "_____할 시간이 없어요"라는 흔한 불평(빈 칸은 각자 채워보기 바란다)은 이해가 간다. 또한 많은 프로젝트들이 어려울 것처럼 보이는 건 당신이 프로젝트 자체는 할 수 없기 때문이다. 당신은 그저 그 프로젝트와 관련한 행동만 할 수 있다. 프로젝트를 진행시키는 많은 행동들은 적절한 상황에서라면 수행하는 데 1~2분밖에 걸리지 않는다.

시작이 반이다. — 그리스 속담	지금까지 수천 명의 사람들을 훈련시키고 코치하면서 나는 시간 부족이 중요

한 문제가 아니란 걸 발견했다(사람들은 중요한 문제라고 생각하겠지만). 진짜 문제는 프로젝트가 무엇인지, 그리고 다음에 어떤 행동이 필요한지 명확하게 정의되 | 시간이 부족해 일이 진척되지 않는 경우는 드물다. 그 일을 '수행'한다는 것이 어떤 의미인지, 어느 부분에서 수행해야 하는지 결정하지 못했기 때문에 진척이 없는 것이다.

지 않은 것이다. 문제가 생긴 뒤가 아니라 일들이 레이더에 처음 수집되었을 때 명확히 정의해두면 행동 관리의 이점을 누릴 수 있다.

일을 해내려면 두 가지 기본적인 요소가 필요하다. 그 일을 '완료한다는 것'이 무엇을 의미하는지(결과)와, '수행한다는 것'이 무엇인지(행동) 정의하는 것이다. 대부분의 사람들은 자신의 관심을 끄는 대부분의 일들에 대해 이 두 가지를 쉽고 분명하게 알지 못한다.

상향식 접근방식의 가치

나는 현재 해야 하는 행동과 약속들 중에서 가장 평범하고 기초적인 일에서 시작해 개인 생산성을 향상시키는 상향식 접근방식이 실질적으로 가치가 있다는 것을 발견했다. 이론적으로 생각하면, 먼저 개인과 조직의 목적과 비전을 파악한 뒤 중요한 목표들을 정의하고 마지막으로 세부적인 실행에 초점을 맞추는 하향식 방식이 가장 적절할 것이다. 하지만 문제는 대부분의 사람들이 매일매일 해야 하는 일들에 너무 얽매이는 바람에 좀 더 넓은 지평에 초점을 맞추는 능력이 심각하게 손상되었다는 점이다. 따라서 상향식 접근방식이 대개 더 효과적이다.

> 비전만으로는 충분하지 않다. 비전은 모험과 결합되어야 한다. 계단을 올려다보는 것만으로는 충분하지 않다. 그 계단을 올라가야 한다.
> ― 바츨라프 하벨 Václav Havel

지금 당신의 수집함과 마음속에 있는 일들의 흐름을 파악하고 통제하는 것 그리고 이런 방식을 유지하도록 도울 실천 방법들을 결합시키는 것이 지평을 넓히는 가장 좋은 방법일 것이다. 그러면 창의적이고 활기찬 에너지가 생겨 새로운 높은 단계에 초점을 맞추도록 도울 것이고, 그러한 창의력이 만들어낸 일들을 처리하는 데 자신감이 높아질 것이다. 소매를 걷어붙이고 이 과정을 실행하는 사람에게는 자연히 자유의 느낌, 해방감, 영감이 찾아온다.

그리고 그 결과 도출된 행동들을 다루는 도구들을 꾸준히 업무방식의 부분으로 만들면 좀 더 집중된 사고를 할 준비가 된 셈이다. 물론 수집함에 있는 일들보다 생각할 만한 의미 있는 일들은 더 많다. 하지만 그 수준의 일들을 효과적으로 관리하지 못하면 몸에 안 맞는 큰 옷을 입고 수영하려는 것이나 마찬가지이다.

함께 일한 많은 임원들은 낮에는 평범한 일거리들을 처리하고 저녁에는 회사와 자신의 장래 생활방식에 대한 아이디어와 비전을 생각하며 보냈다. 업무흐름을 엉키지 않게 정리하니 자동적으로 그렇게 되었다.

수평적 행동 관리와 수직적 행동 관리

할 일, 프로젝트, 행동은 수평적, 수직적이라는 두 방식으로 관리해야 한다. 수평적 관리란, 당신이 관여하는 모든 행동들에 일관성을 유지하는 것이다. 당신의 정신이 마치 경찰 탐지기처럼 주변 환경을 끊임없이 살피고 있다고 상상해보자. 그 탐지기에는 약국, 딸의 남자 친구, 직원 회의, 마사 이모, 문자 메시지, 전략 계획, 점심, 사무실의 시든 식물, 화난 고객, 닦아야 하는 구두 등 24시간 동안 당신의 관심을 끌거나 요구하는 천여 가지의 항목들이 수집될 수 있다. 우표를 사야 하고, 내일 있을 프레젠테이션을 위해 뭘 준비해야 할지 파악해야 하고, 은행에 수표를 맡겨야 하고, 호텔을 예약해야 하고, 회의를 취소해야 하고 오늘 밤에는 영화를 봐야 한다. 실제로 단 하루 동안 생각하고 처리해야 하는 일들이 얼마나 많은지 알면 놀랄 것이다. 따라서 가능한 한 많은 일들을 확인하고, 해야 하는 일들에 필요한 정보를 제공하고, 한 가지 일에서 다음 일로 빠르고 쉽게 옮겨가도록 해주는 좋은 시스템이 필요하다.

반면 수직적 관리란, 개별적인 주제와 프로젝트들을 생각하고 발달시키고 조정하는 일을 가리킨다. 예를 들어 배우자와 저녁을 먹으며 이야기를 나누다가 내면의 '경찰 탐지기'가 다음 휴가라는 주제를 탐지하면 언제, 어디로 휴가를 갈 것인지, 무엇을 할 것인지, 여행 준비는 어떻게 할 것인지 정해야 한다. 혹은 새로운 부서 개편을 앞두고 상사와 함께 몇 가지 결정을 내려야 할 수도 있다. 혹은 고객에게 전화를 걸기 전에 고객에 대한 생각을 정리해야 할 수도 있다. 이것은 넓은 의미에서 '프로젝트 기획'이다. 한 가지 활동, 상황 혹은 개인에 초점을 두고, 적어도 잠깐 동안이라도 그 일을 처리하려면 여기에 아이디어와 세부사항, 우선순위, 사건의 결과라는 살을 붙여야 한다.

수평적 관리나 수직적 관리나 목적은 같다. 일들을 머리 밖으로 꺼내 처리하는 것이다. 행동 관리가 적절하게 이루어지면 광범위한 일과 생활을 헤쳐나가면서 편안함과 통제력을 느낄 수 있고, 적절하게 초점을 맞추면 구체적으로 필요한 사항들을 분명히 알고 진행할 수 있다.

주요 변화: 모든 일을 머리 밖으로 꺼내기

일들이 머릿속에만 들어 있으면 내가 약속하는 편안한 통제력을 얻을 방법이 없다. 앞으로 깨닫게 되겠지만, 이 책에서 설명하는 각 행위들은 당신이 이미 하고 있는 일들이다. 나와 다른 사람들의 차이는 나는 일거리들을 머릿속이 아니라 쉽게 이용할 수 있는 객관적인 도구 내에 전부 넣고 정리한다는 것이다. 이 방법은 크든 작든, 개인적이든 직업과 관련된 것이든, 급한 것이든 아니든 모든 일에 적용된다. 모든 일!*

> 머릿속에 얼마나 많은 일이 들어 있는지와 실제로 행해지고 있는 일이 얼마나 많은지는 보통 반비례한다.

---

* 정확히 모든 일은 아니다. 많은 시간 내 머리는 일들을 인지하거나 생각하고 이런저런 일들에 대한 인식을 잠재적으로 발달시키면서 일들을 "스쳐 지나가고" 있다. 하루 동안 했던 수천 가지의 생각들을 모두 적어두지는 않는다. 거의 모든 일들은 그 자체로 완결된다. 이들은 내 정신 속에 약간의 열린 고리를 만드는 일들 — 가보고 싶은 식당, 이 책에서 수정할 만한 내용에 대한 아이디어, 아내에게 해주고 싶은 일, 회계사에게 할 질문, 철물점에서 사야 할 물건 등 — 이다.

프로젝트를 진행하면서, 혹은 살면서 자리에 눌러앉아 목록을 만들어야 했던 적이 있었을 것이다. 그리고 목록을 작성하며 약간 더 일의 초점이 맞춰지고 통제력을 얻었다고 느꼈을 것이다. 그렇다면 당신은 내 말을 이해할 수 있을 것이다. 당신의 세계에서 외부적으로 변한 건 아무것도 없는데도 그 일에 대해 한결 마음이 편해진다. 중요한 변화는 당신이 자신의 세계에 참여하는 방식이다. 잠재적으로 의미 있는 일들을 머리 밖으로 꺼내면 항상 이런 변화가 일어난다. 그러나 대부분의 사람들은 견딜 수 없을 정도로 혼란스러워서 뭐라도 해야 할 때만 이런 목록을 작성한다. 그런데 사람들은 자신을 괴롭히는 특정 분야에 대해서만 목록을 만든다. 하지만 삶의 모든 분야(가장 '긴급한' 분야뿐 아니라)에 이런 구체화 작업을 하고 자신의 생활과 업무방식의 특징을 검토하면 내가 설명하고 있는 물과 같은 마음의 관리 방식을 실행할 수 있을 것이다. 내 경험에 따르면 이 과정은 항상 우리의 시각과 경험을 향상시킨다. 그런데 뭘 망설이는가?

주어진 옵션들에 관해 재고하려 애쓰는 대신 그 옵션들을 바탕으로 직관적인 선택을 내리려 노력한다. 그러려면 모든 옵션들을 미리 생각해서 그 결과를 신뢰할 만한 방식으로 담아두어야 한다. 일들을 한 번 이상 생각하느라 시간을 낭비하고 싶지 않다. 그건 창의적인 에너지를 비효율적으로 사용하는 것이고 좌절과 스트레스의 원천이다.

이런 생각의 과정을 얼렁뚱땅 넘겨서는 안 된다. 그러면 당신의 머리는 무엇이든 해결되지 않은 일에 대해 계속 신경을 쓸 것이다.

하지만 머릿속에서 반복적으로 생각이 맴돌 경우 사고와 실행 능력이 떨어지는 것으로 나타났다. 또한 머릿속에 담아둘 수 있는 미해결 일거리의 수에도 한계가 있어서 과부하가 걸리면 퓨즈가 끊어져버릴 것이다.

머릿속의 단기기억 영역—결정되지도 정리되지도 않은 미완의 일거리 전부를 담고 있는 영역—은 컴퓨터의 램RAM, random access memory과 비슷한 역할을 한다. 당신의 의식뇌는 컴퓨터 화면과 마찬가지로 저장장소가 아니라 초점을 맞추는 도구이다. 당신은 한 번에 두세 가지 일밖에 생각하지 못한다. 하지만 미완의 일들은 여전히 단기기억 영역에 저장되어 있다. 램과 마찬가지로 이 영역의 용량에는 한계가 있다. 어느 정도의 일거리만 저장되어야 뇌의 그 부분이 높은 수준으로 기능할 수 있다. 대부분의 사람들은 터질 듯이 가득 찬 램을 달고 걸어 다닌다. 그리하여 정신적 과부하 때문에 끊임없이 주의가 분산되고 집중을 방해받으며 성과가 떨어진다. 이 결론은 최근의 인지과학 연구들로 입증되었다. 이 연구들은 신뢰할 만한 처리 계획이나 체계도 없이 일들을 계속 기억하느라 머리에 부담이 가서 우리의 정신적 과정이 방해받고 있음을 보여주었다.*

여러 번 생각하는 걸 좋아하지 않는 이상 같은 일을 두 번 생각할 필요는 없다.

예를 들어, 지난 몇 분 동안 지금 읽고 있는 내용과 상관없는 쪽으로 생각이 달

---

* 로이 바우마이스터Roy F. Baumeister와 존 티어니John Tierney가 공동 저술한 《의지력의 재발견Willpower》이 이 주제를 훌륭하게 다루었다.

아난 적이 있는가? 아마 그럴 것이다. 그리고 분명 어떤 열린 고리, 신경이 쓰이지만 완료되지 않은 어떤 상황에 생각이 가

> 머릿속에만 들어 있는 '할 일, 할 수 있는 일, 혹은 해야 하는 일'은 매일매일 하루 24시간 내내 비합리적이고 해결도 안 되는 압박을 가할 것이다.

닿았을 것이다. 그 상황은 뇌의 램 영역에서 목소리를 높여 당신에게 외치고 있다. 그래서 당신은 어떻게 했는가? 당신이 조만간 적절하게 검토하고 신뢰할 만한 수집도구 속에 그 상황을 넣어두지 않는 한 분명 걱정이 되거나 적어도 그 일에 관해 답답한 긴장감이 높아질 것이다. 이는 효율적이지 않다. 진전도 없고 스트레스만 쌓인다.

심각한 문제는 당신이 현재 아무 조치도 취할 수 없는 일들을 머리가 계속 상기시킨다는 것이다. 어떤 일을 해야 한다고 스스로에게 말하고 머리에만 저장해두면 머릿속의 한 영역은 항상 그 일을 해야 한다고 생각한다. 그 영역은 당신이 해야 한다고 스스로에게 말한 모든 일을 즉시 해야 한다고 생각한다. 사실, 해야 할 일 두 가지를 머릿속에 저장해두자마자 당신은 실패의 길로 들어선다. 동시에 두 가지를 할 수 없기 때문이다. 그러면 딱히 원인을 알 수 없는 스트레스가 찾아온다.

대부분의 사람들은 이런 정신적 스트레스 상태를 오랫동안 끊임없이 겪어왔기 때문에 자신이 이런 상태에 있다는 것조차 의식하지 못한다. 중력과 마찬가지로, 항상 있기 때문에 압력을 받으면서도 알아차리지 못하는 것이다. 대부분의 사람들이 자신이 얼마나 많은 긴장 속에 있었

> 당신의 머릿속에 전초기지를 세운 적을 물리치기란 어렵다.
> — 샐리 켐프턴 Sally Kempton

I. 일을 깔끔하게 처리하는 기술   71

는지 깨닫는 건 그러한 긴장을 떨치고 난 뒤 전혀 색다른 기분을 느꼈을 때이다. 방에서 계속 윙윙거리는 소리가 나는 걸 인식하지 못하고 있다가 그 소리가 그쳤을 때에야 알게 되는 것과 비슷하다.

그런 스트레스와 소음을 없앨 수 있을까? 물론이다. 이 책의 나머지 부분에서 그 방법을 설명하겠다.

2장

자신의 삶 통제하기

업무흐름을 지배하는 다섯 단계

업무흐름 관리의 다섯 단계는 편안한 상태에서 통제력을 발휘하며 일하는 기술을 습득하는 데 핵심적인 절차이다. 어떤 환경에 있든 우리가 생활, 일, 지속적인 인풋과 변화를 처리할 때 거치는 다섯 단계가 있다. 주방에서든 회사에서든, 일을 통제하려면 이 단계들을 거쳐야 한다. 그리고 이 각각의 단계는 저마다 최상의 실천방식과 도구들을 가지고 갖가지 복잡한 상황에서 현재에 충실한 생산적인 상태를 만들기 위해 전체적으로 나머지 단계들과 협력해야 한다. 단지 '정리'나 '우선순위 설정'을 말하는 건 아니다. 그런 방법들도 좋지만, 정리나 우선순위는 이 다섯 단계들을 적용한 결과로서 나타난다. 내가 설명하는 이 절차들은 전체적으로 서로 협력하며, 이들을 이용해 결과물을 낳는 건 당신이 생각하는 것보다 쉬우면서도 어렵다.

① 자신의 주의를 끄는 일을 수집한다. ② 각 항목의 의미 그리고 그와 관련해 해야 할 일을 명확히 정한다. ③ 그 결과를 정리한다. 그 결과로써 우리가 검토할 수 있는 옵션들을 제시해야 한다. ④ 이 옵션들을 검토한 뒤 선택한다. ⑤ 선택한 옵션을 실행한다. 이 다섯 단계는 우리 생활의 수평적 측면을 관리하고 우리가 매 순간순간 앞으로 나아가면서 언제라도 검토해야 하는 모든 일들을 포함한다.

임의적인, 혹은 순전히 이론적인 제안을 하는 게 아니다. 이 단계들은 생산적인 행동을 하려고 어떤 일을 통제하고 안정시켜야 할 때 언제나 우리 모두가 하는 일이다. 친구를 위해 저녁을 준비할 계획이었는데, 집에 돌아와 보니 주방이 엉망으로 어질러져 있다면 이 상황을 어떻게 처리할까? 먼저 제자리에 있는 물건과 그렇지 않은 물건들을 모두 파악한다.(수집) 그런 뒤 무엇을 놔두고 무엇을 버릴지 판단한다.(명료화) 이제 냉장고나 찬장 혹은 싱크대 등 제자리로 물건들을 도로 넣는다.(정리) 그런 다음 요리책을 보면서 필요한 재료와 도구가 있는지 확인한다.(검토) 이제 냄비에 버터를 녹이며 일을 시작한다.(실행)

이 방법은 원칙적으로 간단하며, 어떤 경우든 일반적으로 우리가 일을 시작하는 방법이다. 하지만 내 경험에 따르면 대부분의 사람들이 이 각각의 단계를 지금보다 상당히 더 효과적으로 수행할 수 있다. 업무흐름 관리의 품질은 이 다섯 단계가 연결된 사슬에서 가장 약한 연결고리

삶이 당신의 길을 가로막지 않도록 하라.

에 따라 결정된다. 따라서 모든 연결고리를 일관된 기준에 따라 통합하고 지원해야 한다.

> 인간 삶의 주된 활동들에서 자유의 원칙을 찾을 때만, 다시 말해 인간이 자신의 반응들을 훈련하고 환경을 통제하는 법을 배우는 과정에서만 자유에 대한 유용한 정의를 내릴 수 있다.
> — 월터 리프먼 Walter Lippmann

대부분의 사람들은 좀 더 광범위한 생활과 일에서 나름의 방식대로 이 통제 절차를 실시할 때 저마다 부족한 부분들이 있다. 우리가 직면하고 있는 새로운 세계는 바로 그 약한 지점들을 공격한다. 어디서나 정보에 접근할 수 있고 변화속도가 빨라지면서 생활과 일이 계속해서 더욱 복잡해진다. 어질러진 부엌을 정리하는 것뿐이라면 좋을 텐데! 물이 새는 작은 구멍에 압력이 더해지면 구멍이 커지기 마련이다. 보지 않은 이메일 한 건, 놓친 약속 한 건, 회피한 결정 하나가 엄청나게 심각한 결과를 불러올 수 있다. 피한다고 관련 내용의 양이 줄어들거나 인풋이 느려지지는 않기 때문에 업무흐름을 지배하는 기술을 익히려 하지 않는 건 위험을 무릅쓰는 짓이다.

대부분의 사람들은 ① 수집 절차에 취약하다. 무언가를 하겠다는 약속 대부분이 여전히 머릿속에만 들어 있다. 머릿속에서 생성된 '할 수 있는 일, 할 일, 하고 싶은 일, 해야 할 일'들의 수가 다른 어딘가에 기록할 수 있는 정도를 훨씬 넘어선다.

또한 많은 사람들이 일들을 수집하긴 하지만 ② 그 일들이 정확히 무엇을 나타내는지 명확히 정의하거나 그와 관련해 어떤 행동을 해야 하는지 결정하지 못한다. 여기저기에 흩어져 있는 두서없는 목록,

회의에서 쓴 메모, 냉장고나 컴퓨터 화면에 붙어 있는 포스트잇에 애매하게 써놓은 할 일들, 혹은 디지털 도구의 할 일 관리Task 기능…… 우리 정신은 이 모든 것들에 영향을 받지 못하고 무감각해진다. 이 목록들을 가지고 있다고 해서 안심이 되는 게 아니라 종종 스트레스가 커진다.

일거리들에 대한 결정을 잘 내려도 그 결과를 효과적으로 ③ 정리하지 않아 기껏 했던 생각들을 무용지물로 만드는 사람들도 있다. 어떤 일에 관해 상사에게 보고해야 한다고 결정했지만 그 결정을 상기시켜줄 장치(리마인더)가 머릿속의 후미진 구석에만 들어 있어서 기회가 와도 적절한 맥락과 신뢰성 있는 형태로 활용하지 못한다.

좋은 시스템을 보유하고 있지만 그 내용들이 제 기능을 유지하도록 지속적으로 ④ 검토하지 않는 사람들도 있다. 이 사람에게는 목록, 계획, 다양한 체크리스트(수집, 명료화, 정리단계에서 얻은)가 있지만 이를 계속해서 파악하고 이용하지 않는다. 많은 사람들이 꾸준히 일정표를 넘겨보며 다가오는 사건들과 최종기한을 파악하지 않아 막판에 동동거리게 된다.

마지막으로, 이런 앞 단계들의 연결고리들 중 하나가 취약하면 향후 어느 시점에 ⑤ 실행하기로 선택한 일이 최상의 옵션이 되지 않을 수 있다. 어떤 행동을 하고 어디에 초점을 맞출지에 대한 결정은 대부분 가장 최근에 들어오고 가장 눈에 띄는 인풋의 영향을 받는다. 그리고 믿음이 아닌 희망이 바탕이 되어 있다. 사람들은 해야 하는 일을 하지 않고 있다거나 잠재적으로 중요한 행동들을 할 '시간이 없다는' 느낌에 늘 시달린다. 또한 스트레스 없이 생산성을 높이는 핵심인 '의미 있는 일을 하고 있다는 느낌'을 받지 못한다.

"어떤 일을 머릿속에서 꺼내려면 언제, 무엇을, 어떤 형태로 보아야 할까?"라고 자문해보라. 단지 시스템을 가지는 게 목적이 아니다. 활용할 시스템을 만들어야 한다.

이 다섯 단계들의 역학 그리고 이들이 최적의 기능을 발휘하도록 돕는 효과적인 기법과 도구들을 이해해야 한다. 꼭 필수적이지는 않지만 이 단계들을 분리해도 도움이 된다. 인풋을 수집만 하고 아직 무엇을 할지 결정하고 싶지 않을 때도 있고, 그저 회의록을 처리하고 싶은 때도 있다. 아니면 오랜 여행에서 돌아와 여행길에서 수집하고 처리한 것을 나누고 정리하고 싶을 수도 있다. 또 다른 때는 내 일의 목록 전체나 일부를 검토하고 싶어진다. 그리고 분명 나는 그저 내가 해치워야 하는 어떤 일을 하며 많은 시간을 보낸다.

나는 많은 사람들이 정리 작업에 성공하지 못하는 주요 원인들 중 하나가 이 다섯 단계들을 한꺼번에 다 하려 들기 때문이란 걸 발견했다. 목록을 작성하려고 앉았을 때 대부분의 사람들은 실제로 해야 하는 많은 행동들을 정리하지 않은 채 '가장 중요한 일들'을 우선순위와 순서에 따라 수집하려 애쓴다. 하지만 부하직원의 생일을 축하하기 위해 무엇을 해야 할지를 지금 당장 '중요하지 않은 일'이라서 결정하지 않았다면 그 열린 고리가 당신의 에너지를 차지하여, 정말 중요한 일에 효과적이고 확실하게 초점을 맞추지 못하게 될 것이다.

이 장에서는 다섯 단계들을 상세히 설명하고, 4장에서 8장까지는 각 시기의 체계를 빈틈없이 시행하기 위한 단계별 프로그램을 소개하겠다.

수집

무엇을 수집해야 하는지 그리고 수집된 것을 적절하게 처리할 수 있으려면 수집 작업을 어떻게 해야 가장 효과적인지 알아야 한다. 머리가 모든 걸 놓치지 않으려 애쓰는 걱정에서 벗어나게 하려면 당신이 수행해야 하거나 적어도 결정해야 하는 무언가를 나타내는 일들을 전부 정확히 수집했고 가까운 장래에 그것들을 모두 처리하고 검토할 것이라는 확신이 들어야 한다.

'미완의 일'들 1백 퍼센트 수집하기

'당신이 가진 양동이'의 구멍을 메우려면 자신의 세계에서 미완이라고 생각되는 모든 일들을 수집해야 한다. 사적인 것이든 공적인 것이든 크든 작든 급하든 비교적 중요하지 않든, 현재 상태와 달라져야 한다고 생각하고 바꾸겠다고 마음먹은 모든 일들이 여기에 해당한다.

지금 이 책을 읽는 동안에도 당신이 해야 하는 많은 일들이 수집되고 있다. 우편함과 이메일 수신함에 우편물이 들어오고 있고, 집에도 소포와 편지들이 도착하고 있을 것이다. 사무실 종이함에 눈에 보이는 일거리가 놓여 있고 디지털 도구 안에는 이메일, 문자 메시지, 음성 메시지가 담겨 있다. 하지만 동시에 당신은 제자리에 있지 않고 제 방식대로 있지 않은 일들을 끊임없이 수집하고 있다. 이메일처럼 '지금 직면한' 문제는 아닐 수 있어도 그 일거리는 일종의 해결을 요구한다. 고리가 닫혀야 하고 완료되어야 하는 것이다. 노트북 컴퓨터 안에서 어슬렁거리고 있는 전략 아이디어, '고장 나서' 수리하거나 버려야 하는 책상 속의 기기들, 커피 테이블 위에 쌓여 있는 예전 잡지들이 모두 이 범주에 속한다.

이런 것들에 '할 일' '할 필요가 있는 일' 혹은 '해야 하는 일'이라는 딱지를 붙이는 순간 그것은 미완의 일이 된다. 예를 들어 무언가를 할지, 말지 내려야 하는 결정도 미완의 일이다. 여기에는 무언가를 하겠다고 결정은 했지만 아직 시작하지 않은 '앞으로 할 일' 모두가 포함된다. 또한 계류 중이거나 진행 중인 모든 일들뿐 아니라 할 일은 다했지만 마무리했다고 스스로 인정하지 않은 항목들까지 포함된다.

이런 열린 고리들을 적절하게 관리하려면 그 일이 무엇인지, 그와 관련해 무엇을 해야 하는지 결정할 시간이 날 때까지 인큐베이팅 상태로 '수집함' 속에 넣어두어야 한다. 그런 뒤 이 수집함을 정

> 끝마치지 않고 놓아둔 일은 실제 그 일이 놓인 상황과 당신의 머릿속, 두 곳에서 미완성이다. 머릿속에 남아 있는 미완의 과제들은 당신의 의식을 갉아먹어 주의력과 에너지를 소모시킨다.
> — 브라흐마 쿠마리스 Brahma Kumaris

기적으로 비워 수집함이 계속해서 유용한 수집도구 역할을 하도록 해야 한다.

기본적으로, 당신에게 의미 있는 모든 일은 넓은 의미에서 이미 수집되고 있다. 신뢰할 만한 외부 시스템에서 직접적으로 관리되지 않고 있다면 아마 마음속 어딘가에 머물고 있을 것이다. 그 항목을 수집함 속에 넣지 않았다고 해서 당신이 모르는 건 아니다. 하지만 우리가 여기에서 이야기하고 있는 건 당신에게 필요한 모든 일을 머릿속이 아닌 다른 곳에 수집해야 한다는 것이다.

수집도구

미완의 일들을 수집하는 데는 여러 유형의 도구들이 사용된다. 여기에는 첨단 도구들과 단순한 도구들이 모두 포함된다. 다음 도구들은 모두 외부에서 들어오는 정보뿐 아니라 스스로 생성한 인풋을 수집하여 담아두는 수집함 역할을 할 수 있다.

- 수집 박스
- 필기 용지
- 디지털/오디오 필기 장치
- 이메일과 문자 메시지

▶ 수집 박스 | 플라스틱, 나무, 가죽, 혹은 철사로 된 일반 서류 박스들

은 처리해야 하는 서류나 메모, 물건들을 모아놓기 위해 오랫동안 흔히 사용해온 도구이다. 그 안에는 우편물, 잡지, 회의록, 기업 보고서, 티켓, 영수증, 플래시 드라이브, 명함, 심지어 배터리가 다 닳은 손전등도 들어 있다.

▶ **필기 용지** | 종이를 뺐다 끼웠다 할 수 있는 노트나 스프링 노트, 메모지, 갖가지 모양과 크기의 필기 용지들은 그때그때 생각나는 아이디어들, 인풋, 해야 할 일 등을 수집하기에 효과적이다. 각자의 취향과 업무에 맞는 용지가 필요하다.

▶ **디지털/오디오 필기 장치** | 컴퓨터, 태블릿, 스마트폰 그리고 하루가 멀다 하고 등장하는 온갖 새로운 모바일 기기들을 사용해 나중에 처리할 기록들을 담아두거나 기억해야 하는 임시적인 기록들을 보관할 수 있다.

▶ **이메일과 문자 메시지** | 이메일과 문자 메시지를 사용한다면, 그 소프트웨어에는 수신하는 메시지와 파일들을 보관하는 공간이 있을 것이다. 당신이 읽고 처리할 때까지 메시지와 파일들을 이곳에 저장해 둘 수 있다.

▶ **기술통합** | 디지털 세계의 혁명으로 점차 자동으로 이 다양한 채널

들을 통합할 수 있게 되었다. 종이와 화이트보드에 쓴 글을 소프트웨어의 저장장치에 곧바로 기록하거나 인식하거나 보낼 수 있다. 또한 음성 메시지를 기록하고 디지털화하고 출력할 수도 있을 뿐 아니라 모바일 기기에서 이메일에 접속해 자신의 계정으로 아이디어를 보내놓을 수도 있다.

첨단기술을 활용한 것이든 단순한 것이든, 내가 설명한 모든 도구와 기능들은 잠재적으로 의미 있는 정보, 할 일, 아이디어, 행동에 대한 합의를 수집하는 수집함과 비슷한 역할을 한다.

수집단계의 성공을 위한 요건들

유감스럽게도, 수집함만 갖춘다고 그 수집함이 기능을 발휘하는 건 아니다. 대부분의 사람들이 일정 종류의 수집도구들을 보유하고 있지만 보통 거의 관리하지 못하거나 심각할 정도로 제대로 활용하지 못한다. 수집단계를 성공적으로 수행하기 위한 세 가지 요건들을 검토해보자.

▶ **일들을 전부 머리 밖으로 꺼내라** | 여전히 마음속에서 너무 많은 일들을 확인하려 애쓰고 있는 사람은 수집함을 이용하고 완전히 비우겠다는 동기부여가 되지 않을 것이다. 대부분의 사람들은 이 도구들에 대해서 비교적 신경을 쓰지 않는다. 이 도구들이 전체 시스템을 나타내지 않는다는 걸 알기 때문이다. 미완의 일들이 수집함에도 한 뭉치,

머릿속에서 한 뭉치 들어 있고 어느 쪽에서도 실질적인 도움을 받지 못하기 때문에 이 도구들에 대해 생각하지 않게 된다. 테이블에 커다란 구멍이 있는 기계에서 핀볼을 해서 공이 자꾸만 빠지는 경우와

> 뇌를 깨끗이 비워라. 그게 위를 비우는 편보다 나을 것이다.
> — 미셸 에켐 드 몽테뉴
> Michel Eyquem de Montaigne
>
> 머릿속에 모든 걸 집어넣든가, 다 꺼내든가 해라. 두 방법이 뒤섞여 있으면 어느 쪽도 믿지 못할 것이다.

마찬가지다. 게임을 계속할 동기부여가 되지 않는 것이다.

수집도구들은 당신 생활의 일부가 되어야 한다. 어디에서든 잠재적으로 가치 있는 생각들을 수집할 수 있도록 이 도구들을 항상 가까이 두고, 칫솔이나 운전면허증이나 안경처럼 없어서는 안 되는 것으로 생각하라. 유용한 무언가를 놓치는 일이 없을 것이라는 믿음이 들면 좋은 아이디어를 더 많이 떠올릴 여유가 생긴다.

▶ **수집공간의 개수는 최소화한다** | 수집함의 개수는 꼭 필요한 만큼만 마련해야 한다. 당신이 어디에 있든 수집하고 싶은 일들이 나타날 수 있으므로 어떤 상황에서든 수집기능을 이용할 수 있어야 한다. 하지만 수집공간이 너무 많으면 일들을 쉽고 일관성 있게 처리하지 못할 것이다.

단순한 도구든 첨단도구든, 수집함이 과도하게 많아지는 문제가 종종 발생한다. 단순한 도구들의 경우, 주로 종이나 실제 서류함을 이용한 수집영역에서는 대부분의 사람들이 이 문제를 개선할 수 있다. 메모는 서류더미나 노트나 서랍 속에 끼워놓은 채 방치하지 말

> 잠재적으로 의미 있는 모든 인풋을 당신이 쉽게 접근하여 평가할 수 있는 최소한의 채널들로 보내라.

고 모아서 처리해야 한다. 서류와 물건들을 구석마다 쌓아놓지 말고 실제 보관함에 넣어야 한다. 첨단 도구들의 경우, 소셜 미디어와 다중 연결된 기기들이 등장하고 어디서든 이메일을 쓸 수 있게 됨에 따라 평가하고 처리해야 하는 일거리에 관한 인풋을 제공하는 소스가 엄청나게 증가했다. 사람들은 이제 하나 이상의 이메일 계정을 가지고 있고, 수많은 디지털 기기들을 사용한다. 역설적이게도, 디지털 혁명이 삶을 간소화함에 따라 우리가 처리해야 할 밀린 인풋이 태산같이 쌓이고 그로 인해 어려움을 겪는 사람들의 수가 급격히 늘어났다.

삶과 일이 더욱 복잡해지면서 아이디어와 인풋을 수집하기 위한 표준적인 도구와 절차의 중요성이 점점 더 커질 것이다. 예를 들어, 일을 해나가다 보면 업무와 관련된 최상의 아이디어가 꼭 직장에서 떠오르는 건 아니다. 훌륭한 수집도구를 늘 가까이에 두고 그러한 아이디어들을 활용하는 능력이 당신의 세계를 감당할 수 있는 열쇠이다.

▶ **수집도구들을 정기적으로 비워라** | 수집단계의 마지막 성공요인은 누가 봐도 명백하다. 수집한 일거리들을 비우고 처리하지 않으면 수집도구들은 무정형 자료들의 보관장소 기능밖에 하지 못한다. 내용을 비운다는 것이 그 안의 일을 끝내야 한다는 뜻은 아니다. 그 일이 무엇

인지, 그와 관련해 무엇을 해야 하는지 좀 더 구체적으로 결정해야 하고, 아직 끝내지 않았으면 시스템 내에 정리하라는 뜻이다. 수집함에서 일을 꺼내야 한다. 그냥 놔두거나 도로 '집어넣지' 마라! 수집함을 비우지 않는 건 아무도 비우거나 처리하지 않는 쓰레기통과 우편함을 가진 것이나 마찬가지이다. 당신은 그저 새 쓰레기통을 사서 영원히 축적만 하게 된다.

하지만 비우기 위해 '모으려면' 통합된 생활관리 시스템life-management system이 자리를 잡아야 한다. 수집함(실제 수집함과 디지털 수집함)에 일거리가 과도하게 쌓이는 건 효과적인 분류/정리 시스템이 없기 때문이다. 그 일에 대해 무언가를 해야 한다는 건 알고 있지만 지금 당장 할 수 없을 때는 일들을 모아두는 것이 종종 더 편해 보인다. 특히 서류와 이메일 수집함은 정리를 위해 많은 사람들에게 꼭 필요한 도구이다. 사람들은 적어도 그 안의 어딘가에 아직 끝내지 않은 일이 들어 있다는 건 알고 있다. 유감스럽게도 감당 못할 수준으로 서류더미가 쌓이거나 확인하지 않은 이메일이 너무 많아 한 화면으로 보기 힘들 정도가 되면 그 안전망이 깨진다.

다음 두 단계를 숙달하고 인풋과 미완의 일들을 쉽고 빠르게 처리하고 정리하는 방법을 알게 되면 '모으는' 작업이 본래의 기능을 되찾을 수 있다. 보관함과 이메일 시스템 안의 일들을 당장 하지 않고도 비우는 방법을 살펴보자.

> 어떤 일의 흐름이 막히면 그 실행에 덜 집중하게 되고 답답하고 창의력을 발휘하지 못한다.

명료화

나와 함께 일했던 거의 모든 사람들이 가장 중요한 개선을 보인 시기는 수집함을 비우기 위해 항목별로 생각하는 법을 가르쳤을 때였다. 한 다국적 기업의 주요 부서 책임자는 나와 함께 자신의 미해결 사항들을 전부 처리하자 경이로움에 휩싸여 의자에 깊숙이 몸을 묻더니, 일정표 덕분에 다음에 어떤 회의에 가야 할지는 알 수 있어 마음이 놓였지만 업무의 다른 모든 측면에 대해서는 그처럼 안심한 적이 없었다고 했다. 그 측면들을 우리 두 사람이 지금 막 명확히 정의한 것이다. 그녀가 떠올려야 하는 행동과 정보들이 이제 확인되어 구체적인 시스템에 맡겨졌다.

각 이메일, 문자 메시지, 음성 메시지, 메모, 회의록 혹은 생각나는 아이디어에 관해 자신에게 무엇을 물어봐야(그리고 대답해야) 할까? 이것은 개인적 정리의 기본이 되는 인풋 관리요소이다. 많은 사람들이 정리를 원하지만 불완전한 일련의 재료들로 정리 작업을 하는 실수를 저지른다. 인풋을 정리할 수는 없다. 인풋은 그저 수집해서 처리할 수 있을 뿐이다. 대신 당신은 무엇을 해야 하는지에 관해 내렸던 결정에 근거해 실행해야 할 행동들을 정리한다. 이 과정 전체—수집 및 정리단계—는 여기에서 소개하는 의사 결정 모델이라는 나무의 '몸통'에 해당한다.

▶ **이것은 무엇인가?** | 이건 바보 같은 질문 이 아니다. 지금까지 우리는 일거리와 수

> 모호한 것보다 틀리는 편이 낫다.
> — 프리먼 다이슨 Freeman Dyson

집함에 대해 이야기해왔다. 하지만 일거리가 무엇이고 그에 관해 무엇을 해야 하는지는 논의하지 않았다. 예를 들어, 우리의 개인 정리 시스템에서 곧잘 빠지는 항목들 중에는 정부나 회사에서 받은 형태가 확실하지 않은 자료들이 많다. 무엇무엇에 관한 어쩌고저쩌고가 이제 무엇무엇의 정책이 되었다고 알려주는 인사부의 이메일은 어떤가? 한 고객의 서류더미와 책상 서랍을 뒤져봤더니 전달사항이 적힌 문서들이 무더기로 나왔다. 고객이 그 내용과 문서가 무엇에 관한 것인지 파악하는 데 몇 초도 걸리지 않아 거기에 던져놓았던 것들이었다. 다음 결정이 중요한 건 이 때문이다.

▶ **실행할 행동이 있는가?** | 이 질문에는 '예'와 '아니요', 두 가지 대답이 가능하다.

행동이 필요 없는 경우 대답이 '아니요'일 경우, 처리 방법은 세 가지로 나뉜다. 이 세 방법 자체도 관리할 수 있는데, 여기에 대해서는 다음 장에서 다루겠다. 지금은 버릴 것들을 위한 휴지통과 'Del' 키, 인큐베이팅(당장은 할 행동이 없지만 나중에 할 수도 있는 일들)을 위한 '티클러' 파일이나 일정표, 그리고 참조할 정보를 위한 효과적인 자료 보관장치가 필요하다는 것만 이야기하겠다.

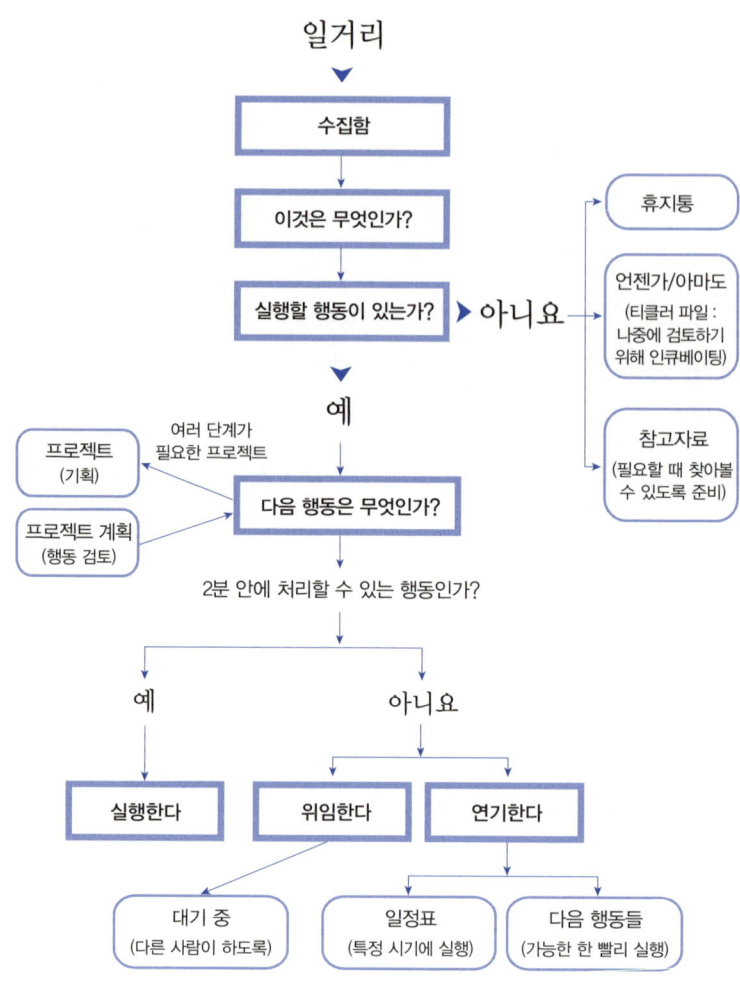

업무흐름 도표 – 명료화 단계

실행할 행동이 있는 경우 '실행할 행동이 있는가?'라는 질문에 '예'라는 대답이 나온 항목들로, 무언가를 해야 하는 일

> 일을 하는 데는 많은 힘이 들지 않는다. 하지만 무슨 일을 결정하는 데는 많은 힘이 필요하다.
> — 엘버트 허버드 Elbert Hubbard

거리들이다. 예정된 오찬 강연의 요약본을 요청하는 이메일, 외부 컨설턴트를 채용해야 하는 중요한 신규 프로젝트와 관련하여 부사장과 했던 회의에서 기록한 메모 등이 전형적으로 이에 해당한다.

실행할 행동이 있는 각 항목에 대해서는 두 가지를 결정해야 한다.

프로젝트에 관한 항목일 경우 '프로젝트' 목록에 올린다. 그러면 그 일이 완료될 때까지 당신에게 열린 고리가 있다는 것을 계속 상기시켜줄 것이다. 목록을 매주 검토하는 시간을 가지면 그 항목이 아직 해결되지 않은 어떤 일로 다시 인식될 것이다. 그래서 그 일이 완료되거나 제거될 때까지 관리 시스템 속에(머릿속이 아니라) 생생하게 살아 있을 것이다.

다음 행동은 무엇인가? 이것은 당신이 수집한 모든 일에 중요한 질문이다. 이 질문에 적절하게 답하면 당신은 정리에 필요한 실질적인 열쇠를 쥐게 된다. '다음 행동'은 이 일을 현재 상태에서 완결 쪽으로 진척시키기 위해 실제로 실행해야 하는 가시적인 행동을 말한다. '다음 행동'의 몇 가지 예를 들어보겠다.

- 프레드에게 전화해 지난번에 이야기한 수리점의 이름과 전화번호를 물어본다.

I. 일을 깔끔하게 처리하는 기술 89

- 예산회의 안건을 위한 초안을 작성한다.
- 마련해야 하는 서류정리 장치에 관해 안젤라와 이야기한다.
- 인터넷에서 지역의 수채화 학원들을 찾아본다.

이들은 실제로 현실에서 일어나야 하는 물리적 행동이다. 이 행동들을 상기시켜주는 장치(실행 환기)들은 개인 생산성 관리체계의 기본 요소들이다.

그 행동을 실행한다, 위임한다, 연기한다 다음 행동을 결정했다면, 이제 세 가지 옵션이 있다.

1. 실행한다. 2분 안에 끝낼 수 있는 행동이라면 그 행동이 정의된 시점에 곧바로 해야 한다.

2. 위임한다. 2분 넘게 걸리는 행동이라면 내가 이 일을 할 적당한 사람인지 자문해본다. 대답이 '아니요'라면 적절한 사람에게 위임한다.

3. 연기한다 그 행동을 끝내는 데 2분 넘게 걸리고 당신이 적임자일 경우에는 실행을 나중으로 미루고 '다음 행동' 목록을 한 번 이상 확인해야 한다.

정리

업무흐름 도표의 바깥 테두리를 이루는 상자들은 모든 일거리를 처리한 결과 나올 실행 환기들과 자료들이 들어갈 여덟 개의 범주들이다. 이들은 해야 하는 모든 일, 또한 하루나 일주일 단위로 추가될 수 있는 모든 일을 정리하기 위한 종합적 시스템을 형성한다.

실행할 행동이 없는 항목들은 '휴지통' '언젠가/아마도' '참조'로 보낼 수 있다. 무언가에 대해 행동이 필요하지 않으면 버리거나, 나중에 재평가하기 위해 인큐베이팅하거나, 참조해야 할 때 찾을 수 있도록 철해두거나 디지털 기기의 이메일이나 메시지 등을 항목별로 분류하여 보관한다. 실행할 행동이 있는 일들을 관리하려면 프로젝트 목록, 프로젝트 계획과 자료 보관함이나 파일, 일정표, 다음 행동들의 목록 그리고 대기 중인 일들의 목록이 필요하다.

정리의 모든 범주들은 물리적으로 어떤 형태 내에 담겨야 한다. 내가 말하는 '목록'은 검토할 수 있는 어떤 종류의 실행 환기들의 집합을 의미하는데, 이는 노트나 컴퓨터 프로그램, 심지어 각 항목에 관한 문서들이 들어 있는 서류철 파일이 될 수도 있다. 예를 들어, 현재 프로젝트들의 목록을 종이 플래너의 한 페이지에 보관할 수도 있고, 소프트웨어 애플리케이션의 '할 일 관리' 기능 내에 넣을 수도 있다. 아니면 '프로젝트 목록'이라는 라벨을 붙인 단순한 실제 서류철 안에 넣을 수도 | 정리한다는 것은 그 일이 당신에게 의미하는 바에 맞는 곳에 둔다는 뜻이다.

있다. 인큐베이팅 중인 일의 실행 환기(예: 3월 1일 이후에 회계사에게 연락해 약속 잡기)들은 종이로 된 티클러 파일이나 '이월' 파일 혹은 디지털 애플리케이션에 저장할 수 있다.

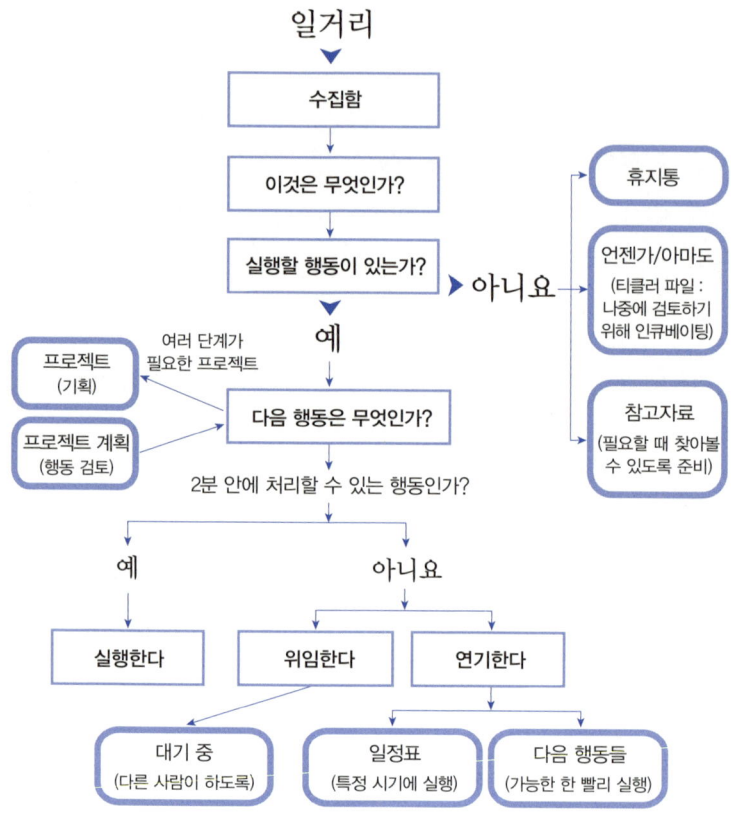

업무흐름 도표 – 정리 단계

프로젝트

나는 '프로젝트'를 하나 이상의 행동단계가 필요하고 1년 내에 완수할 수 있는 어떤 원하는 결과라고 정의한다. 다시 말해, 중요한 일들뿐 아니라 일반적으로 프로젝트라고 불리지 않는 다소 사소한 일들도 프로젝트 목록에 올라갈 것이라는 뜻이다. 이렇게 정의하는 이유는, 한 단계만으로 어떤 일이 끝나지 않으면 아직 할 일이 남았다고 상기시켜주는 일종의 안내판을 세워야 하기 때문이다. 상기시켜주는 안내자가 없다면 그 일은 다시 머릿속으로 슬그머니 들어갈 것이다. 기간을 1년이라고 한 이유는, 그 범위 내에 당신이 끝내기로 한 어떤 일의 상태에 대해 꺼림칙한 마음이 들지 않으려면 매주 검토가 필요하기 때문이다. 프로젝트를 규모와 상관없이 열린 고리의 목록으로 생각해도 된다.

프로젝트 목록의 예

이사회의 새 위원을 정한다.
8월에 휴가를 간다.
직원들의 휴양지를 만든다.
책을 발간한다.
컴퓨터 업그레이드를 완료한다.
유언장을 수정한다.
예산안을 결정짓는다.
신제품 출시를 완료한다.
새로운 CRM 소프트웨어를 배운다.

〈하버드 비즈니스 리뷰〉의 복사본을 구한다.
홍보 담당자를 뽑는다.
봄 정원에 식물을 심는다.
비디오 프로젝트를 위한 자원을 조사한다.
다음해의 세미나 일정을 정한다.
취업동의서 작성을 마친다.
현관에 새 전등을 단다.
새 식탁을 구입한다.
마리아를 중학교에 입학시킨다.

프로젝트를 처음부터 특정 순서대로 나열할 필요는 없다. 각 프로젝트에 대해 적절한 다음 행동이 정해질 때까지 정기적으로 검토할 수 있도록 종합목록에 넣어두면 된다.

실제로 프로젝트를 실행하는 게 아니다. 당신은 그 프로젝트와 관련한 행동단계들을 취하는 것뿐이다. 적절한 행동단계들을 취하면, 처음에 당신이 그 프로젝트가 '완료'되었다고 말할 수 있는 결과라고 생각했던 것과 일치하는 어떤 상황이 만들어질 것이다. 프로젝트 목록은 다음 행동들이 전 트랙에서 적절하게 진행될 수 있도록 우리가 정한 결승선들이라 할 수 있다.

각자 중점을 두는 분야에 따라 프로젝트들을 여러 하위 범주로 분류해도 된다. 하지만 처음에는 프로젝트들이 모두 담긴 하나의 목록을 작성해야 더 편하게 활용할 수 있어 각자에게 알맞은 시스템을 만들기가 더 쉬울 것이다.

▶ **프로젝트 지원자료** | 당신은 많은 프로젝트에 대해 관련 정보들을 축적할 것이고 이 정보들을 주제나 이름 별로 분류하고 싶을 것이다. 프로젝트 목록은 그저 색인 역할을 할 것이다. 다양한 프로젝트를 진행하면서 필요할 수 있는 모든 세부사항, 계획, 도움이 되는 정보들은 별개의 서류철, 컴퓨터 파일, 노트, 혹은 바인더에 들어 있어야 한다.

지원자료들과 참고 파일 프로젝트 지원자료들을 주제별로 정리해보면 참고자료들과 거의 동일해서 참고 파일 시스템에 보관해도 된다는 걸 알게 될 것이다(예를 들어, '결혼' 파일을 일반참고 파일에 보관할 수 있다). 유일한 차이는 진행 중인 프로젝트들의 경우 지원자료들을 더 꾸준히 검토하여 필요한 모든 행동들을 확인해야 한다는 것이다.

나는 특별한 경우가 아니면 프로젝트 지원자료들을 프로젝트 실행 때만 사용하는 별도의 장소에 보관하길 권한다. 효과적인 업무 참고자료 보관장치를 쉽게 손닿는 곳에 마련하면 이들을 가장 간단히 정리할 수 있다. 하지만 자료들을 꺼내놓고 바로 보고 이용하면 더 편리할 때도 있다. 특히 하루에도 여러 차례 참고자료들을 확인해야 하는 긴급한 프로젝트의 경우 더욱 그러하다. 쉽게 손이 닿는 곳에 세워놓는 서류꽂이나 여러 층의 서류함을 두면 이러한 자료들을 이용하는 데 편리하다.

역설적이게도 디지털 세계는 참고자료와 지원자료들의 정리를 더욱 간편하게 만드는 동시에 더 복잡하게 만든다. 어딘가에서 무언가를 수집하여 다른 어딘가에 복사하는 건 쉽고 빨라졌지만, 이용할 수 있는 보관장소가 많아지고 자신뿐 아니라 다른 사람들도 정보를 이용하도록 하는 방법도 무수히 많다는 걸 감안하면 수집한 것을 어디에 보낼지 결정하기가 힘들 수 있다. 가장 좋은 방법은 당신의 디지털 참조체계를 되도록 단순하게 유지하고 지속적으로 검토하여 비우는 것이다.

다음 행동의 범주들

　업무흐름 도표에서 분명히 알 수 있듯이, 다음 행동의 결정이 가장 중요하다. 그 행동은 예외 없이 모든 열린 고리에 대해 다음에 실제로 해야 하는 가시적인 행위여야 한다.

　물론 2분 내에 처리한 행동과 이미 완료된 다른 모든 행동들을 확인할 필요는 없다. 그 일들은 이미 해치웠으니까. 확인해야 하는 건 특정 시간 혹은 특정한 날짜(일정표에 표시해야 한다)에 해야 하는 모든 행동들, 할 수 있게 되자마자 해야 하는 행동들('다음 행동' 목록에 추가한다), 그리고 다른 사람들이 하기를 기다리고 있는 모든 행동들(대기 중 목록에 올려놓는다)이다.

▶ **일정표** | 실행해야 하는 행동들의 실행 환기는 특정한 날짜나 시간에 해야 하는 것, 가능한 한 빨리 해치워야 하는 것 이렇게 두 범주로 나뉜다. 일정표는 첫 번째 유형을 다룬다.

　일정표에는 세 가지를 기입한다.

- 특정 시간에 해야 하는 행동
- 특정 날짜에 해야 하는 행동
- 특정 날짜와 관련된 정보

　특정 시간에 해야 하는 행동　좀 복잡하게 표현했지만 이건 약속을 말한다. 한 프로젝트와 관련해 취해야 하는 다음 행동은 종종 그 사안을 논의하기 위해 마련된 회의에 참석하는 것이다. 이를 일정표에 기록하여 확인하는 것만으로도 충분하다.

특정 날짜에 해야 하는 행동   특정 날짜에 해야 하지만 꼭 시간이 정해지지는 않은 일들이 있다. 예를 들어 미오코에게 금요일에 전화를 걸어 당신이 보낼 보고서가 괜찮은지 확인하겠다고 했다고 하자. 미오코는 목요일 이전에는 보고서를 받지 못할 것이고 토요일에는 해외에 나갈 계획이다. 따라서 반드시 금요일에 행동을 취해야 하지만 시간은 그날 언제라도 괜찮다. 그러면 금요일 중으로만 전화하면 된다고 일정표에서 확인해야 한다. 시간이 정해진 행동인지, 날짜가 정해진 행동인지를 모두 일정표에 기록하면 유용하다.

특정 날짜와 관련된 정보   특정 날짜와 관련해서 당신이 알고 싶은 것들, 꼭 취해야 하는 행동이 아니라 특정 날짜에 알면 유용할 수 있는 정보들도 일정표에 기록해둘 수 있다. 여기에는 약속과 관련된 주의사항들, 다른 사람들(가족이나 직원)이 그날 참여할 활동들, 혹은 흥미가 가는 이벤트 등이 포함된다. '누군가가 지금 휴가 중인데 돌아온 뒤에 전화해야 한다'처럼 얼마 뒤에 확인해야 하는 정보를 써놓아도 도움이 된다. 또한 소요시간을 계산해 어떤 일을 끝낼 수 있거나 시작해야 하는 시기를 기록해둘 수도 있다.

일정표에 '오늘 할 일' 목록을 기록하는 건 이제 그만!   일정표에는 위의 세 가지만 기록하고 나머지는 쓰지 마라. 이 말은 '오늘 할 일' 목록이 핵심이라고 가르쳤던 지난 세기의 시간관리 훈련에서 보면 이단처럼 들릴 수 있다. 하지만 일정표에 그런 목록들을 써봤자 효과가 없는데, 다음 두 가지 이유 때문이다.

첫째, 끊임없이 새로운 인풋이 들어오고 전술적 우선순위가 변화함에 따라 해야 할 일들을 사전에 딱 정해놓기가 거의 불가능하다. 효과적인 실행 계획을 하나의 기준점으로 세워놓으면 항상 도움이 되지만 이는 어느 순간이라도 재조정할 수 있어야 한다. 일정표에 목록을 계속 기록하려 들면 그 사항이 완료되지 않았을 경우 다음 날 또 써야 하는데, 그러면 사기가 떨어지고 시간을 낭비하게 된다. 내가 지지하는 '다음 행동' 목록에는 그러한 행동들 전부, 심지어 시간에 가장 민감한 행동들도 포함될 것이다. 그리고 매일 다시 쓰지 않아도 된다.

둘째, '오늘 할 일' 목록에 꼭 그날 하지 않아도 되는 일이 포함되어 있다면 정말로 해야 하는 일이 덜 강조될 것이다. 미오코에게 연락할 수 있는 날이 금요일뿐이라서 그날 전화를 해야 하는데 '오늘 할 일' 목록에 덜 중요하거나 시간에 덜 민감한 다섯 건의 전화를 추가해놓으면 그날 정신이 없어서 미오코에게 전화하는 것을 잊을 수도 있다. 내 뇌가 미오코와의 전화가 다시는 기회가 오지 않을 중요한 일이라는 사실을 상기해야 전화를 걸 것이다. 이런 상황은 시스템을 적절하게 활용하지 않으면 발생한다. 내 방식대로라면 일정표는 신성한 영역이어야 한다. 그날 꼭 실행해야 하는 일,

> 유연성 있는 사람들은 복이 있나니, 스타일을 구기지 않아도 되기 때문이다.
> — 마이클 맥그리피 Michael McGriffy

그날 못 하면 아예 하지 못하게 되는 일을 일정표에 써야 한다. 그리고 약속이 바뀐 경우에만 일정표에 쓴 내용을 수정해야 한다.

그렇긴 하지만 '다음 행동' 목록에서 "시간이 생기면 ~하고 싶다"는 식의 일들을 뽑아 비공식적이고 짧은 목록을 만드는 건 괜찮다. 단지 '해야 하는 일'과 헷갈리지 말아야 하고 피할 수 없는 뜻밖의 상황이 벌어지면 재빨리 버리거나 변경할 정도로 가볍게 간주해야 한다.

▶ '다음 행동' 목록 | 그럼 실행할 행동 환기 수단들은 전부 어디로 가야 할까? 일정표와 함께 '다음 행동' 목록이 매일의 행동 관리 정리와 방향의 중심이다.

처리하는 데 2분 넘게 걸리고 위임할 수 없다고 정의한 행동은 모두 어딘가에서 다시 상기하고 독촉해야 한다. '짐 스미스에게 예산회의와 관련하여 전화한다' '친구들에게 가족의 변화를 알리는 이메일을 보낸다' '연간 매출회의에 대비한 초안을 잡는다'는 모두 적절한 목록에 넣어두고 어느 시점에서든 할 일들의 옵션으로 평가해야 하는 행동들이다.

이런 일들이 20~30개밖에 없다면 '다음 행동'이라는 라벨을 붙인 목록 하나에 다 넣어두고 시간이 날 때마다 검토해도 괜찮을 것이다. 그러나 우리들 대부분은 이런 일들의 개수가 50~150개에 이를 것이다. 이런 경우 '다음 행동' 목록을 해당 시간대가 되

> 모든 일은 가능한 한 단순하게 만들어야 한다. 하지만 너무 단순하게 만들어서는 안 된다.
> ─ 알베르트 아인슈타인 Albert Einstein

고 전화가 있을 때 실행할 '전화', 혹은 컴퓨터 앞에 있을 때 할 수 있는 옵션으로 생각할 '컴퓨터' 등의 하위 범주로 나누는 것도 괜찮다.

취할 행동이 없는 항목들

행동이 필요한 항목들뿐 아니라 행동을 취하지 않아도 되는 항목들을 다루는 잘 정리된 개별적 시스템이 필요하다. 취할 행동이 없는 항목들은 휴지통, 언젠가/아마도, 참조의 세 범주로 나뉜다.

▶ 휴지통 | 휴지통으로 가야 할 일거리들은 분명히 알 수 있을 것이다. 앞으로도 행동하거나 참고할 가치가 없는 것들은 버리거나 파쇄하거나 재활용함에 넣어라. 이런 일거리들을 다른 범주들과 섞어놓으면 체계가 심각하게 약해지고 상황을 명확하게 파악하기 어렵다.

▶ 인큐베이팅 | 지금 당장은 행동이 필요하지 않지만 보관하고 싶은 것들은 두 종류가 있다. 이때, 곧바로 행동에 옮기지 않을 항목들을 행동이 필요한 항목들과 분리하는 게 중요하다. 그렇게 하지 않으면 문서 무더기나 목록에 무감각해져서 어디서부터 시작해야 할지, 혹은 무엇을 해야 할지 모르게 되기 십상이다.

가령 어떤 소식지에서 지금은 아니지만 언젠가 하고 싶을 수 있는 프로젝트에 대한 아이디어를 제공하는 기사를 읽었다고 하자. 그러면 향후에 그 프로젝트에 관해 무언가를 할지 재평가할 수 있도록 나중에 그 내용을 떠올리고 싶을 것이다. 아니면 지역 교향악단의 연주회 시즌이 다가왔다는 생각이 들어 찾아보니 정말 참석하고 싶은 프로그램은 아직 4개월이나 남아 있었다. 이 일을 진행하기에는 아직 너무 이르고 그때 출장 스케줄이 어찌 될지도 확실하지 않다. 하지만 출장을 가지 않는다면 연주회에 가고 싶다. 이런 경우 어떻게 해야 할까?

이런 종류의 일에 효과적일 수 있는 도구가 두 가지 있다. 언젠가/아마도 목록과 티클러 시스템이다.

언젠가/아마도 목록 지금은 아니지만 어느 시점에 하고 싶을 수 있는 일들의 목록을 지속적으로 관리하면 유용하고 영감도 얻을 수 있다. 이 목록은 당장 진행시키기는 불가능하지만 완전히 잊고 싶지 않은 프로젝트들의 '주차장'이다. 당신은 이 일들을 주기적으로 상기해 실행 가능성을 검토하고 싶을 것이다.

전형적인 언젠가/아마도 목록의 예

요트를 구입한다.
스페인어를 배운다.
수채화 수업을 듣는다.
부엌 개조공사를 한다.
랩 풀(왕복 연습용의 좁고 긴 풀)을 만든다.
열기구를 타본다.
스쿠버 자격증을 딴다.
탱고를 배운다.
도예를 배운다.

포도주 저장실을 짓는다.
토스카나에서 한 달 동안 지낸다.
내 웹페이지를 만든다.
아이들을 위한 재단을 설립한다.
피아노를 구입한다.
비망록을 출간한다.
이웃과 파티를 연다.
비단잉어를 키울 연못을 만든다.

이 항목들은 '하고 싶을 수 있지만 지금은 할 수 없어…… 그래도 주기적으로 떠올리고 싶어'라고 판단한 프로젝트들이다. 이 목록은 정기적으로 검토해야 최대의 효과를 얻을 수 있다. 나는 주간검토 시간에 이를 훑어보라고 권한다.

아마 지금 당신도 언젠가/아마도 목록과 비슷한 종류의 정보를 가지고 있지만, 특정 행동이 몹시 실행하고 싶을 때만 이를 검토할 것이다. 예를 들면 다음과 같은 목록들이다.

- 읽을 책
- 시음할 와인
- 시도해볼 레시피
- 빌려볼 영화
- 떠나고 싶은 주말여행
- 아이들이 하고 싶을 일들
- 참석할 세미나
- 검색해볼 사이트

이런 종류의 실행 환기들은 창의적인 탐험을 위한 대안을 크게 늘릴 수 있다. 이런 목록들을 쉽게 만들도록 도와주는 도구가 있으면 매우 편리하다.

티클러 시스템 인큐베이팅해야 할 두 번째 종류의 일들은 추후의 지정된 시기까지 상기하고 싶지 않거나 상기할 필요가 없는 일들이다. 이런 일들을 보관했다가 나중에 검토하는 데 이용할 수 있는 가장 훌륭한 도구가 티클러 파일이다. 때때로 '미결' '나중 확인' '영구보관' 파일이라고도 불리는 티클러 파일은, 향후의 지정된 날짜에 하도록 자기 자신에게 메모를 남기는 것과 같은 시스템이다.

일정표도 같은 기능을 할 수 있다. 예를 들어 한 달 뒤인 3월 15일이 세금 납기일이라거나 6주 뒤인 9월 12일에 시립 공연장에서 볼쇼이 발레단의 〈백조의 호수〉 공연이 있다는 것을 일정표에 표시하여 상기할 수 있다. 좀 더 자세한 사항은 7장을 참조한다.

▶ 참조 | 행동은 필요 없지만 정보로서 고유한 가치를 지닌 것들도 많다. 이런 것들을 보관해두었다가 필요할 때 찾아보고 싶을 것이다. 이런 자료들은 종이 형태 혹은 디지털 형태로 보관할 수 있다.

종이로 된 자료들—동네 테이크아웃 식당의 메뉴부터 조경공사를 위한 도면과 업체정보에 이르기까지 무엇이라도—은 효율적인 물리적 매체 혹은 디지털 검색 시스템에 저장하면 가장 좋다. 이런 시스템은 좋아하는 식당 목록, 학교위원회 위원들의 전화번호 등을 저장하기에 적당한 루스리프 식 플래너나 노트부터 기업합병을 위한 실사 문서만 담아두는 전용 캐비닛에 이르기까지 다양하다. 점점 더 많은 정보들이 디지털 형태로 나오고 있지만 인쇄본을 보관하고 검토하는 것이 가끔은 효과적일 때가 있다.

전자식 보관에는 클라우드 기반의 데이터 저장부터 각자 쓰는 커뮤니케이션 소프트웨어의 아카이브 폴더에 이르는 모든 방법이 포함된다.

여기에서 기억해야 할 가장 중요한 점은, 필요할 때 참고자료들을 쉽게 참조할 수 있어야 한다는 것이다. 참고자료를 보관하는 시스템은 일반적으로 ① 주제별, 분야별 보관 ② 일반참조 파일의 두 가지 형태를 띤다. 첫 번째 유형은 보관방식에 따라 그 자료가 무엇인지 저절로 알 수 있다. 계약서들을 날짜별로 파일에 철해서 순서대로 끼워놓은 서랍, 대외비인 직원 급여정보 전용 서랍, 향후 소송들에서 참고할 수 있는 종료된 소송 관련 자료를 넣어두는 일련의 캐비닛, 고객과 잠재 고객에 대한 정보를 담은 고객관계관리CRM 데이터베이스 등을 예로 들 수 있다.

일반참조 파일 두 번째 유형은 미리 설정해놓은 범주에 속하지 않는 임시적인 정보를 보관하기 위해 모든 사람이 가까이에 놓고 이용해야 하는 일반참조 파일이다. 주방용품 사용설명서, 스미스 프로젝트 관련 회의에서 손으로 쓴 메모들, 최근의 도쿄 여행에서 돌아올 때 환전하지 않은 엔화(그리고 다음에 다시 도쿄에 갈 때 쓸 수도 있을)를 보관할 장소가 필요하다.

적절한 일반참조 파일이 없다면 개인 관리체계를 효과적으로 실행시키는 데 가장 큰 장애물이 될 수도 있다. 쉽고 빠르게 철하거나 디지털 기기의 해당 폴더에 보관하지 못하면(그리고 그 일이 재밌지 않으면!) 정리가 안 된 채 물리적인 혹은 디지털 기기에 쌓이기만 할 것이다. 참고자료들을 뚜렷하게 구분해놓지 않으면 행동이 필요한 항목과 그렇지 않은 항목들 사이의 경계가 겉보기로나 심리적으로나 모호해져서 일 전체에 대해 무감각해질 것이다. 이런 자료들을 보관하는 효과적인 시스템 구축이 스트레스 없는 생산성을 얻는 데 중요하다. 이 문제는 7장에서 상세하게 살펴보겠다.

검토

우유가 필요하다고 쓰는 것과 상점에 갔을 때 이를 기억하는 건 다른 문제이다. 마찬가지로, 인생의 중요한 사건을 겪은 친구가 어떻게 지내는지 알아보고 격려해주기 위해 전화를 걸어야 한다고 쓰는 것과 여유시간이 생기고 전화기가 앞에 있을 때 이를 기억하는 건 다른 문제이다.

실행해야 하는 구체적인 행동들의 '수풀' 속으로 내려가지만 말고 필요에 따라, 그리고 적절한 주기로 한 걸음 물러나 인생 전체의 그림을 검토할 수 있어야 한다. 대부분의 사람들이 업무흐름 관리의 마법을 깨닫는 건 검토단계를 꾸준히 실행했을 때이다. 이 단계에서는 모든 미결 프로젝트와 열린 고리들을 내가 지평선 1 Horizon 1이라고 부르는 단계로 매주 살펴본다. 이렇게 하면 정의된 모든 행동들과 옵션들을 훑어볼 기회가 생겨 어느 시점에서든 당신이 하고 있는 일에 관해 훨씬 더 효율적으로 선택할 수 있다.

당신의 삶을 하나의 시스템으로 설명하거나 조정하기는 너무 복잡하다. 그러나 GTD 방법론은 관심과 지속적인 파악, 통합적 검토가 필요한 주요 요소들을 관리하는 일관된 모델을 만들어낸다. 대부분의 사람들은 이 모델의 일부 간단한 요소들을 여러 공간에 가지고 있지만 그 내용과 활용은 기껏해야 초보 수준이다.

언제, 무엇을 검토할까

내가 말한 대로 프로젝트 목록, 일정표, '다음 행동' 목록, 대기 중 목록을 갖춘 개인정리 시스템을 만들었다면 그 시스템을 유지하기 위해 해야 할 일은 많지 않다.

가장 자주 검토할 항목은 아마 일정표일 것이다. 일정표는 그날의 '엄연한 현실', 즉 그날 정말로 처리해야 하는 일들이 무엇인지 상기시켜준다. 일정표에 써놓은 내용이 어떤 거창한 의미에서 가장 '중요하다'는 말은 아니다. 그저 꼭 해야 하는 일이라는 뜻이다. 어떤 시점에서든 무엇을, 언제 해야 하는지 알면, 그 일을 처리하기 위한 전략이 만들어진다. 일정표에 기록된 행동(회의, 전화, 기한이 다가온 보고서의 최종안)을 끝내자마자 체크를 하고 어떤 일이 남았는지 확인하는 습관을 들이면 좋다.

일정표를 확인하고 나면 대개 '다음 행동' 목록을 보게 될 것이다. 여기에는 하루 중 재량껏 쓸 수 있는 시간이 나면 취할 수 있는 행동들이 미리 정해져 들어 있다. 이 행동들을 상황별(집에서, 컴퓨터에서, 조지와의 회의에서)로 정리해놓았다면 그런 상황에 놓였을 때만 하게 될 것이다.

프로젝트, 대기 중, 언젠가/아마도 목록들은 그 일들에 대한 궁금증이 들지 않기 위해 필요하다고 생각되는 만큼만 자주 검토하면 된다.

핵심 성공요인: 주간검토

행동이 필요한 모든 일은 자주 검토해서 머리가 다시 기억하고 되새기지 않도록 한다. 행동에 관해 순간순간 내리는 신속하고 직관적인 판단을 믿으려면 좀 더 정교하게 일들을 줄이는 작업을 지속적으로 해야 한다. 내 경험(그리고 수천 명의 경험)에 따르면 주간검토 시간을 만드는 것이 성공에 매우 중요한 요인이다.

모든 프로젝트, 진행 중인 프로젝트 계획, '다음 행동' 안건, 대기 중 목록, 심지어 언젠가/아마도 목록도 이 시간에 검토한다. 그러면 머리가 맑아지고 지난 며칠 동안 느슨했던 생각이나 일들을 수집, 명료화, 정리하는 기회가 될 것이다.

> 삶의 사건들은 수많은 이해관계를 아우른다. 나머지는 고려하지 않은 채 그중 하나만 논하는 사람은 세상사를 통제하는 데 부적합한 몽상가이다.
> — 제임스 페니모어 쿠퍼
> James Fenimore Cooper

당신이 보통 사람이라면 며칠 동안 열심히 일하는 과정에서 상대적으로 통제할 수 없는 것들을 발견했을 것이다. 이는 예상 가능한 일이지만, 어디서든 항상 인터넷과 접속할 수 있고 서로 연결된 세상에 살고 있기 때문에 이런 경향이 점차 심해질 것이다. 당신은 항상 '나무랄 데 없이 깔끔한' 상태를 유지하기 위해 지금 하는 일들에 집중하고 싶을 것이다. 하지만 자신감을 가지고 순조롭게 나아가려면 일주일에 한 번씩 정리를 하고 내용을 업데이트해야 한다.

주간검토에서는 다음과 같은 일을 한다.

- 일거리들을 모아 판단한다.
- 시스템을 검토한다.
- 목록을 갱신한다.
- 깔끔하게, 명확하게, 최신 정보로, 완전하게 만든다.

대부분의 사람들은 완전한 시스템을 가지고 있지 않다. 그래서 일들을 검토해도 실질적인 효과를 얻지 못한다. 총체적으로 살펴보지 않는 것이다. 그래서 여전히 무언가가 빠진 것 같은 막연한 느낌을 받는다. 위의 과정 전체를 실천하면 효과가 크게 높아지는 것은 이 때문이다. 시스템이 완벽해질수록 그 시스템에 대한 당신의 신뢰도 높아질 것이다. 그리고 신뢰가 높아질수록 시스템을

> 당신에게 필요한 일거리 목록들, 개요, 해결책을 필요할 때마다 검토하여 그 내용들이 머릿속에서 떠나게 하라.

유지하고 싶은 동기가 더 강해질 것이다. 주간검토는 그 기준을 지키기 위한 마스터키라고 할 수 있다.

대부분의 사람들에게 휴가를 떠나기 일주일 전이야말로 해야 할 일들이 가장 실감나게 와 닿는 때이다. 오랜 여행을 떠나기 전 주에 당신은 무엇을 하는가? 자신 및 사람들과 맺은 합의들을 명확히 정리한 뒤 처리해서 끝내거나 재협상한다. 이렇게 하는 건 해변이나 골프장, 혹은 스키장에서 머릿속에 다른 생각 없이 느긋하게 즐기고 그 시간에 충실하고 싶어서이다. 나는 1년에 한 번이 아니라 매주 이렇게 하여 매일의 생활에서 이런 '충실함'을 얻을 수 있기를 바란다.

실행

이 업무흐름 관리의 기본 목적은 어느 시점에 당신이 무엇을 할지 적절한 선택을 내리도록 돕는 것이다. 월요일 아침 10시 33분에 샌디에게 전화를 걸지, 제안서를 마무리할지, 이메일을 정리할지 결정하는 데는 항상 직관이 요구되지만 적절한 기준이 있다면 선택에 훨씬 더 자신감이 생긴다. 예전에는 적절한 행동을 선택하기를 바라기만 했다면, 이제 당신의 행동에 대한 믿음이 생기고 에너지와 효율성이 증가한다.

> 당신은 일들을 머리 밖으로 꺼내는 데 머리를 써야 한다.

행동 선택을 위한 세 가지 모델

일거리들 무엇이든 불확실한 상태로 두거나 미루지 않으려는 순간이 있다 쳐보자. 주어진 시점에 당신이 하고 있지 않은 행동들은 아주 많을 것이다. 그렇다면 무엇을 하고, 무엇을 하지 말아야 할지 판단하고 그 선택에 안심하려면 어떻게 해야 할까?

답은, 당신의 직관을 믿으라는 것이다. 현재 해야 하는 일 모두를 수집, 명료화, 정리, 검토하면 자신의 일과 가치관을 지적이고 현실적으로 생각하여 직관적인 판단력을 높일 수 있다.

무엇을 할지 결정할 때 이용하면 도움이 될 세 가지 모델이 있다. 이 모델들이 당신에게 답을 말해주지는 않겠지만—마리오에게 전화를 할지, 학교에 있는 아들에게 이메일을 보낼지, 비서와 비공식적인 대화를 할지에 관해—당신의 옵션들을 좀 더 지적으로 구성하여 판단하도록 도울 것이다. 이는 만병통치약처럼 여겨지는 단순한 시간관리 및 우선순위 관리 방법들은 할 수 없는 일이다.

▶ 1. 주어진 순간의 행동 선택을 위한 네 가지 기준 모델 | 수요일 3시 22분, 지금 무슨 일을 할지 어떻게 선택할 것인가? 그 순간 당신이 적용할 수 있는 기준은 순서대로 상황, 이용할 수 있는 시간, 쓸 수 있는 에너지, 우선순위이다.

앞의 세 가지 기준들은 일을 하면서 받게 될 제약이고 네 번째는 행동들에 주어진 계층적 가치를 말한다.

상황 주어진 순간의 상황이 어떤지가 항상 당신의 선택을 제한한다. 어디서든 할 수 있는 행동들(예를 들면, 펜과 종이로 프로젝트 관련 아이디어들의 초안을 작성한다)도 있지만, 대부분은 특정장소(집, 사무실 등)에서만 할 수 있거나 전화, 컴퓨터 같은 생산성 도구가 필요하다. 상황은 그 순간 할 수 있는 일에 관한 선택을 제한하는 첫 번째 요소다.

이용할 수 있는 시간 다음에 해야 하는 일까지 시간이 얼마나 남아 있는가? 5분 뒤에 회의가 있다면 그 이상 걸리는 행동은 부적절하다.

쓸 수 있는 에너지 당신에게 얼마만큼의 에너지가 있는가? 생기 있고 창의적인 정신적 에너지가 축적되어야 가능한 행동들도 있고 신체적 힘이 더 필요한 행동들도 있다. 둘 다 그다지 필요 없는 행동들도 있다.

우선순위 상황, 시간, 이용할 수 있는 에너지를 고려했을 때 남은 행동들 중 가장 큰 보상을 불러오는 것은 무엇인가? 지금 당신은 사무실에 있다. 전화기와 컴퓨터가 앞에 놓여 있고 한 시간의 여유가 있으며 최고 10점 기준으로 7.3 정도의 에너지 상태라고 하면 고객에게 전화를 걸 것인가, 제안서 작업을 할 것인가, 이메일을 쓸 것인가, 아니면 배우자가 어떻게 지내고 있는지 확인할 것인가?

> 할 수 있는 것보다 항상 더 많은 일이 있고, 한 번에 한 가지 일만 처리하기 힘든 게 현실이다. 중요한 건, 그 순간에 하고 있지 않은 일에 대해서도 하고 있는 일에 대해서만큼 안심하는 것이다.

이 지점부터 당신은 직관력을 발휘하고 순간적 판단력에 의지해야 한다. 이 개념을 좀 더 이해하기 위해 당신에게 가장 중요한 일을 판단할 다른 두 모델들을 검토해보자.

▶ **2. 일과를 확인하기 위한 3중 모델** | 일들을 처리하고 있을 때 혹은 보편적인 의미에서 '일하고' 있을 때 당신이 할 수 있는 활동에는 세 종류가 있다.

- 미리 정해진 일을 한다.
- 예상하지 못했지만 즉석에서 생긴 일을 한다.
- 일을 정의한다.

미리 정해진 일 하기 '다음 행동' 목록과 일정표에 기록된 일들을 하는 것을 말하며, 해야 한다고 이전에 판단했던 과제들을 완료하거나 업무흐름을 관리한다. 필요한 전화를 걸거나 브레인스토밍하고 싶은 아이디어의 초안을 잡거나 회의에 참석하거나 변호사와 상담할 사안들의 목록을 준비하는 등이 여기에 해당한다.

즉석에서 생긴 일하기 갑자기 예상치 못한 일들이 생겨 그 일을 할지 선택해야 하거나 꼭 해야 하는 경우가 흔하다. 예를 들어 동료가 와서 신제품 출시에 관해 논의하자고 한다. 그래서 당신은 하고 있던 다른 일들을 모두 제쳐두고 그와 이야기를 나누었다. 이런 식의 뜻밖의 일—계획에 없었는데 그냥 생긴 일—이 매일 발생할 것이고 그러면 그중 많은 일들에 적어도 얼마간의 시간과 에너지를 써야 할 것이다. 이렇게 끌려다닐 때는 기본적으로 이런 일들이 당시에 해야 했던 다른 어떤 일들보다 중요하다고 판단하고 있는 셈이다.

일 정의하기   수집함, 디지털 메시지, 회의록을 비우고 새 프로젝트들을 실행 가능한 단계로 나눈다. 당신은 인풋들을 처리하면서 2분 안에 할 수 있는 행동들은 해치우고 수많은 일들을 버리거나 분류해서 보관할 것이다(이는 또 다른 형태의 '즉석에서 생긴 일'들이라 할 수 있다). 언젠가 해야 하지만 당장은 하지 않아도 되는 일들을 정의하는 작업이 이 활동의 많은 부분을 차지할 것이고, 당신은 그 결과를 목록들에 추가할 것이다.

모든 일을 정의하고 나면, 할 일 목록들이 완전해졌다고 믿을 수 있다. 그리고 상황, 시간, 이용 가능한 에너지에 따라 할 일의 옵션이 하나 이상 생길 것이다. 마지막으로 검토해야 할 사항은 일의 성격과 목표, 수준이다.

▶ 3. 일을 검토하기 위한 여섯 단계 모델 | '우선순위'가 선택에 중요 기준이 되어야 하지만, 우선순위를 결정하는 대부분의 모델들은 우리의 실제 활동과 딱 들어맞지 않는다. 우선순위를 알려면 자신의 일이 무엇인지 알아야 한다. 자신의 일을 정의하는 관점에는 적어도 여섯 가지가 있다. 지금부터는 인식의 범위를 지평선에 비유하여 설명하겠

다. 높은 건물에서 밖을 내다볼 때면 당신이 어느 층에 있는지에 따라 보이는 것이 다를 것이다.

- 지평선 5: 목적과 원칙
- 지평선 4: 비전
- 지평선 3: 목표
- 지평선 2: 포커스의 영역과 책임
- 지평선 1: 현재 프로젝트들
- 기초: 현재 행동들

기초부터 시작해 위로 올라가보자.

기초: 현재 행동들   당신이 해야 하는 모든 행동들—걸어야 하는 모든 전화, 회신을 보내야 하는 이메일, 처리해야 하는 볼일, 상사나 배우자와 이야기해야 되는 일 등—을 모아놓은 목록을 말한다. 지금 막 이 세상이 멈추어 자기 자신 혹은 다른 사람들에게서 더 이상 인풋이 들어오지 않는다고 해도 당신에게는 이런 항목들이 아마 1백 개 이상 있을 것이다.

지평선 1: 현재 프로젝트들   지금 당신 앞에 있는 행동들 대부분은 해야 하는 30~100개의 프로젝트들에서 나왔다. 이 프로젝트들은 집에 새 컴퓨터 설치, 영업 세미나 개최, 사무실 이전, 치과 방문 등 당신이 이루고자 하는 비교적 단기적인 결과들이다.

지평선 2: 포커스의 영역과 책임   당신이 프로젝트와 행동들을 만들거나 받아들인 것은 각자의 역할, 관심, 책임 때문이다. 지평선 2는 당신이 그 안에서 결과를 얻고 수준을 유지하고 싶은 삶과 업무의 핵심 영역들이다. 당신의 업무에는 전략기획, 행정지원, 직원개발, 시장조사, 고객 서비스 혹은 자산관리 등, 적어도 명시적이지는 않은 일들이 포함되었을 수 있다. 그리고 개인생활에서도 건강, 가족, 재정, 가정환경, 정신적 기풍, 취미 등 집중할 영역들이 그만큼 많이 존재한다. 이런 일들은 끝내기 위한 것이라기보다 직장생활과 개인생활을 하면서 각자의 경험과 할 일들을 평가하고 균형과 지속성을 유지하기 위한 기준으로 사용된다. 이런 책임들을 나열하고 검토하면 프로젝트 목록을 평가하기 위한 더욱 포괄적인 틀이 제시된다.

지평선 3: 목표   지금부터 1~2년 동안 사생활과 직장의 여러 분야에서 당신이 경험하고 싶은 것들을 생각해보면 일을 정의하는 작업에 새로운 차원이 더해질 것이다. 직무의 목표와 목적을 달성하려면 새로운 책임들이 나타났을 때 종종 중점을 두는 분야가 바뀌어야 할 것이다. 개인생활에서도 이 수준에서 성취하거나 정착시키고 싶은 것들이 있을 것이다. 이런 목표에 따라 삶의 특정 측면들의 중요성은 높아지고 나머지는 약해진다.

> 시작한 프로젝트들을 마치고, 하기로 한 일들을 하고, 약속들을 이행하라. 그러면 당신의 무의식적 자아와 의식적인 자아가 성공을 인식할 수 있고 그리하여 성취감, 자신의 가치, 일체감을 느낄 것이다.
> — 존 로저 John-Roger

지평선 4: 비전   앞으로 3~5년을 내다보면 조직의 전략, 환경 동향, 직업 및 생활방식의 변천 등 더 큰 범주들에 생각이 미친다. 내부적 요소들로는 장기적인 경력, 가족, 재정, 삶의 질에 대한 바람과 고려 등이 포함되고, 외부적으로는 기술, 세계화, 시장동향, 경쟁 등 당신의 직무와 조직에 영향을 미치는 변화들을 들 수 있다. 이런 차원에서의 결정은 당신이 하는 일의 모습을 여러 수준에서 쉽게 바꿀 수 있다.

지평선 5: 목적과 원칙 큰 그림을 보는 단계 당신의 회사는 왜 존재하는가? 당신은 왜 존재하는가? 당신에게 정말 중요한 것은 무엇인가? 어떤 일의 주목적은 그 일이 정말로 무엇인지에 대한 핵심 정의를 규정하는데, 이것이 바로 궁극적인 직무기술서이다. 모든 목표, 비전, 목적, 프로젝트, 행동이 여기에서 도출되고 이 주목적을 향해 진행된다.

이렇게 지평선이라는 비유를 사용한 설명이 다소 임의적이고 실생활에서 당신이 초점을 두는 분야와 우선순위를 논할 때 어느 한 단계에 정확히 맞지 않을 수 있다. 그러나 이 모델은 당신이 해야 할 일과 과제들이 다층적인 성격이라는 것을 상기시켜주는 유용한 틀을 제시한다.

언제, 무엇을 할지에 대해 최상의 결정을 내렸다고 안심하려면 분명 많은 요소들을 검토해야 한다. 장기적인 목표와 가치관에 초점을 맞춘 전통적인 의미에서의 '우선순위 설정'도 분명 필요하지만, 이는 매일매일 해야 하는 결정과 과제들 대부분에 적용 가능한 실용적인 틀을 제공하지는 못한다. 모든 수준에서 일의 흐름을 완전히 파악하면 훨씬 더 전체적인 시각으로 일을 처리하고 만족감을 느낄 수 있다.

2부에서는 이 행동 선택 모델들을 사용하는 법과 수집, 명료화, 처리, 정리, 검토 과정을 최적으로 실천했을 때 어떻게 성공에 도움이 되는지 구체적으로 설명하겠다.

> 매일 매시마다 생각할 시간을 가질 필요는 없다. 미리 생각을 해두어야 한다.

3장

프로젝트를 창의적으로 진행하기
프로젝트 계획 수립의 5단계

편안한 마음으로 통제력을 얻는 데 필요한 핵심 요소는 ① 명확하게 정의된 결과(프로젝트)와 이를 성취하는 데 필요한 다음 행동들 ② 정기적으로 검토하는 신뢰할 만한 시스템에 들어 있는 실행 환기들이다. 나는 이를 수평적 초점이라고 부른다. 간단해 보이지만 이 과정을 실제로 적용해보면 엄청난 효과를 얻을 수 있다.

수직적 초점 높이기

수평적 초점은 대부분의 상황, 대부분의 시간에서 당신에게 모두 필요한 것들이다. 그러나 프로젝트나 상황을 통제하거나 해결책을 찾거나 적절한 조치들이 모두 결정되었는지 확신하려면 때로는 더욱 엄격한 접근과 집중이 필요할 수 있다. 이때 수직적 초점이 등장한다. 좀 더 수직적인 방식으로 생산성 있게 생각하는 법과 그 결과를 개인 시스템에 통합하는 법을 알고 실천하는 건 지식근로자에게 필요한 또 다른 효과적인 습관이다.

> 사소한 일을 할 때도 큰 그림을 생각해서 모든 일들이 올바른 방향으로 가도록 해야 한다.
> — 앨빈 토플러 Alvin Toffler

이런 생각을 정교하게 할 필요는 없다. 대부분의 생각이 비공식적일 것이다. 나는 이를 '봉투 뒷면 기획'이라고 부른다. 말 그대로 동료와 함께 커피숍에서 어떤 안건이나 제품 프레젠테이션의 구성에 관해 이야기하면서 봉투 뒷면이나 냅킨에 쓴 내용 같은 것들이다. 내 경험에 의하면, 이는 쏟은 에너지 대비 성과 측면에서 가장 생산적인 계획 수립 방식이다. 물론 구성요소, 순서 혹은 우선순위를 명확히 하기 위해 누구나 가끔 공식적 체계나 계획을 세워야 할 필요는 있다. 또한 복잡한 상황을 조정하려면 좀 더 상세한 정리가 필요할 것이다. 예를 들어 여러 팀이 다양한 프로젝트에 협력해야 하는 경우나 투자자를 설득할 사업계획서를 작성해야 하는 경우다. 하지만 대개는 펜과 종이만 있어도 창의력을 발휘할 수 있다.

내가 보기에 업무와 관련된 프로젝트를 생각할 때 가장 필요한 것은 공식적인 모델이 아니다. 일반적으로 공식적 모델이 필요한 사람들은 이미 이를 가지고 있거나 학교 혹은 직장의 교육과정에서 얻을 수 있다. 우리 같은 사람들의 가장 큰 빈틈은 프로젝트에 초점을 맞춘 모델이 없다는 것이다. 아무리 비공식적이라도 자신의 생각을 확인하고 지원할 방법이 필요하다. 공식 기획회의나 고성능 도구들(프로젝트 관리 소프트웨어 등)도 분명 때로는 유용하지만, 실제로 일에 살을 붙이고 통제하려면 회의 참석자들이 종종 또 다른 모임—봉투 뒷면(혹은 화이트보드) 회의—을 가져야 할 것이다. 또한 좀 더 공식적이고 체계적인 회의들은 애초에 이 프로젝트를 왜 하고 있는지 같은 중요한 사안을 적어도 하나는 빼먹기 쉽다. 혹은 프로젝트를 더욱 흥미롭거나 유익하거나 재미있게 만들 독창적인 아이디어를 발달시키는 브레인스토밍 시간이 충분하지 않다. 그리고 마지막으로, 그런 회의는 한 프로젝트 계획의 다양한 측면들의 행동과 책임을 엄밀하게 결정하지 않는다.

다행인 건, 프로젝트, 상황, 주제에 관해 생산적으로 생각할 수 있는 방법이 있다는 것이다. 그래서 최소의 시간과 노력을 들여 최대의 가치를 만들어낼 수 있다. 프로젝트를 통제하기 위해 혹은 원하는 결과를 실행하기 위해 의식적으로 노력할 때 자연스럽게 계획을 수립하는 방식이 그것이다. 내 경험에 의하면, 비공식적이고 자연스러운 계획을 많이 세우면 스트레스가 상당히 줄어들고 더 나은 결과를 얻었다.

> 프로젝트와 상황을 충분히 명확하게 정의하고 통제하여 머릿속에서 떨치고 잠재적으로 유용한 아이디어들을 잃지 않는 것이 목표다.

자연스러운 계획 수립 모델

당신은 이미 세상에서 가장 똑똑하고 창의적인 계획 수립자에게 익숙해 있다. 바로 당신의 두뇌이다. 당신 자체가 사실상 계획을 짜는 기계라고 할 수 있다. 옷을 입을 때, 점심을 먹을 때, 상점에 갈 때, 혹은 그저 이야기를 나눌 때도 당신은 계획을 세우고 있다. 다소 되는대로 계획을 세우는 것 같지만 뇌는 물리적으로 어떤 일을 일어나게 하려면 그전에 복잡한 단계를 거쳐야 한다. 거의 모든 과제는 다음 다섯 단계를 거쳐야 완수된다.

1. 목적과 원칙 정의하기
2. 결과 그려보기
3. 브레인스토밍
4. 정리하기
5. 다음 행동 정하기

간단한 예: 외식 계획 세우기

지난번에 외식을 했을 때 처음에 왜 외식을 해야겠다는 생각이 들었는가? 배가 고파서, 친구들과 어울리려고, 특별한 기념일을 축하하기 위해, 업무상의 거래를 체결하기 위해 혹은 데이트를 하기 위해서였을 수도 있다. 이런 이유들 중 하나가 정말로 외식을 추진하고 싶은 마음으로 바뀌자마자 당신은 계획을 세우기 시작했다. 의도가 **목적**이 되었고, 그 목적은 당신 내면의 계획 수립 절차를 자동으로 가동시켰다. 또한 당신이 가진 **원칙들**이 계획의 범위를 설정했다. 외식에 관한 자신의 원칙들이 무엇인지 의식적으로 생각해본 적은 없겠지만 사실 당신은 그 원칙들 안에서 생각했다. 음식과 서비스의 수준, 비용, 편의성, 쾌적함 등의 기준들이 모두 작용했을 것이다. 어쨌든 당신의 목적과 원칙들이 계획 수립을 추진하는 힘이자 경계선을 그리는 역할을 했다.

그 목적을 달성하기로 일단 결정한 뒤 처음 들었던 생각이 무엇이었는가? 아마 '도면의 II.A.3.b 포인트'는 아니었을 것이다. '조반니에서 이탈리아 음식을 먹을까?'나 '비스트로 카페의 인도 쪽 테이블에 앉아야겠다' 같은 생각이 떠올랐을 가능성이 더 많다. 또한 식당에서 즐거운 시간을 보내는 상상을 하거나 그날 저녁시간이 어떨지 그려보면서 함께 저녁을 먹을 사람, 분위기, 결과 등을 생각했을 것이다. 이것이 바로 **결과 그려보기**이다. 당신의 목적은 외식을 하러 가는 이유인 반면, 당신이 그려본 것(비전)은 실제 세계의 모습, 소리, 목적이 가장 잘 충족되었을 때 느낌이다.

비전을 확인하고 나자 당신의 머리는 자연스럽게 무엇을 하기 시작했는가? 무엇에 관해 생각하기 시작했는가? 아마 '몇 시에 가지?' '오늘 밤에 그 식당이 문을 열었을까?' '식당에 사람이 많을까?' '날씨는 어떨까?' '옷을 갈아입어야 할까?' '차에 기름이 있던가?' '지금 배가 얼마나 고프지?' 등을 생각했을 것이다. 이 단계가 **브레인스토밍**이다. 이 질문들은 아직 일어나지 않은 어떤 결과를 이루겠다고 마음먹으면 자연스럽게 일어나는 창의적 과정의 일부이다. 뇌는 당신이 기대하는 상태와 현재 상태 간의 차이를 알아차리고 틈을 메우려 노력함으로써 인지부조화를 해결하기 시작한다. 자연스러운 계획 수립 방식의 '어떻게how' 단계가 시작된 것이다. 하지만 다소 무작위적이고 즉흥적인 방식으로 생각이 이루어진다. 외식의 여러 다른 측면들이 그저 떠오르는 것이다. 이런 생각들을 실제로 종이에 전부 쓸 필요는 없지만 머릿속에서는 그 과정이 일어나고 있다.*

충분한 아이디어와 세부사항들이 생각나면 이제 이것들을 **정리**하지 않을 수 없다. 당신은 '먼저 식당이 문을 열었는지 알아봐야 해' 혹은 '앤더슨 가족에게 전화를 걸어 함께 갈 수 있는지 알아봐야겠군' 하고 생각하거나 말했을 것이다. 결과와 관련된 다양한 생각들이 일단 도출되면 머리는 자동적으로 이들을 구성요소(하위 프로젝트), 우선순위, 그리고/혹은 사건의 결과별로 정리하기 시작할 것이다. 구성요소에 따른 정리는 '교통편, 같이 갈 사람들, 장소를 해결해야 돼' 우선순위는 '고객이 정말 함께 저녁을 먹고 싶을지 알아보는 게 제일 중요해' 순서는 '먼저 식당이 문을 열었는지 확인한 뒤 앤더슨에게 전화를 걸고 옷을 입어야 해' 같은 생각이다. 이것은 본질적으

---

* 하지만 가장 친한 친구가 최근 거둔 성과를 축하하는 자리를 준비해야 한다면 머릿속에 떠오르는 복잡하고 세부적인 생각들을 봉투 뒷면에라도 써봐야 한다!

지적인 사고를 하는 열쇠는 더욱 지적인 생각을 하는 것이다.

로 과제, 비교, 평가가 포함된 자연스러운 계획 수립 방식의 일부분이다. 어떤 일 하나가 다른 것들보다 더 낫거나 중요하거나 먼저 실행해야 한다.

마지막으로(정말로 그 일—이 경우에는 외식—을 하기로 마음먹었다고 가정하면) 첫 번째 구성요소가 실제로 일어나도록 할 **다음 행동**에 초점을 맞춘다. "루주 카페에 전화해서 문을 열었는지 알아보고 예약을 하자."

당신이 하루 동안 하는 모든 일은 프로젝트 계획 수립의 이 다섯 단계를 자연스럽게 거친다. 이 단계들은 당신이 저녁식사, 편안한 저녁시간, 신제품 혹은 신규업체 같은 것들을 만들어내는 방식이다. 무슨 일을 일어나게 하고 싶으면 일단 결과를 상상하고, 관련된 아이디어들을 떠올린 뒤 정리하고, 이를 실현할 물리적 행동을 정한다. 그리고 이런 과정을 거친다는 것을 그다지 의식하지 않고 자연스럽게 이 모든 일을 한다.

자연스러운 계획 수립이 꼭 일반화되어 있지는 않다

하지만 회사의 휴양지 건설을 계획한다면 앞에서 설명한 방식대로 하는가? 정보기술팀이 새로운 시스템을 설치하려 할 때는? 결혼식을 준비하거나 합병에 대해 검토할 때는?

프로젝트의 주 목적을 정의한 뒤 필요한 모든 사람에게 이를 알려준 적이 있는가? 그 프로젝트를 성공시키기 위해 지켜야 할 표준과 행동에 대해 합의한 적이 있는가?

성공한 상황을 그려보고 성공을 이루었을 때 나타날 모든 혁신적인 변화를 검토한 적이 있는가?

가능한 모든 아이디어들, 결과에 영향을 미칠 수 있는 모든 고려사항들을 회의에 내놓은 적이 있는가?

업무 수행에 필수적인 구성요소들, 핵심 이정표들, 결과물을 확인한 적이 있는가?

프로젝트에서 지금 당장 실행해야 하는 모든 측면들, 각 부분의 다음 행동, 책임자를 정의한 적이 있는가?

여러분이 내가 코치하거나 컨설팅을 해주며 상호작용했던 대부분의 사람들과 같다면, 아마 공통적으로 이 질문들에 대한 대답은 '아니요'였을 것이다. 이 자연스러운 계획 수립 모델의 구성요소들 중 당신이 실행해본 적이 없는 것들이 아마 적어도 얼마는 있을 것이다.

나는 일부 세미나에서 참석자들에게 실제로 이 모델을 사용해 전략적 프로젝트의 계획을 수립해보도록 했다. 이들은 불과 몇 분 만에 다섯 단계를 모두 밟았고, 예전에 시도했던 방법과 비교해 큰 진전을 이룬 것에 놀라곤 했다. 한 신사는 세미나가 끝난 뒤 나를 찾아와 말했다. "선생님께 감사해야 할지, 화를 내야 할지 모르겠습니다. 제가 몇 달은 걸리리라 예상했던 사업계획을 지금 막 끝마쳤어요. 이제 그렇게 하지 못한다는 핑계거리가 사라졌지 뭡니까!"

| 최근에 어떤 일이 큰 성공을 거두는 상황을 그려본 적이 있는가?

원한다면 당신도 지금 당장 이 모델을 시도해볼 수 있다. 새로운 프로젝트나 정체 중인 프로젝트, 혹은 약간 개선되면 좋을 프로젝트 하나를 선택한다. 그리고 성공적인 결과가 무엇일지 생각해본다. 명성 혹은 어떤 측면에서든 당신은 현실적으로, 재정적으로 어느 위치에 있게 될까? 그런 뒤 잠재적인 단계들을 브레인스토밍하고 아이디어들을 정리한다. 그리고 다음 행동들을 결정한다. 목적이 무엇이며 이를 어떻게 이룰지가 조금이라도 더 명확해졌는가?

부자연스러운 계획 수립 모델

우리가 관여하는 좀 더 복잡한 일들에 자연스러운 계획 수립 모델을 활용하는 것이 중요하다는 점을 강조하기 위해, 대부분의 환경에서 사용하는 좀 더 '일반적인' 모델—나는 이를 부자연스러운 계획 수립 모델이라고 부른다—과 비교해보자.

'좋은' 아이디어가 나쁜 아이디어가 될 때

관리자나 프로젝트 책임자가 "자, 이 건에 대해 좋은 아이디어 있는 사람 있습니까?"라고 물으며 회의를 시작한 적이 있는가?

이 말에는 어떤 가정이 들어 있는가? 좋은 아이디어인지 제대로 평가하려면 목적이 명확해야 하고 비전이 잘 정의되어야 하며 관련된 모든 데이터가 수집되고(브레인스토밍) 분석되어야(정리) 한다.

"무엇이 좋은 아이디어인가?"는 좋은 질문이지만, 생각이 80퍼센트 정도 진행되었을 때만 그렇다. 이 질문에서 출발한다면 창의력을 저해할 것이다.

머리가 자연스럽게 취하는 방식이 아닌, 다른 관점으로 상황에 접근하려고 하면 어려움을 겪을 것이다. 사람들은 항상 이런 방식으로 상황에 접근하지만, 그러면 거의 항상 명확성이 부족하고 스트레스가 증가한다. 그러하여 다른 사람들과 상호작용할 때 자존심, 정치적 문제들, 숨은 의도들이 논의를 장악하게 된다(일반적으로 가장 공격적으로 목소리를 높이는 사람이 주도권을 잡을 것이다). 목적을 정의하고, 비전을 만들고, 불완전한 초기 아이디어들을 많이 수집하기 전에 좋은 아이디어를 찾으려 한다면 창의력이 막혀버리기 쉽다.

> 어떤 아이디어도 떠올리지 않고 좋은 아이디어가 생각나길 기다리고 있다면 큰 성과가 없을 것이다.

반응적 계획 수립 모델

대부분의 사람들은 계획 수립이 자연스럽지 못하고 어려운 모델이라고 생각한다. 그 계획 수립 모델은 실제 업무에 적용하기에 상당히 인위적이고 부적절하기 때문에 사람들이 계획을 세우지 않게 된다. 적어도 처음에는 그렇다. 사람들은 마지막 순간까지 기획회의,

프레젠테이션, 전략적 운영을 거부한다.

하지만 미리 계획을 세우지 않으면 어떻게 되는가? 많은 경우에 위기가 찾아온다!("티켓 안 샀어?" "네가 살 줄 알았는데!") 그리하여 긴급한 마지막 순간이 닥치면 반응적 계획 수립 모델이 가동한다.

사건이 터지면 처음 어디에 포커스가 가는가? **움직여라! 더 열심히 해라! 야근해라! 사람이 더 필요하다! 더 바쁘게!** 그리고 스트레스가 가득 쌓인 사람들이 이 상황에 투입된다.

그런 뒤 많은 사람들이 우당탕 통탕 정신없이 바쁘게 일해도 상황이 해결되지 않으면 누군가가 좀 더 똑똑해져서 제안한다. "**정리**가 필요해요!"(이제 알았는가?) 그러면 사람들은 문제들을 분류하여 각각에 이름을 붙인다. 혹은 재분류하여 다른 이름을 붙인다.

그러다 어떤 시점에 이르면 사람들은 그냥 문제들을 분류하는 것만으로는 해결에 큰 도움이 되지 않는다는 걸 깨닫는다. 그러자 누군가(훨씬 더 똑똑한 사람)가 창의력이 더 많이 필요하다고 제안한다. "**브레인스토밍**합시다!" 방에 사람들이 다 모이면 프로젝트 관리자가 말한다. "자, 누구 좋은 아이디어 없습니까?"

아이디어가 많이 나오지 않으면 관리자는 직원들의 창의력이 바닥났다고 지레짐작해버릴 수 있다. 그러면 생각한다. 컨설턴트를 채용할 때가 되었군! 물론 그 컨설턴트가 밥값을 하는 사람이라면 아마도 언젠가 다음과 같은 중요한 질문을 던질 것이다.

자신이 구덩이에 빠졌다는 걸 알게 되면 구덩이를 그만 파야 한다.
— 윌 로저스 Will Rogers

"자, 지금 여러분은 이 프로젝트에서 무엇을 하려고 애쓰고 있습니까?"(비전, 목적)

적절한 방식으로 하지 않는다면 아예 하지 마라.
— 로셸 마이어 Rochelle Myer

자연스러운 계획 수립 모델의 기법들: 5단계

당연한 말이지만 그래도 다시 한 번 강조해야겠다. 프로젝트와 상황에 관해 더욱 효과적인 방식으로 생각하면 더 신속하고 훌륭하고 성공적으로 일을 해낼 수 있다. 그렇다면 자연스러운 방식으로 계획을 세웠을 때 무엇을 얻을 수 있을까? 더 나은 생각을 더 많이 이끌어내기 위해 이 모델을 어떻게 사용할 수 있을까?

자연스러운 계획 수립 모델의 다섯 단계 각각을 살펴보고 어떻게 활용할 수 있을지 알아보자.

목적

'왜'라는 질문을 던져서 나쁠 건 없다. 이 최상위 수준의 초점을 철저하게 검토하면 현재 당신이 하고 있는 거의 모든 일이 개선되거나 자극을 받을 수 있다. 다음 회의에 왜 참석하는가? 이 과제의 목적은 무엇인가? 왜 저녁식사에 친구를 초대하는가? 대행사를 이용하지 않고 왜 마케팅 부장을 채용하는가? 왜 당신이 참여하는 봉사기관의 상황을 참고 있는가? 왜 예산을 세우는가? 등등.

> 광신주의는 목적을 잊은 채 노력을 배가할 때 생긴다.
> — 조지 산타야나 George Santayana

어떤 행동의 목적을 명확하게 아는 것이 적절한 초점, 창의적인 개발, 협력의 기본요건이라는 건 고급 상식에 지나지 않는다. 하지만 흔히 실천하지 않는 상식이다. 일들을 만든 뒤 자신이 만든 형태 속에 갇혀 중요한 진짜 의도에서 슬그머니 벗어나기 십상이다.

수많은 사무실에서 똑똑한 사람들과 수천 시간을 함께 보낸 내 경험에 따르면, '왜'라는 질문을 간과해서는 안 된다. 사람들이 회의가 너무 많다고 불평하면 나는 "회의의 목적이 무엇입니까?"라고 물어본다. "기획회의에 누구를 참여시킬까요?"라고 물어보면 "그 회의의 목적이 무엇입니까?"라고 질문을 던진다. 휴가지에서 계속 업무와 관련된 연락을 받고 이메일을 확인해야 할지 고민하면 "그 휴가의 주된 목적이 무엇입니까?"라고 물어본다. 내 질문에 대한 답이 나올 때까지는 그 사람들의 고민에 적절한 대답을 제시할 수 없다.

▶ **'왜'에 관해 생각할 때의 가치** | 다음은 '왜'라는 질문을 던질 때 얻을 수 있는 이점들의 일부다.

- 성공을 정의해준다.
- 의사결정의 기준이 된다.
- 자원들을 연결시킨다.

- 동기부여를 한다.
- 초점을 명확히 해준다.
- 옵션들이 늘어난다.

이제 각각의 이점을 차례로 살펴보자.

성공을 정의해준다   오늘날 사람들은 '승리'를 갈망한다. 우리는 게임을 좋아하고 이기는 걸 좋아한다. 혹은 적어도 이길 수 있는 입장에 있고 싶어 한다. 그런데 당신이 하고 있는 일의 목적을 완전히 명확하게 장악하지 못하면 이길 가능성은 없다. 목적이 성공을 정의한다. 선출직에 출마할지 결정하는 일부터 서식을 설계하는 일에 이르기까지, 목적은 시간과 에너지를 투자하는 근본적인 기준점이다.

직원회의의 목적이 무엇인지 모르면 결과적으로 그 회의에 만족하지 못한다. 마음 편히 푹 자고 싶다면, 이사회가 당신에게 왜 마케팅 책임자를 해고했는지, 혹은 신임 재무이사로 왜 잘 나가는 MBA 출신을 채용했는지 물었을 때 적절히 대답할 수 있어야 한다. 당신이 세운 사업계획이 괜찮은지는 "우리에게 왜 이 사업계획이 필요한가?"라는 질문에 대답함으로써 정의했던 성공 기준들과 비교해보아야 비로소 판단할 수 있다.

> 사람들은 이기는 걸 좋아한다. 당신이 하고 있는 일의 목적을 완전히 명확하게 알지 못하는데 이길 수 있는 게임은 없다.

I. 일을 깔끔하게 처리하는 기술

의사결정의 기준이 된다 브로슈어를 다섯 가지 색상으로 제작하기 위해 돈을 쓸지, 그냥 두 가지 색으로 할지 어떻게 결정하는가? 새 웹사이트 제작을 위해 대형 웹디자인 업체와 계약할 가치가 있는지 어떻게 아는가? 딸을 사립학교에 보내야 할지 어떻게 판단하는가?

이 모든 문제들은 목적으로 귀결된다. 당신이 성취하려고 노력하고 있는 것을 고려했을 때 그 투자가 필요한가? 목적이 정의될 때까지는 이를 알 길이 없다.

자원들을 연결시킨다 기업 예산에 인건비 항목을 어떻게 할당해야 할까? 내년에 소매업체로서의 생존력을 최대화하려면 지금 현금 흐름을 최상으로 활용할 수 있는 방법은 무엇일까? 협회 월례회의 때 오찬과 강사비용 중 어디에 돈을 더 써야 할까?

어느 경우든 그 답은 당신이 성취하려고 노력하고 있는 것, 즉 '왜'에 달려 있다.

동기부여를 한다 터놓고 이야기해보자. 어떤 일을 하고 있을 합당한 이유가 없다면 그건 할 가치가 없는 일이다. 나는 자신이 하고 있는 일을 왜 하는지 잊어버린 사람들이 너무 흔한 것에 종종 어리둥절해진다. 또한 "그 일을 왜 하고 있나요?"라는 간단한 질문을 던지면 사람들이 금세 제 궤도로 돌아올 수 있다는 것에도 놀란다.

초점을 명확히 해준다 당신이 하고 있는 일의 진짜 목적을 알면 일이 더 명확해진다. 무언가를 하는 주된 이유를 2분간만 시간을 투자해 적어보면 현미경의 초점을 맞춘 것처럼 비전이 훨씬 선명해진다. 누군가가 "우리가 여기에서 성취하려 애쓰고 있는 것이 무엇인가"라는 질문을 던져 목적을 상기시키면 분산되고 모호하게 느껴지기 시작하던 프로젝트와 상황이 더 명확해지는 경우가 많다.

<u>옵션들이 늘어난다</u> 역설적이게도, 목적을 확인하여 일들의 초점을 정확하게 맞추면 더 넓은 가능성에 대한 창조적인 사고가 가능해진다. 근본이 되는 '왜'를 확실히 안다면—회의, 직원 파티, 휴가, 관리직 폐지, 혹은 합병에 관해—원하는 결과를 얻는 방법들에 대해 더 폭넓게 생각할 수 있다. 세미나 참석자들에게 프로젝트의 목적을 써보라고 하면 마치 머릿속으로 신선한 산들바람이 불어오는 것처럼 자신이 하는 일의 비전이 명확해졌다고 종종 이야기한다.

목적이 충분히 명확하고 구체적인가? 목적에 초점을 맞출 때의 이점—동기부여, 명확성, 의사결정 기준, 자원들의 연결, 창의성—을 실제로 경험하고 있다면, 아마도 목적이 충분히 구체적일 것이다. 하지만 그런 결과를 불러오기에는 너무 모호한 목적들도 많다. 예를 들어 '좋은 팀을 만든다'는 너무 광범위하거나 모호한 목표다. 대체 '좋은 팀'이 어떤 팀인가? 의욕적이고 건전한 방식으로 협조하며 솔선해서 일하는 사람들의 집합인가? 아니면 예산보다 비용이 적게 드는 팀인가? 다시 말해, 언제 목표를 충족시켰는지 혹은 궤도에서 벗어났는지 확실히 모른다면 실행 가능한 지침도 없기 마련이다. "이 일이 목표에서 벗어난다는

> 어려운 결정을 내리는 유일한 방법은 대개 당신이 하고 있는 일의 목적을 다시 생각해보는 것이다.
> 무언가를 왜 하고 있는지 확실히 모른다면 아무리 해도 그 일을 만족스럽게 끝낼 수 없다.

걸 어떻게 알 수 있을까?"에 대한 분명한 답을 가지고 있어야 한다.

원칙

프로젝트를 추진하고 이끌기 위한 주요 기준으로 목적만큼 중요한 것이 당신이 보유한 판단 기준과 가치관이다. 사람들이 자신의 기준과 가치관을 의식적으로 생각하는 경우는 드물지만, 이들은 항상 의식 속에 있다. 그리고 기준과 가치관에 위배되면 불가피하게 주의가 산만해지고 스트레스가 쌓여 비생산적이 된다.

자신의 원칙이 무엇인지 생각하는 좋은 방법은 이 문장을 완성시키는 것이다. '직원들이 ~하기만 하면 그들에게 전권을 줄 텐데.' 직원들이 어떻게 하면 전권을 맡길까? 당신 직원들의 행동에 어떤 원칙을 적용할 것인가? '예산 내에서 일하면?' '고객을 만족시키면?' '건전한 팀이 보장되면?' 혹은 '회사의 긍정적 이미지를 증진시키면?'

다른 사람들이 당신의 기준을 벗어나는 행동을 하거나 허용하면 스트레스의 온상이 될 수 있다. 이런 문제에 한 번도 직면해보지 않았다면 진정 축복받은 사람이다. 하지만 이런 문제를 겪고 있을 경우, 원칙에 관해 건설적인 논의를 나누어 명확히 하면 에너지를 모으고 불필요한 갈등을 막을 수 있다. 먼저 자신에게 '지금 내가 하고 있는 일을 손상시킬 수 있는 행동은 무엇이고 어떻게 그걸 막을 수 있을까?'라고 물어본다. 그

> 단순하고 명확한 목표와 원칙은 복잡하고 지적인 행동을 불러일으킨다. 복잡한 규칙과 규제는 단순하고 멍청한 행동을 불러일으킨다.
> ― 디 호크 Dee Hock

러면 당신의 기준을 정의하는 좋은 출발점이 될 것이다.

원칙에 초점을 두어야 하는 또 다른 중요한 이유는 긍정적인 행위가 무엇인지 명확히 해주고 기준점을 제공하기 때문이다. 이 프로젝트의 확실한 성공을 위해 다른 사람들과 어떻게 일하길 원하는가? 혹은 어떻게 일해야 하는가? 가족여행에서 아이들에게 허용되는 행동과 그렇지 않은 행동은 무엇인가? 당신이 어떻게 행동하면 자신과 다른 사람들이 최상의 상태가 될까?

목적이 본질과 방향을 제시한다면, 원칙은 행동의 한계와 훌륭한 실행의 기준을 정의한다.

비전/결과물

의식적 자원과 무의식적 자원들을 최대한 생산적으로 이용하기 위해서는 성공이 어떤 모습일지 머릿속에 분명한 그림을 그려야 한다. 목적과 원칙은 추진력을 제공하고 감시기능을 하지만 비전은 최종 결과의 실제 청사진을 제시한다. 비전은 '왜'가 아니라 '무엇'을 다룬다. 이 프로젝트나 상황이 성공적으로 끝난다면 실제로 어떤 모습일까?

예를 들면 "당신의 세미나 수료자들이 해당 주제에 대한 지식을 계속 적용하는 모습을 보인다" "지난 회계연도에 북동부 지역에서의 시장점유율이 2퍼센트 증가했다" "딸이 대학 첫 학기 생활에 대한 당신의 가이드라인과 지원을 명확히 이해한다" 등이다.

▶ **초점 맞추기의 힘** | 1960년대 이후, 수천 권의 책들이 적절하고 긍정적인 이미지 그리기와 초점 맞추기의 가치에 대해 설파해왔다. 미래 지향적으로 집중하는 힘은 올림픽 수준의 스포츠 훈련에서도 핵심요소가 되었고 운동선수들은 성과를 내는 데 무의식의 도움을 최대한 받기 위해 신체적 노력, 긍정적 에너지, 성공적 결과를 상상했다.

> 상상력이 지식보다 중요하다.
> — 알베르트 아인슈타인

우리는 어디에 초점을 두는지에 따라 인식과 실행방식이 달라진다는 걸 알고 있다. 골프 코스에서도, 직원회의나 배우자와의 심각한 대화에서도 마찬가지다. 여기에서 내 관심사는 특히 프로젝트에 관해 생각할 때 현실에 맞게 동적으로 변화하는 초점 맞추기 모델을 제공하는 것이다.

무언가—떠날 계획인 휴가, 곧 들어갈 회의, 시작하고 싶은 프로젝트—에 초점을 맞추면 그렇지 않으면 얻지 못했을 아이디어와 사고 유형들이 생긴다. 심지어 생리적 기능조차 머릿속의 이미지가 현실인 것으로 반응한다.

망상활성계網狀活性計 〈사이언티픽 아메리칸 Scientific American〉의 1957년 5월호에는 뇌의 아래쪽에서 망상체가 발견했다는 기사가 실렸다. 망상체는 기본적으로 의식적 인식으로 가는 관문으로, 아이디어와 데이터를 인식하게 하는 스위치이다. 음악소리는 들려도 계속 잠을 자지만 다른 방에서 아기 우는 소리가 들리면 잠이 깨는 건 망상체 때문이다.

컴퓨터와 마찬가지로 뇌에도 검색기능이 있다. 하지만 컴퓨터보다 더 경이로운 기능을 자랑한다. 뇌의 검색기능은 우리가 집중하는 것 그리고 좀 더 기본적으로 우리가 확인한 것에 따라 프로그램이 짜이는 듯 보인다. 이는 우리가 유지하는 인식체계라고 불리는 것의 중추이다. 우리는 내면의 신념체계에 맞고 상황을 확인한 것만 알아차린다. 예를 들어 어질러진

당신의 무의식적이고 창의적인 메커니즘은 목적 지향적이다. 즉 목표와 최종결과를 중심으로 작용한다. 일단 당신이 성취해야 할 명확한 목표를 제시하면 이 메커니즘이 자동적으로 안내해 '당신'이 의식적으로 생각해서 갈 수 있는 것보다 목표에 훨씬 더 가까이 갈 수 있다. '당신'은 최종결과를 생각하여 목표를 제시한다. 그러면 당신의 무의식적 메커니즘이 이를 이루는 방법을 제공한다.
— 맥스웰 몰츠 Maxwell Maltz

방 안에서 검안사는 한쪽 구석에 있는 안경 쓴 이부터 눈에 들어올 수 있다. 건축업자라면 방의 물리적 세부사항에 주목할 수도 있다. 빨간색에 초점을 맞추고 가끔 주변을 둘러보면 아주 작은 빨간색도 보일 것이다.

이런 필터링이 작용하는 방식의 의미—우리가 어떻게 무의식적으로 정보를 의식하는가—는 남은 인생 전부는 아닐지라도 적어도 일주일 내내 세미나를 해야 할 주제이다. 지금은 당신이 하고 싶은 것을 분명하게 그려보고 여기에 집중하면 머릿속에서 무의식적이고 특별한 무언가가 일어난다는 말만 해도 충분하다.

▶ **결과 명확히 정의하기** | 지각 필터의 작용 방식을 이해하는 데는 단순하지만 심오한 원칙이 있다. 당신이 직접 해볼 때까지는 그 일을 어

나는 항상 대단한 사람이 되고 싶었다. 좀 더 구체적으로 소망했어야 했는데.

— 릴리 톰린 Lily Tomlin

떻게 하는지 모른다는 것이다.

전에 일어났거나 비슷한 성공을 거둔 적이 있는 일이라면 그려보기 쉽다. 그러나 새롭고 낯선 영역이라면, 즉 한 사건이 실제로 어떤 모습일지에 대한 기준점이 거의 없고 관련한 경험이 없으면 성공의 이미지를 확인하기가 꽤 어려울 수 있다.

원하는 결과를 얻는 방법을 누군가가 알려주지 않는 한 대부분 이를 상상하는 걸 주저한다. 유감스럽게도 이런 태도는 우리가 어떻게 해결책과 방법들을 만들어내고 인식하는지의 측면에서 보면 후퇴라고 할 수 있다.

가장 강력한 삶의 기술들 중 하나 그리고 직업적, 개인적 성공을 위해 연마하고 발달시켜야 하는 가장 중요한 기술들 중 하나는 원하는 결과를 명확하게 정하는 것이다. 원하는 결과가 생각처럼 자명한 것은 아니다. 우리는 여러 다양한 수준에서 성취하고 싶은 것을 끊임없이 정의(그리고 재정의)해야 하고 가능한 한 효과적이고 효율적으로 이 작업들을 완료하는 쪽으로 자원들을 계속 재할당해야 한다.

이 프로젝트는 어떻게 끝날까? 당신의 프레젠테이션 뒤에 고객이 어떤 느낌을 받길, 무엇을 알게 되고 어떤 일을 하길 바라는가? 지금부터 3년 뒤에 당신은 자신의 직업에서 어느 위치에 있길 원하는가? 이상적인 재무이사는 업무를 어떻게 할까? 웹 사이트가 당신이 원하는 대로 완성되면 어떤 모습이고 어떤 기능들을 가질까? 아들과의 이번 대화가 성공적으로 끝나면 아들과의 관계가 어떻게 느껴질까?

> 어떤 일을 현실에서 일어나게 하려면 대개 그 전에 머릿속에서 그려보아야 한다.

결과물/비전은 '컴퓨터 시스템 구현을 완료한다' 같은 단순한 프로젝트 기술부터 앞으로 촬영할 장면을 세부사항까지 모두 묘사한 완전한 영화대본에 이르기까지 다양할 수 있다.

사람들은 자신의 프로젝트의 성공 시나리오에 초점을 맞출 수 있게 되면 일반적으로 열정이 강해지고 전에는 생각하지 못했던 독특하고 긍정적인 무언가가 떠오른다. '~하면 좋지 않을까?'라는 생각은 적어도 해법을 찾을 선택권이 있는 동안은 어떤 상황에 대한 생각을 시작하는 좋은 방법이다.

브레인스토밍

무엇이 왜 일어나길 원하는지 알게 되었다면 이제 '어떻게' 메커니즘이 작동한다. 머릿속에서 현실과 다른 그림이 확인되면 당신은 자동적으로 그 간격을 메우기 시작한다. 브레인스토밍을 시작하는 것이다. 사소하든, 중요하든, 좋든, 좋지 않든, 아이디어들이 다소 마구잡이로 떠오르기 시작한다. 대부분의 사람들 그리고 대부분의 일에 대해 이 과정은 대개 머릿속에서 일어나고 종종 그것만으로도 충분하다. 상사를 만나러 복도를 걸어가는 동안 무슨 이야기를 할지 생각하는 경우를 예로 들 수 있다. 하지만 아이디어들을 종이에 써보거나 머릿

> 당신은 여기에서 저기로 가는 방법을 알아내고 싶지만 처음에는 다소 무작위로 생각이 떠오른다.

좋은 아이디어를 얻는 가장 좋은 방법은 많은 아이디어를 떠올리는 것이다.

— 라이너스 폴링 Linus Pauling

속이 아닌 외부에 수집해두면 생산적인 사고와 결과물을 이끌어내는 데 큰 도움이 된다.

▶ **아이디어 수집하기** | 프로젝트와 주제에 관한 창의적인 사고를 돕기 위해 지난 몇십 년 동안 도표 위주의 수많은 브레인스토밍 기법들이 소개되었다. 이 기법들에는 마인드맵 그리기, 클러스터링, 유형화하기, 연결하기, 피시본 fish-boning(문제의 원인들을 물고기 뼈처럼 생긴 도표로 정리하는 기법, '특성요인도'라고도 불린다) 등의 이름이 붙여졌다. 이 다양한 기법들을 만든 사람들은 저마다 다르다고 설명하겠지만 우리들 최종 사용자 대부분에게 이 기법들의 기본 전제는 동일하다. 즉, 어느 아이디어든 수집하고 표현한 뒤 이 아이디어가 얼마나 적합한지, 이를 활용해 무엇을 할지 파악하라는 것이다. 이렇게 하면 최소한 효율성이 높아진다(그리고 다른 이점들도 많다). 아이디어가 떠올랐을 때 이를 붙잡아놓으면 아이디어를 다시 생각해야 할 필요가 없을 것이다.

이런 개념과 기법들 중 가장 인기 있는 것이 마인드맵이다. 마인드맵은 영국의 뇌기능 연구자인 토니 부잔 Tony Buzan이 아이디어들을 도표로 나타내는 과정에 붙인 이름이다. 마인드맵에서는 핵심 아이디어가 가운데에 놓이고 관련된 아이디어들이 다소 자유로운 형태로 그 주위에 가지를 뻗는다. 예를 들어 사무실을 이전해야 한다면 컴퓨터, 새 명함 발급, 모든 설치 변경, 새 가구, 전화 이전, 물건 정리, 짐 싸기 등이 생각날 것이다. 이 생각들을 도표로 나타내면 다음과 같은 모습을 띨 것이다.

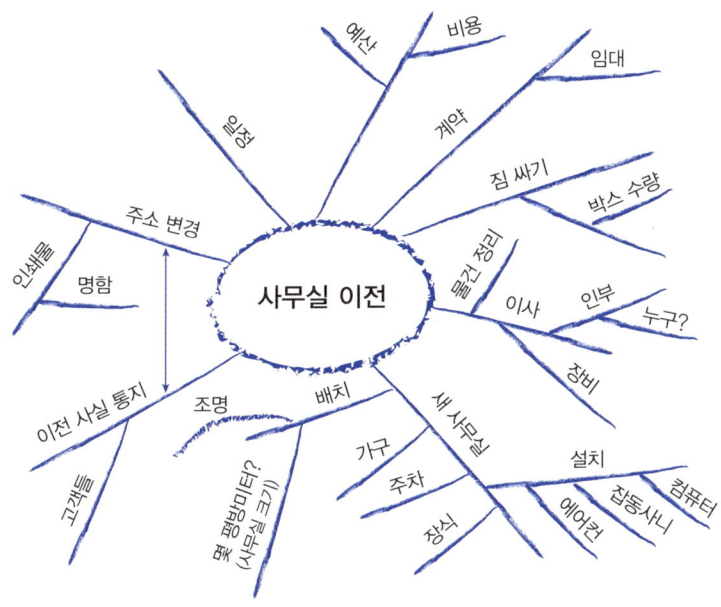

이런 마인드맵은 포스트잇에 그려 화이트보드에 붙여놓을 수도 있고 워드프로세싱 프로그램, 아웃라이닝 프로그램, 혹은 시중에 나와 있는 수많은 마인드매핑 소프트웨어 애플리케이션들 중 하나에 아이디어들을 입력할 수도 있다.

▶ **분산인지** | 머릿속이 아닌 외부 도구에 브레인스토밍을 할 때의 이점은 원래 아이디어들을 수집하는 것 외에도 생각을 보관했다가 계속 상기시키는 메커니즘이 없었더라면 떠오르지 않았을 많은 새로운 아이디어들이 떠오르는 데 도움이 된다는 것이다. 마치 당신의 머리가 "이봐, 자네가 효과적으로 쓸 수 있겠다고 느낄 많은 아이디어를 주겠네. 그런데 자네가 그 아이디어들을 신뢰할 만한 방법으로 수집하지 않으면 그리 많이 주지는 않을 거야. 하지만 그 아이디어들로 실제로 무언가를 한다면—나중에 평가하기 위해 그저 기록해두는 정도라도—자 여기 있어, 잔뜩 줄 테니 몽땅 가져. 세상에! 이렇게 하니 또 다른 아이디어들이 막 떠오르는군." 하고 말하는 듯하다.

오늘날 심리학자들은 이런 비슷한 과정들을 '분산인지distributed cognition'라고 부른다. 분산인지는 일들을 머릿속에서 꺼내 객관적이고 검토 가능한 형태 안에 넣는 것, 즉 '처리능력이 더 확장된 머리'를 만드는 것이다. 하지만 고등학교 때 영어 선생님은 분산인지 이론을 몰라도 내게 다음과 같은 비결을 알려주었다. "데이비드, 네가 대학에 가면 리포트를 쓰게 되겠지. 먼저 모든 생각과 인용문들을 가로세로 8×13센티미터 크기의 카드에 따로따로 적어두렴. 그러다 생각을 정리할 준비가 되면 카드들을 전부 바닥에 펼쳐놓는 거야. 그러면 자연스러운 구조가 눈에 보이고 빠진 것들이 파악될 거야." 에드먼드슨Edmundson 선생님은 내게 자연스러운 계획 수립 모

> 아이디어를 딱 하나만 가지고 있을 때보다 더 위험한 것은 없다.
> — 에밀 샤르티에Emile Chartier

델의 핵심을 가르쳐주신 것이다!

객관적인 구조와 도구 혹은 기폭제의 도움 없이 두 시간 넘게 한 주제에 집중할 수 있는 사람은 드물다. 해야 할 중요

> 자신의 아이디어들을 가뿐하게 처리하는 사람만이 아이디어들을 지배할 수 있고, 아이디어들을 지배하는 사람만이 아이디어들의 노예가 되지 않는다.
> — 린위탕 Lin Yutang

한 프로젝트 하나를 선택한 뒤 30초 이상 다른 건 일체 생각하지 않으려 애써 보라. 손에 펜과 종이를 쥐거나 이런 '인지적 인공물cognitive artifacts'들 중 하나를 아이디어들을 고정시키는 장치로 이용하지 않는 한 집중하기란 매우 어렵다. 그러나 이런 도구들을 이용하면 몇 시간 동안 그 일에 집중할 수 있다. 프로젝트에 관해 컴퓨터로 문서를 작성하거나, 메모지에 마인드맵을 그리거나, 종이 식탁보에 끄적거리거나, 회의 상황을 기록할 수 있는 방에서(잘 나오는 마커와 화이트보드가 있어도 큰 도움이 된다) 다른 사람들과 회의를 하는 동안 좋은 생각이 떠오르는 건 이 때문이다.

▶ **브레인스토밍의 열쇠** | 브레인스토밍과 독창적인 생각을 촉진하기 위해 많은 기법들을 활용할 수 있다. 그러나 기본원칙은 다음 세 가지로 간추릴 수 있다.

- 판단하거나 이의를 제기하거나 평가하거나 비판하지 마라.
- 질이 아니라 양을 노려라.
- 분석과 정리는 전면에 내놓지 마라.

판단하거나 이의를 제기하거나 평가하거나 비판하지 마라 브레인스토밍 과정에서 부자연스러운 계획 수립 모델이 흉한 모습을 드러내면 조급하게 평가를 내리고 아이디어들을 비판하기 쉽다. 비판자의 생각에 조금이라도 신경을 쓰면, 무슨 말을 해야 '적절할지' 찾느라 자신의 표현을 검열하게 될 것이다. 주제에 맞추어 브레인스토밍을 계속하는 것과 창의적인 과정을 억누르는 것 사이에는 미묘한 차이가 있다. 또한 브레인스토밍을 전체 기획 절차에 넣는 것도 중요하다. 브레인스토밍 자체를 위한 브레인스토밍을 하고 있다고 생각하면 진부하게 느껴져 부적절하게 궤도를 이탈할 수 있다. 하지만 최종적인 해결책을 향해 가기 전에 일정 기간 동안 하는 일로 이해한다면 좀 더 마음 편히 브레인스토밍 과정에 정당한 의미를 부여할 수 있을 것이다.

비판적 생각을 완전히 차단하라는 말은 아니다. 이 단계에서는 만사가 공정해야 한다. "그 접근방식에 이런 문제들이 있을 수 있다"라는 의견을 제시해야 한다. 가장 도전적이고 비판적인 생각들에서 최상의 아이디어가 나오는 경우가 종종 있다. 당신이 어떤 유형의 생각들을 하고 있는지 이해하고, 이를 가장 적절한 방식으로 이용하기 위해 집결시키는 것이 좋다. 주된 기준은 압축과 축소가 아니라 포용과 확장이어야 한다.

질이 아니라 양을 노려라 양을 중시하면 생각이 계속 확장된다. 아이디어가 떠오르기 전까지는 그것이 좋은 아이디어인지 모를 것

이다. 때로는 나중에야 그것이 좋은 아이디어 혹은 좋은 아이디어의 싹이었다는 걸 깨달을 수도 있다. 알다시피, 선택권이 | 한 상황에서 일어날 수 있는 최악의 경우를 결정해놓는 게 때로는 성공을 위한 가장 좋은 아이디어들을 얻는 최상의 방법일 수 있다.

많은 큰 상점에서 물건을 사면 자신의 선택에 더 안심이 된다. 프로젝트에 대해 생각할 때도 마찬가지다. 검토할 생각들이 많을수록 선택권이 늘어나고 자신의 선택을 신뢰하기에 더 좋은 상황이 된다.

분석과 정리는 전면에 내놓지 마라 생각에 대한 분석과 평가, 정리도 창의적이고 독창적인 생각만큼 자유롭게 할 수 있어야 한다. 하지만 브레인스토밍 단계를 이런 비판적 활동이 주도해서는 안 된다.

목록 작성도 창조적인 일이 될 수 있다. 당신의 팀에 들어와야 하는 사람들, 소프트웨어에 대한 고객의 요구들, 사업 계획의 구성요소 등을 검토할 수 있는 방법이기 때문이다. 쓸모없는 것들은 추려내고 초점을 정리하는 다음 단계가 될 때까지 반드시 모든 아이디어들을 붙잡는 작업을 계속하라.

정리

브레인스토밍 과정에서 떠오르는 모든 것들을 머리 밖으로 꺼내는 작업을 충실히 했다면 자연적으로 정리가 된다는 걸 알게 될 것이다. 고등학교 시절 영어 선생님이 알려주신 것처럼, 나는 일단 모든 아이디어들을 머리 밖으로 꺼내 눈앞에 두면 이들 간의 자연스러운 관계와 구조를 자동으로 알 수 있다는 것을 알았다. 대부분의 사람들이 프로젝트 정리에 관해 이야기할 때 하는 말이기도 하다.

구성요소들과 하위 구성요소들, 사건의 순서, 그리고/혹은 우선순위들을 확인하면 일반적으로 정리가 이루어진다. 최종 결과를 얻기 위해서 무슨 일이 일어나야 하는가? 어떤 순서대로 일어나야 하는가? 프로젝트의 성공을 위해 가장 중요한 요소는 무엇인가?

정리단계에서는 봉투 뒷면에 휘갈긴 것들 중 중요하다고 표시해 놓은 비공식적 내용부터 고성능 프로젝트 소프트웨어에 이르기까지 다양한 구조화 툴을 사용할 수 있다. 프로젝트에 실질적이고 객관적인 제어가 필요하면 구성요소들과 하위 구성요소들에 대한 일정 유형의 계층적 정리 그리고 기간별로 프로젝트 진행 상태를 보여주는 갠트 차트 등이 필요할 것이며, 여기에는 전체와 관련지어 확인된 독립적, 비독립적인 부분들과 이정표들이 포함되어야 한다.

여기에서 창의적 사고가 끝나는 건 아니며 단지 다른 형태를 띨 뿐이다. 기본적 구조를 인식했다면 이제 당신의 머리는 빈틈을 채우려 애쓰기 시작할 것이다. 예를 들어 프로젝트에서 처리해야 하는 세 가지 중요한 일들을 확인하고 배열해보면 네 번째, 다섯 번째 일이 생각날 수 있다.

> 프로젝트 계획에서는 하위 결과들을 확인한다. 그러면 이 결과들에 대해 자연스럽게 계획이 세워진다.

▶ **정리의 기본원칙** | 정리의 핵심 단계들은 다음과 같다.

- 의미 있는 부분들을 확인한다.

- 분류한다(한 개 이상의 기준).
    - 구성요소
    - 순서
    - 우선순위
- 필요한 수준까지 세분화한다.

두 개의 다른 프로젝트가 사람들이 함께 생각을 공유하고 일을 진행시키면서 정확히 똑같은 양의 구조와 세부사항을 필요로 하는 일을 본 적이 없다. 하지만 거의 모든 프로젝트들은, '계획이 무엇인가?'의 경우처럼, 뇌에서 순차적인 처리를 담당하는 영역에서 이루어지는 일정 형태의 창의적 사고를 이용할 수 있다.

다음 행동들

계획 수립의 마지막 단계는 실제로 프로젝트를 진행시키기 위한 물리적 자원들의 할당과 재할당에 대한 결정을 내리는 것이다. 여기에서 '다음 행동은 무엇인가?'라는 질문을 던질 수 있다.

앞 장에서 언급했듯이, 현실에 기반을 둔 이런 유형의 사고는 원하는 결과에 대한 명확한 정의와 함께 우리의 실제 일이 무엇인지 정의하고 명료화해주는 중요한 요소이다. 내 경험에 따르면, 당신의 실제 프로젝트가 무엇인지 목록을 만들고 각각에 대한 다음 행동들을 꾸준히 관리하는 작업이 일반적으로 프로젝트 계획 수립의 90퍼센트를 차지할 것이다. 이렇게 현실에 기반을 둔 접근방식을 취하면 모든 종류의 일에 대해 정직해진다. 정말로 이 일을 하고 싶은가? 누가 책임자인가? 이 일들을 충분히 검토했는가?

실행 가능한 프로젝트라면, 다음 행동에 관한 생각에 근거해 결정을 내려야 하는 시점이 올 것이다.* 다른 할 일이 없을 경우, 어떤 일에 관해 물리적으로 무엇을 하고 싶은지 자문해보면 그 프로젝트에 대해 당신이 얼마나 충분히 생각했는지 알 수 있다. 아직 그 질문에 답할 준비가 되지 않았다면 자연스러운 계획 수립 방식의 이전 단계 중 무언가가 불충분했다는 뜻이다.

▶ **기본원칙** | 프로젝트에서 현재 '진행 중인 부분' 각각에 대해 다음 행동들을 정한다. 필요하면 계획 수립 과정의 다음 행동도 정한다.

진행 중인 부분 활성화하기 다른 구성요소가 먼저 완료되지 않았어도 모든 측면에서 실제로 진행될 수 있는 다음 행동들이 다 정해졌으면 프로젝트 실행 계획이 충분히 세워진 것이다. 프로젝트가 다각적인 요소들로 구성되어 있으면 각 요소에 대해 '누군가 지금 당장 할 수 있는 것들이 있는가?'라는 질문을 던져 적절한 평가를 내

---

* 실행할 수 없고 다음 행동이 필요 없는 프로젝트에 대해서도 계획을 세울 수 있다. 예를 들어 당신이 꿈꾸는 주택을 설계할 수 있다. 하지만 다음 행동이 없기 때문에 기본적으로 그 프로젝트는 '언젠가/아마도'로 들어간다. 그리고 그런 성격의 일은 그 항목으로 들어가는 게 좋다.

려야 한다. 예를 들어 적당한 회의장을 찾는 일을 하면서 동시에 연사들을 조정하는 일도 할 수 있다.

활성화시킬 수 있는 측면이 하나뿐이고, 나머지 요소들은 그 결과에 따라 달라지는 경우들도 있다. 그러면 다음 행동이 한 가지뿐이고, 그 행동이 다른 모든 것의 구심점이 될 것이다.

계획이 더 필요할 때   계획을 더 세워야 다음 행동 선택에 안심이 된다면 어떻게 할까? 아직 행동단계가 남아 있다. 이는 그저 과정상의 행동이다. 계획 수립을 계속할 때의 다음 단계는 무엇인가? 더 많은 아이디어들을 뽑아낼 수도 있고 다른 사람들에게 이메일을 보내 의견을 들을 수도 있다. 비서에게 생산팀과의 기획회의를 잡으라고 지시할 수도 있다.

프로젝트의 다음 행동을 명확히 하는 습관은 어떤 상황에서도 편안한 마음으로 통제력을 발휘하기 위한 기본이다.

다음 행동을 다른 사람이 해야 할 때   다음 행동을 할 사람이 당신이 아닐 경우 누가 해야 하는지 분명히 정해야 한다(대기 중 목록이 주로 이 경우에 사용된다). 집단적인 계획 수립에서는 모든 사람이 프로젝트의 모든 부분에 대해 다음 행동을 알 필요가 없다. 종종 적임자들에게 프로젝트의 각 부분에 대한 책임을 할당하고 저마다 맡은 부분의 다음 행동들을 정의하도록 하면 된다.

다음 행동에 대해 이렇듯 집단적으로 논의해야 할 때는 조직적으로 명료해야 한다. 누군가가 현실적인 자원 할당과 관련해 모든 사람에게 압력을 넣기 전에는 나타나지 않던 쟁점들과 세부사항들이 등장하기 때문이다. 이것은 조직에서 육성해야 하는 간단하면서도 실용적인 논의이며, 상당한 자극을 주고, 약한 고리들이 수면 위로 드러나게끔 돕는다.

실제로 어느 정도의 계획 수립이 필요할까?

이 계획 수립 모델에 실제로 얼마나 살을 붙이고 어느 정도의 세부사항까지 넣어야 하는 걸까? 그 답은 간단하다. 프로젝트가 당신의 머리에서 떠날 정도면 된다.

일반적으로, 머릿속에 일들이 있는 이유는 결과와 행동단계(들)가 적절하게 정의되지 않았고 (그리고/혹은) 이들의 실행 환기를 당신이 분명 정기적으로 살펴볼 장소에 넣어두지 않았기 때문이다. 또한 당신이 그린 청사진에 믿음이 갈 만큼 세부사항, 관점, 해결책을 충분히 발달시키지 않았을 수도 있다.

나는 프로젝트를 하나 이상의 행동이 필요한 결과물이라고 정의했다. 이 정의에 비추어 보면, 대부분의 프로젝트들에 필요한 건 이들을 머리에서 꺼내기 위한 결과물과 다음 행동목록뿐이다. 새 증권 중개인이 필요한가? 친구에게 전화를 걸어 추천해달라고 하면 된다. 집에 새 프린터를 설치하고 싶은가? 웹을 검색해서 여러 모델들과 가격을 확인하면 된다. 나는 모든 프로젝트의 80퍼센트가 이런 종류라고 추정한다. 당신은 여전히 이 모든 프로젝트들에 대해 완전한 계

획 모델을 적용하고 있겠지만 그건 의식 속에서만 그렇고 실제로는 다음 행동들 | 프로젝트가 아직 머릿속에 있다면 생각이 더 필요한 것이다.

을 확인하고 완료될 때까지 이 행동들을 계속하면 충분하다.

나머지 15퍼센트 정도의 프로젝트들은 적어도 어떤 외적인 형태의 브레인스토밍―아마도 마인드맵 혹은 워드프로세서나 프레젠테이션 프로그램으로 작성한 몇 가지 기록―이 필요할 것이다. 회의 안건, 휴가, 혹은 지역 상공회의소에서 할 연설을 계획하는 데는 이 정도로 충분할 것이다.

마지막 5퍼센트의 프로젝트는 자연스러운 계획 모델의 5단계 중 하나 이상을 신중히 적용해야 할 수 있다. 이 모델은 일들을 분류하고 해결하고 생산적으로 진행시키기 위한 실용적인 방안을 제시한다. 당신의 프로젝트가 더 명확해져야 하거나 적절한 행동이 필요하다고 생각되는가? 그렇다면 이 모델이 종종 효과적인 진전을 이루는 열쇠가 될 수 있다.

▶ **명확성이 더 필요한가?** | 명확성이 좀 더 필요하다면 자연스러운 계획 수립 과정의 상위단계로 돌아간다. 사람들은 종종 정신없이 바쁘기만 할 뿐(행동) 혼란스럽고 명확한 방향이 없다. 이럴 때는 그 계획을 포기하거나 새로운 계획을 만들어야 한다(정리). 계획단계에서 명확성이 부족할 경우, 신뢰성 있는 계획을 만드는 데 충분한 아이디어와 데이터 목록을 만들기 위해 더 많은 브레인스토밍이 필요할 것이다.

브레인스토밍 회의가 애매한 생각들로 정체 상태에 빠지면, 뇌의 필터가 '어떻게'에 대한 생각의 문을 열도록 결과물에 대한 비전 단계로 되돌아간다. 결과/비전이 불명확하면 애초에 왜 이 상황에 참여하게 되었는지 다시 분명하게 분석해야 한다(목적).

▶ **더 많은 행동이 필요한가?** | 더 많은 행동이 필요하다면, 앞에서 설명한 모델의 아래쪽으로 이동해야 한다. 프로젝트에 대한 열정은 있는데, 실제 세계에서 이를 성취하면 어떤 모습일지 구체화하는 데 좀 거부감이 들 수 있다. 오늘날 관리자들은 직장생활의 질을 개선시키는 문제에 관심이 있지만 대개 원하는 결과의 명확한 그림을 아직 그려보지 않았을 것이다. 그러면 세부적인 비전을 생각해야 한다. 이번에도 자신에게 물어보라. '결과가 어떤 모습이길 원하는가?'

이 질문에 대한 답을 내놓았는데도 여전히 일의 진척이 없다면 '어떻게' 문제, 운영 면에서의 세부사항, 관점(브레인스토밍)과 씨름해야 할 것이다. '새로운 실적 검토 시스템 실행' 같은 비교적 명확하게 표현된 프로젝트를 위임받고 여기에 포함될 수 있는 것에 대한 아이디어들을 쏟아내는 데 고작 몇 분 쓰지 않아 일의 진척이 없는 고객을 종종 만난다.

브레인스토밍 과정이 진척 없이 정체되고 있다면(좀 더 '비현실적인' 사안을 다룰 때 종종 이런 일이 벌어진다) 처리해야 하는 중요 결과물들을 엄격하게 평가하고 판단해봐야 할 수 있다(정리). 아이디어는 잔뜩 나왔지만 프로젝트와 관련해 실제로 다음에 해야 하는 행동을 결정하지 않은 채 결론 없이 끝난 비공식적인 회의에서 때때로 이런 경우를 볼 수 있다.

그리고 계획을 세웠는데도 여전히 제대로 굴러가지 않으면 누군가가 "다음 행동이 무엇이며 누가 해야 하는가?"에 초점을 맞추어 각 구성요소들을 평가해야 한다. 한 관리자가 여러 달 전에 중요한 연례 세미나 개최 준비를 맡았다. 그녀는 내게 전년도에는 개최를 며칠 앞두고 팀원들이 밤샘을 해야 했는데 올해는 그러지 않을 방법이 없겠느냐고 물었다. 그녀가 프로젝트를 구성하는 다양한 부분들의 개요를 작성하자 내가 물었다. "지금 당장 진행할 수 있는 부분들은 무엇입니까?" 우리는 여섯 부분을 확인한 뒤 각각에 대해 다음 행동을 명확하게 정했다. 이렇게 하자 일이 순조로이 진행되어 전년도에 겪은 마지막 순간의 혼란이 재현되는 걸 제때 예방할 수 있었다.

지금까지 우리의 생활과 업무의 가장 기본적인 두 가지 수준, 즉 우리가 취하는 행동들과 그 행동들의 상당수를 만들어내는 프로젝트에서 최소 노력으로 최대의 생산성과 통제력을 유지하는 법에 대한 기본적인 모델들을 설명했다.

기본원칙은 그대로이다. 모든 열린 고리들을 수집하고, 각각에 대해 처음부터 생각하고, 그 결과들을 정리, 검토하여 필

> 생산성을 높이고 스트레스를 줄이기 위해 새로운 기술이 필요하지는 않다. 알고 있는 기술을 적용할 개선된 체계적인 행동들만 있으면 된다.
>
> 계획을 세우면 일을 시작하게 되지만 끝까지 잘 진행시키는 건 당신의 몫이다.
> ─ 윌 로저스

요한 행동을 정해야 한다.

어떤 단계의 일이라도 완료해야 하는 일이 있는 경우에는 언제나 자연스러운 계획 수립 단계를 밟을 수 있다. 이 5단계 모델을 활용하면 종종 더 쉽고 빠르며 생산적으로 일을 진전시킬 수 있다.

이 모델들은 이해하기 쉽고 실행하기도 편하다. 또한 이 모델들을 적용하면 놀라운 결과를 얻을 수 있다. 본질적으로 새로운 기술이 필요하지는 않다. 당신은 일들을 기록하는 법, 결과를 명확히 정의하는 법, 다음 행동을 결정하는 법, 일들을 분류하는 법, 검토하는 법, 직관적인 선택을 내리는 법을 이미 알고 있다. 당신은 지금 당장이라도 성공적인 결과에 초점을 맞춰 집중하고, 브레인스토밍을 하고, 생각들을 정리하고, 다음 단계들을 진행할 능력을 키운다.

하지만 이런 일들을 전부 할 줄 안다고 꼭 성과를 얻는 건 아니다. 생산성을 향상시키고 편안하게 통제력을 발휘할 수 있는 능력이 있다고 해서 꼭 그런 상태에 도달하는 건 아니다. 만일 당신이 보통 사람이라면 새로운 방식이 자연스럽게 자리 잡도록 도와주는 코치—각 단계들을 안내하고 그 과정에서 지침과 편리한 요령을 알려주는 사람—가 있으면 좋다. 더 자세한 것은 2부에서 설명하겠다.

II
최소의 스트레스로 생산성 실현하기

4장

시작하기

시간, 공간, 도구 마련하기

지금까지는 업무흐름 관리의 개념적인 틀과 대략적인 적용 방법을 설명했다. 2부에서는 본격적인 실행방법과 최상의 사례들을 다루겠다. 이 프로그램을 실천하면 종종 전에는 경험하지 못한 수준의 편안한 통제력을 얻지만, 그 상태에 이르려면 차근차근 단계별 절차들을 밟아야 한다. 이를 위해 나는 독자들이 가능한 한 수월하게 이 기법들에 안착하고 최대의 효과를 얻기 위해 해야 하는 일들을 논리 순서대로 제시하겠다.

이 장에서 설명하는 많은 세부사항들은 한 번 읽어서 소화하거나 실행하기 어려워 보일 수도 있다. 이 장의 목적은 이 모델을 전면적으로 실행해보기로 마음먹은 사람들을 위해 상세한 설명서를 제공하는 것이다. 처음에 구현하는 데 적어도 꼬박 이틀이 걸릴 수 있다.

GTD 과정을 밟기 시작한 뒤 당신은 아마 이 부분의 정보와 제안들을 다시 찾아보게 될 것이다.

전면적이든, 임시적이든 이 기법을 실행하는 데는 '요령'이 중요하다

이 기법들을 전면적으로 실행해보겠다는 확신이 서지 않는가? 장담하건대, 사람들이 이 자료에서 주로 얻는 건 유용한 요령이다. 때로는 좋은 요령 하나만 건져도 이 정보들을 탐색할 만한 가치가 있을 수 있다. 예를 들어, 나는 사람들에게 우리 세미나에 참석해서 얻는 가장 큰 성과는 '2분 규칙'이라고 말하곤 한다. 요령은, 우리의 그리 똑똑하지 않고 의식적이지 않은 부분 때문에 필요하다. 전반적으로 내가 아는 가장 큰 성과를 낸 사람들은 삶에서 최상의 요령을 발휘한 이들이다. 나 역시 마찬가지다. 우리의 똑똑한 부분이 우리가 할 일들을 설정하고 그리 똑똑하지 않은 부분이 여기에 거의 자동으로 반응하여 최고의 성과를 내는 행동을 한다. 우리 스스로를 구슬려 해야 하는 일을 하게 만들라.

예를 들어, 당신이 나처럼 운동을 그리 규칙적으로 하는 사람이 아니라면 운동을 하게 하는 자신만의 작은 요령이 있을 것이다. 내 경우에 가장 효과적인 요령은 옷이다. 무슨 옷을 입었는지가 영향을

> 어떤 감정을 느껴 더 나은 행동을 하기보다는 어떤 행동을 함으로써 더 나은 감정을 느끼기가 더 쉽다.
> ─ O. H. 모러 Mowrer

미친다. 운동복을 입으면 운동을 하고 싶은 기분이 든다. 운동복을 입지 않으면 다른 일을 하고 싶은 마음이 들 가능성이 훨씬 많다.

진짜 생산성과 관련된 요령의 예를 들어보자. 내일 회사에 꼭 다시 들고 가야 하는 일거리를 집에 가져온 적이 있을 것이다. 다음 날 아침에 잊고 출근하면 절대 안 된다. 그렇다면 밤에 잠자리에 들기 전에 당신은 그 일거리를 어디에 두었는가? 잊지 않고 들고 가려고 문 앞이나 열쇠 위에 두었을 것이다. 당신은 이렇게 하라고 교육을 받은 적이 있는가? 아마 없을 것이다. 우리는 삶에서 얼마나 세련된 자기관리 기술을 발휘하고 있는지! 사실이 그러하다. 전날 밤 당신의 똑똑한 부분은 자신의 그리 똑똑하지 않은 부분이 다음 날 아침에 문 앞에 놓여 있는 일거리를 보고서야 '이건 뭐지? 아, 맞아, 이걸 회사에 꼭 들고 가야 하지!'라고 간신히 떠올릴 수 있다는 걸 알고 있다.

똑똑하기도 하지. 하지만 실제로 그렇다. 이건 내가 '문 앞에 두기'라고 부르는 요령이다. 우리의 목적에 맞추자면 '문'은 당신의 집이 아니라 마음의 문이 될 것이다. 하지만 같은 이야기다.

지금 일정표를 꺼내 다음 2주 동안 해야 할 일들을 하나하나 살펴보면 '아, 이걸 보니 기억나네. ~를 해야 해'라고 생각하는 항목이 적어도 하나는 있을 것이다. 그런 뒤 이 항목을 실천하게 만들 어떤 장소에 두면 더 안심이 되고 머리가 맑아지며 더욱 긍정적인 일들을 하게 될 것이다.

> 효과적이고 창의적이며 생산적인 사고와 행동의 비결은 적시에 적절한 일에 집중하는 것이다.

이건 고도의 지능을 요하는 일이 아니라 그저 유용한 요령일 뿐이다.

지금 당장 깨끗한 종이와 가장 좋아하는 필기도구를 꺼내 머릿속에 있는 가장 두려운 프로젝트에 대해 3분간 집중해보라. 장담하건대 '아, 맞아. ~를 검토해야 해'라는 항목이 적어도 하나는 떠오를 것이다. 머릿속에 떠오른 것을 종이에 쓴 뒤 실제로 그 아이디어나 정보를 이용하게 될 곳에 두어라. 그렇다고 10분 전보다 좀 더 똑똑해지지는 않겠지만 당신의 일과 생활에 가치가 더할 것이다.

업무흐름을 능숙하게 관리하는 법을 익히려면 필요한 생각이 좀 더 반사적으로 떠오르게 하고 쉽게 게임에 참여하도록 돕는 장비를 갖추고 방법을 연습해야 한다. 지금부터는 업무흐름 관리를 위해 시간, 공간, 도구 들을 적절하게 준비하는 법을 소개하겠다. 이 제안들은 모두 아주 새로운 수준으로 일을 하기 위한 믿을 만한 방법들이다.

당신의 개인관리 시스템을 정말 크게 발전시키고 싶다면 다음의 모든 제안들을 세세한 부분까지 살펴보고 따를 것을 권한다. 전체는 부분들을 합한 것보다 클 것이다. 또한 이 프로그램을 실행하면 지금 당신의 삶에서 실제 진행되고 있는 일들에 실질적인 진전이 나타날 것이며 당신이 하고 싶은 많은 일들을 놀라울 정도로 새롭고 효과적인 방법으로 해낼 수 있을 것이다.

시간 확보하기

이 절차를 시작하기 위해서는 얼마간의 시간을 내고 적절한 공간, 가구, 도구를 갖춘 작업공간을 준비하는 게 좋다. 적절한 작업공간이 준비되고 능률화되면 일거리를 처리하는 데 무의식적인 거부감이 줄어들고 심지어 그곳에 앉아 인풋과 일을 처리하는 게 매력적으로 느껴지기까지 한다. 대부분의 사람들의 경우, 중간에 다른 일 없이 이틀을 꼬박 쓸 수 있으면 좋다(하지만 그만큼 긴 시간을 낼 수 없다고 뒤로 미루지는 마라. 내가 제안하는 활동들 중 무엇이라도 실행하면 시간을 얼마나 들였는지에 관계없이 도움이 될 것이다. 꼭 이틀을 투자해야 이 기법과 원칙들의 이점을 얻는 건 아니며, 거의 즉시 효과가 나타나기 시작할 것이다). 수집 과정을 완료하는 데 여섯 시간 이상 걸릴 수 있고, 구체화하여 시스템에 넣고 싶은 모든 인풋을 명료화하고 행동을 판단하는 데 또 여덟 시간이 훌쩍 지나갈 수 있다. 물론 일거리들을 나누어 수집하고 처리해도 되지만 이런 초기 작업은 한 번에 하는 게 훨씬 쉬울 것이다.

이런 작업을 하기에 가장 이상적인 시간은 주말이나 휴일이다. 그때 외부의 방해가 가장 적기 때문이다. 일반적인 근무일에 이 작업을 한다면 일단 회의를 잡지 말고 긴급하게 발생하는 일만 처리할 수 있게 한다. 전화는 음성 메시지로 돌려놓거나 비서에게 메모해두라고 지시하여 쉬는 시간에 처리한다. 퇴근 후에는 하지

> 크게 한 걸음 내딛는 걸 두려워 마라. 작은 두 걸음으로 깊은 틈새를 건널 수 없다.
> — 데이비드 조지 David L.George

않는 게 좋다. 그때는 보통 몹시 피곤하기 때문에 이리저리 헤매기만 하고 목표 지점에 도달하지 못하기 쉽다.*

이 과정에 이틀을 투자하면 생산성과 정신건강 면에서 몇 배의 가치를 돌려받을 것이다.

나와 함께 일한 많은 임원들에겐 연이어 이틀이나 세상을 보류시키는 것이 이 과정 전체에서 가장 어려운 부분이었다. 몸이 직장에 있으니 회의나 사람들과 이야기할거리가 끊임없이 있다는 걸 뻔히 알면서 이를 보류하기가 힘들었다. 그래서 우리는 대개 주말을 이용한다. 개방된 자리나 사무실에서 일하면 평일의 정규 근무시간에 충분한 시간을 빼기가 더 힘들 것이다.

이 절차 자체가 아주 신성하다는 이야기는 아니다. 단지 방대한 열린 고리들을 수집하고 판단하려면 많은 정신적 에너지가 필요하다. 아주 오래 미완으로 남아 있었거나 결정을 내리지 못했거나 정체되어 있던 열린 고리들의 경우 더욱 그러하다. 중간에 방해를 받으면 작업을 완료하는 데 두 배의 시간이 걸릴 수 있다. 정해진 시간 동안 준비단계를 다 끝낼 수 있으면 통제력과 성취감을 느끼고 비축된 에너지와 창의력을 발휘할 수 있다. 그리고 이후에는 근무일에 틈이 날 때 더 짧은 시간 집중해서 작업해도 시스템을 유지할 수 있다.

---

* 근무시간이 끝나면 밀린 서류들을 철하거나 책상 서랍을 정리거나 다가오는 휴가와 관련해 웹을 검색하거나 영수증을 처리하는 등 일반적으로 근무시간 중에는 하지 않는 작업들을 하기에 좋다.

공간 마련하기

중앙 통제실 역할을 할 물리적 장소를 선택해야 한다. 직장에 책상과 사무공간이 마련되어 있다면 그곳에서 시작하는 게 가장 좋다. 재택근무자는 집에 마련된 업무공간이 본거지가 된다. 직장에도, 집에도 사무공간이 있는 경우 아마 어느 한 곳이 더 주가 되긴 하겠지만 당신은 양쪽 모두에 동일하고 공유 가능한 시스템을 마련하고 싶을 것이다. 자신에게 이런 공간이 없다고 생각되면—일거리를 처리하기 위한 본거지라 부를 만한 물리적 공간이 없다면—하나 만들어야 한다. 주로 가상 작업을 하고 이동이 많은 첨단의 삶을 사는 사람이라도 베이스캠프 역할을 할 개인적 공간이 필요하다. 당신이 실제로 일을 하고 인풋을 처리하는 모든 곳에서 이 프로그램을 실행하고 싶겠지만 시작은 주 작업공간에서 하는 것이 가장 좋다.

작업공간의 기본 요건은 글을 쓸 수 있는 테이블이나 책상, 수집함을 둘 자리 그리고 (대부분의 사람들의 경우) 핵심적인 디지털 도구를 둘 공간이다. 기계공장의 감독관, 병원의 접수 간호사, 유모 같은 사람들은 그 정도면 족할 것이다. 대부분의 주부들은 업무흐름 관리를 위해 꼭 넓은 공간이 필요하지는 않겠지만, 통지서, 메일, 가족 프로젝트와 활동들, 재정 문제 등을 처리할 수 있는 별개의 공간이 있어야 한다. 생활과 관련한 이런 일거리들은 대개 주방, 복도, 식탁, 책들 위, TV 선반 등에 흩어져 있다. 물론 대부분의 전문가들에게는 글을 쓸 수 있는 테이블이나 책상 같은 평면뿐 아니라 전화기(그리고 충전기), 컴퓨터, 여러 단의 서류함, 작업 파일을 담아두는 서랍, 참고자료를 보관할 선반이 필요할 것이다. 어떤 사람들은 프린터, 화이트보드 그리고/혹은 멀티미디어 회의장비도 필요하다고 느낄 것이다. 매우 독립적으로 일하는 사람들은 운동, 여가, 취미를 위한 장비도 필요할 것이다.

> 집, 직장 그리고 심지어 이동 중에도 필요한 장치들을 갖춘 개인 작업공간이 필요하다.

작업공간은 기능적이어야 한다. 아직 전용 작업공간과 수집함이 없는 사람들은 지금 마련하라. 학생, 주부, 은퇴자 들도 마찬가지다. 누구나 모든 일을 처리할 물리적 통제실이 필요하다.

짧은 시간 내에 긴급하게 작업공간을 마련해야 한다면 나는 평평한 나무판을 하나 사서 2단짜리 서류 서랍장 두 개 위에 걸쳐놓고 종이, 메모용지, 펜을 놔두겠다. 이곳이 내 본부가 될 것이다(앉아야 한다면 의자도 사겠다!). 믿기 힘들겠지만, 나는 이만큼도 기능적이지 않은 임원 사무실을 몇 군데 가봤다.

직장에 출근하는 사람이라도 집에 작업공간이 필요하다

집에 작업공간을 만드는 데 인색하지 마라. 이 과정을 밟으면서 알게 되겠지만, 집에 사무실의 시스템과 동일한 위성 시스템을 갖추는 것이 중요하다. 내가 함께 일한 사람들 중에는 직장의 사무실과 비교해서 집에서 일할 때는 정리가 안 되고 혼란스러워서 당황하는 경우가 많았는데, 이들은 사무실과 집에 동일한 시스템을 갖추어 큰 효과를 얻었다. 주말을 이용해 집에 작업공간을 마련하면 생활의 정리에 혁신적인 변화가 일어날 것이다.

▶ **이동 중의 작업공간** | 많이 돌아다녀야 하는 직업이거나 활동적으로 생활하는 사람이라면 효과적인 소규모 이동 사무실을 구축하고 싶을 것이다. 이 사무실은 대개 적절한 서류철과 휴대용 업무용품들이 들어 있는 서류가방이나 배낭, 책가방 등일 것이다.

이동하는 동안 혹은 외부에 나가 있는 동안 짬이 생겨도 필요한 장비가 없어 생산성을 높일 기회를 잃어버리는 사람이 많다. 적절한 업무처리 방식, 알맞은 도구들, 집과 직장에 상호연결된 효과적인 시스템이 결합하면 이동 시간을 특정한 일을 하는 기회로 만들 수 있다. 기술발달로 좀 더 강력한 모바일 하드웨어가 계속 나오고 어디서든 빠른 속도로 접속이 가능해지면서 가상의 방법으로 생활을 관리하기가 더 편리해졌다. 하지만 모바일 기기(들)에서 갖가지 기능들을 이용할 수 있게 됨에 따라 부하 직원 관리의 어려움도 나타난다. 효과적인 수집, 명료화, 정리 방법론을 정착시키고 이를 적절하게 적용할 방법과 도구들을 체계적으로 갖추지 않으면, '모바일 접속'이라는 신세계가 도래한 이 지구촌 시대에, 비생산적인 산만함과 스트레스에 뒤덮여버릴 것이라는 경고는 다소 과격할 것이고, 모쪼록 그 이점을 충분히 활용치 못하는 셈이 될 것이다.

▶ **작업공간을 공유하지 마라!** | 당신만의 작업공간, 혹은 적어도 당신만의 수집함과 서류 및 실제 자료들을 처리하는 공간은 꼭 필요하다. 내가 함께 일한 부부들 중에는 집에서 책상 하나를 같이 쓰는 사람들이 많았는데, 작업공간을 두 개로 나눌 경우 항상 엄청난 차이가 나타났다. 이렇게 하면 두 사람이 '분리'될 것이라는 예상과 달리 실제로는 함께 쓰는 것들을 관리하는 문제와 관련한 미묘한 스트레스가 줄어들었다. 한 부부는 전업주부인 아내도 부엌에 작은 업무 공간을 마련해 거실의 아이를 지켜보면서 일을 처리할 수 있게 했다.

어떤 조직들은 '호텔링 hoteling'에 관심이 있다. 호텔링은 사람들이 필요한 기기들과 모바일 업무 기능을 완전히 갖추고 꼭 자기 사무실이나 자리가 아니라도 회사 내의 어디서든 '접속해' 그 자리에서 일할 수 있게 하자는 개념이다. 이렇게 하면 회사는 모함母艦과 독립적으로 기능하는 인력들을 갖추고 더욱 가상적으로 운영되어 사무공간을 절약할 수 있다. 하지만 이를 위해서는 각 근로자가 자신만의 통제실을 갖추는 것이 전제되어야 한다. 이런 방식의 실험들이 실패한 건 안정된 작업공간을 무너뜨렸기 때문이다. 각자가 보유한 시스템을 조금도 무리 없이 사용할 수 있어야 한다. 자신의 수집함, 파일링시스템, 일거리를 어디에서, 어떻게 처리할지 계속 처음부터 다시 설정해야 한다면("빌어먹을 포스트잇은 어디에 있는 거야? 스테이플러는?!") 끝없이 주의가 분산되는 결과만 낳는다.

깔끔하고 탄탄한 시스템을 갖추고 일거리를 신속하고 간편하게 처리하는 법을 안다면 어디서든 가상작업을 할 수 있다. 그래도 적재 적소에 위치한 일련의 도구들과 가까이 두고 싶은 참고자료 및 지원 자료들을 모두 보관할 충분한 공간을 갖춘 본거지가 필요할 것이다. 내가 함께 일한 대부분의 사람들은 일반 참고자료와 프로젝트 지원 자료들을 담기 위해 적어도 두 개의 파일 서랍이 필요했다. 디지털 스캐너와 끊임없는 기술 발전을 고려하면 언젠가는 모든 지원자료 들을 클라우드에 넣어두고 어디서든 필요할 때마다 검색할 수 있을 것이다. 하지만 여권, 밀라노 출장에서 남은 유로화, 아직도 일부 데 이터를 처리하기 위한 최적의 방식인 갖가지 종이 문서들이 필요 없 어지기까지는 얼마간의 시간이 걸릴 것이다. 양이 많든 적든, 참고자 료와 부수적인 항목들을 보관하고 쉽게 접근할 수 있는 공간이 필요하다.

| 시스템을 계속 처음부터 설정하는 게 아니라 자신의 원래 시스템을 사용해야 한다.

필요한 도구들 갖추기

이 업무흐름 관리 과정을 본격적으로 실행하기로 마음먹었다면 필요한 기본적인 물품과 장비들이 있다. 이 과정을 진행해가면서 당신은 본래 익숙하던 것들을 사용할지, 새로운 장비들을 평가해봐야 할지 고심하게 될 것이다.

꼭 비싼 도구가 좋은 건 아니다. 단순한 도구들은 '고급스러워' 보일수록 실제로 기능은 더 떨어지는 경우가 종종 있다.

기본적인 처리 도구들

아무것도 없이 처음부터 시작한다고 가정하면, 책상 외에 다음과 같은 장비들이 필요할 것이다.

- 수집함(적어도 세 개)
- 편지지 크기의 무지 종이
- 펜/연필
- 포스트잇
- 클립
- 스테이플러와 심
- 스카치테이프
- 고무줄
- 자동 라벨 인쇄기
- 파일 폴더
- 일정표
- 휴지통/재활용통
- 모바일 기기, 개인용 컴퓨터, 수첩 형태의 플래너와 노트를 포함해 현재 데이터 수집, 정리, 할 일 목록 작성에 사용하고 있는 도구들(있는 경우)

▶ **수집함** | 미결·기결 서류함으로 사용할 것이다. 또한 진행 중인 업무 지원 서류들 그리고 읽고 검토할 문서들을 담아두는 서류함 한두 개가 더 필요할 것이다. 여러 단으로 나뉜 편지지 크기 혹은 법정 규격의 서류함이 가장 적당하며, 종이 한 장도 쉽게 꺼낼 수 있도록 테두리가 없는 것이 좋다.

▶ **무지 종이** | 초기 수집단계에서는 무지 종이를 사용할 것이다. 믿거나 말거나, 종이 한 장에 생각 하나를 쓰면 큰 효과를 얻을 수 있다. 대부분의 사람들은 자신이 쓴 메모들을 결국 일정 종류의 목록으로 만들지만, 처음에 떠오른 생각들을 따로따로 분리해 표현해놓으면 (비체계적인 목록에 올려놓는 대신) 나중에 명료화 및 정리단계에서 다루고 마무리 짓기가 더 쉬워진다. 아무튼 임시적인 인풋들을 쉽게 수집할 수 있도록 편지지 크기의 종이나 메모 용지를 충분히 마련해두어야 한다.

▶ **포스트잇, 클립, 스테이플러 등** | 포스트잇, 클립, 스테이플러, 테이프, 고무줄 등은 종이로 된 자료들을 묶고 보관하는 데 유용할 것이다. 종이와 그 외의 물리적 자료들이 줄어들고는 있지만 아직 완전히 사라지지는 않았기 때문에(당신이 눈치채지 못했더라도!) 이들을 관리하는 간단한 도구들이 꼭 필요하다.

▶ 자동 라벨 인쇄기 | 라벨 인쇄기는 이 과정을 실행할 때 놀라울 정도로 유용한 도구다. 함께 일했던 수천 명의 사람들이 현재 이 기기를 장만했고 우리 게시판에는 "믿을 수 없어요. 이렇게 큰 차이를 불러올 줄이야!" 같은 코멘트가 넘쳐난다. 라벨 인쇄기는 서류철, 바인더, 그 외의 수많은 물건들에 사용할 수 있다.

나는 라벨을 바로 하나씩 찍어낼 수 있어 자료가 나타났을 때 번거롭지 않게 철할 수 있도록 해주는 단독형 라벨 인쇄기, 혹은 컴퓨터에 연결만 시키면 쓸 수 있는 간단한 제품을 선호한다.

> 순간순간 수집, 사고, 처리, 정리 작업을 하는 건 어려운 일이다. 따라서 가능한 한 이 작업이 쉬워지도록 돕는 도구들을 항상 갖추어두어야 한다.

▶ 파일 폴더 | 파일 폴더가 많이 필요할 것이며, 어떤 파일링시스템을 사용하는지에 따라 같은 수의 파일 걸개가 필요할 수도 있다. 폴더는 무지로 된 것이 좋다. 색깔로 표시를 하는 건 복잡할 뿐 아니라 그만큼의 노력을 들일 만한 가치도 별로 없다. 일반참조 파일링시스템은 단순한 도서관처럼 되어 있어야 한다.*

▶ 일정표 | 미완의 항목들을 수집하는 것뿐이라면 일정표가 필요 없을 수도 있지만, 그럼에도 일정표에 기록해야 하는 행동들이 분명 생길 것이다. 앞에서 언급했듯이 일정표는 행동목록을 담기 위해서가

---

* 내가 권하는 기본적이지만 필수적인 일반참조 파일링시스템 구현에 적합한 단순하고 저렴한 폴더를 구하기 힘든 국가가 많다. 쓸 만한 것을 직접 만들어야 할 수도 있다.

아니라 특정 날짜 혹은 특정 시간에 반드시 해야 하는 '엄연한 현실'을 확인하는 데 사용해야 한다.

오늘날 대부분의 직업인들은 루스리프loose-leaf 식 일정관리 수첩부터 모바일 기기, 기업 소프트웨어 애플리케이션에 이르기까지 이미 일정 종류의 일정표를 가지고 있다.

일정표는 흔히 체계적인 일정관리를 위해 의존하는 가장 중요한 도구이며, 특정 시간 및 날짜와 관련해 할 일과 정보를 관리하는 데 분명 중요한 역할을 한다. 일정표에 기록하고 싶은 실행 환기와 데이터가 많을 것이다. 하지만 거기에서 멈추면 안 된다. 당신이 이 기법들을 적용하면서 나타날 훨씬 더 포괄적인 시스템과 일정표가 통합되어야 한다.

아마 어떤 종류의 일정표를 쓰면 가장 좋을지 궁금할 것이다. 여기에 대해서는 다음 장에서 더 상세히 설명하겠다. 당장은 지금 가지고 있는 일정표를 계속 사용하라. 완전히 체계적인 접근방식에 대해 감이 잡히면 다른 도구로 바꿀지 결정하는 데 더 나은 기준점이 생길 것이다.

▶ **휴지통/재활용통** | 대부분의 사람들은 이 과정을 실행하면서 예상보다 더 많은 것들을 버린다. 따라서 상당한 쓰레기가 나오는 걸 각오하라. 내가 코치한 일부 임원들은 우리가 함께 일하는 날 사무실 바로 밖에 대형 쓰레기통을 놔두었고 그 덕을 톡톡히 보았다!

▶ **목록 및 참고자료 관리도구가 필요할까?** | 관리도구가 필요할지 그리고 만약 필요하다면 어떤 종류가 좋을지는 여러 요인들의 영향을 받는다. 목록들과 참고자료들을 관리하는 도구를 사용하기로 마음먹었는가? 행동, 안건, 프로젝트의 실행 환기를 어떻게 보고 싶은가? 어디에서, 그리고 얼마나 자주 이들을 검토해야 하는가? 머리는 일들을 담아두는 곳이 아니기 때문에 일을 발생시키는 요인들(트리거 trigger)을 관리하고 머릿속이 아닌 외부의 시스템에서 판단하게 하는 무언가가 필요하다. 종이에 기록하여 폴더에 보관하는 매우 단순한 방법으로도 모든 걸 관리할 수 있다. 아니면 수첩이나 노트로 된 플래너 혹은 디지털 플래너를 이용하거나, 둘을 함께 쓸 수도 있다.

앞에서 나열한 모든 단순한 장비들은 수집, 처리, 정리 단계의 다양한 측면들에 사용된다. 서류함과 종이는 수집에 사용된다. 수집함을 처리하면서 2분 내에 해결할 수 있는 많은 행동들은 즉시 실행할 것인데, 그러려면 포스트잇, 스테이플러, 클립이 필요하다. 2분 내에 다 읽을 수 없는 잡지, 기사, 종이로 된 보고서와 문서들을 다른 서류함으로 보낼 것이다. 또한 그냥 철해두면 되는 항목들도 상당수일 것이다. 남은 것들—프로젝트 목록 관리, 일정표에 항목, 행동, 안건 기록, 대기시킨 일들 확인—은 일정 형태의 목록으로 만들거나 비슷한 항목들끼리 검토 가능하도록 묶는 작업이 필요할 것이다.

목록들은 종이에 기록해 파일 폴더에 보관하는 등의 원시적인 방법(예를 들어 전화를 걸어야 하는 사람들을 각각 별개의 종이나 메모지에 적

일거리를 처리하는 방법과 무엇을 정리해야 하는지가 일단 파악되면 목록을 만들고 관리만 하면 된다.

어 '전화' 파일에 넣거나, 납입해야 하는 청구서들을 '지불' 파일에 넣는다)으로 관리할 수도 있고 좀 더 발전된 방식으로 루스리프 식 노트나 플래너에 정리할 수도 있다('전화'라는 제목이 붙은 페이지에 사람들의 이름을 나열한다). 혹은 첨단 방식으로 디지털 도구들을 이용할 수도 있다(소프트웨어 애플리케이션의 '과제' 또는 '할 일' 부분에 '전화' 카테고리를 만든다).

대부분의 관리도구들은 휴대용 참고자료들(예: 연락처)을 보관할 뿐 아니라 목록을 관리하도록 설계되었다(일정표도 특정 시간 및 날짜에 해야 하는 행동들이 시간순으로 나열된 일종의 목록이다).

초기의 데이-타이머Day-Timers, 필로팩스부터 타임/시스템Time/System, 프랭클린코비FranklinCovey 같은 정교한 플래너, 재유행하는 단순한 몰스킨Moleskine 노트북, 현재 쏟아져나오는 업무관리 소프트웨어 애플리케이션에 이르기까지, 20세기 후반 이후 아마 수천 종류의 관리도구들이 시장에 나왔을 것이다.*

현재 사용하고 있는 도구들로 GTD 과정을 실행해야 할까? 아니면 새로운 것을 장만해야 할까? 어느 쪽이든 당신의 행동을 변화시키는 데 실질적으로 도움이 되고 제대로 사용할 수 있는 쪽을 선택해야 한다. 효율성도 고려해야 한다. 디지털 정보가 많이 들어오는

---

* 《Getting things Done》이 첫 출간된 이후 GTD 핵심방법론을 이용한 소프트웨어 프로그램들이 많이 등장했다. 대부분 디지털·모바일 방식의 '할 일 및 업무 목록' 관리자들로, 다양한 기능과 연결성, 시각적 화면을 갖추었다.

편이어서 디지털 도구를 사용하는 편이 더 유용할까? 이동하면서 급하게 잡고 변경해야 하는 약속들을 정리할 종이로 된 일정표가 필요할까? 이동 중에 급하게 걸어야 하는 전화를 상기시켜줄 가장 좋은 방법은 무엇일까? 등등을 고려해 판단한다. 뿐만 아니라 외관도 마음에 들어 즐겁게 쓸 수 있는 것이면 좋다. 내 경우 혼자 식당에 가서 음식이 나오기를 기다리는 동안 스마트폰을 사용할 구실이 필요할 때(즉 스마트폰을 만지작거리고 싶을 때) 계획 수립과 업데이트 작업을 하면 굉장히 효율적이다.

| 생산성을 높이는 가장 좋은 요령 중 하나는 마음에 드는 관리 도구를 장만하는 것이다.

하지만 당신이 사용하는 도구 자체가 스트레스 없는 생산성을 안겨주지는 않는다. 스트레스 없는 생산성은 GTD 기법을 실행해야 얻을 수 있다. 어떤 구조를 채택하는지가 GTD 과정을 어떻게 표현하고 실행하는지에 매우 중요하겠지만, 구조가 과정을 대체하지는 않는다. 좋은 망치가 좋은 목수를 만드는 건 아니다. 하지만 좋은 목수는 항상 좋은 망치를 가지고 싶을 것이다.

관리도구를 장만하여 사용할지 그리고 무엇이 좋을지 검토할 때는 당신이 실제로 해야 하는 일이 목록관리뿐임을 명심하라. 이동 중에 목록을 만들고 필요할 때마다 자주 쉽게 검토할 수 있어야 한다. 목록에 무엇을 올리고 어떻게 이용할지만 알면 매체는 그리 중요하지 않다. 단순성, 속도, 재미만 고려하면 된다.

| 참고자료 시스템이 관리되지 않으면 업무흐름이 막혀 당신의 세계에 비정형적인 내용들이 쌓이게 될 것이다.

파일링시스템의 중요 요소

GTD 과정에는 간편하고 기능적인 참고자료 시스템이 필수적이다. 어떤 고객의 사무실이든 업무흐름 관리 과정을 시작하기 전에 먼저 확인하는 것들 중 하나가 파일링시스템(서류철에 철해두거나 디지털 기기의 폴더에 저장하는 체계)을 손쉽게 이용할 수 있는가이다. 2장에서 언급했듯이, 효과적인 일반참조 시스템이 없으면 개인관리 시스템의 실행에 가장 큰 어려움을 겪을 수 있다. 또한 내가 코치했던 대부분의 임원들에게 가장 큰 개선을 불러올 수 있는 부분들 중 하나가 일반참조 시스템이었다. 일반참조 시스템의 내용이 중요하거나 전략적이어서가 아니라, 이를 관리하지 않으면 물리적, 정신적 공간이 지나치게 어질러지기 때문이다.

실행할 행동이 없지만 잠재적으로 유의미한 자료들이 처리되지 않고 정리되지 않으면 심리적 잡음을 일으키게 된다. 더 중요한 점은, 막힌 배관처럼 업무흐름을 막아 그 부분에 일들이 쌓이기 쉽다는 것이다. 나는 고객과 함께 동네 사무용품점에 가서 서류 캐비닛, 파일 폴더 한 무더기, 라벨 인쇄기를 구입한 적이 많다. 그리하여 우리는 책상 주변과 사무실에 널려 있던 일거리들의 3분의 2를 담을 공간을 마련할 수 있었다. 그러자 아니나 다를까, 일의 명확성과 초점이 크게 향상되었다.

여기에서 우리가 주로 관심을 두는 것은 계약서, 재무 정보, 특허 기록, 그 외에 따로 보관해 색인을 달아놓아야 하는 데이터들이 아니라 일반참조 자료들이다. 일반참조 파일에는 기사, 브로슈어, 서류, 메모, 출력물, 문서, 심지어 티켓, 열쇠, 상점 회원카드,

> 신속하고 편리하게 찾아볼 수 있고 기능적인 참조 시스템이 없으면 정보 수집의 전 과정에 거부감이 들 것이다.

플래시 드라이브 같은 물건들까지 담겨야 한다. 흥미롭거나 유용하거나 어떤 목적 때문에 보관하고 싶지만 별도로 특별히 철해놓을 만한 건 아니거나 선반에 세워두지 못하는(소프트웨어 매뉴얼이나 세미나 바인더처럼) 것이면 뭐든 기본적으로 다 포함된다.

디지털 방식을 지향하는 사람이라면 물건들을 담아둘 공간이 더 이상 필요하지 않다고 생각할 수도 있다. 여권, 출생증명서, 오래된 주방용품 설명서, 의료기록, 잘 쓰지 않는 상자의 열쇠, 언젠가 방문할 나라의 지폐가 필요 없어지는 때가 올지도 모른다. 하지만 그때까지는 이런 것들을 담아둘 통합된 물리적 공간이 필요하다.

이런 시스템을 관리해줄 믿을 만한 비서나 부하 직원이 있다면 'X라는 파일명으로 철할 것'이라는 포스트잇을 문서에 붙여서 넘겨주면 된다. 하지만 비서가 옆에 없어도 언제든 접근할 수 있어야 하는 흥미롭거나 대외비거나 유용한 지원자료들이 있는지 자문해보라. 그런 자료들이 있다면 책상이나 그 근처 어딘가에 당신만의 시스템을 마련해야 한다.

참고자료가 종이 형태든 디지털 형태든 마찬가지다. 점점 더 많은 정보가 가상의 방식으로 들어옴으로 컴퓨터나 모바일 기기에 일반 참조자료를 보관할 공간이 필수적이다. 많은 사람들이 여전히 이메

> 당신의 경험을 수집하고 분류하기 위해서는…… 파일을 만들어야 한다. 절실하게 와닿는 사건이나 아이디어가 생길 때마다 이를 머리에서 흘려보내는 대신, 파일에 보관하려고 명확히 하고 그 과정에서 그 의미를 도출해보면, 얼마나 어리석은 감정이나 아이디어인지, 혹은 어떻게 생산적인 형태로 표현될 수 있을지가 드러날 것이다.
> — C. 라이트 밀스 Wright Mills

일 수신함을 비정형적인 일반 참조자료의 보관장소로 이용하면서도("아이의 학교 행사에 관한 정보가 담겨 있으니 이 이메일은 보관해야 해"), 메일 애플리케이션에 '로버트' 혹은 '학교 일정' 같은 폴더를 만들어 해당 이메일을 옮겨 저장하거나 효과적인 참조자료 보관 프로그램 혹은 데이터베이스에 복사하는 데는 거부감을 느낀다. 이런 종류의 정보를 수집하여 분류하는(그리고 여러 기기들에 동기화시키는) 소프트웨어가 나와 있다. 어떤 구조로 정리할지에 대해 생각해보아야 할 뿐 아니라 자신의 디지털 환경을 복잡하고 혼란스럽게 만들지 않고 이런 정보를 적절한 장소에 보내는 작업도 필요하다. 나는 컴퓨터에 새로운 일반 참조자료 파일링 애플리케이션을 설치할 때마다 최적의 정리 방법을 찾기 위해 족히 석 달은 실험해야 하고, 별다른 고민 없이 술술 사용할 정도가 되는 '크루즈 컨트롤' 상태가 되기까지 또 석 달이 필요하다.

▶ **파일링의 성공 요소** | 나는 개인 파일링시스템을 가까이에 두라고 적극 권장한다. 물리적 시스템과 디지털 시스템이 둘 다 필요하다. 수집함에서 무언가를 집어 들거나 이메일에서 인쇄한 뒤 다음 행동은 필요 없지만 향후에 가치가 있을 수 있다고 판단하여 신뢰할 만한

시스템에 넣기까지 1분도 걸리지 않을 것이다. 문서를 스캐닝하여 보관하거나 컴퓨터에 복사하는 경우도 마찬가지다. 종이로 된 참고 자료보다 디지털 정보가 많을 수도 있겠지만(혹은 그 반대이거나) 둘 모두에 대한 능률적인 시스템이 없으면 잠재적으로 가치 있는 정보를 보관하는 데 거부감을 느끼거나, 부적절한 곳에 계속 쌓아두게 될 것이다. 무언가를 쉽게 찾아볼 수 있는 형태로 파일링하는 데 1분 이상 걸리면 그냥 쌓아두거나 어딘가에 쑤셔넣기 쉽다. 신속해야 할 뿐 아니라 재미있고 쉬우며 최신의 완전한 것이어야 한다. 그렇지 않으면 파일링해야 하는 무언가가 수집함 안에 있다는 걸 알기 때문에 무의식적으로 수집함을 비우길 거부하고 심지어 서류들이나 밀린 이메일을 살펴보고 싶지도 않을 수 있다.

하지만 파일링에 거부감을 느끼다가도 일단 개인 파일링시스템이 구축되자 일거리 더미와 디지털 세계를 살피고 정리하는 걸 즐기게 된 사람들을 숱하게 보았으니 용기를 내기 바란다.

또한 새로운 주제와 관련한 문서가―휘갈긴 쪽지 한 장이라도―생겼을 때 더 공식적이고 중요한 문서와 마찬가지로 편하게 파일링할 수 있어야 한다. 파일을 만들고 정리하려면 손이 많이 가기 때문에 사람들은 아예 보관하지 않거나 지역 식당의 메뉴, 열차 시간표 등 갖가지 항목들로 가득 찬 잡동사니 캐비닛과 서랍을 만들어버린다. 이런 정보들을 웹에서 즉시 찾아볼 수 있다는 걸 알면 인쇄된 자료를 사용할 필요가 없을 것이다. 그러면 시스템을 쓸데없이 이중으로 두지 않을 것이고, 보관할 항목 선택과 활용이 매끄럽게 이루어 질 것이다.

　빠르고 편리한 보관기준을 갖춘 참고자료 시스템을 만들기 위해 해야 할 일이 있다면 뭐든 하라. 내 시스템은 나뿐 아니라 많은 사람들에게 매우 효과적이었다. 따라서 손쉬운 파일링을 도와주는 다음 가이드라인들을 검토해보길 적극 권한다.

　일반참조 파일들은 쉽게 손닿는 곳에 두기　파일링은 바로바로 손쉽게 할 수 있어야 한다. 철하고 싶은 문서가 생길 때마다 자리에서 일어서야 하거나 정보를 보관할 알맞은 장소를 찾느라 컴퓨터의 여러 공간들을 뒤져야 한다면, 그냥 쌓아두거나 원래 자리에 놔두기 쉽다. 또한 수집함 처리 과정 전체에 거부감을 느낄 가능성도 있다 (그 안에 파일링이 필요한 것들이 들어 있다는 걸 알기 때문이다). 내가 코치한 많은 사람들은 방 건너편까지 가지 않고 말 그대로 앉은 채로 몸을 돌리면 닿을 수 있는 곳에 일반참조 파일 서랍이 있도록 사무실 공간을 재설계했다.

　알파벳순 시스템　나는 여러 개의 시스템을 두는 대신 A에서 Z까지 알파벳순으로 정리한 하나의 물리적 파일 시스템을 마련했다. 참조 이메일 폴더 역시 이런 식으로 정리했다. 사람들은 파일들을 개인 관리 시스템으로 사용하려는 경향이 있어서 파일들을 프로젝트별 혹은 중점 분야별로 나누어 정리하려고 한다. 이런 방식을 사용하면 무언가를 어디에 철해두는지 잊어버렸을 경우 뒤져봐야 할 곳이 기하급수적으로 늘어난다. 일단 모든 행동들을 간추려 다음 행동목록으로 정리했다 치자. 그러면 이 데이터가 개인 라이브러리의 내용이 된다. 원한다면 수집광이 되어도 괜찮다. 문제는 얼마만큼의 보관공간이 있는가, 그리고 필요할 때 정보에 어떻게 접근할 수 있는가이다. 모든 자료를 주제, 인물, 프로젝트 혹은 회사에 따라 알파벳순으로 파일을 만들어놓으면 어디에 두었는지 잊어버렸을 때도 서너 번만 뒤지면 찾을 수 있다. 일반적으로 '원예-화분Gardening-pots'과 '원예-아이디어Gardening-ideas'처럼 각 라벨에 적어도 하나의 하위 주제를 둘 수 있다. 이 경우는 모두 G 파일 아래에 들어갈 것이다.

디지털 세계는 다량의 데이터를 검색할 수 있는 이점이 있고, 키워드로 태그를 달아놓으면 검색이 더 용이해진다. 그러나 데이터 보관 옵션과 저장장소가 너무 많으면 복잡성과 혼란도 커질 수 있다. 눈코 뜰 새 없이 바쁘지 않은 사람이라 해도 이용 가능한 모든 애플리케이션에 모든 일거리들을 올릴 만큼의 시간과 노력을 들이지는 못할 것이다. 따라서 컴퓨터를 이용하면 매우 편리하고 유용할 뿐 아니라 방대한 참고자료실을 만들 기회가 생기지만, 간편하고 효과적인 자신만의 참고정보 형식을 설계해야 한다는 과제도 생긴다. 디지털 방식을 사용할 때도 알아보기 쉽게 분류한 시각적 지도를 만들면 유용하다. 보통 알파벳순으로 인덱스를 만들거나 데

> 효과적이고 단순하며 쉽게 접근할 수 있는 일반참조 파일링시스템을 사용하면 원하는 만큼 많은 정보를 보관할 수 있다.

이터 그룹들을 효율적으로 정리한다. 나는 런던에서 마음에 드는 식당들을 찾으려면 내 일반참조 애플리케이션에 접속해 지역locales → 런던London → 식당Restaurant 순으로 찾는다. 모두 각 단계 내에 알파벳 순으로 정리했다.

디지털 방식을 지향하는 사람들에게 가장 큰 문제는 수집과 저장이 쉬워서 기록전용증후군이 생긴다는 점이다. 즉, 정보를 수집만 해둘 뿐 실제로 접근해서 현명하게 사용하지는 않는다. 자신의 디지털 라이브러리를 그저 키보드 몇 번 두드려 쉽게 데이터를 던져 넣는 거대한 블랙홀로 만드는 대신 기능을 유지하기 위해서는 어느 정도 의식이 필요하다. '검색기능을 이용하면 찾을 수 있으니 내 자료들을 정리할 필요가 없어'라는 태도는 내 경험에 따르면 차선의 접근방식이다. 수집한 많은 정보들을 일정 형태로 효과적으로 분류하여 살펴볼 방법이 있어야 한다.

간혹 한 주제나 프로젝트에 대한 참고자료의 양이 엄청나게 많을 경우 별개의 서랍이나 캐비닛, 디지털 디렉토리에 보관해야 한다. 하지만 물리적인 자료의 양이 파일 서랍의 반도 차지 않는다면 일반 알파벳순 시스템 하나로 정리하길 권한다. 디지털 기기에서 분류하는 경우라면 하나의 하위 디렉토리로 만들면 될 것이다.

새 폴더를 쉽게 만들 수 있도록 하라 나는 수집함을 처리하기 위해 앉은 자리에서 손이 닿는 거리에 새 파일 폴더들을 주로 둔다. 철해야 할 무언가가 있는데 파일 폴더가 충분하지 않은 것만큼 이 과정을 방해하는 것도 없다. 손 닿는 곳에 파일 폴더를 항상 준비해두라. 디지털 방식이라면, 필요할 때 데이터 보관 소프트웨어에 새 디렉토리를 즉각 편하게 만들 수 있어야 한다.

자료보관을 쉽게 하려면 충분한 공간을 확보하라 파일 서랍들은 항상 3분의 2가 차지 않도록 유지하라. 서랍이 빽빽하게 차면 그 안에 무언가를 넣는 데 무의식적으로 거부감이 느껴져 참고자료들이 다른 곳에 쌓이기 쉽다. 나는 서랍이 비좁아지기 시작하면 전화를 건 뒤 상대방이 받을 때까지 기다리는 동안 정리하기도 한다. 디지털 기기에서도 보관공간에 슬슬 신경이 쓰이기 시작하면 자료들을 검토하여 정리할 때이다.

내가 만난 사람들은 하나같이 파일 서랍이 넘칠 듯 가득 차 있었다. 빽빽한 서랍에서 무언가를 꺼내다 손톱이 찢어지고 싶지 않으면, 혹은 파일링에 대한 무의식적인 거부감을 없애고 싶으면 파일을 쉽게 집어넣고 찾아볼 수 있도록 서랍에 항상 여유공간을 두어야 한다. 디지털에서는 컴퓨터나 클라우드에 여유공간이 있는지 불안할 수 있다. 지나치게 많은 양의 정보들이 체계 없이 담긴 블랙홀 대신 의미 있는 내용물을 유지하고 쉽게 접근할 수 있는 시스템을 만들려면 얼마의 여유가 필요할지 항상 판단해야 한다. 나는 때때로 전화를 걸어 상대가 받을 때까지 기다리는 동안 이메일 폴더와 오래된 문서 디렉토리를 정리한다.

어떤 사람들은 이런 상황이 되면 마치 끔찍한 일이라도 벌어진 듯

"파일 캐비닛을 더 사야겠어!"라거나 "용량이 더 큰 하드 드라이브를 장만해야 해!" 등의 반응을 보인다. 하지만 보관해야 할 가치가 있는 자료라면, 쉽게 접근하도록 보관할 가치도 있지 않을까? 접근이 쉽지 않다면 왜 보관하겠는가? 정보화시대에 살고 있으면서 정보 이용을 방해하는 일을 하는 건 현명한 행동이 아니다.

일반참조 파일들을 가까이에 둔 여유 있는 작업공간을 확보하려면 또 다른 단계의 참고자료 보관장치가 필요할 수 있다. 완료된 프로젝트 기록들이나 거래가 끊긴 고객 파일 같은 자료는 아직 보관해두어야 하지만 자리에서 좀 떨어진 곳, 정보저장 드라이브, 클라우드, 혹은 작업공간 밖에 보관해도 된다.

자동 라벨 인쇄기를 사용해 파일 폴더에 라벨을 붙여라 물리적 참고자료의 양이 아무리 적더라도 적극적으로 관리해야 한다. 인쇄된 라벨을 붙이면 파일들의 느낌이 달라지고 파일들을 대하는 태도도 바뀐다. 회의실 탁자에 라벨을 붙인 파일을 올려놓으면 안정감이 느껴지고 누구나 그 파일이 무엇인지 알 수 있다. 멀리서도 무슨 파일인지 바로 알아볼 수 있고 서류가방에서 찾기도 쉽다. 또한 파일 서랍을 열었을 때 당신의 파일들에 알파벳순으로 인쇄된 인덱스가 붙어 있는 것처럼 보인다. 그래서 서랍을 열어 무언가를 찾거나 끼워 넣는 게 즐겁게 느껴질 것이다.

뇌과학자들이 21세기 후반쯤에는 라벨이 붙은 파일들이 왜 그렇게 효과적인지에 대해 난해하고 복잡한 신경학적 설명을 내놓을지도 모른다. 그때까지는 나를 믿어라. 당신 소유의 라벨 인쇄기를 하나 장만하라. 전 체 시스템이 별 탈 없이 잘 작동하게 하려면 원할 때마다 무언가를 철할 수 있도록 항상 라벨 인쇄기가 가까이에 있어야 한다. 다른 사람과 함께 쓰지 마라. 철할 것이 있는데 라벨 인쇄기가 당장 곁에 없으면 철하지 않고 쌓아두게 될 것이다. 라벨 인쇄기를 스테이플러만큼 기본적인 도구로 생각해야 한다.

> 물건에 이름을 붙이면 당신 것이 된다. 수집했지만 이름을 붙이지 않으면 그 물건이 당신을 소유하게 된다.

적어도 1년에 한 번은 파일들을 정리한다 필요 없어진 것들을 버리는 등 정기적으로 파일들을 정리하면 구식 정보가 되지 않고 블랙홀처럼 보이지도 않을 것이다. 또한 무엇이든 '필요할 경우에 대비해' 즉흥적으로 보관할 수 있을 것이다. 어쨌거나 모든 자료가 몇 달 안에 재평가될 것이므로 보관할 가치가 있는 것과 없는 것을 그때 재판단할 수 있다. 종이로 된 참고자료뿐 아니라 디지털 형식의 정보들도 마찬가지다. 앞서 말한 것처럼, 나는 전화를 걸어 상대방이 받기를 기다리는 동안(혹은 계속 질질 끄는 전화 회의의 시간에) 파일들을 정리한다.

모든 조직체에 '정리의 날'을 정하라. 전 직원이 편한 차림으로 출근해 전화를 '방해 금지 모드'로 설정하고 현재 각자 보관하고 있는 자료들을 정리하는 날이다.* 그날은 대형 쓰레기통, 재활용통, '공유'

---

* 크리스마스 이브라든가 평일이지만 휴일 전날에 이런 일을 하기 가장 좋다. 그때는 어쨌거나 대부분의 사람들이 '파티 모드'이기 때문에 흥이 나서 작업공간을 정리하기 좋은 기회이다.

상자를 준비하고 모든 사람이 자기 사무실 혹은 컴퓨터를 정리하며 하루를 보낼 수 있게 한다. 개인적으로 정리의 날을 정해도 좋다. 휴일이나 연말, 혹은 전년도의 재무파일 보관작업과 병행하고 싶다면 세금정산을 하는 초봄에 하루를 정해 해당 티클러 파일에 그 일정을 넣어둔다.

▶ 그 자체로 하나의 성공 요소인 파일링 | 참고자료와 지원자료는 긴급하게 필요한 것은 아니며 넓게 보면 전략적인 자료들도 아니다. 따라서 이런 자료들을 관리한다 해도 대개는 우선순위가 낮은 일로 여겨진다. 그러나 실행할 행동은 없지만 잠재적으로 의미 있고 유용한 자료들로 정신적, 물리적 작업공간이 어질러지는 것이 문제다. 이 부분을 엄격하게 설정하여 유지하지 않으면 "이게 뭐지?" "이게 왜 여기에 있지?" "이걸로 뭘 해야 하지?" "지금 바로 사용해야 하는 자료가 어디에 있지?" 같은 질문이 잠재의식 속에서 성가시게 떠들 것이다.

참고자료들은 시스템 내의 다른 범주들을 어지럽히지 않으면서 특정 목적에 이용할 수 있고 쉽게 접근할 수 있도록 별개의 영역에—물리적 방식, 디지털 방식으로—보관·정리해야 한다. 방대한 양일 수 있기 때문에 필요할 때 필요한 자료를 수집, 분류, 접근할 수 있도록 관리가 쉽고 시스템 내의 행동 중심 요소들을 방해하지 않아야 한다. 나는 세계에서 가장 똑똑한 전문가들이 단순하고 기능적인 참고자료 시

정신없이 일을 할 때 무언가를 파일링하느라 60초 이상이 걸리면 파일링하지 않고 '쌓아두게' 될 것이다.

스템을 구축하도록 돕느라 많은 시간을 보냈다. 이들은 이 시스템에서 괄목할 만한 효과를 얻어 더 중요한 일들에 관심을 기울일 수 있게 되었다.

마지막으로 준비해야 하는 것

얼마간의 시간을 확보했고, 작업공간을 마련했고, 이 방법론을 실행하기 시작할 기본적인 도구들을 갖추었다. 이제 더 뭐가 필요할까?

업무흐름 관리 시스템을 구축하기 위해 일정한 시간을 내기로 마음먹었다면 최대의 효과를 얻기 위해 한 가지 더 준비할 게 있다. 이 기간 동안 다른 할 일이 없도록 준비하는 것이다.

꼭 전화를 걸어야 하는 사람이 있거나 비서가 대신 처리해야 하는 일 혹은 배우자에게 확인해야 할 일이 있으면 즉시 하라. 아니면 그 일을 언제 할지 정하고 차후에 반드시 확인할 장소에 실행 환기를 남겨두어라. 지금은 이 과정을 실행하는 데 전념을 다해야 한다.

사람들은 이 과정을 위해 시간을 비워두고 나를 고용하느라 상당한 돈을 썼음에도 불구하고 내가 그들을 코치하려고 자리를 잡으면 거의 예외 없이 그날 일과를 끝내기 전에 해야 하는 일들이 있고 아직 자신의 시스템에 그 일들에 대한 계획을 세워놓지 않

| 성격이나 의미가 다른 항목들이 같은 곳에 파일링되어 있으면 그 내용의 성격에 대해 생각하느라 애써야 하기 때문에 당신의 뇌는 그 산더미 같은 일에 무감각해질 것이다.

왔다. 그래서 "아, 오늘 중에 이 고객에게 전화를 해야 해요"라거나 "오늘 밤 필요한 티켓을 구했는지 남편에게 확인해봐야 해요"라고 말한다. 나는 이런 현상이 우리 문화의 인식 및 성숙도 부족을 보여준다고 생각한다. 똑똑한 사람들도 이런 수준의 일을 지속적인 업무 차원으로 경시하는 것이다.

    자, 모든 일을 처리했는가? 좋다. 이제 당신의 모든 열린 고리들을 한 곳으로 모을 시간이다.

5장

수집하기
'일거리'들을 한 곳에 모으기

2장에서 잠재적인 일거리와 의미 있는 인풋을 수집하는 기본 절차들을 설명한 바 있다. 이번 장에서는 모든 미완의 일들, 모든 '일거리'를 한 곳에 넣는 과정을 좀 더 상세히 안내하려 한다. 이것은 '물과 같은 마음' 상태에 이르기 위한 중요한 첫 단계이다. 현재 가지고 있는 것보다 몇 가지 일을 더 모으기만 해도 아마 긍정적인 감정이 생길 것이다. 하지만 힘을 내어 수집 과정을 1백 퍼센트 다 수행하면 극적인 변화를 경험할 것이고 당신의 일과 세상을 처리할 새롭고 중요한 기준점이 생길 것이다.

고객에게 이 과정을 코치할 때 수집단계는 보통 1~6시간이면 되지만 꼬박 20시간이 걸리는 고객도 있었다(20시간 뒤에야 나는 마침내 그에게 "이제 이해하셨군요"라고 말했다). 직장과 그 외에 당신이 일하고

| 관심이 가는 모든 일을 수집할 때까지 당신은 자신의 세계 전체를 다루고 있다는 완전한 믿음이 들지 않을 것이다. | 생활하는 각처의 모든 것을 포함한 완전한 수집을 하기로 마음먹었다면 생각보다 시간이 많이 걸릴 수 있다. 이는 컴퓨 |

터를 포함한 모든 보관장소와 자동차, 보트, 창고와 집 등, 모든 곳의 구석구석을 살핀다는 의미다.

이 단계에 적어도 두 시간을 할애하면 미해결 상태의 일들 대부분을 수집할 수 있다. 또한 '보트 창고를 치우고 정리한다' '복도 벽장 문제를 처리한다' 등의 적절한 임시 메모를 작성하면 나머지도 수집할 수 있다.

현실세계에서 일거리들이 항상 1백 퍼센트 수집되지는 못할 것이다. 대부분의 사람들이 한 주 동안 모든 아이디어와 할 일들을 머리 밖으로 꺼내어 외부 시스템에 수집하기에는 너무 바쁘고 너무 많은 일들에 관여한다. 하지만 1백 퍼센트 수집은 일과 생활과 관련해 당신의 관심을 끄는 모든 것들을 지속적으로 정리하는 데 계속 동기부여를 하는 이상적인 기준이 될 것이다.

준비

모든 것을 수집한 다음 명료화 작업을 시작하는 데는 매우 실용적인 이유가 있다.

제자리에 있지 않은 모든 것을 한 번에 한 장소에 수집하기란 벅찰 수 있다. 또한 대체로 대부분의 일거리가 예전에도, 지금도 '그렇게 중요하지' 않기 때문에 이런 수집작업이 직관에 어긋나는 것처럼 보일 수도 있다. 하지만 바로 이런 생각 때문에 일거리들이 계속 여기저기 널려 있는 것이다.

처음에 그 일거리가 나타났을 때 긴급한 사안이 아니었고 아직 처리하지도 않았기 때문에 아마 문제가 터지지도 않았을 것이다. 언젠가 연락할 수도 있겠다는 생각에 지갑에 넣어둔 누군가의 명함, 부품 하나를 잃어버렸거나 설치할 시간이 나지 않아 책상 맨 아래 서랍에 넣어둔 작은 전자기기, 사무실의 더 적절한 위치로 옮겨야겠다고 계속 생각만 하는 프린터 등을 예로 들 수 있다. 이런 종류의 일은 계속 신경이 쓰이지만 처리하기로 마음먹거나 열린 고리 목록에서 완전히 빼버려야겠다는 결정을 아직 하지 못했다. 하지만 여전히 그 일거리에 중요한 뭔가가 있을 수 있다고 생각하기 때문에 일거리가 당신을 지배하고 필요 이상으로 당신의 에너지를 차지한다.

자, 이제 시작할 시간이다. 수집함과 메모지 한 뭉치를 집어 들어라. 그리고……

출발!

물리적 수집

제일 먼저 할 일은, 당신의 물리적 환경을 뒤져 지금의 자리에, 지금의 방식대로 그대로 있어서는 안 되는 것들을 찾는 것이다. 미완의 일들, 잠재적인 행동이 결정되어야 하는 일들을 모은다. 그리고 나중에 처리할 수 있도록 모두 수집함에 넣는다.

자신이 하고 있지 않은 일들이 무엇인지 전부 파악하고 있을 때만 그 일들에 대해 마음을 놓을 수 있다.

원래의 자리에 그대로 두어야 하는 것

무언가를 수집함에 넣어야 할지 깔끔하게 결정을 내리는 가장 좋은 방법은 수집함에 넣어서는 안 되는 것이 무엇인지 명확하게 이해하는 것이다. 관련된 행동이 없기 때문에 지금의 자리에, 지금의 방식대로 그냥 두어도 되는 것들에는 네 종류가 있다.

- 비품
- 참고자료
- 장식품
- 장비

정기적으로 사용하는 비품에는 계속 가지고 있어야 하는 모든 것이 포함된다. 문구류, 명함, 도장, 스테이플러, 포스트잇, 클립, 볼펜심, 건전지, 가끔씩 작성해야 하는 서식, 고무줄 등이 전부 여기에 해당한다. 또한 치실, 화장지, 박하사탕 등이 들어 있는 '개인용품' 서랍을 가진 사람들도 많다.

참고자료는 소프트웨어 사용설명서, 동네 테이크아웃 식당의 메뉴, 아이의 운동팀 일정표, 구내 전화번호 등 필요할 때 정보를 알기 위해 보관해두는 것들이다. 모든 전화번호 및 주소록, 프로젝트나 특정 주제들과 관련한 자료들 그리고 사전, 백과사전, 제본된 법인기록 같은 자료들이 여기에 포함된다. 또한 계속 간직할 책과 잡지도 이 범주에 속한다.

장식품은 가족사진, 미술품, 메모판에 붙여놓은 재미있고 영감을 주는 것들이다. 장식액자, 기념품 그리고 식물도 있을 수 있다.

장비는 전화기, 컴퓨터, 프린터, 스캐너, 휴지통, 가구, 시계, 충전기, 펜, 메모장 등이다.

이 네 범주에 속하는 것들이 아주 많을 것이다. 조치를 요하지 않는 모든 도구와 장비들이 기본적으로 여기에 해당한다. 나머지는 전부 수집함에 넣는다. 처음에는 비품이나 참고자료, 장식품, 장비라고 판단했더라도 적절한 곳에 있지 않은 것들에는 그에 따른 조치를 취해야 한다.

예를 들어 사람들의 책상 서랍이나 선반, 메모판, 컴퓨터 파일들에 더 이상 쓸모없거나 다른 어딘가에 정리해야 하는 자료와 정보들이 숨겨져 있다. 이런 것들도 수집함에 들어가야 한다. 마찬가지로, 비품 서랍에 더 이상 쓰지 않거나 정리하지 않은 물건들이 가득 차 감당할 수 없는 지경이라면 이 역시 수집해야 하는 미완의 일이다. 아이들 사진은 최근에 찍은 것인가? 벽에 걸린 그림이 당신이 좋아하는 그림인가? 아직 간직하고 싶은 기념품인가? 가구가 적절하게 놓여 있는가? 컴퓨터가 당신이 원하는 대로 설정되어 있는가? 사무실 내의 식물들이 아직 살아 있는가? 다시 말하면 비품, 참고자료, 장식품, 장비 들도 적절한 자리에, 적절한 방식대로 있는 게 아니라면 수집함에 넣어야 할 수 있다.

▶ **수집작업에서 나타나는 문제들** | 수집단계를 수행하면서 다음과 같은 문제들에 부딪칠 수 있다.

- 넣을 것들이 너무 많아 수집함 하나로 부족하다.
- 수집이라는 원래 목적에서 벗어나버리고 정리하는 작업에 몰두하게 된다.
- 수집된 것이나 부분 정리된 것들이 있을 수 있다.
- 바로 눈앞에 놔두고 싶은 중요한 품목들이 있다.

항목이 너무 커서 수집함에 넣을 수 없다면? 물리적으로 수집함에 넣지 못하는 항목이 있다면 편지지 크기의 종이에 그 항목을 표시하는 메모를 적는다. 예를 들어 사무실 문의 안쪽에 포스터를 붙여놓거나 미술품을 걸어놓았다면 종이에 '문에 붙여놓은 미술품'이라고 쓴 뒤 수집함에 넣으면 된다.

이때 날짜도 기입해야 한다. 날짜를 써놓으면 두 가지 이점이 있다. 다른 무언가를 표시하는 이런 종이들이 정리 시스템에 들어 있는 경우 그 메모를 쓴 시기를 알면 편리하다. 비서에게 전달한 포스트잇 쪽지부터 메모지에 옮겨 쓴 음성 메시지, 고객과 전화하면서 기록한 내용에 이르기까지, 손으로 쓴 모든 것마다 날짜를 남기는 습관을 들이면 좋다. 디지털 도구에 자동으로 날짜가 기록되는 기능이 있다면 사용하는 게 좋다. 이 작은 정보가 매우 유용하게 쓰일 때를 생각하면 이런 습관을 들일 만한 가치가 있다.

수집품이 너무 많아 수집함에 다 들어가지 않는다면? 당신이 우리가 함께 일한 98퍼센트의 사람들과 같다면 초기 수집작업을 할 때 수집함 하나로 모자랄 만큼 많은 것들을 모을 것이다. 이 경우 수집함 근처나 바닥에 쌓아놓으면 된다. 나중에 모두 처리하고 정리할 때 결국 이 무더기가 사라질 것이다. 하지만 그동안은 수집함에 들어가야 하는 무더기와 그 외의 것들을 시각적으로 뚜렷하게 구분해놓아야 한다.

곧바로 버리기 쓰레기가 분명한 항목은 보자마자 버린다. 내 고객들 중에는 이 작업을 하면서 처음으로 책상 서랍을 청소한 사람들도 있다!

이게 무엇인지, 보관할 가치가 있는 것인지 확신이 서지 않으면 일단 수집함에 넣는다. 나중에 수집함을 처리할 때 그 항목에 대해 판단할 수 있을 것이다. 이 단계에서 항목 하나하나에 매달려 이러니 저러니 판단하느라 애쓰지 마라. 명료화 작업에는 수집작업과는 매우 다른 마음가짐이 필요하기 때문에 두 작업을 따로 하는 게 좋다. 수집함에 들어 있는 항목에 대해서는 어쨌든 나중에 처리를 할 것이고, 당신이 분류처리 모드에 있을 때 이런 판단을 내리기가 더 쉽다. 수집 과정의 목적은 일단 모은 것을 모으고 나중에 정리할 수 있도록 모든 걸 가능한 한 신속하게 수집함에 넣는 것이다.

버리고 치우기 바이러스를 조심하라 사무실(그리고 집)의 다양한 구역들을 살피다보면, 버리고 치우기 바이러스에 걸리는 사람이 많다. 전체 과정을 마칠 시간적 여유가 있다면 그래도 괜찮다. 그렇지 않으면 버리는 작업을 나누어 작은 프로젝트나 할 일로 수집한 뒤 '서랍 네 개짜리 캐비닛 치우기' '사무실 벽장 청소하기' 같은 실행 환기를 시스템에 넣어둔다.

일의 일부를 정리하는 데 사로잡혀 행동 관리 과정 전체를 끝내지 못하는 사태를 원하지는 않을 것이다. 과정을 끝내는 데 생각보다 많

> 글깨나 읽는 사람이 다락방 깨끗이 정리하기를 성공하기는 힘들다.
> — 앤 랜더스 Ann Landers

은 시간이 걸릴 수 있다. 또한 당신은 최선을 다해 가능한 한 빨리 일거리를 모두

처리하고 시스템을 구축하고 싶을 것이다.

이미 목록과 관리도구에 들어 있는 일들은 어떻게 할까? 당신은 일부 목록들과 일정 종류의 정리 시스템을 이미 가지고 있을 수도 있다. 하지만 이 업무흐름 처리 모델에 완전히 익숙하지 않은 채 실행했던 시스템이라면 이런 목록들은 '수집함'의 다른 항목들과 마찬가지로 처리가 필요한 항목으로 취급하길 권한다. 당신은 일관성 있는 시스템을 원할 것이고, 그러기 위해선 모든 것들을 동일한 관점으로 평가해야 할 것이다.*

"이 일은 잊어버리면 안 되는데!" 수집 과정에서 사람들은 종종 '세상에! 이 일을 깜빡 잊고 있었네! 이건 꼭 처리해야 해'라고 생각되는 서류나 문서를 접하게 될 것이다. 이틀 전에 걸어야 했던 전화에 관한 메모일 수도 있고, 몇 주 전에 해야 했던 행동을 상기시켜주는 회의록일 수도 있다. 그러면 그 일을 또 놓칠까 봐 걱정이 되어 수집함 속의 거대한 더미 속에 던져놓고 싶지 않을 것이다.

이런 경우에는 이 초기 실행단계를 끝내기 전에 정말로 처리해야 되는 일인지 자문하라. 만약 그렇다면 즉시 처리해서 머릿속에서 지우는 게 가장 좋다. 그렇게 시급한 일이 아니라면 수집함 속에 넣는다. 어차피 곧 수집함을 처리하여 비울 것이기 때문에 그 일거리를

---

* 이전에 GTD 방법론을 실행하여 행동 및 프로젝트 목록을 만들었음에도 그것이 최신 내용이 아니라면 출력해서 처리하지 않은 인풋으로 다시 수집함에 넣은 뒤 새로 다루는 것이 좋다. 새 시스템에 오래된 자료들을 담아서 시작하고 싶지는 않을 것이다.

잊어버리지 않을 것이다.

즉시 처리하지는 못하지만 실행 환기를 당신 바로 앞에 두어야 하는 일이라면 가까운 곳에 '긴급' 항목 더미를 만들어라. 이상적인 해결책은 아니지만 효과는 있을 것이다. 예전보다 어떤 일거리를 의식하게 되면 불안감이 표면화되기 때문에 이를 막기 위해 필요한 방법은 뭐든 해본다.

▶ **책상부터 시작하라** | 준비되었는가? 좋다. 우선 책상 위에 있는 것들부터 시작하자. 당신 가까이에는 수집함에 들어가야 하는 것들이 엄청나게 많을 것이다. 책상 전체를 '수집함'으로 쓰는 사람들이 많다. 당신도 그런 사람이라면 수집해야 할 일거리들이 주변에 몇 무더기 쌓여 있을 것이다. 작업공간의 한쪽 끝에서 시작해 한 바퀴 돌며 눈에 띄는 모든 것들을 처리하라. 전형적인 항목들은 다음과 같다.

- 편지, 메모, 보고서, 읽을거리 더미
- 포스트잇 쪽지
- 수집한 명함
- 영수증
- 회의록

거의 모든 사람들이 처음에 그러하듯이 "음, 나는 그 더미 속에 무엇이 있는지 알아요. 그리고 그걸 놔두고 싶은 곳이 바로 거기라니까요"라고 말하고 싶은 충동이 들 것이다. 그런 마음을 꾹 눌러라. 그렇게 놔두어 지금까지 효과적이지 않았으니 모두 수집함 속에 넣어야 한다. 거부감을 버리고 이 익숙한 더미들을 실제로 시스템에 넣은 사람들 중 작업을 완료했을 때 엄청난 안도감을 느끼지 않은 경우를 본 적이 없다.

책상을 살펴보면서 도구나 장비를 바꾸고 싶은지도 자문해보라. 모바일 기기와 전화기는 쓸 만한가? 컴퓨터는? 책상 자체는? 바꿔야 할 게 있으면 이를 종이에 적어 수집함에 넣는다.

▶ **책상 서랍들** | 다음은 책상 서랍을 한 번에 하나씩 공략한다. 서랍 안에 관심이 가는 무언가가 있는가? 조치가 필요한 항목은? 서랍 안에 있어선 안 되는 물건은? 이 질문들에 대한 대답이 "예"라고 나오는 항목들은 바로 수집함에 담거나 종이에 써서 넣는다. 이 기회에 서랍을 청소하고 정리할지, 아니면 나중에 청소하도록 메모만 쓸지는 시간이 얼마나 충분한지, 서랍 안에 얼마나 많은 일거리가 들어 있는지에 따라 달라질 것이다.

| 어느 정도의 고려가 요구되는 항목을 집어 들려면 거부감이 들고 피하고 싶어진다.

▶ **작업대 위** | 사무실을 한 바퀴 돌며 캐비닛이나 테이블, 작업대 위에 놓여 있는 것들 중 그 자리에 계속 있으면 안 되는 것들을 수집한다.

대개 읽을거리, 편지, 보고서, 잡동사니 폴더들, 행동 및 프로젝트 지원자료들이 쌓여 있을 것이다. 모두 수집한다.

사용한 뒤 그냥 그 자리에 놔둔 참고자료들도 있을 것이다. 파일 캐비닛이나 책장에 금방 다시 넣을 수 있는 자료라면 발견하는 즉시 집어넣는다. 하지만 치우기 전에 그 자료와 관련하여 할 수 있는 일이 있는지 먼저 확인한다. 그렇다면 그 자료는 수집함에 넣어 나중에 처리할 수 있도록 한다.

▶ 캐비닛 안 | 이제 캐비닛 안을 살펴보자. 그 안에 무엇이 있는가? 캐비닛은 큰 용품들과 참고자료들을 보관하기에 알맞고 좀 더 비밀스런 일거리들을 넣어두기에도 좋다. 캐비닛 안에 망가지거나 오래된 것들이 있는가? 캐비닛 안에서는 더 이상 의미 없는 수집품과 향수 어린 물건들이 종종 발견된다. 한 예로 어떤 보험회사의 부장은 캐비닛 안에 수년간 모아놓았던 서른여섯 개가 넘는 공로상을 결국 치웠다.

캐비닛 안에 통제가 안 될 정도로 많은 물건들이 들어차 있어 치우고 정리해야 한다면 이를 종이에 써서 수집함에 넣는다.

> 수집품과 향수 어린 물품들이 아직도 당신에게 의미가 있는지 생각해 보라.

▶ 바닥, 벽, 선반 | 행동이 필요한 무언가가 메모판에 붙어 있는가? 벽에 붙어 있는 것들 중 다른 곳으로 옮겨야 할 것이 있는가? 관심을

걸려는 사진, 미술품, 액자 혹은 장식품이 있는가? 선반 위는 어떤가? 읽거나 기증해야 할 책이 있는가? 오래되어 쓸모없어졌거나 행동이 필요할 수 있는 카탈로그, 설명서, 바인더가 있는가? 기초에 쌓아놓은 자료나 물건 더미가 있는가? 이런 것들은 그냥 수집함 옆으로 바짝 옮겨 수집품에 추가하라.

▶ 장비, 가구, 설비 | 사무실의 장비나 가구 혹은 물리적 공간 자체에 대해 뭔가 하고 싶거나 바꾸고 싶은 게 있는가? 모든 것이 잘 작동하는가? 필요한 조명기구들은 다 있는가? 그중에 실천 가능한 항목들이 있다면 어떻게 해야 하는지 이제 잘 알 것이다. 그 내용을 종이에 써서 수집함에 넣어라.

▶ 그 외의 장소들 | 당신이 이 과정에서 어느 범위까지 다룰지에 따라 앞에서 언급한 곳들 외에서도 동일한 수집작업을 하고 싶을 수 있다. 앞 장에서 언급했듯이, 정말로 머리를 깨끗이 비우기로 마음먹었다면 모든 곳에서 이 작업을 수행해야 한다.

몇몇 사람들은 나를 집이나 제2의 업무공간으로 데려가 이 과정을 함께 수행하여 큰 효과를 얻었다. 이들은 가정생활이나 2차적 업무공간은 '그리 중요하지 않다는' 덫에 걸리는 바람에 쓸데없는 스트레스로 에너지를 소모해왔다.

▶ **수집단계란, 좋아하는 물건을 버리는 과정이 아니다** | 사람들은 종종 내 조언을 과격한 미니멀리즘으로 오해한다. 하지만 무언가를 버리기 꺼려지면 보관해야 한다.* 버리고 나면 좋아하거나 필요할 수 있는 무언가가 이제 없다는 사실에 신경이 쓰일 것이다. 내 목적은, 무엇이든 당신이 자신의 세계에 보관하는 것을 올바로 평가하고 정리하도록 도와 그것 때문에 집중력이 방해받지 않도록 하는 것이다.

나는 많은 분야에서 잡동사니(디지털 사진 등)를 모아두는 수집광이다. 문제는 당신에게 여유공간이 얼마나 되는지 그리고 당신이 보관하는 것들에 프로젝트와 행동들이 묻히지 않도록 적절하게 구별을 짓는지이다. 대학시절의 일기와 노트들이 든 상자 열두 개를 보관하고 싶은가? 창의적인 사고를 자극하기 위해 사무실에 갖가지 특이한 장난감과 예술품, 장치를 놔두고 싶은가? 두고 싶은 곳에 적절한 형태로 두기만 하면, 그리고 당신이 원하거나 필요한 것은 뭐든 시스템에 수집해서 처리하기만 하면 괜찮다.

'그리 중요하지 않다고' 생각한 일들이 에너지와 집중력을 갉아먹게 놔두지 마라.

정신적 수집: 머리 비우기

처리가 필요한 물리적 일들을 전부 모았다면 이제 정신적 기억 공

---

* 저장강박증은 또 다른 문제이다. 이 방법론과 내 경험의 범위를 넘어서는 질환이다.

간에 있는 것들을 수집하고 싶을 것이다. 이미 수집함에 넣은 것들 외에 당신의 관심을 끄는 무언가가 있는가?

바로 이 부분에서 무지 종이를 활용하라. 나는 관심을 끄는 생각이나 아이디어나 프로젝트나 일을 별개의 종이에 하나씩 쓰라고 권한다. 종이 한 장이나 디지털 애플리케이션에 긴 목록을 작성할 수도 있지만 나중에 각 항목을 개별적으로 처리할 것을 감안하면 별개의 종이에 따로따로 적는 편이 실제로 더 효과적이다. 처음에 처리할 때 한 번에 한 항목에 집중하려면 훈련이 필요하다. 따라서 아무리 사소해 보이는 것이라도 각각의 생각을 따로 표시해두면 처리 과정이 훨씬 쉬워진다. 당신이 처음 수집한 생각이 당신이 추적할 최종 내용이 될 경우는 많지 않다(당신이 보고 싶은 결과와 다음에 해야 할 행동으로 이어질 테니까). 이런 종이들을 보관하지는 않겠지만 처리할 때는 개별적인 항목으로 다루는 것이 유용하다.

다른 걸 전부 수집한 다음이라면 머릿속의 일들을 개별적으로 기록하며 머리를 비우는 데는 20분에서 한 시간 정도가 걸릴 것이다. 일들은 다소 무작위로 떠오를 것이다. 즉 사소한 일, 중요한 일, 개인적인 일, 직업적인 일들이 특별한 순서 없이 생각날 것이다.

이 경우에는 양을 중시하라. 무언가를 빠뜨리는 위험을 감수하기보다는 지나치게 많은 편이 훨씬 낫다. 쓸모없는 일들은 나중에 언제든 버릴 수 있다. 처음에 '지구 기후변화에 대처하자'란 생각이 들었다가 '고양이 먹이가 필요해'로 생각이 흘러갈 수 있다. 이 모든 생각을 붙잡아두라. 이 과정 동안 수집함에 한 무더기의 종이가 쌓여도 놀라지 마라.

▶ **트리거 목록** | 미완의 일을 발생시키는 다음 항목들을 하나하나 검토하여 잊어버린 게 없는지 확인하면 머리를 비우는 데 도움이 될 수 있다. 한번 쭉 살펴보면 머리 구석에 숨어 있는 무언가를 종종 찾게 된다. 무언가가 떠오르면 종이에 적어 수집함에 넣는 것을 잊지 마라.

미완의 일을 발생시키는 요인들

직업적	
시작했지만 완료되지 않은 프로젝트들	전화
시작해야 하는 프로젝트들	음성 메시지
'살펴봐야 하는' 프로젝트들	이메일
할 일/ 다른 사람과의 약속	문자 메시지
상사/파트너	편지
동료	소셜미디어의 게시물
부하직원	그 외에 끝내거나 제출해야 하는 문서
조직의 다른 사람들	보고서
'외부인'	평가서/검토서
고객	제안서
다른 조직들	기사
전문가	마케팅 자료
판매사	사용설명서
해야 하는/받아야 하는 연락	요약본
내부/외부	수정 및 편집
내가 실행하거나 대응할 것	현황보고서

대화 및 의사전달 확인
정하거나 요청해야 하는 회의
어떤 결정에 대해 알아야 하는 사람
중요한 읽을거리/검토
재무
  현금
  예산
  예상/추정
  손익
  대차대조표
  예측
  신용한도
  은행
  미수금
  미지급금
  소액 현금
  투자자
  자산관리
기획/정리
  공식적 계획(목표, 대상, 목적)
  현 프로젝트들(다음 단계들)
  업무계획
  마케팅 계획
  재무계획
  조직의 새로운 기획
  다가오는 행사들
  회의
  프레젠테이션
  컨퍼런스
  조직 구조
  설비 변경
  새 시스템 설치/장비

여행
휴가
출장
조직 개발
  조직도
  개편
  역할
  업무기술서
  시설
  신규 시스템
  리더십
  변화 기획
  계승 계획
  조직 문화
마케팅/판촉
  캠페인
  자료
  홍보
행정
  법적
  보험
  인사
  채용
  정책/절차
  훈련
직원
  채용/해고/승진
  검토
  의사소통
  직원 개발
  보상
  피드백

사기 증진
영업
　　　고객
　　　전망
　　　선례
　　　영업과정
　　　훈련
　　　관계 구축
　　　보고
　　　관계 확인
　　　고객 서비스
시스템
　　　모바일 기기
　　　전화기
　　　컴퓨터
　　　소프트웨어
　　　데이터베이스
　　　통신
　　　인터넷
　　　파일링과 참고자료
　　　목록
　　　보관
사무실/현장
　　　공간/배치
　　　가구
　　　장비
　　　장식품
　　　전기, 수도 등
　　　비품
　　　유지보수/청소
　　　보안
회의

　　　다음 회의
　　　정하거나 요청해야 하는 회의
　　　보고받아야 하는 회의
전문성 개발
　　　훈련/세미나
　　　배워야 할 것들
　　　알아야 할 것들
　　　연습하고 발달시켜야 하는 기술
　　　읽거나 공부할 책
　　　조사
　　　공식적 교육(면허증, 학위)
　　　경력 연구
　　　이력서
　　　목표 성과
　　　직업에 맞는 복장
대기 중
　　　정보
　　　위임한 과제/프로젝트
　　　프로젝트에 중요한 일들의 완료
　　　질문에 대한 대답
　　　회신
　　　　　이메일
　　　　　편지
　　　　　제안서
　　　　　초대
　　　요청
　　　상환
　　　보험금 청구
　　　주문한 물품
　　　수리
　　　티켓
　　　다른 사람들의 결정

개인적
시작했지만 완료되지 않은 프로젝트들
시작해야 하는 프로젝트들
프로젝트-다른 조직들
 서비스
 단체
 자원봉사
 종교단체
할 일/다른 사람과의 약속
 배우자
 자녀
 부모
 가족
 친구
 전문가
 반납해야 하는 물품
 부채
해야 하거나 받아야 하는 연락
 전화
 이메일
 카드와 편지
 감사표현
 문자 메시지
 소셜미디어 포스팅
다가오는 행사
 생일
 기념일
 결혼식
 졸업
 환영회
 야유회
 휴일
 휴가
 여행
 저녁식사
 파티
 문화행사
 스포츠 행사
행정
 재택 사무실의 용품들
 장비
 전화기
 모바일 기기
 오디오/비디오 매체
 보이스메일
 컴퓨터
 소프트웨어
 인터넷
 파일링과 기록
 데이터 보관/백업
여가시간
 책
 음악
 비디오
 여행
 방문할 곳
 방문할 사람
 웹 검색
 사진
 스포츠 장비
 취미
 요리
 레크리에이션

재무
   청구서
   은행
   투자
   대여
   세금
   예산
   보험
   담보대출
   회계장부
   회계사
애완동물
   건강
   훈련
   용품
법률
   유언장
   위탁
   재산
   법무
가족 프로젝트/활동
   배우자
   자녀
   부모
   친척
집/가정
   부동산
   수리
   건축
   개조
   집주인
   냉난방

   배관
   전기, 수도, 가스 등
   지붕
   조경
   진입로
   창고
   벽
   바닥
   천장
   장식
   가구
   가전
   조명 및 배선
   주방용품/기구
   세탁
   버리기, 정리, 청소
   보관
   서비스 제공업체
건강
   의사
   치과의사
   안과의사
   건강 전문가
   건강검진
   식단
   음식
   운동
개인 개발
   수업
   세미나
   교육
   코치/상담

경력
창의적 표현
이동
　자동차
　자전거
　유지보수
　수리
　통근
옷
　출근 복장
　평상복
　정장
　운동복
　액세서리
　짐가방
　수선
　맞춤
심부름
　쇼핑
　상점
　철물점
　용품

식료품점
선물
약국
은행
세탁소
수리
단체
　동네
　이웃사람들
　서비스
　학교
　시민활동
　투표
대기 중
　제품 주문
　수리
　상환
　대여품
　정보
　회신
　가족/친구가 완료하는 프로젝트/과제

수집함

　개인적이든 직업적이든, 모든 일을 머리에서 비웠으면 이제 수집함이 가득 차서 넘쳐 흐를 지경일 것이다. 여기에는 물리적 수집함에 들어 있는 종이로 된 항목들과 물건들 외에도 커뮤니케이션 소프

> 수집작업은, 어떤 식으로든 아직 당신의 주의를 끄는 모든 것들의 끝이 보이면 완료된다.

트웨어의 수집함에 자리 잡은 음성 메시지와 이메일도 전부 포함된다. 또한 관리 도구 목록에서 아직 다음 행동을 결정하지 않은 항목들도 들어가야 한다.

일반적으로 나는 사람들에게 음성 메시지를 종이에 옮겨 적은 뒤 수집함에 넣으라고 권한다. 또한 사용하고 있는 관리 수첩도 넣으라고 하는데, 그 내용을 재평가해야 하는 경우가 흔하기 때문이다. 일정표와 연락처 외의 정보를 디지털 애플리케이션으로 관리하고 있다면 과제와 할 일 목록도 출력하여 수집함에 넣는다. 이메일은 그대로 놔두는 게 좋다. 양도 많고 자체적인 시스템 내에서 처리할 때 더 효과적이기 때문이다.

하지만 수집함의 내용물이 계속 그 안에 머물러서는 안 된다

이 작업을 끝냈으면 이제 다음 단계를 밟을 준비가 된 것이다. 수집함에 담은 것들을 무한정 그 안에 두어서는 안 된다. 그러면 아직 그 일거리를 처리하지 않았다는 사실을 당신의 머리가 알고 있기 때문에 분명 그 일이 의식 속에 다시 슬금슬금 기어들 것이다. 물론 일거리를 수집함에 넣는 데 거부감을 느끼는 주요 요인들 중 하나는 이를 처리하고 정리하는 효과적인 기법이 없기 때문이다.

그러니 다음 장에서는 '수집함 비우기'에 관해 알아보자.

6장

명료화하기
수집함 비우기

관심을 끄는 모든 것을 수집했다고 했을 때 이제 할 일은 수집함을 비우는 것이다. 수집함을 비운다는 것이 수집한 모든 행동과 프로젝트를 실제로 실행한다는 뜻은 아니다. 그저 각 항목을 확인하고 그것이 무엇인지, 무슨 의미인지, 그와 관련해 무엇을 해야 할지 판단한다는 뜻이다.

211쪽의 업무흐름 도표를 참조하면 이 절차를 파악하는 데 도움이 될 것이다. 도표 가운데의 세로줄은 처리 및 다음 행동 결정과 관련한 모든 단계들을 보여준다.

이번 장에서는 '수집함'부터 '다음 행동들'까지 도표의 가운데 세로 줄을 이루는 요소들에 초점을 맞추겠다. 열린 고리 각각에 대해 이 절차를 따르다 보면, 곧 자연스럽게 정리가 이루어지는 것을 보게 될 것이다. 예를 들어 수집함에서 무언가를 집어 들고 '안드레아에게 전화해야겠군. 하지만 안드레아가 출근하는 월요일에 해야 해'라고 인식했다면 당장은 그 행동을 미루고 일정표의 월요일 칸에 이를 기입한다.

수집함에 수집한 것들을 실제로 처리하는 작업을 시작하기 전에, 이번 장과 행동의 정리를 다룬 다음 장을 먼저 읽어보길 바란다. 그러면 일부 단계들을 생략할 수 있다. 사람들에게 이 과정을 지도할 때, 열린 고리들을 처리하는 단순한 의사결정 단계와 저마다의 정리 시스템에 이 결정들을 입력할 가장 좋은 방법을 파악하는 까다로운 작업 사이에서 정신없이 왔다 갔다 하게 된다.

이를테면 나와 함께 일한 많은 사람들은 회사의 이메일 및 일정관리 애플리케이션과 모바일 기기를 동기화시키길 원했다. 우리가 처음 해야 할 일은 (수집함을 모은 뒤) 하드웨어와 소프트웨어가 모두 제대로 작동하는지 확인하는 것이다. 그런 뒤 예전에는 과제 목록task list에 정리하려고 했던 모든 일을 정리하여(보통 출력한 뒤 지운다) 수집함에 넣는다. 그런 다음 '전화' '심부름' '안건' '컴퓨터에서' 등의 업무 범주를 만든다. 수집함 처리작업을 시작하면 사람들은 바로 컴퓨터로 가서 자신이 궁극적으로 의지할 시스템에 행동단계들을 입력할 수 있다.

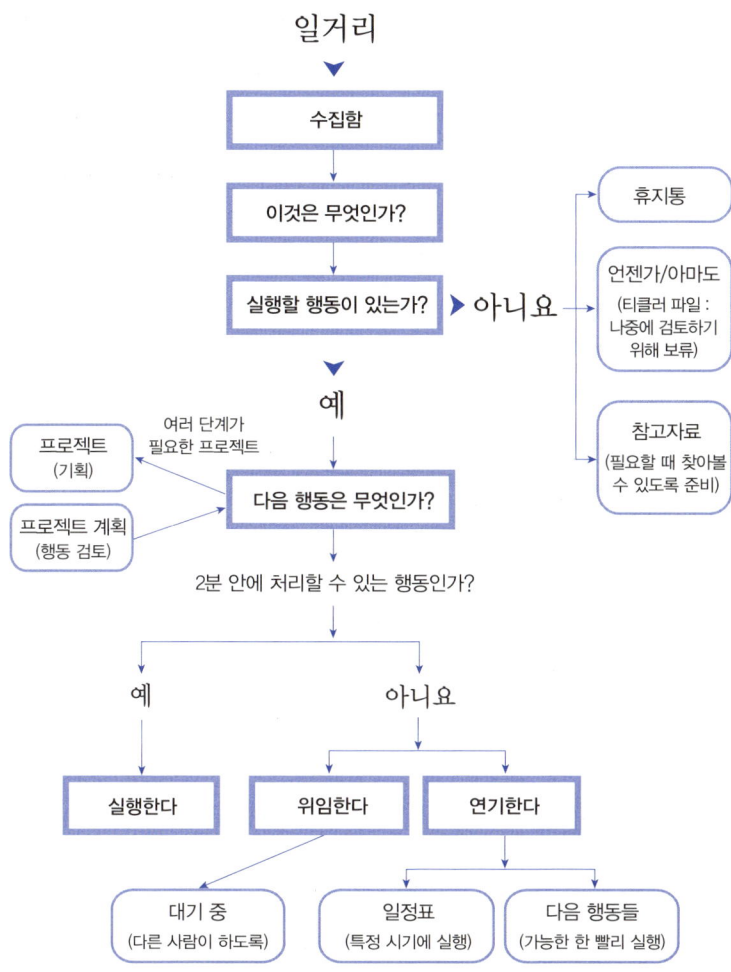

업무흐름 도표 – 명료화 단계

개인 실행 환기 시스템으로 무엇을 사용할지 미처 결정하지 못했어도 걱정할 필요 없다. 단순한 루스리프 식 노트로 시작해도 되고 지금 목록을 만드는 데 사용하고 있는 도구라면 뭐든 괜찮다. 일단 시스템이 자리 잡으면 도구는 나중에 언제든 업그레이드할 수 있다.

처리 가이드라인

이 모델을 배우는 가장 좋은 방법은 직접 해보는 것이다. 하지만 지켜야 하는 몇 가지 규칙이 있다.

- 맨 위에 있는 항목부터 처리한다.
- 한 번에 한 항목씩 처리한다.
- 수집함에서 꺼낸 건 무엇이든 다시 집어넣지 않는다.

맨 위에 있는 항목부터 처리한다

첫 번째 항목이 스팸 메일이고 두 번째 항목이 대통령이 보낸 개인적 쪽지일지라도 첫 번째 항목부터 먼저 처리해야 한다! 과장된 예를 들었지만, 이것은 중요한 원칙이다. 모든 일을 동등하게 처리해야 한다. '처리'라는 단어는 '그 일에 시간을 쓴다'를 의미하는 게 아니다. "그 일이 무엇이고 어떤 행동이 요구되는지 판단한 뒤 그에 따라 해치운다"는 뜻이다. 그렇게 하면 최대한 빨리 수집함을 비울 것이고, 그 안에 있는 어떤 일이든 피하지 않을 것이다.

처리한다는 것이 "그 일에 시간을 쓴다"는 의미는 아니다.

▶ **급한 일이 있는지 훑어보는 것이 명료화 작업은 아니다** | 대부분의 사람들은 수집함이나 이메일을 연 뒤 가장 급하거나 재미있거나 쉽거나 흥미로운 일거리를 찾아 먼저 처리하려고 한다. '급한 일이 있는지 훑어봐도' 괜찮으며 때로는 필요하기도 하다(나 역시 자주 이렇게 한다). 외부 회의에서 막 돌아왔는데 15분 뒤에 장거리 전화회의가 잡혀 있을 수 있다. 그래서 곧 터질지 모르는 사건이 없는지, 고객이 중요한 제안서를 수락하는 이메일을 보냈는지 확인한다.

하지만 이것이 수집함을 처리하는 것은 아니다. 그냥 급한 일이 없는지 훑어보는 것일 뿐이다. 처리작업을 할 때는 한쪽 끝에서 시작하여 한 번에 한 항목씩 차례대로 해치우는 습관을 들여야 한다. 이 규칙을 깨고 순서에 상관없이 처리하고 싶은 일만 다루면, 일들이 처리되지 않은 채 남기 시작할 것이다. 그러면 수집함이 더 이상 기능을 발휘하지 못하고 책상과 사무실, 이메일 보관함 곳곳에 일거리가 쌓일 것이다. 많은 사람들이 이런 '급한 일이 없는지 훑어보기' 모드로 살고 있기 때문에 새로 수집함에 들어오는 항목에 늘 주의를 빼앗기고, 컴퓨터나 모바일 기기의 내용들을 계속 훑어보지 않으면 불안해진다. 수집함의 일들이 하루이틀에 걸쳐 전부 처리될 것이라는 확신이 들면, 끊임없이 확인해야 한다는 생각에 쫓기지 않는 법이다.

▶ **나중에 들어온 일거리와 먼저 들어온 일거리 중 어떤 걸 먼저 처리할까?** | 이론적으로는 수집함을 거꾸로 뒤집어서 처음 들어온 일부터 먼저 처리해야 한다. 하지만 적절한 기간 동안 한쪽 끝에서 다른 끝까지 다 살펴본다면 어떤 순서로 처리하든 큰 차이가 없을 것이다. 어쨌거나 당신은 모든 일거리를 곧 보게 될 것이다. 수집함 속에 잔뜩 밀린 이메일들을 깨끗이 정리할 때는 나중에 들어온 것을 먼저 처리하는 편이 더 효과적이다. 최근 이메일에 그간의 논의들이 축적되어 있기 때문이다. 어떤 일에 대한 논의 전체를 보기 전에 성급하게 회신하고 싶지는 않을 것이다.

한 번에 한 항목씩 처리한다

수집함을 처리하면서 한 항목을 집어 들었는데 거기에 대해 무엇을 하고 싶은지 정확히 모를 때가 있다. 이런 경우 무더기 아래쪽의 다른 항목으로 눈이 가서 그것부터 처리하기 마련이다. 그 항목에 대해서는 무엇을 할지 즉시 알 수 있기 때문에 그쪽이 더 끌리는 것이다. 게다가 지금 손에 들고 있는 항목에 대해 생각하고 싶지 않은 마음도 작용했을 것이다. 하지만 이렇게 하는 건 위험하다. 지금 손에 들고 있는 항목은 당신이 그 아래의 좀 더 쉽거나 중요하거나 흥미로운 무언가에 정신을 뺏기는 바람에 책상 옆의 '못마땅한 일' 무더기로 던져지기 십상이다.

또한 대부분의 사람들은 수집함의 일들을 한 번에 한 무더기씩 꺼내 앞에 갖다놓고 즉시 처리하려고 한다. 뭉텅이로 처리하고 싶은 마음은 이해하지만, 나는 사람들에게 모든 걸 도로 집어넣고 위에서부터 하나씩 꺼내라고 계속 상기시킨다. 한 항목에 초점을 맞추면 일거리들을 전부 처리하기 위해 필요한 주의력과 의사결정력이 강해진다. 그리고 중간에 방해를 받더라도(그러기 쉽다) 수집함 바깥에 일거리들의 일부가 잔뜩 흩어져 통제가 안 되는 상황이 벌어지지 않을 것이다.

> 쌓인 일거리에 대해 저절로 자연스럽게 생각이 떠오르는 건 아니다. 운동을 하거나 집을 청소하기 시작할 때처럼 의식적으로 노력을 기울여 생각을 실행해야 한다.

▶ **다중 처리에도 예외는 있다** | 한 번에 한 항목씩 처리하라는 규칙에는 작은 예외가 있다. 어떤 일에 대해 결정을 내리려면 적어도 잠깐 동안이나마 그 일에서 관심을 돌려야 하는 성격의 사람들이 있다. 나는 이런 사람을 만나면 한 번에 두 가지, 때로는 세 가지 일을 처리하게 한다. 그러면 그 사람은 필요한 행동을 더 쉽고 빠르게 선택한다.

하지만 이런 다중 처리는 예외임을 명심하라. 그리고 각 항목을 재빨리 처리하고 1~2분 넘게 결정을 미루지 않는다는 규칙을 지킬 때만 유효하다.

수집함에서 꺼낸 건 무엇이든 다시 집어넣지 않는다

수집함과 이어진 길은 일방통행로다. 옛 충고의 말은 '일들을 한 번에 처리하라'는 뜻이겠지만, 사실 일들을 단 한 번에 처리하는 건 좋은 생각이 아니다. 그렇게 하면 모든 일을 발견하자마자 끝내기 때문에 목록이 만들어지지 않을 것이다. 또한 대부분의 일들은 처음 인식되었을 때 조치가 취해지기 어렵기 때문에 일들을 한 번에 처리하면 비효율적이고 효과가 낮을 것이다. 앞의 충고는 수집함에서 일들을 계속 끄집어낸 뒤 그 일이 무엇을 의미하는지, 혹은 그와 관련해 무엇을 할 것인지 판단하지 않은 채 그냥 놔두는 나쁜 습관을 없앨 때 해당한다. 더 나은 충고는 "수집함에서 뭔가를 처음 꺼냈을 때 그 일과 관련해 무엇을 하고 어디로 보낼지 판단하라. 절대 수집함에 도로 넣지 마라"일 것이다.

인지과학자들은 '결정 피로감 decision fatigue'의 실체를 입증했다. 크든 작든 결정을 내릴 때마다 지력의 제한된 양이 줄어든다는 것이다. 어떤 이메일이나 일에 대해 '결정을 내리지 않겠다'라는 결정도 또 다른 하나의 결정이기 때문에 심리적 연료탱크를 축내게 된다.

일을 처리할 때 던져야 하는 핵심 질문
"다음 행동은 무엇인가?"

이제 당신은 원칙을 이해했다. 당신은 한 번에 한 항목만 다룰 것이고 각 항목의 다음 행동을 분명하게 결정할 것이다. 쉬워 보일 수 있지만(실제로 쉽기도 하다), 이를 위해서는 빠르고 냉정한 사고가 필요하다. 대부분의 경우 다음 행동이 자명하게 나타나지는 않을 것이며 당신의 판단이 필요할 것이다.

예를 들어, 첫 번째 항목에 대해 누군가에게 전화를 걸어야 할까? 무언가를 작성해야 할까? 웹에서 정보를 찾아야 할까? 비서에게 이야기해야 할까? 상사에게 이메일을 보내야 할까? 뭘 해야 하지? 필요한 행동이 있다면 그 행동의 성격이 다음 옵션들을 결정할 것이다. 하지만 '이 항목과 관련해 할 일이 전혀 없어'라고 생각되면 어떻게 할까?

> 나는 나체촌에 사는 모기와 비슷하다. 내가 뭘 하고 싶은지는 알지만 어디서부터 시작해야 할지는 모른다.
> — 스티븐 베인 Stephen Bayne

해야 할 행동이 없다면?

수집함 속의 항목들 중 일부는 아무 행동도 필요 없을 것이다. 이 범주에 드는 항목들에는 세 유형이 있다.

- 쓰레기

- 인큐베이팅 항목
- 참고자료

▶ **쓰레기** | 지금까지 내 제안을 잘 따라왔다면 당신은 이미 엄청나게 많은 것들을 버렸을 게 틀림없다. 또한 수집함에 담긴 산더미 같은 자료들 중에는 당신에게 더 이상 필요 없는 것들도 포함되어 있을 것이다. 그러니 일거리들을 처리하면서 버려야 할 것들이 더 많이 나오더라도 놀라지 마라.

당신의 세계에 있는 모든 것들을 처리하다 보면 무엇을 할 것인지, 무엇을 하지 말아야 할지 더 잘 알게 될 것이다. 나와 함께 일한 한 재단의 임원은 이메일을 너무 많이 (수천 건이나 되었다!) 쌓아놓았다는 것을 알게 되었다. 실제로 회신도 하지 않을 이메일들이었다. 그는 내 방법을 사용해보니 미완의 상태로 자신의 세계에서 어슬렁거리게 두었던 것들에 대해 '건강한 다이어트를 하게' 되었다고 했다.

어느 시점이 되면 무언가를 향후에 참고하기 위해 놔둘지 말지의 문제에 직면할 것이다. 나는 이 문제를 두 가지 방식으로 처리한다.

- 의심이 가면 버려라.
- 의심이 가면 놔둬라.

둘 중 원하는 쪽을 선택하면 된다. 나는 두 방식 모두 괜찮다고 생각한다. 당신은 직관을 믿어야 하고 자신이 보유한 공간

정보가 너무 많으면 거의 없을 때와 같은 결과를 낳는다. 필요한 정보를 필요할 때 필요한 방식으로 얻지 못한다.

을 현실적으로 판단해야 한다. 대부분의 사람들은 지금까지 완전히 기능적이고 경계가 뚜렷한 시스템을 가진 적이 없기 때문에 이렇게 하는 데 다소 불안을 느낀다. 무엇이 참고자료이고 비품인지, 무엇이 행동이 필요한 것인지 뚜렷하게 구별한다면, 그리고 간편하고 실용적인 참조자료 시스템을 갖춘다면 많은 자료도 쉽게 보관할 수 있다. 참고자료에는 행동이 필요 없기 때문에 순전히 물리적인 공간과 관리의 문제가 될 것이다. 당신은 참고자료와 도구상자의 규모가 얼마나 크길 원하는가?

이 모든 작업에 대해 파일링 전문가들이 나보다 더 상세한 지침을 제공하고, 회계사는 어떤 종류의 재무 문서를 얼마나 오래 보관해야 할지 알려줄 수 있다. 내가 할 수 있는 제안은 무엇이 행동이 필요한 일인지, 아닌지 구별하라는 것이다. 취할 행동이 없다는 게 일단 분명해지면 당신의 개인적 선호와 보관 및 접근 능력에 따라 여러 옵션이 생긴다.

디지털 세계는 보관할 것과 버릴 것을 결정하는 데 또 다른 기회와 과제를 제시한다. 좋은 소식은 컴퓨터와 클라우드의 저장공간이 계속해서 기하급수적으로 늘어나는 것처럼 보이기 때문에 훨씬 더 많은 것을 보관할 수 있는 공간이 생긴다는 것이다. 또 다른 좋은 소

식은 그와 함께 검색기능도 강력해진다는 것이다. 나쁜 소식은 자료를 체계적으로 보관하지 않고 닥치는 대로 넣어두기 쉽고, 양이 너무 많아서 무감각해진다는 것이다. 또한 검색기능이 아무리 좋아도 어디에 무엇이 있는지 혼란이 생길 수 있다. 디지털 저장은 별생각 없이 거의 자동적으로 이루어지기 때문에 끊임없이 인풋은 들어오는데 활용은 하지 않는 환경이 되기 쉽다. 압도적이고 방대한 서재는 만들었는데 당신이 해야 하는 중요한 일에 효과적인 시스템을 만들지는 못하는 셈이다. 여기에서 중요한 건 앞 장에서 제안한 것처럼 정보를 정기적으로 검토하여 오래된 것을 버릴 뿐 아니라 인풋을 처리할 때 처음에 의식적으로 걸러내야 한다는 것이다. '이 일이 보관해둘 만큼 필요하거나 유용한 것인가? 아니면 필요할 경우 인터넷이나 다른 방법으로 접근할 수 있는 것인가?'를 판단해야 한다.

▶ **인큐베이팅** | 수집함 속에는 '이 항목에 대해서 지금은 할 행동이 없지만 나중에 생길지도 몰라'라고 생각되는 일이 있을 것이다. 예를 들자면 다음과 같은 것들이다.

- 당신이 강연을 듣고 싶은 강사를 초청한 상공회의소의 조찬 모임을 알리는 이메일. 하지만 모임이 2주나 남았고 당신이 그때 집에 있을지 아니면 출장을 갈지 확실하지 않다.
- 3주 뒤에 참석해달라고 초청받은 이사회 회의의 안건. 회의 전

날 안건을 읽어보기만 하면 된다.
- 당신이 가장 좋아하는 애플리케이션의 차기 업그레이드에 대한 광고. 다음 버전이 정말 필요한지 확신이 서지 않는다. 이 문제는 한 주 더 생각해보고 싶다.
- 내년도의 연례 영업회의를 위해 준비하는 일에 대한 아이디어. 지금은 할 일이 없지만 계획 수립을 시작할 시기가 되면 이 아이디어를 떠올리고 싶을 것이다.
- 수채화 수업에 관한 메모. 수업을 듣고 싶지만 지금 당장은 전혀 시간을 낼 수 없다.

이런 유형의 일들은 어떻게 해야 할까? 두 가지 옵션이 있다.

- 언젠가/아마도 목록에 올린다.
- 일정표에 기입하거나 티클러 파일 실행 환기에 넣어둔다.

인큐베이팅 절차의 핵심은, 지금 당장 그 항목들을 머릿속에서 꺼내지만 향후 적절한 때에 실행 환기가 나타날 것이기 때문에 안심할 수 있다는 것이다. 이 문제는 정리단계를 다룬 다음 장에서 더 자세히 설명하겠다. 지금은 그냥 각 항목에 포스트잇을 붙이고 '아마도'나 '10월 17일에 기억'이라고 쓴 뒤 나중에 정리할 인

> 무언가에 대해 결정을 내리지 않기로 결정해도 괜찮다. 그 일을 머릿속에서 꺼내기 위해 '결정하지 않기로 결정'하는 것이 필요하다.

큐베이팅 범주에 넣어두어라.*

▶ **참고자료** | 수집함에는 행동은 필요하지 않지만 프로젝트나 주제에 관한 유용한 정보로 가치 있는 항목들이 많을 것이다. 이상적으로 당신은 이미 참고자료와 지원정보를 위한 실용적인 파일링시스템을 구축했을 것이다(4장에서 설명한 대로). 수집함과 이메일(그 안의 첨부파일과 웹링크)에서 기록이나 지원 목적으로 보관하고 싶은 자료를 보면 파일링하라.

수집함을 처리하다 보면 보관하고 싶지만 참고자료 시스템이 너무 형식적이거나 아예 존재하지 않아서 그냥 쌓아두거나 서랍에 쑤셔 넣은 갖가지 물건들을 많이 발견할 것이다. 60초 내에 철할 수 있고 즐겁게 사용 수 있는 파일링시스템을 손 닿는 곳에 마련하는 것이 이 방법론을 완전히 실행하는 데 필수요소라는 점을 다시 한 번 말해야겠다. 정신없이 바쁜 일상에서 무언가를 쉽고 빠르고 재미있게 파일링할 수 없다면 정리하지 않고 쌓아두거나 수집함에 그냥 축적만 할 것이다. 그러면 밀리지 않고 일거리들을 처리하기가 훨씬 더 힘들어진다.

보관하고 싶은 것을 발견할 때마다 라벨을 붙여 파일 폴더에 집어

---

* 이런 목적으로 가외의 수집함을 만들면 좋다. 초기 처리단계에서는 이 수집함을 나중에 정리할 물건들을 모으는 데 임시적으로 사용하라. 나중에는 이 서류함을 미결 서류들과 다음 행동들의 물리적 실행 환기들을 보관하는 데 사용할 수 있다.

넣은 뒤 파일 서랍에 끼워넣어라. 혹은 비서가 이 작업을 하도록 포스트잇에 지시사항을 적어서 주어라. 아니면 디지털 방식으로 적절한 태그를 붙이거나 분류하라. 코치로 일한 초창기에 나는 고객이 '철할 것' 더미를 보관하는 걸 허용하곤 했다. 이제는 그러지 않는다. 무언가를 바로 시스템에 넣지 못하면 영원히 넣지 않는다는 것을 알게 되었기 때문이다. 지금 그 일을 하지 않으면 나중에도 안 할 것이다.

참고용으로 보관하고 싶은 디지털 인풋을 처리할 때는 다양한 옵션이 존재한다. 나중에 찾아보려고 보관하고 싶은 이메일이라면 일반적 이메일 애플리케이션에서 제공하는 보관 폴더를 이용하라. 대개 사용자 윈도우의 한쪽 편에 있다. 행동이 필요 없는 이메일들을 수신함에 남겨두는 사람이 많다. 그래서 수신함이 파일들을 뒤죽박죽 넣어둔 캐비넛처럼 되어버리는데, 이렇게 하면 시스템이 심각하게 정체된다. 새로운 주제, 사람, 혹은 프로젝트가 나타나면 부담 없이 바로 새 참고 파일을 만들거나 이메일을 즉시 새 폴더에 넣을 수 있어야 한다.

이메일의 문서, 첨부파일, 글, 그림을 보관하고 싶으면 자신만의 파일링 체계를 만들어야 한다. 오늘날에는 클라우드에 매우 효과적인 문서 보관 애플리케이션들이 있을 뿐 아니라 여러 기기에서 접근할 수 있는 기록 및 정리 프로그램들도 나와 있다. 기술이 매우 강력하고 다양하며 빠르게 발전하고 있기 때문에 보편적으로 적용할 최고 사례 하나를 추천하는 건 적절치 않다. 자신에게 가장 효과적인 디지털 라이브러리를 실험하고 각자에 맞추어 조절해야 한다. 효과적인 디지털 라이브러리를 유지하는 열쇠는 당신의 데이터와 정리 방식을 정기적으로 검토하여 오래되어 쓸모없어진 데이터가 없고 사용하기 편리한 시스템이 되도록 하는 것이다.

여기에서도 작업을 이끄는 핵심 문제는 "내 참고자료 시스템이나 내용에 아직 관심이 가는가?"이다. 만약 그렇다면 이 중요한 영역이 특별히 신경 쓰지 않아도 굴러가는 '크루즈 컨트롤' 상태가 되도록 프로젝트와 다음 행동을 만들어라.

행동이 필요하다면…… 그 행동이 뭘까?

'다음 행동'은 이 방법론의 토대를 이루는 부분이다. 수집함에 있는 항목이 행동이 필요한 것이라면 이제 그다음 행동이 무엇인지 정확하게 판단해야 한다. 다시 한 번 정의하자면, '다음 행동'이란 상황을 완결 쪽으로 진척시키기 위해 다음에 해야 하는 물리적, 가시적 행동을 말한다.

이 작업은 보기보다 쉽기도 하고 어렵기도 하다.

> 시작과 끝이 있는 간단하고 명확한 일을 하면 끝이 없는 복잡함과 종종 균형이 맞춰진다. 성스러운 단순함 이여!
> — 로버트 풀검 Robert Fulghum

다음 행동은 쉽게 생각해낼 수 있어야 하지만, 종종 재빠른 분석과 몇 단계의 계획을 거친다. 그리고 이런 분석과 계획이 있어야 아주 간단한 항목이라도 이를 완료하기 위해 무슨 행동을 해야 하는지 정확히 결정할 수 있다.

일반적으로 사람들이 관심을 두는 일들의 예를 한번 보자.

- 차고 청소하기
- 세금 정산하기
- 참석 예정인 회의
- 보비의 생일
- 보도자료
- 성과 검토
- 관리 변화

이 항목들 각각은 과제나 프로젝트로 비교적 명확해 보일 수 있지만, 각 항목에 대해 다음 행동을 결정하려면 얼마간의 생각이 필요할 것이다.

- 차고 청소하기
"……음, 그냥 차고에 들어가서 청소를 시작하면 돼. 아니, 잠깐만, 차고에 큰 냉장고가 있으니 일단 그것부터 치워야지. 존 패트릭이 그 냉장고를 캠프에서 쓸 생각이 있는지 알아봐야겠네. 또……"

- 차고의 냉장고 건으로 존에게 전화 걸기
  "~하는 게 어때?"

- 세금 정산하기
  "……하지만 최근의 투자소득 서류가 오기 전까지는 이 일을 시작할 수 없어. 그때까진 할 수 있는 일이 없군. 그러니……"

- 애크메 신탁에서 서류가 오길 기다리기
  "그리고……"

- 참가 예정인 회의
  "샌드라가 보도자료를 준비할지 알아봐야겠군. 내가 ~를 해야 될 것 같은데……"

- 회의의 보도자료 건으로 샌드라에게 이메일 보내기

수집함에 있는 행동 가능한 항목들에 대해 '존에게 전화 걸기' '서류 기다리기' '샌드라에게 이메일 보내기' 같은 실제 행동을 결정해야 한다.

▶ 행동단계는 반드시 다음에 해야 하는 물리적 실행이 있어야 한다 | 행동은 물

리적이고 가시적인 활동이라는 걸 잊지 마라. 많은 사람들이 '회의를 잡는다'까지 정하면 다음 행동을 결정했다고 생각한 | 무슨 일을 실행하려면, 즉 당신이 그 일에 적절하게 실행할 수 있으려면 다음의 물리적 행동을 알 때까지 좀 더 생각을 해야 한다.

다. 하지만 이것은 물리적 행위를 표현한 것이 아니기 때문에 다음 행동이라 할 수 없다. 회의를 어떻게 잡는가? 음, 전화를 걸거나 이메일을 보내면 될 것이다. 하지만 누구에게? 이걸 결정하라. 지금 결정하지 않으면 언젠가 다른 시점에 결정해야 한다. GTD 과정은, 당신이 이 항목에 관한 생각을 끝내는 데 목적을 두고 설계되었다. 어떤 항목을 시작하는 데 필요한 다음의 물리적 행동을 정하지 않으면 그 항목에 대해 더 모호하게 생각하게 되고 그때마다 심리적 간극이 생길 것이다. 그러면 그 항목을 의식하기 싫어져서 자꾸만 뒤로 미루게 될 것이다.

전화기나 컴퓨터 앞으로 갈 때는 모든 생각이 완료되고 무엇을 해야 할지 이미 정해져서 이 도구들과 당신이 현재 있는 장소를 이용해 더욱 쉽게 일을 해치울 수 있으면 좋을 것이다.

'음, 내가 해야 하는 다음 행동이 이 항목에 대해 무엇을 할지 결정하는 것인데?'라는 생각이 들면 어떻게 할까? 이건 애매한 경우다. 결정은 행동이 아니다. 행동에는 시간이 걸리는데 결정은 그렇지 않기 때문이다. 하지만 의사결정을 도울 수 있는 물리적 행동은 늘 있다. 거의 모든 경우, 결정을 내리려면 좀 더 많은 정보가 필요하다. 이런 추가적인 정보는 외부로부터('스잔에게 전화해서 이 제안서에 대한

결정을 내리기 위해서는 어떤 물리적 행동이 필요한지 판단하라. | 의견을 들어야겠어') 혹은 자신의 생각('새로운 구조개편에 관한 아이디어들의 초안을 잡아보자')에서 얻을 수 있다. 어느 쪽이든, 프로젝트를 진전시키기 위해서는 다음 행동을 결정해야 한다.

다음 행동단계를 결정하면

다음 행동을 결정하고 나면 세 가지 옵션이 생긴다.

- 행동을 실행한다(2분 내에 할 수 있는 행동인 경우).
- 행동을 위임한다(당신이 그 행동의 적임자가 아닌 경우).
- 나중에 실행할 하나의 옵션으로 시스템에 입력하고 연기한다.

▶ **행동을 실행한다** | 다음 행동이 2분 내에 끝낼 수 있는 것이라면 처음 그 항목을 집어 들었을 때 해버린다. 읽는 데 30초밖에 걸리지 않고 발신자에게 예/아니요/기타 간단한 회신만 보내면 되는 이메일이라면, 바로 처리한다. 흥미로운 내용이 있는지 살펴보는데 1~2분밖에 걸리지 않는 카탈로그는 바로 훑어본 뒤 버리거나 다른 사람에게 보내거나 참고자료로 보관한다. 어떤 항목에 대한 다음 행동이 누군가에게 간단한 음성 메시지를 남기는 것이라면 지금 바로 전화를 건다.
 <u>우선순위가 높지 않은 일이라도 언젠가 할 일이라면 지금 하라.</u> 2분 규칙의 근거는 어떤 항목을 보관했다가 확인하면 그 항목이 처음

손에 들어왔을 때 처리하는 것보다 시간이 더 오래 걸린다는 것이다. 즉, 효율성을 고려해 2분이라는 제한시간을 둔 것이다. 해야 할 만큼 중요한 일이 아니라면 던져버려라. 하지만 언젠가는 할 일이라면 효율성을 고려해야 한다.

2분 규칙을 지키는 습관을 들이니 생산성이 급격하게 향상되었다는 사람들이 많다. 한 대형 소프트웨어 회사의 부사장은 2분 규칙을 따르자 재량껏 쓸 수 있는 귀한 시간이 하루에 한 시간이나 늘었다고 한다! 그는 최첨단 기업의 임원으로 하루에 3백 통 정도의 이메일을 받았고, 근무일의 대부분을 세 가지 핵심 기획안에 매달려 보냈다. 이메일은 직원들의 보고서가 다수를 차지했는데, 어떤 일을 진행하기 위해 그의 생각, 코멘트, 승인이 필요한 메일들이었다. 하지만 그가 초점을 맞추고 있는 주제들에 관한 것이 아니었기 때문에 그는 그 메일들을 '나중에' 처리하려고 그냥 수집함에 담아두었다. 그러다 몇천 개가 쌓이자 하는 수 없이 이 일에 덤벼들었고 밀린 이메일들을 처리하느라 주말을 통째로 바쳐야 했다. 만사에 아드레날린이 솟구치는 스물여섯 살이었다면 그렇게 해도 괜찮았을 것이다. 하지만 그는 삼십대였고 어린아이도 있었다. 주말 내내 일하는 게 더 이상 용납되지 않았다. 내가 그를 코치하게 되면서 그는 수집함에 있던 8백 통이 넘는 이메일들을 처리했다. 그중 다수는 버려도 되는 것이었고 상당수는 참고파일로 처리해야 했다. 그리고 그 외에 많은 것들은 2분 안에 후다닥 해치워야 하는 내용이었다. 1년 뒤에 확인해봤더니 그는 여전히 이메일 수신함을 최신 메일들로 유지하고 있었다! 처리해야 할 이메일을 한 화면 넘게 쌓아두지 않았던 것이다. 이렇게 한 덕분에 응답 시간이 급격하게 단축되어 부서의 업무 분위기도 바뀌었다고 했다. 이제 직원들은 그를 무슨 일에도 끄떡없는 사람으로 생각했다!

이런 사례는 다소 극적이긴 하지만 이런 간단한 처리행위들이 얼마나 중요할 수 있는지 보여준다. 특히 인풋의 양과 속도가 증가하는 경우 더욱 그러하다.

2분이라는 시간은 사실 하나의 가이드라인일 뿐이다. 수집함 처리에 쓸 수 있는 시간이 넉넉하다면 각 항목에 대한 제한시간을 5분이나 10분으로 늘릴 수도 있다. 반면 오후시간을 최적으로 활용하기 위해 수집함을 빨리 비워야 한다면 제한시간을 1분, 심지어 30초로 줄여 모든 일을 좀 더 신속하게 처리할 수 있다.

2분 규칙은 마법

이 과정에 익숙해지는 동안 몇몇 일들에 시간이 얼마나 걸리는지

> 아주 중요한 프로젝트들 중에도 2분 안에 할 수 있는 행동들이 얼마나 많은지 알면 놀랄 것이다.

알아보는 것도 괜찮다. 나와 함께 일했던 대부분의 사람들은 실제로 시간이 얼마나 걸릴지 가늠하는 데 애를 먹었고, 특정행동을 하는 데 걸릴 시간

을 너무 적게 잡았다. 예를 들어, 해야 하는 행동이 누군가에게 메시지를 남기는 것인데 막상 전화를 걸자 그 사람이 직접 받았다고 하자. 그러면 대개 2분 넘게 전화를 하게 될 것이다.

 2분 행동을 확인할 필요는 없다. 완료하면 끝이다. 하지만 어떤 한 번의 행동으로 해당 프로젝트를 끝내지 못하면 다음 행동이 무엇인지 확인하고 같은 기준에 따라 그 행동을 관리해야 할 것이다. 예컨대 프린터 카트리지를 교체하기로 했는데 여분의 제품이 없다는 걸 알게 되었다면 다음 행동은 이를 구입하는 것으로 결정하고(인터넷에서 프린터 카트리지 주문하기) 상황에 따라 실행하거나 위임하거나 연기할 것이다.

 수집함을 비우면서 2분 규칙을 충실히 지킨 뒤 얼마나 많은 일들을 했는지 확인해보라. 많은 사람들이 2분 안에 할 수 있는 행동이 얼마나 많은지에 놀란다. 진행 중인 아주 중요한 프로젝트들에 대한 행동들도 마찬가지다. 또한 간단한 일인데 오랫동안 방치해두어 신경 쓰이던 일들을 이 접근방식으로 처리하다 보면 재미를 느낄 수 있다.

 많은 사람들에게 2분 규칙은 거대하게 쌓인 이메일들을 관리하게 해주는 구세주였다. 이메일 이용이 활발한 환경에서는 행동이 가능한 이메일들 중 적어도 30퍼센트는 2분 안에 회신하고 처리할 수 있는 것들이다(당신의 키보드 입력속도가 꽤 괜찮다는 가정하에). 이메일을 처리할 때 이 규칙을 지키면 반응성과 생산성이 상당히 향상된다. 잔

세상은 명상이 아니라 행동으로만 이해될 수 있다. 손은 눈보다 중요하다. 손은 마음의 칼이다.
— J. 브로놉스키 Bronowski

뚝 쌓인 이메일을 처리하는 누군가의 일을 돕다 보면 재빨리 실행할 수 있고 여러 가지 측면에서 '눈에 띄는 변화를 일으키는' 행동들이 항상 수십 가지 생겨났고, 그 결과 밀린 일들을 상당히 많이 해치울 수 있었다.

그렇다고 2분 행동들에 매달려 하루를 보내서는 안 된다. 이 규칙은 새로운 인풋들에 관여할 때 주로 적용되어야 한다. 예를 들어 수집함을 처리할 때, 사무실이나 집에서 누군가와 대화할 때, 혹은 복도에서 갑자기 마주치는 일들을 처리할 때 등이다. 하지만 처음 나타났을 때 하지 않았는데 그래도 해야 하는 일이라면 그 일이 머릿속을 잠식하지 않도록 수집, 명료화, 확인하기에 시간과 에너지를 써야 할 것이다.

▶ **행동을 위임한다** | 다음 행동을 하는 데 2분 이상 걸리고 '내가 이 행동을 할 적임자인가'라고 자문했을 때 '아니'라는 답이 나오면 적절한 담당자에게 체계적인 형태로 넘겨주어야 한다.

항상 아랫사람에게만 위임을 하는 건 아니다. '이 일은 고객 서비스팀에 넘겨야 해' '내 상사가 검토하도록 해야겠어' '이 건은 동료의 의견을 들어봐야겠어'라고 판단할 수도 있다.

체계적인 형태는 다음 중 하나가 될 수 있다.

- 적임자에게 이메일을 보낸다.
- 문서에 메모를 쓰거나 쪽지를 붙여서 적임자에게 보낸다.
- 적임자에게 문자 메시지를 보내거나 음성 메시지를 남긴다.
- 적임자와 다음에 대화할 기회가 있을 때 이야기하도록 그 항목을 목록에 올려둔다.
- 적임자와 만나거나 전화, 문자 메시지 혹은 메신저로 직접 이야기한다.

이중 어떤 방법이라도 괜찮을 수 있지만 나는 나열한 순서대로 해보라고 권한다. 일반적으로 이메일이 가장 빠른 결과를 낳는 방법이다. 이메일을 보내면 전자기록이 남고 수신자가 편한 시간에 처리할 수 있다. 메모가 그다음인데, 시스템에 즉각 올릴 수 있고 수신자가 쪽지를 물리적 실행 환기로 쓸 수 있기 때문이다. 업무 위임의 일환으로 종이로 된 자료들을 넘겨주는 경우에는 분명 서면 소통이 최적의 방법이다. 이메일과 마찬가지로 수신자가 자신의 일정에 맞추어 그 일을 처리할 수 있기 때문이다. 음성 메시지와 문자 메시지도 효과적일 수 있는데 많은 사람들이 여기에 의존해 일한다. 단점은 당신과 상대방이 이 메시지를 시스템에 올리는 관리작업을 추가로 해야 한다는 것이다. 또한 상대방이 음성 메시지를 듣지 않을 수도 있으며 문자 메시지는 뜻이 정확하게 전달되지 않기로 악명 높다. 그다음 방법은 나중에 그 사람과 정기적인 회의가 있을 때 이야기하도록 안건 목록이나 폴더에 넣어두는 것이다. 민감한 주제거나 상세한 사항을 전달해야 할 때 필요한 방법일 수 있지만 그 회의가 열릴 때까지 인큐베이팅해야 하는 단점이 있다. 가장 바람직하지 않은 방법은 그 항목에 대해 이야기하려고 당신과 상대방이 지금 하고 있던 일을 중단하는 것이다. 이렇게 하면 즉각적으로 일을 넘길 수는 있지만 두 사람 모두의 업무흐름이 방해받는다. 또한 음성 메시지와 마찬가지로 서면기록이 없다는 단점이 있다.

위임한 항목 확인하기 어떤 행동을 누군가에게 위임한 뒤 어떻게 되었는지 신경이 쓰이면 확인해보아야 한다. 다음 장에서 정리단계에 대해 자세히 설명하겠지만, '대기 중 Waiting for' 항목이 중요하게 관리해야 하는 범주임을 알게 될 것이다.

당신에게 맞는 시스템을 만들면, 위임한 뒤 확인해야 하는 일들이 플래너의 목록, 각 항목을 표시한 종이를 철한 파일 폴더, 그리고 소프트웨어에서 대기 중으로 분류된 목록이 되어 잊지 않게 될 것이다. 지금은 아직 신뢰할 만한 시스템을 구축하지 않았으니 그냥 종이에 '대기 중: 밥으로부터의 회신'이라고 써서 처리단계에서 생긴 별도의 '인큐베이팅' 보관함에 넣어둔다.

다른 사람이 일을 처리하길 기다려야 하는 상황이라면? 앞에서 언급한 예들 중에 세금정산을 하려면 관련 서류가 도착해야 하는 경우를 생각해보자. 이 경우 다음 행동은 다른 누군가의 몫이다. 이런 행동도 위임항목 혹은 '대기 중' 항목으로 올려 확인하고 싶을 것이다. 그러면 '세금 정산하기'라고 적힌 종이에 '아크메 신탁에서 올 세금 관련 서류 기다리기'라고 쓴 뒤 인큐베이팅 보관함에 넣어둔다.

다른 사람에게 위임한 모든 일에는 날짜를 기록하는 것이 중요하다. '위임'은 개인 관리체계의 모든 범주들 중에서 계속 확인해보아야 하는 중요한 범주이다. 실제로 그 정보를 언급할 때마다("3월 12일에 전화를 걸어 그 서류를 신청했어요") 날짜 기록 습관을 들인 보람을 느낄 것이다.

▶ **행동을 연기한다** | 수집함의 일거리들에 대해 결정한 다음 행동들은 대부분 당신이 직접 해야 하는 것이고, 처리하는 데 2분 넘게 걸릴 것이다. 고객에게 걸어야 하는 전화, 생각하고 초안을 작성하는 데 시간이 좀 걸리는 이메일, 스포츠 용품점에서 사야 할 형의 선물, 웹에서 다운로드하여 테스트해봐야 하는 애플리케이션, 딸을 입학시킬 학교에 관해 배우자와 나눌 대화, 이 모든 행동들이 여기에 해당된다.

이런 행동들은 필요할 때 접근할 수 있도록 어딘가에 기록한 뒤 적절한 범주로 분류해야 한다. 우선은 포스트잇에 다음 행동을 써서 해당 항목에 붙인 다음 '인큐베이팅' 보관함에 넣는다.

인큐베이팅된 일거리들

이 장의 설명을 잘 따라왔다면 당신은 수많은 것들을 버리고 상당수를 철했을 것이다. 또한 2분 내에 처리할 수 있는 행동들을 다수 끝냈을 것이고 많은 항목들을 다른 사람에게 넘겼을 것이다. 또한—곧, 언젠가, 혹은 특정 날짜에—해야 하는 행동들이 정해진 항목들도 한 무더기 생겼을 것이다. 이 '인큐베이팅' 그룹은 위임하거나 연기한 행동들로 이루어져 있으며 당신의 시스템에 일정한 형태로 정리되어야 한다. 이 문제는 다음 장에서 단계별로 설명하겠다.

프로젝트들 확인하기

수집함을 비우는 마지막 단계는 세부적인 행동에서 더 큰 그림, 즉 프로젝트로 옮겨가는 것이다.

다시 말하지만, 나는 프로젝트를 당신이 성취하기로 마음먹었고 완료하는 데 하나 이상의 행동단계가 필요한 결과라고 정의한다. 이미 결정한 행동들—'자동차 경보장치 문제로 프랭크에게 전화하기' '회의자료 건으로 버너데트에게 이메일 보내기'—을 살펴보면 분명이 한 가지가 아니고 여러가지 행동단계가 필요한 일들을 다수 발견할 것이다. 프랭크에게 전화한 뒤에도 경보장치와 관련해 해야 하는 어떤 행동이 있을 것이고, 버너데트에게 이메일을 보낸 뒤에도 회의에 관해 처리해야 할 일이 있을 것이다.

　프로젝트를 이렇게 광범위하게 정의하는 현실적인 이유를 이해하기 바란다. 어떤 일이 당신이 정한 하나의 행동으로 완료되지 않을 경우, 인큐베이팅해놓은 행동들을 그 일이 종결될 때까지 적절하게 상기시켜줄 장치가 필요하다. 그래서 프로젝트 목록이 필요하다. '프로젝트' 목록에는 '파티 개최'부터 '소프트웨어 생산라인 처분' '보상체계 마무리'에 이르기까지 그 어떤 것도 포함할 수 있다. 이 목록의 목적은 우선순위 검토가 아니라 이 모든 열린 고리들을 표시할 장치를 가지는 것이다.

　프로젝트 목록은 처음 수집함을 처리하면서 작성하든, 행동목록을 만든 뒤에 작성하든 그건 중요하지 않다. 프로젝트 목록은 당신이 지금 어디에 서 있고 어디로 가고 싶은지 검토하고 생활을 주 단위로 통제하고 있다는 느낌을 유지하기 위한 핵심요소이기 때문이다. 어느 시점에서든 작성하여 유지하는 것이 중요하다.

> 아마 지금 당신에게는 30~100개의 프로젝트가 있을 것이다.

7장

정리하기
적절한 시스템 구축하기

종합적이고 막힘없는 정리 체계가 자리 잡히면, 적절하게 처리되지 않은 일들에 주의를 빼앗기지 않고 저차원적인 생각들에서 벗어나 직관적인 집중을 할 수 있어 굉장한 힘을 얻을 수 있다. 그런데 그러기 위해서는 당신의 도구 정리 시스템이 머릿속의 정리 체계보다 더 나아야 한다.

정리한다는 것은 무언가가 당신이 의도하는 곳에 있는 것, 그 이상도 이하도 아니다. 무언가를 참고용으로 보관하고 싶다면 이를 참고자료가 있어야 하는 곳에 두는 것, 이것이 정리다. 걸어야 하는 전화가 있다면 이를 상기시켜줄 장치를 적절한 곳에 두면 정리된 것이다. 듣기에는 간단해 보이지만 여기에서 아주 중요한 질문이 생긴다. 그 무언가가 과연 당신에게 무엇을 의미하는가? 사람들이 정리하려는 많은 일들이 앞장의 설명처럼 명확하게 정의되지는 않는다. 그리고 명확하게 정의되었다 해도 더 엄밀한 구별을 해야

> 더 넓은 지평에 계속해서 초점을 맞추고 기억하거나 상기해야 한다는 끝없는 압박에서 벗어나려면, 빈틈없는 정리가 필요하다.

할 수 있기 때문에 창의력과 통제력이 더 필요해진다. 이번 장에서는 수집함을 처리할 때 필요한 정리단계들과 도구들을 안내하면서 이 문제를 더욱 자세히 설명하겠다.

처음에 수집함을 처리하면서, 정리하고 싶은 일들의 목록이 생기고 묶였을 것이다. 또한 포함시키고 싶은 또 다른 항목들도 생각났을 것이다. 다시 말해 진공상태에서 정리 시스템이 갑자기 만들어지는 건 아니다. 정리 시스템은 일거리들을 처리하고 모든 것을 당신에게 가장 도움이 되는 최적의 장소에 두었는지 테스트하는 과정을 통해 발전할 것이다. 시스템은 발전해야 하고 발전할 것이다. 일들이 당신에게 지니는 의미의 중요한 차이는 항상 그대로겠지만, 일들을 관리하는 최적의 구조는 1년 뒤에는 지금과 다를 수 있다.

업무흐름 도표의 바깥 테두리를 이루는 상자들은 처리할 일이 무엇이고 그와 관련해 무엇을 해야 하는지 당신이 판단하여 분류해야 하는 주된 범주들이다.

> 나는 나 자신의 체계를 만들어야 한다. 아니면 다른 사람 체계의 노예가 되어버린다.
> — 윌리엄 블레이크 William Blake

기본적인 범주들

정리와 운영 측면에서 확인, 관리하고 싶은 일들은 크게 일곱 유형으로 나눌 수 있다.

- 프로젝트 목록
- 프로젝트 지원자료
- 일정표에 기입하는 행동과 정보
- 다음 행동목록
- 대기 중 목록
- 참고자료
- 언젠가/아마도 목록

명확한 구별의 중요성

이 범주들을 서로 뚜렷하게 구별해야 한다. 각 범주는 우리가 자신과 하는 약속들의 개별적인 유형을 나타내고, 특정 시간에 특정 방식으로 상기되어야 한다. 범주들 간에 경계가 모호해지고 섞이기 시작하면 정리의 가치가 상당히 떨어질 것이다.

따라서 정리를 위해서는 일들과 당신의 관계를 수집하고 명확하게 하는 게 중요하다. 대부분의 사람들은 그저 '정리함으로써' 자신의 세

> 시각적, 물리적, 심리적으로 따로 범주를 설정해야 명확성이 높아진다.

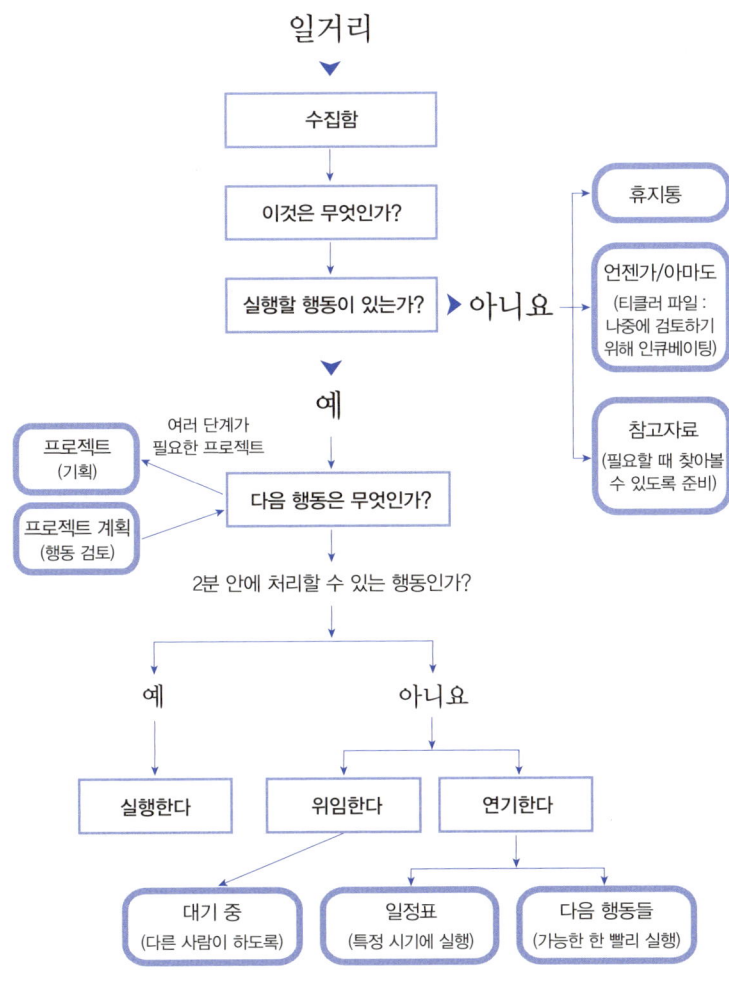

업무흐름 도표 – 정리단계

계에 대한 통제력을 높이려 하며, 아직 불명확한 미완의 일들을 재배치하는 것에 그친다. 하지만 내가 앞에서 제시한 절차들을 당신이 잘 밟았다면 처리 확인해야 하는 일들의 명확한 내용과 이들을 분류하고 서술하는 실용적인 방법을 알 것이다.

이런 범주화를 무시하고 다른 의미의 일들을 시각적 혹은 정신적으로 같은 그룹에 넣으면, 그 내용들에 대해 심리적으로 무감각해지기 쉽다. 예를 들어 당신이 읽고 싶은 자료들과 같은 보관함에 참고자료를 두면 그 보관함 자체를 의식하지 않게 될 것이다. 특정 날짜에 꼭 해야 해서 일정표에 기입해야 하는 항목을 다음 행동목록에 올려놓으면 일정표를 믿지 못하게 될 것이며, 행동목록을 끊임없이 재평가해야 할 것이다. 당분간 어떤 행동도 취하지 않을 프로젝트는 언젠가/아마도 목록에 올려놓아야만 프로젝트 목록의 항목들에 대해서는 철저하게 행동 생성에 초점을 맞출 수 있다. 또한 대기 중 항목이 행동목록에 올라가 있다면 여기에 관해 불필요하게 다시 생각하느라 발이 묶일 것이다.

정말 필요한 것은 목록과 폴더뿐이다

무엇을 처리 확인해야 하는지(6장 '명료화'에서 다루었다) 파악했다면 이제 필요한 건 목록과 폴더뿐이다. 실행 환기, 참고자료, 지원자료에 대해서는 이 도구들만으로 충분하다. 목록(앞에서 지적했듯이 목록은 폴더 속의 항목들일 수도 있다)은 열린 고리들에 대해 취해야 할 행동들뿐 아니라 프로젝트들, 언젠가/아마도 범주도 관리할 것이다. 폴더(디지털 혹은 종이 기반)는 진행 중인 프로젝트들의 참고자료와 지원정보를 보관하기 위해 필요하다.

많은 사람들이 수년간 목록을 만들어왔지만 그리 효과를 얻지 못했다. 그래서 내가 권하는 것처럼 간단한 시스템에 대한 회의적인 시각이 널리 퍼져 있다. 하지만 목록들이 머리를 비우는 데 도움이 되지 않는 건 대부분의 사람들이 목록에 적절한 일들을 올려놓지 않았거나 그 일들을 미완의 상태로 놔두었기 때문이다. 하지만 일단 목록에 무엇이 들어가야 하는지 알면 일이 훨씬 쉬워진다. 그러면 그 일들을 관리하는 방법만 있으면 된다.

앞서 말했듯이, 목록 내 항목들 간에 우선순위를 정하는 형식적인 체계를 만드느라 애쓸 필요 없다. 그러면 상황이 변했을 때 재배치하거나 재작성해야 할 것이다. 그런 기준을 부여하려다 정리 작업에 좌절하는 사람이 많다. 수많은 변수들에 비추어 목록 전체를 살펴보면 더 직관적으로 우선순위를 매길 수 있을 것이다. 목록은 당신이 하기로 한 일들 전체를 처리 확인하고 검토할 수 있게 해주는 한 방법일 뿐이다.

내가 '목록'이라고 말할 때는 단지 비슷한 특징을 지닌 항목들끼리 묶어놓은 것을 의미한다. 목록은 다음 세 가지 중 한 형태를 띨 수 있다. ① 같이 묶을 수 있

> 나는 복잡성의 어떤 측면을 단순화시키는 데 관심이 없다. 그러나 그 어떤 측면을 단순화시키기 위해서라면 목숨이라도 내놓겠다.
> ― 올리버 웬델 홈스 Oliver Wendell Holmes

는 항목들에 대해 개별적으로 마련된 파일 폴더 혹은 통 ② 종이에 제목과 함께 쓴 목록(대개 루스리프 식 수첩이나 플래너에 들어 있다) ③ 소프트웨어 프로그램이나 디지털 모바일 기기의 목록에 올라 있는 항목들.

실행 환기들 정리하기

수집함을 비우는 작업을 하면 다른 사람에게 위임할 수 없고 2분 안에 해결도 안 되는 일들을 나타내는 '인큐베이팅' 실행 환기들이 한 무더기 생길 것이다. 아마도 그런 항목이 20개에서 70개가 넘을 것이다. 또한 다른 사람에게 넘긴 일들의 실행 환기들, 일정표나 언젠가/아마도 보관함에 넣어야 할 항목들도 있을 것이다.

당신은 이 모든 항목들을 자신에게 맞게 분류해놓고 시간이 날 때 할 일을 선택하기 위해 검토할 수 있길 바랄 것이다. 또한 폴더 속의 항목이든, 목록의 항목이든, 종이로 된 것이든 디지털 형식이든 물리적으로 가장 적절한 방식으로 분류하고 싶을 것이다.

일정표에 기입해야 하는 행동들

앞서 말했듯이, 정리를 할 때는 기본적으로 두 종류의 행동이 있다. 즉 특정 날짜 혹은 특정 시간에 해야 하는 행동들과 할 수 있으면 바로 처리해야 하는 행동들(일부는 아마 기한이 있을 것이다)이다. 일정표에는 특정 시간(예: 10~11시에 짐과 회의)이나 특정 날짜(화요일에 레이첼에게 전화해 제안서를 받았는지 처리 확인하기)에 해야 하는 행동을 기입할 수 있다.

수집함을 처리하는 중에 아마도 일정표에 바로 기입해야 하는 일들을 만났을 것이다. 예를 들어 건강검진과 관련된 다음 행동이 전화를 걸어 예약을 하는 것임을 알고 즉시 그 행동을 실행했다면(처리하는 데 2분이 걸리지 않으므로) 전화를 끊은 뒤 바로 일정표의 해당 날짜에 이를 기입하는 게 상식일 것이다.

하지만 매일의 할 일 목록을 기입하는 옛 습관에 젖어 다음 월요일에 하고 싶은 행동을 일정표에 기입하려는 사람이 많다. 그래서 그날 그 일을 하지 못하면 다른 날들로 옮겨 적어야 한다. 이렇게 하고 싶은 충동을 억눌러라. 일정표는 그날 해야 할 일을 정확하고 엄격하게 보여주는 신뢰할 만한 곳이 되어야 하고, 이동 중에도 한눈에 알아볼 수 있어야 한다. 일정표에 그날 꼭 해야 하거나 알아야 하는 것들만 적혀 있으면 신뢰성이 높아지고 내용이 눈에 훨씬 쉽게 들어올 것이다. 정리에서 일정표가 제 역할을 하게 되면 이제 당신이 해야 하는 행동의 대다수가 '할 수 있으면 되도록 빨리 해야 하는 행동' 범주에 남는다.

되도록 빨리 해야 하는 행동들을 상황에 따라 정리하기

수년간 나는 '가능한 한 빨리' 해야 하는 행동을 상기하는 가장 좋은 방법은 그 행동에 필요한 특정 상황이라는 걸 알게 되었다. 즉, 그 행동을 완료하는 데 필요한 장소나 상황에 있을 때 혹은 필요한 도구를 쓰고 있을 때 가장 쉽게 떠올린다. 예를 들어 컴퓨터가 필요한 행동이라면 '컴퓨터에서' 목록에 올려야 한다. 밖에 나가서 돌아다니며 해야 하는 행동(은행에 들르거나 철물점에 가는 등)은 '심부름' 목록에 올리면 적절할 것이다. 다음 행동이 동료인 에밀리와 직접 만나 무언가에 대해 논의하는 것이라면, '에밀리' 폴더나 목록에 넣으면 가장 적합하다. 이 범주들을 어떻게 분류할지는 ① 당신이 실제로 처리 확인해야 하는 행동이 얼마나 많은지 ② 그 일들을 하는 상황이 얼마나 자주 바뀌는지에 따라 달려 있다.

다음 행동이 25개밖에 없는 드문 경우에는 다음 행동목록 하나만으로 충분할 수 있다. '못 구입하기' '직원 교체와 관련해 상사에게 보고하기' '위원회 회의에 관한 초안 작성하기' 같은 다양한 항목들이 여기에 포함될 것이다. 하지만 인큐베이팅한 다음 행동이 50~100개에 이를 경우, 그 모두를 하나의 방대한 목록에 올려놓으면 무엇을 봐야 할지 알기 힘들 것이다. 그래서 무언가를 할 수 있는 시간이 날 때마다 목록의 항목들을 다시 분류하는 비생산적인 과정이 필요해진다. 예를 들어 회의 중에 전화를 할 수 있는 잠깐의 틈이 생기면 관련 없는 수많은 항목들 사이에서 전화 항목들을 찾아야 한다.

자질구레한 일들을 처리하기 위해 외출할 때는 '심부름' 목록을 집어 들어 또 다른 목록을 작성해야 한다.

이런 유형의 정리가 생산성을 향상시키는 또 다른 이유가 있다. 그건 당신이 특정 상태에 있을 때 에너지를 최대한 활용할 수 있기 때문이다. '전화 걸기 모드'에 있을 때 '전화' 목록만 살피면 되기 때문에 많은 전화를 걸 수 있다. 컴퓨터를 켜서 순조롭게 사용하고 있을 때는 다른 유형의 행동으로 옮겨가지 않고 컴퓨터에서 할 수 있는 행동을 가능한 한 많이 하는 것이 좋다. 일련의 유사한 행동들을 하다가 다른 리듬과 도구가 필요한 행동을 시작하려면 대부분의 사람들이 생각하는 것보다 더 많은 에너지가 든다. 또한 중요한 인물이 당신 앞에 있을 때 그 사람과 상의해야 하는 모든 일들을 바로 알 수 있게 해두는 것이 좋다.

▶ **가장 흔한 유형의 실행 환기들** | 다음은 일반적인 '다음 행동' 목록들이다. 이중 적어도 몇 개는 당신도 사용할 수 있을 것이다.

- 전화
- 컴퓨터
- 심부름
- 사무실(잡무)
- 집

- 어디서나
- 안건(사람들, 회의)
- 읽기/검토

전화 걸어야 하는 전화의 목록이다. 전화를 할 수 있는 상황만 되면 이 목록의 항목들을 해치울 수 있다. 이동이 많은 사람일수록 걸어야 하는 모든 전화가 하나의 목록에 정리되어 있으면 유용할 것이다. 근무지 밖에 있을 때, 돌아다니고 있을 때, 출장이나 휴가 중일 때 혹은 비행기 탑승이나 학교에서 돌아오는 아이를 기다리고 있을 때 생기는 짬은 이 목록을 활용하기에 더할 나위 없이 좋은 기회이다. '전화' 범주를 따로 만들어두면 그때 걸기에 가장 좋은 전화를 직관적으로 선택하기가 더 쉬워진다.

이때 각 항목 옆에 전화번호를 기록해두는 게 좋다. 전화번호가 보이면 전화를 걸지만 번호를 찾아야 하면 전화를 걸지 않는 경우가 많다. 또한 모바일 기기를 사용하는 경우, 항목 옆에 입력해둔 번호를 누르기만 하면 바로 전화를 걸 수 있다.

컴퓨터 컴퓨터로 일한다면―특히 랩톱/태블릿 컴퓨터를 들고 돌아다니거나 직장과 집에 따라 컴퓨터가 있는 경우―컴퓨터를 켰을 때 해야 하는 행동들을 전부 묶어두면 유용하다. 그러면 해야 하는 컴퓨터 작업들을 전부 보면서 보내야 하는 이메일, 초안을 작성하거나 편집해야 하는 문서 등을 떠올릴 수 있다. 나는 비행기를 자주

타기 때문에 '온라인' 목록을 '컴퓨터' 목록과 따로 유지한다. 내가 해야 하는 행동 | 언제, 어디에서, 어떤 상황에서 어떤 행동을 할 수 있을지 주의 깊게 생각해서 그에 따라 목록을 정리하라.

들 중에는 온라인 접속이 필요한 것들이 많은데, 와이파이 서비스가 안 되는 비행기를 탈 때는 웹이나 내 서버에 접속할 수 없다. '온라인' 목록을 따로 관리하면 컴퓨터로 목록을 살펴볼 때는 그중에 온라인 접속이 요구되는 항목이 없다고 믿기 때문에 와이파이가 안 되는 현 상황에서 할 수 있는 항목인지 아닌지 다시 생각할 필요가 없다. 따라서 온라인 접속 여부는 신경 쓰지 않고 그 외의 기준에 따라 더 쉽게 행동을 선택할 수 있다.

사무실이나 집에서만 컴퓨터 작업을 한다면 특정 장소를 가리키는 목록에 그 행동들을 올릴 수도 있다. 하지만 컴퓨터 앞에 앉아 있을 때 컴퓨터 작업의 실행 환기들을 한데 묶은 목록을 볼 수 있으면 더 편리할 것이다. 반면 주로 이동하면서 일하고 랩톱, 태블릿, 스마트폰으로 동일한 작업을 할 수 있다면 '디지털' 목록 하나에 정리하거나 '어디서나' 범주에 넣는 것이 가장 효과적일 수도 있다.

심부름　외출해서 돌아다닐 때 해야 하는 모든 일들의 실행 환기를 한 곳에 모아놓으면 편리하다. 어딘가에 가야 할 때 그 목록을 살펴보면서 이동 중에 처리할 수 있는 일들을 검토할 수 있기 때문이다. '은행 금고에서 채권 증서 꺼내 오기' '양복점에서 양복 찾기' '꽃집에 들러 로빈에게 줄 꽃 구입하기' 같은 행동들이 모두 여기에 해당한다.

> 우리는 정교함을 초월한 단순함에 이르려고 노력해야 한다.
> — 존 가드너 John Gardner

물론 이 목록은 플래너나 냉장고 문에 붙인 포스트잇 혹은 디지털 작업관리자의 '심부름' 카테고리 정도일 수 있다.

'심부름' 목록의 각 항목에 하위 목록을 관리해도 종종 도움이 된다. 예를 들어 철물점에서 무언가를 사야 한다는 걸 알면 '철물점' 목록을 만들어 그곳에서 구입해야 할 물품들을 하위 목록으로 덧붙일 수 있다. 단순하게 '철물점' 포스트잇을 만들어도 되고, 디지털 목록을 사용할 경우 목록의 '철물점' 항목에 세부사항들을 주석으로 입력해도 된다.*

사무실 사무실에서 근무하는 사람이라면 그곳에서만 할 수 있는 일들이 있다. 따라서 사무실에 있을 때 당신 앞에 그 일들의 목록이 있으면 유용할 것이다. 하지만 사무실에 전화와 컴퓨터가 있고 '전화'와 '컴퓨터' 목록이 따로 있다면 이 목록들도 사용될 것이다. 나는 사무실의 파일 캐비닛을 정리하거나 방대한 문서를 출력하여 직원과 검토하는 등 내가 사무실에 있을 때만 할 수 있는 항목들에 대해 '사무실 작업'

> 행동들에 초점을 맞추면 더 많은 행동을 할 수 있을 것이다.

---

* 개인 생산성 기술에서 추진하고 있는 기능 중 하나는(어느 정도는 GTD 방법론의 인기로 촉발되었다) 장소에 따른 실행 환기 개발이다. 모바일 기기가 당신이 철물점이나 집 혹은 시내에 있다는 걸 감지하고(위치 정보를 읽어서) 그 물리적 환경과 관련된 행동을 알려준다는 개념이다. 이 기능은 이론적으로는 말이 된다. 하지만 갖가지 변수들이 많고 다양한 각도에서 전체 행동목록을 검토하는 게 바람직하다는 점을 고려하면, 실제로는 종합적인 검토가 이루어지는 통합된 시스템이 있고 그 안에서 엄격하게 관리되는 목록이 있을 경우 여기에 추가할 만한 괜찮은 옵션 정도로만 유용할 것이다. 이 기능이 머리를 비워주고 당신이 알고 싶은 무언가를 놓치지 않게 해줄 것이라 가정하는 건 이 기술과 용도를 지나치게 낙관적으로 보는 것이다.

혹은 '사무실' 목록을 사용한다.

최근에는 조직들이 좀 더 개방적이고 유연하며 가상적으로 운영되는 추세다. '호텔링(정해진 사무실 없이 회사 내 어디서든 가능한 장소에서 '접속해' 일한다는 개념)'이 인기를 얻고 있다. 그리하여 '사무실' 목록이 회사의 여러 장소들 중 어디에 있기만 해도 할 수 있는 행동을 의미할 수 있다. 또 일부 사람들의 경우에는 한 물리적 장소에서만 할 수 있는 일들에 대해 '사무실 A' 혹은 '사무실 B' 등의 목록을 만들면 유용하다.

집에서　집에서만 할 수 있는 행동들도 많기 때문에 집에 한정된 목록을 관리할 만한 가치가 있다. 분명 당신에게는 개인 및 집안일과 관련한 프로젝트들이 많을 것이다. 그리고 그 프로젝트들에 대한 다음 행동은 대개 그 항목을 실행하는 것이다. '새로 구입한 수채화 걸기' '여행용품 정리하기' '옷장의 옷들을 겨울옷으로 바꾸기'가 이 범주에 속하는 전형적인 항목들이다.

나처럼 집에도 사무실이 있는 경우, 그곳에서만 할 수 있는 행동들이 '집에서' 목록에 올라간다(집에서만 일하고 다른 사무실로 출근하지 않는다면 '사무실에서' 목록이 필요 없고 '집에서' 목록만으로 충분할 것이다).

여러 곳을 돌아다니며 일하는 사람들과 마찬가지로 별장, 보트, 심지어 커피숍이나 카페 등 개인적으로 다양한 작업 장소를 가진 사람들이 많다. '스타벅스에서'라는 행동목록이 필요할 수도 있다!

안건* 다음 행동들 중에는 누군가와 실시간으로 상호작용하거나 위원회, 팀, 혹은 직원회의에 제기해서 실행해야 하는 것들도 많을 것이다. 내년도 업무를 위한 어떤 아이디어에 관해 동료와 이야기를 나누어야 할 수도 있고, 남편의 봄 스케줄을 처리 확인해야 할 수도 있다. 또한 비서에게 넘겨야 하는 일도 있는데 이메일로 설명하기에는 너무 복잡한 경우도 있고, 월요일의 직원회의에서 경비보고 정책의 변화에 관해 설명해야 할 수도 있다.

> 정기회의와 당신이 지속적으로 상대하는 사람들에 관한 '안건' 목록이 종종 필요하다.

이런 다음 행동들은 각 사람과 그 회의에 대한 개별적인 '안건' 목록에 두어야 한다(정기적으로 참석하는 회의인 경우). 상사에게 이야기해야 하는 일들을 하나의 파일 폴더에 담아 관리하는 사람은 이미 이 방법을 쓰고 있는 것이다. 하지만 다음 행동 결정에 신중한 사람이라면 이런 종류의 목록이 3~15개 필요할 수도 있다. 나는 상사, 동료, 비서, 아이들에 대해 별개의 목록을 관리하라고 권한다. 또한 변호사, 재정자문, 회계사 그리고 컴퓨터 컨설턴트뿐 아니라 누구라도 다음에 전화를 하거나 직접 만났을 때 검토해야 할 일이 한 가지 이상인 사람에 대해서는 이런 유형의 목록을 관리해야 한다.

정기회의─직원회의, 프로젝트 회의, 이사회 회의, 위원회 회의, 학부모/교사회의─들에 참석한다면 각 회의에 대해 개별적인 목록

---

* 여기에서 나는 '안건'을 누군가와 함께 혹은 회의에서 다루어야 하는 항목이라는 미국식 의미로 사용했다(다른 문화에서의 '일정표' '일정' '비망록' 개념과 대조적으로).

을 만들어 해당 회의에서 다루어야 할 일들을 모아놓으면 편리하다.

또한 한정된 기간 동안만 상대할 사람과 함께 검토해야 하는 일들의 목록을 만들고 싶은 경우도 종종 생긴다. 예를 들어 당신의 집에서 중요한 공사를 하는 하청업자의 경우, 공사 기간 동안 그 사람에 대한 목록을 만들 수 있다. 하청업자가 그날 작업을 끝내고 돌아간 뒤 둘러보면 나중에 그에게 이야기해야 할 일들이 여러 가지 눈에 띌 수 있다. 그러면 이런 일들을 수집해두었다가 필요할 때 쉽게 사용할 수 있는 목록을 만들고 싶을 것이다.

이런 유형의 목록의 유용성을 감안하면, 필요할 때 시스템에 빠르고 간편하게 임시 '안건' 목록을 추가할 수 있어야 한다. 예를 들어, 루스리프 노트북 플래너의 '안건' 부분에 어떤 사람이나 회의에 대한 페이지나 목록을 끼워넣는 데는 몇 초밖에 걸리지 않는다. 디지털 툴의 '안건' 카테고리에 전용 '주석'을 추가하는 것도 마찬가지다.

읽기/검토 수집함에는 다음 행동이 '읽기'인 일들이 분명 많을 것이다. 당신이 2분 규칙을 준수하여 그중 재빨리 훑어볼 수 있는 많은 항목들을 이미 적절하게 처리했길—버리거나 파일링하거나 다른 사람에게 보내거나—바란다.

읽는 데 2분 이상 걸릴 인쇄물들은 일반적으로 '읽기/검토' 라벨이 붙은 별개의 물리적 보관함에 관리하는 것이 가장 좋다. 나는 당연히 이것도 '목록'으로 정의하지만 문서와 잡지들을

> 책임 영역이 넓어지고 조직에서의 역할이 상급으로 올라갈수록 다른 사람과의 의사소통과 상호작용을 통해 하는 일이 늘어날 것이다.

분류하여 같은 범주끼리 하나의 보관함 혹은 휴대용 폴더에서 관리하면 더 효과적이다.

많은 사람들의 경우 읽기/검토 보관함이 상당히 커질 수 있다. 따라서 읽는 데 2분 이상 걸리지만 시간이 날 때 정말로 읽고 싶은 항목들만 여기에 보관해야 한다. 그것만으로도 양이 많겠지만, 이 범주의 경계를 명확하게 정하지 않으면 통제가 힘들어져 심리적으로 무감각해진다. 초기의 식별 작업 덕분에 이 보관함에 들어 있는 항목들에 대해 적어도 의식은 할 것이다. 그리고 대부분의 사람들은 나름의 일정한 규칙을 정하면 무엇을 유지하고 제거해야 하는지 더 잘 알 수 있을 것이다.

어떤 전문가(예: 변호사)들은 아직도 상당한 양의 출력된 자료들을 가지고 일한다. 이들이 사용하는 문서들 대부분을 디지털 형식으로 작성하고 유지할 수 있지만, 종이 형태의 문서로 일하는 것이 여전히 최선의 방식으로 남아 있다. 이런 경우에는 읽기/검토 상자나 보관함뿐 아니라 다른 초점으로 좀 더 엄격하게 읽어야 하는 항목들에 대해 '검토/대응' 범주를 만들어도 된다.

시작이 늦어질 수 있는 회의, 쉬는 시간이 있는 세미나, 기다려야 치료 받을 수 있는 치과 진료에 갈 때 혹은 기차나 비행기를 타러 갈 때 정리해둔 읽을거리를 들고 가면 좋다. 이런 종류의 읽을거리를 훑어보기에 좋은 기회들이기 때문이다. 살다 보면 예상치 못하게 잠깐 틈이 나는 경우가 많기 때문에 읽기/검토 자료를 정리해두지 않은 사람은 많은 시간을 낭비할 수 있다. 읽고 살펴봐야 하는 데이터를 포함해 우리에게 들어오는 디지털 정보의 양을

> 시간활용을 가장 못하는 사람이 제일 먼저 시간이 부족하다고 불평한다.
> ― 장 드 라 브뤼에르 Jean de La Bruyère

감안하면, 그중에는 우리의 일이나 삶에 정말로 중요하지는 않지만 흥미롭거나 재미있는 것들이 많다. 따라서 이런 것들을 위한 체계를 만들면 유용하다. 이메일 시스템의 '검토/관찰' 폴더나 '웹 검색' 행동목록은 추천받은 비디오나 블로그, 온라인 기사들에 대한 링크가 포함된 이메일을 보관하기에 좋은 곳이다.

'대기 중' 범주 정리하기

해야 하는 행동들의 실행 환기와 마찬가지로, 다른 사람이 무언가를 보내거나 실행하기를 기다리고 있는 일들의 실행 환기들도 분류하고 묶어야 한다. 이 범주에서는 개별적인 행동들은 굳이 처리 확인하지 않지만, 극장에 주문한 티켓이나 사무실에 배달될 스캐너, 제안서에 대한 고객의 승인 등 대개 다른 사람이 해야 하는 최종 산출물이나 프로젝트들은 처리 확인해야 한다. 무언가에 대한 다음 행동이 다른 사람에게 달려 있는 경우, 당신에게 실행 환기는 필요 없고 누군가에게서 무엇을 기다리고 있는지 알려주는 목록만 있으면 된다. 당신의 역할은 필요할 때마다 그 목록을 살펴보며 상태를 처리 확인하거나 진행을 촉진시키는 등의 행동을 해야 할지 판단하는 것이다.

많은 사람들, 특히 관리나 감독직에 있는 사람들은 다른 사람이

<blockquote>다른 사람들이 회피함으로써 위기가 생기기 전에 그 일을 관리하라.</blockquote>

수집하고 진행하고 완료하고 검토했는지 처리 확인해야 하는 미완의 일들에 대한 목록을 가지고 있으면 상당히 안심이 되고 일의 진행에 초점을 맞출 수 있다.

이런 '대기 중' 목록을 '다음 행동' 실행 환기 목록과 같은 체계로 가까이 두면 가장 효과적일 것이다. 한 프로젝트가 완료될 때까지 다음 단계의 책임자가 여러 차례 바뀔 수 있다. 예를 들어 당신이 판매 회사에 전화를 걸어 제안서를 요청한다(그러면 이 일은 '대기 중' 목록에 올라간다). 제안서가 도착하면 당신이 이를 검토한다('읽기/검토' 보관함이나 '컴퓨터에서' 목록에 올라간다). 그런 뒤 승인을 받기 위해 상사에게 보낸다(이제 다시 '대기 중' 목록에 올라간다).*

그중 한 단계의 담당자와 만나거나 이야기할 때 '대기 중' 목록이 있으면 매우 유용하다. 기한이 지나 스트레스를 받는 상황이 될 때까지 놔두지 말고 미리 "아, 곤살레스, 제안서는 어떻게 되어가고 있나요?"라고 묻는 편이 훨씬 낫다.

이 범주에서는 각 항목을 요청한 날짜와 합의된 마감일을 기록해 두는 것이 중요하다. "3월 20일에 그 주문을 했어요." 혹은 "그 제안서를 보낸 지 3주나 되었어요"라는 말들은 처리 확인 과정에 매우

---

* 이런 일들에 대해서는 (개별적인 폴더에 서류를 관리하는 원시적 방법뿐 아니라) 디지털 목록 관리자가 유리하다. 행동이 바뀌면 무언가를 재작성하거나 재고할 필요 없이 한 범주에서 다른 범주로 쉽게 항목을 옮길 수 있기 때문이다.

중요할 것이다. 내 경험에 따르면 이 전술적인 정보 하나가 톡톡히 도움이 된다.

다른 사람이 하기로 되어 있지만 당신이 신경 써야 하는 일들이 대기 중 목록에 전부 담겨 있다는 걸 알면 안심이 될 것이다.

원래의 실행할 것들을 자체적인 실행 환기로 사용하기

실행 환기들을 처리 확인하는 가장 효과적인 방법은 목록이나 폴더에 추가하는 것이다. 그런데 트리거(미완의 일 기억 도우미)는 처리된 뒤에는 필요 없어질 것이다. 상사와의 회의에서 썼던 메모는 그와 관련된 프로젝트와 행동들을 도출한 뒤에는 버려도 된다. 어떤 사람들은 아직 처리하지 못한 문자 메시지나 음성 메시지를 보관하려 드는데, 이는 그 속에 포함된 실행 환기들을 관리하는 가장 효과적인 방법은 아니다.

그러나 이 규칙에는 얼마간의 예외가 있다. 어떤 인풋들은 목록에 쓸 필요 없이 그 자체가 행동에 대한 가장 효과적인 실행 환기 역할을 한다. 일부 종이로 된 자료나 이메일들이 특히 그러하다.

> 행동 가능한 이메일과 서류는 나머지와 분리해서 보관하라.

▶ **종이 중심의 업무흐름 관리하기** | 어떤 인풋들은 그 자체가 해야 하는 일의 가장 좋은 실행 환기이다. 읽기/검토 범주에 들어간 기사들, 간행물들, 문서들이 좋은 예다. 잡지 자체를 읽기/검토 보관함에 넣으

면 되는데 행동목록에 '〈보그〉지 읽기'라고 쓰는 건 쓸데없이 오버하는 일이다.

또 다른 예를 들어보자. 아직 종이로 된 청구서로 공과금을 납부한다면 한 번에 모든 공과금을 처리하는 게 편할 것이다. 따라서 '납입해야 하는 청구서'(혹은 보다 총칭하여 '처리해야 할 재무') 폴더나 보관함에 청구서들을 넣어둔다. 마찬가지로, 경비보고를 해야 할 영수증이 생겼을 때는 바로 처리하거나 '처리해야 할 영수증' 봉투나 폴더에 보관해야 한다.*

업무, 할 것, 업무공간의 특성에 따라 원래의 문서들만으로 다른 범주들을 만드는 게 더 효과적일 수도 있다. 예를 들어 고객 서비스 담당자는 일정한 표준서식으로 들어오는 수많은 요청들을 처리한다. 이 경우 행동 가능한 항목들만 담은 보관함이나 파일(종이 혹은 디지털)을 유지하는 것이 이 요청을 관리하는 최상의 방법이다. 변호사나 회계사는 행동을 결정하기 위해 시간을 들여 검토해야 하는 문서들을 다룬다. 이 문서들은 그런 성격의 항목들을 담는 보관함에 넣는다.

목록에 실행 환기를 기록하는 게 나을지, 아니면 보관함이나 폴더나 디지털 디렉터리 안의 원래 문서를 이용할지는 구체적인 실행방식에 따라 상당 부분 좌우된다. 그 실행 환기들을 책상이 아닌 다른

---

* 그러나 '납입해야 하는 청구서'나 '처리해야 할 영수증'들을 지속적으로 살펴보지 않으면 이 방식은 위험할 수 있다. '정리'만으로는 머릿속에서 이 일들을 꺼내기에 충분하지 않다. 당신이 이것들을 적절하게 검토하고 처리할 것이라는 믿음이 있어야 한다.

곳에서도 이용할 수 있는가? 그렇다면 자료의 휴대성이 고려되어야 한다. 하지만 책상에서만 할 수 있는 일이라면 업무공간에서만 실행 환기들을 관리하는 편이 더 나을 것이다.

> 정리를 하는 주된 이유는 인지 부하를 줄이는 것. 즉 '여기에 관해 뭘해야 하지?'를 끊임없이 생각할 필요를 없애는 것이다.

어느 쪽을 선택하든, 실행 환기들은 필요한 다음 행동에 따라 별개의 범주들에 들어 있어야 한다. 어떤 서비스를 주문하기 위해 필요한 다음 행동이 전화를 거는 것이라면 '전화'에 들어 있어야 하고, 다음 행동이 정보를 검토하여 컴퓨터에 입력하는 것이라면 '컴퓨터에서'라는 라벨이 붙어야 한다. 내가 지금껏 본 많은 업무흐름 시스템들에서 효율성을 떨어뜨리는 가장 큰 요인은 같은 유형의 문서(예: 서비스 요청서)들이라도 각각 다른 종류의 행동이 필요한데 전부 하나의 보관함이나 파일에 보관하는 습관이었다. 어떤 요청은 전화가 필요하고 어떤 요청은 데이터를 검토해봐야 한다. 또 다른 요청은 누군가가 정보를 주길 기다려야 한다. 그런데 몽땅 한 군데에 들어가 있다. 이렇게 하면 아직 그 요청들에 대한 다음 행동 결정을 미루고 있다는 부담 때문에 그 보관함에 대해 무감각해질 수 있다.

내 시스템은 거의 모든 것이 목록으로 관리되고 있어 휴대가 편리하지만 그래도 사무실에 읽기/검토 보관함이 있고 같은 이름의 플라스틱 폴더를 만들어 이동할 때 이용한다. 일부 잡지들을 디지털 형식으로 보관하고 읽기도 하지만, 종이로 된 잡지가 앞에 있어야 더 편리하고 시각적으로도 더 즐겁다.

▶ **이메일 중심의 업무흐름 관리하기** | 종이로 된 일부 자료들과 마찬가지로, 행동이 필요한 이메일들은 때때로 그 자체가 이메일 시스템 내에서 가장 좋은 실행 환기이다. 특히 이메일을 많이 받고 이메일 소프트웨어를 열어놓은 채 일하는 시간이 많은 사람의 경우 더욱 그러하다. 행동이 필요한 이메일은 또 다른 목록에 행동을 기록하거나 분산시키는 대신 이메일 시스템 내에 보관하면 된다.

많은 사람들이 이메일 내비게이션 바에 각자에게 맞는 폴더 두세 개를 만들면 유용하다는 것을 발견했다. 사실 이메일 폴더들 대부분은 참고자료나 일정 기간 보관할 자료용으로 사용되지만, 행동 가능한 메시지들을 수신함 외부에 별개로 정리하여 관리할 수 있다(대부분의 사람들은 수신함에 메시지를 보관한다).*

이 방법을 선택했다면 처리하는 데 2분 이상 걸리는 이메일들을 위해서 폴더를 하나 만드는 게 좋다(여기에서도 2분 규칙에 따라 많은 메시지들을 바로 처리할 수 있어야 한다). 폴더 이름은 ① 참고자료 폴더와 차별화되도록 ② 내비게이션 바의 폴더들 맨 위에 위치하도록 접두어나 부호로 시작해야 한다. 그 폴더가 맨 위에 올라오게 할 @부호나 하이픈 등을 사용하라. 그리하여 생긴 '@행동' 폴더에는 어떤 행동을 취해야 하는 이메일들이 보관될 것이다.

---

* 처리하지 않은 이메일들이 한 화면이 넘어가게 쌓이는 적이 거의 없는 사람이라면 이 메일들을 당면 업무의 실행 환기로 수신함에 놔두어도 된다. 하지만 한눈에 볼 수 없을 정도로 양이 늘어나면 즉각 수신함 외부에 정리하는 편이 훨씬 낫다.

그다음에는 '@대기 중'이라는 폴더를 만들 수 있다. 이 폴더는 '@행동' 폴더와 같은 위치에 생길 것이다. 이메일이 천여 개 넘어가게 밀리도록 놔두는 것보다 하나도 없게 유지하는 편이 훨씬 덜 힘들다. 다른 사람이 할 어떤 일을 당신이 처리 확인해야 하는 내용의 이메일을 받으면 '@대기 중' 폴더에 끌어다 놓으면 된다. 또한 이 폴더에는 이메일로 위임하는 일에 대한 실행 환기도 보관할 수 있다. 이메일을 다른 사람에게 전달하거나 이메일로 무언가를 요청하거나 위임할 때는 cc: (참조) 혹은 bcc: (숨은 참조) 메일을 '@대기 중' 폴더에 저장하면 된다.*

어떤 애플리케이션들은 이메일을 전송하면서 폴더 중 하나에 보관하는 기능이 있다('전송 및 보관' 버튼을 누른다). 또한 '보낸 메일함'에만 자동 저장되는 애플리케이션들도 있다. 후자의 경우, 위임하는 이메일을 보낼 때 복사해서 '@대기 중' 폴더에 넣는 방법이 대체로 가장 효과적으로 보인다.

수신함 비우기 앞에서 자세히 설명한 방법을 사용하면 이메일 수신함에서 모든 메일을 꺼낼 수 있고, 그러면 매일 하는 업무를 파악하고 통제하는 데 매우 요긴할 것이다. 수신함이 제 역할을 되찾을 것이고 그 안의 모든 메일은 음성 사서함의 새 메시지 혹은 모바일

---

* 어떤 이메일 애플리케이션에서는 이메일들을 소프트웨어의 '작업' 목록이나 영역으로 옮기거나 연결시킬 수 있는데, 이 기능도 효과적이다. 하지만 이 기능을 쉽고 순조롭게 이용하려면 소프트웨어의 그 기능을 충분히 숙달해야 할 것이다.

기기의 읽지 않은 문자 메시지와 비슷해질 것이다. 대부분의 사람들은 이메일 수신함에 행동이 필요하지만 아직 결정하지 않은 일들, 참고자료, 심지어 쓰레기까지 잔뜩 담아놓는데, 이런 습관을 들이면 이메일에 대해 무감각해지게 된다. 이메일 화면을 힐끗 볼 때마다 그 안의 모든 것을 재평가해야 한다는 걸 알기 때문이다.

수신함을 비우는 것이 그 안의 모든 일을 처리한다는 뜻은 아니다. 지워도 되는 메일은 삭제하고, 보관하고 싶지만 행동이 필요 없는 메일은 파일링하고, 2분 내에 처리할 수 있는 일은 해치우고, 다른 사람들이 실행하길 기다리거나 행동이 가능한 모든 이메일은 실행 환기 폴더로 옮긴다는 뜻이다. 그런 다음 '@행동' 폴더를 열어 처리에 시간이 필요하다고 판단했던 이메일들을 검토할 수 있다. 이렇게 하는 것이 무언가를 놓쳐 낭패를 보지 않을까 걱정하면서 여러 화면들을 더듬거리는 것보다 더 편하지 않을까?

▶ **실행 환기들을 분산시킬 때의 주의점** | 해야 하는 일들의 실행 환기들을 눈에 보이지 않는 어딘가에 두는 것은 분명 위험하다. 정리 시스템의 주된 기능은 필요할 때 실행 환기들을 볼 수 있도록 해주어 무슨 일을 할지(그리고 하지 않을지)에 대한 자신의 선택을 신뢰하도록 하는 것이다. 퇴근하기 전에 혹은 하루의 많은 시간을 계획에 없던 무언가를 하면서 보내겠다고 결정하기 전에, 인큐베이팅해두었던 행동 가능한 이메일들을 '전화' '컴퓨터에서'와 마찬가지로 개별적으로 검

토해야 한다. '@행동' 폴더는 본질적으로 '컴퓨터에서' 목록의 연장선이기 때문에 정확히 같은 방식으로 처리해야 한다. 종이로 된 자료들만 실행 환기로 사용할 경우, 종이 중심의 '인큐베이팅' 업무흐름도 목록과 마찬가지로 평가해야 한다.

실행 트리거들을 폴더, 목록 혹은 이메일 시스템에 분산시켜도 당신이 이 모든 범주들을 필요에 따라 전부 검토하기만 한다면 아무 문제가 없다. 이런 것들이 시스템 구석에 숨어 있어 원래의 목적(상기시켜주는 기능)대로 사용되지 못하는 걸 원하지는 않을 것이다. 디지털 세계는 이런 면에서 위험할 수 있다. 데이터가 화면에 보이지 않게 되자마자 상기시켜주는 기능을 잃을 수 있기 때문이다. 그래서 컴퓨터에 능숙한데도 종이로 된 플래너로 돌아가는 사람이 많다. 종이는 실체가 있고 시각적으로 분명하기 때문에 실행 환기들이 정말로 행동들을 상기시켜주리라는 믿음이 더 생길 수 있다. 아무 신경도 쓰지 않은 채 친구들과 어울리거나 오랜 산책을 하려면 행동 가능한 항목들이 모두 무엇인지, 어디에 있는지 파악해야 하고 나중에 해도 되는 일들이라는 걸 알아야 한다. 그리고 며칠이 걸려서가 아니라 몇 초 안에 이를 파악할 수 있어야 한다.

| 때로는 디지털 버전보다 종이로 된 데이터의 효능을 더 쉽게 믿을 수 있다.

프로젝트 실행 환기들 정리하기

모든 프로젝트(즉, 완료하는 데 하나의 행동단계 이상이 필요한 모든 할 일이나 원하는 성과)들을 하나의 목록으로 만들고 관리하면 뜻깊은 경험을 할 수 있다! 아마 당신에게는 생각보다 더 많은 프로젝트가 있을 것이다. 지금까지 프로젝트 목록을 만든 적이 없다면, 처음에는 행동목록들과 비슷한 아주 단순한 형태로 만들어보기 바란다. 디지털 관리 도구의 한 카테고리로 만들어도 괜찮고 루스리프 식 플래너의 한 페이지, 혹은 종합 목록이나 각 프로젝트에 대한 별개의 메모들을 파일 폴더에 철하고 '프로젝트' 라벨을 붙여도 된다.

프로젝트 목록(들)

프로젝트 목록은 프로젝트 자체에 대한 계획이나 세부사항을 담는 곳이 아니다. 우선순위나 규모 혹은 긴급성에 따라 배열하려 해서도 안 된다. 프로젝트 목록은 그저, 열린 고리들의 포괄적인 색인이 담긴 곳이어야 한다. 실제로 매 순간 행동하면서 프로젝트 목록을 처리하지는 않을 것이다. 대부분은 일정표, 행동목록 그리고 예기치 않게 나타나는 과제들에 전술적이고 즉각적으로 초점을 맞출 것이다. 단계들로 구성된 프로젝트 자체는 실행할 수 없다는 걸 기억하라. 프로젝트에 요구되는 행동단계들을 실행할 수 있을 뿐이다. 하지만 당신이 통제력을 가지고 집중하면서 걱정없이 진행하려면 당신의 프로젝트들이 나타내는 지평선을 알아야 한다.

> 완전하고 통용되는 프로젝트 목록은, 나무를 보살피는 데서 숲 전체의 관리로 옮겨가게 하는 중요한 도구이다.

프로젝트 목록의 진정한 가치는, 전체를 검토할 수 있어(적어도 일주일에 한 번) 모든 프로젝트에 대해 행동 단계들을 정의하고 빠뜨린 게 없는지 처리 확인하는 데 있다. 가끔 이 목록을 재빨리 훑어보면 근본적인 통제력이 높아질 것이다. 또한 업무에 대해 평가를 하고 싶을 때마다 유용하게 쓸 수 있는 목록을 가진 셈이 된다.

▶ **완전한 프로젝트 목록의 가치** | 프로젝트에 대해 내가 내린 매우 광범위하고 단순한 정의(원하는 결과를 얻는 데 하나 이상의 행동이 필요한)는 당신의 의식을 끌어당기거나 밀어내는 미묘한 일들을 수집하는 중요한 그물이 된다. 공식적인 프로젝트에 초점을 맞춘 산업(제조, 소프트웨어, 컨설팅 등)에서 일하는 사람들은 '아이들이 키울 강아지 찾아보기'나 '괜찮은 양복점 찾기'가 프로젝트라고 생각하기 어려울 수 있다! 하지만 '프로젝트'라고 부르든 다른 이름으로 부르든, 이런 일들이 당신의 마음에 가하는 압박을 덜려면 특정한 관심이 필요하다.

모든 일들이 완전하고 명확하게 최신으로 정리된 목록을 만들고 이를 유지하는 습관을 들인다면, 스트레스 없는 생산성을 얻을 수 있는 가장 값진 일을 하는 셈이다. 그 이유를 몇 가지 들어보자.

- 통제와 집중에 영향을 미친다.
- 미묘한 긴장을 완화해준다.
- 주간검토의 핵심이다.
- 관계 관리를 용이하게 해준다.

통제력과 집중에 영향을 미친다 크든 작든 처리해야 한다고 생각한 일들에 계속 신경이 쓰이면 편안하고 생산적인 상태가 될 수 없다. 그런 일들을 외부의 목록으로 만들어 정기적으로 검토하지 않으면 머릿속에서 '운전면허증을 갱신해야 해'가 '내년도 회의를 위한 안건을 입안해야 해'와 같은 공간을 차지할 수 있다.

미묘한 긴장을 완화해준다 해야겠다고 생각한 일들이 사소하거나 애매할수록 처리하는 데 더 스트레스가 생긴다. 그런 일들은 '당신 눈앞에' 번듯이 나타나지 않기 때문이다. 프로젝트들은 대개 정확하고 깔끔하게 한꺼번에 나타나지 않는다. 처음에는 간단한 상황, 전달사항, 혹은 행동처럼 시작했다가 예상보다 큰 무언가로 서서히 변한다. 딸을 유치원에 보내는 일을 처리했는데 입학원서에 문제가 있거나 세부사항에 변화가 생겼을 수 있다. 완벽하고 정확한 송장을 보냈다고 생각했는데, 고객이 당신의 청구 내용 중 일부에 동의하지 않는다고 말한다. 이런 상황을 처리 확인하고 적절한 대응을 위해 원하는 결과를 시스템에 정의하면 새로운 에너지가 생기

프로젝트가 정확하고 깔끔하게 한꺼번에 나타나는 경우는 드물다. 작은 일들이 종종 예기치 않게 큰일로 발전한다.

고 예기치 못한 긍정적인 결과를 낳는다.

주간검토의 핵심이다 앞에서 언급했듯이, 주간검토는 좀 더 중요한 일들과 그날그날의 행동을 결합하는 데 중요한 성공요인이다. 그리고 완벽한 프로젝트 목록은 이를 위한 핵심요소이다. 다음 세미나와 관련해 당신이 하고 있는 일(혹은 하지 않고 있는 일)과 함께 아이들을 위한 강아지 찾기와 관련해 하고 있는 일(혹은 하지 않고 있는 일)이 제대로 되고 있다고 매주 처리 확인하는 작업이 꼭 필요하다. 하지만 이런 관점에서 일들을 생각할 수 있으려면 프로젝트 목록이 최소한 어느 정도 최신 양식이어야 한다.

관계 관리를 용이하게 해준다 상사, 직원, 동료, 가족 중 누구와 이야기하더라도 당신의 할 일들 중에서 그 사람과 관계가 있는 일들에 대해 전반적으로 파악하고 통제하고 있으면 큰 도움이 된다. 당신이 가진 제한적인 자원—시간, 돈, 관심—들을 할당하는 건 언제나 까다로운 일이다. 게다가 그 자원들을 쓰는 데 다른 사람들이 관련되어 있다면 협상(그리고 종종 재협상)하여 명시적, 암시적 합의를 이루는 것이 내재된 압박들을 효과적으로 완화시키는 유일한 방법이다. 임원, 배우자, 직원이 직장과 생활에서 자신의 할 일들을 파악하면 관련된 사람들과 중요하고 건설적인 대화를 할 수 있게 된다. 하지만 완전한 목록 없이는 힘들다.

▶ 아직 발견되지 않은 프로젝트를 어디에서 찾을까? | '숨겨진' 프로젝트들이

주로 있을 만한 세 영역은 다음과 같다.

- 현재 활동들
- 더 상위 지평선 3~5에서의 관심사와 할 일
- 현재의 문제들, 사안들, 기회들

현재 활동들　일정표의 간단한 목록, 행동목록, 업무공간에서 실행해야 하는 프로젝트들이 종종 있다.

스케줄에 잡혀 있는 회의들—지난 회의든, 앞으로 열릴 회의든—중에서 당신이 성취하려는 결과를 그 회의 자체만으로 얻거나 해결할 수 없는 경우가 있는가? 예를 들어, 예정된 전화회의의 안건이 고객이 요청한 새로운 맞춤 프로그램이라는 걸 알았다고 하자. 자, 어떤가? 그러면 'XYZ 고객을 위해 가능한 맞춤 프로그램 조사하기'라는 프로젝트가 나타난다. 아들 학교에서 열리는 학부모 오리엔테이션에 참석해야 한다는 걸 알게 되면서 아들의 수업 시간표와 관련하여 해결해야 하는 문제가 생각날 수도 있다. 일정표에 적힌 개인적 여행이나 출장, 세미나 등에 대해서도 알아둘 만한 프로젝트가 있는지 전부 평가해야 한다.

또한 목록의 다음 행동과 관련해서도 아직 인식되지 않은 프로젝트가 있을 수 있다. 우리가 함께 일한 사람들 중에는 예를 들어 '기금모금행사 건으로 마리오에게 전화하기'는 '전화' 목록에 있지만, '기금 모금자 확정하기'를 프로젝트 목록에 올리고 처리하지 않은 경우가 많았다.

또한—뻔히 알 수 있을 것 같지만 그렇지 않은 경우가 있다—검토해야 할 제안서나 계약서가 서류가방에 들어 있거나 작성해야 할 은행서식이 집 책상 위에 놓여 있거나 고장 난 시계가 가방 안에 들어 있는 경우가 있다. 이것들은 실제로 프로젝트의 부산물들이다. 이들을 업무흐름에서 제외한 채 놔두지 말고 모두 최종결과와 연결시켰는지 재차 처리 확인해야 한다.

더 상위 지평선 3~5에서의 관심사와 할 일　할 일과 관심사들 중 일부는 책임, 목표, 비전, 핵심가치라는 좀 더 장기적이고 고차원적인 관점에서 관심이 갈 가능성이 크다.

직업적으로 당신에게 주어진 책임들—직장 내 당신의 위치에서 잘 해야 하는 일들—과 생활에서 일정한 수준을 유지해야 하는 영역들을 검토하면 관심이 가는 일들이 떠오를 것이고, 이들에 관해 프로젝트를 정의해보면 도움이 될 것이다.

직업적 목표, 회사의 목적, 전략적 계획을 제대로 추진하기 위해 이들이 만들어내는 모든 프로젝트들을 처리 확인한 적이 있는가? 장기적 계획과 관련해 적어도 하나의 프로젝트를 명확하게 정의해야 한다는 걸 깨닫지 못했는데 장기 계획 문서를 꺼내 검토하는 임원은 거의 본 적이 없다. 개인 생활에서 당신의 주의를 끌기 시작해서 그와 관련해 앞으로 무언가를 해야겠다는 생각이 드는 일들—아이들,

늙어가는 부모님, 은퇴, 배우자의 포부, 시작하고 싶은 재미있고 창의적인 일들—이 있는가? 대개 이런 생각을 하다보면 적어도 '조사해볼' 프로젝트들이 생긴다. 이 프로젝트들이 일단 처리 확인되면 당신의 세계가 더 넓어졌다는 느낌이 많이 들 것이다.

현재의 문제들, 사안들, 기회들 인식하지 못하고 행동단계를 갖춘 실질적인 프로젝트들로 만들어 다루지 않으면 당신의 초점을 흩트릴 수 있는 광범위한 비정형적인 일들에서도 목록에 넣을 항목을 풍부하게 모을 수 있다. 이 영역은 세 범주로 나뉜다.

- 문제들
- 절차 개선
- 창의력과 역량을 키울 수 있는 기회

문제가 프로젝트인가? 항상 그렇다. 무언가를 있는 그대로 받아들이지 않고 문제로 평가했을 때는 잠재적인 해결책이 있다고 가정하는 것이다. 정말로 해결책이 있는지, 없는지는 아직 판단하지 못했다. 하지만 적어도 해결책을 찾기 위해 연구할 것들은 있다. '프레더릭의 학교생활을 개선시킬 방법 연구하기' '집주인과 건물 유지보수 상황 해결하기' '동업자와 보상 논쟁 끝내기'는 사람들이 프로젝트라고 정의하지 않으려는 것들이다. 그러나 실제로 이런 일을 프로젝트로 표현하고 목록에 올려 다음 행동을 정하면 최소의 스트레스로 생산성을 얻는 데 새로운 차원이 열려 놀라게 될 것이다.

또한 직업적으로나 개인생활에서나 관리, 유지, 업무흐름 절차 속에 숨어 있는 프로젝트들도 있다. 당신은 시스템과 관련해, 단순히 일들이 어떻게 처리되고 있는지(혹은 처리되지 않고 있는지)에 관해 불만스러운 부분이 있는가? 파일링, 보관, 소통, 채용, 처리 확인 혹은 기록보관 절차에 불만이 있는가? 개인 지출이나 업무 경비 보고, 은행 업무나 투자 처리 절차, 혹은 친구나 가족들과의 연락 방법에서 개선해야 할 것이 있는가? 이런 것들도 부지불식중에 프로젝트가 된다. 약간 신경을 거슬리는 정도에서 정말 불편해져서 처리해야 하는 일이 되는 경계를 언제 넘는지는 알아차리기 힘들다.

마지막으로, 자신의 역량이나 창의력을 키우기 위해 배우거나 경험하고 싶은 일들이 있을 수 있다. 이탈리아 요리나 그림을 배우고 싶은가? 인터넷을 통해 디지털 사진이나 소셜 미디어 마케팅 강좌를 수강하면 좋겠다고 생각해왔는가? 이런 종류의 '하고 싶은' 프로젝트들 중에는 언젠가/아마도 목록에 올려두면 적당한 것이 많다. 하지만 당신이 GTD의 효율성에 더 익숙해지면, 이런 일들에 대해 원하는 결과를 프로젝트 목록으로 정의함으로써 이 방법론을 이용해 새롭고 흥미롭고 유용한 경험들을 더 쉽게 할 수 있길 원할 것이다.

▶ **하나의 목록 혹은 세분화된 목록** | 대부분의 사람들은 목록 하나를 두는 것이 최선의 방법이라고 생각한다. 그 목록이 우선순위에 따른 매일

의 가이드라인이 아니라 종합목록 역할을 하기 때문이다. 정리 시스템은 모든 열린 고리들과 옵션들을 나타내는 장치를 제공하기 때문에 순간순간 직관적이고 전략적인 결정을 더 쉽게 내릴 수 있다.

솔직히 말하면, 당신이 모든 목록의 내용을 필요할 때마다 자주 살펴보기만 한다면 프로젝트 목록이 얼마나 많은지는 중요하지 않다. 대체로 당신은 주간검토 시간에 이 목록들을 한번에 살펴볼 것이다.

▶ **프로젝트들을 분류하는 일반적인 방법** | 프로젝트 목록을 하위 분류하는 것이 좋은(그리고 불안을 완화시켜주는) 상황이 있다. 목록을 분류하는 흔한 방식을 몇 가지 살펴보자.

개인적/직업적 사적인 일 프로젝트들과 직업적인 일 관련 프로젝트들의 목록을 나누면 더 편하게 느끼는 사람이 많다. 당신도 그런 사람이라면 '사적인 일' 목록을 '직업적인 일' 목록만큼 신중하게 검토할 것을 권한다. 사적인 일에 대한 행동들 중에는 주중에 처리해야 하는 것들이 많을 것이다. 그리고 개인 생활에서 놓친 측면들 때문에 직업적인 일들에 큰 압박을 받는 경우가 흔하다.

위임한 프로젝트들 상급 관리자나 임원이라면 직접적인 책임은 당신에게 있지만 부하 직원에게 시킨 프로젝트들이 있을 것이다. 물론 이런 프로젝트들을 목록에 올릴 수도 있지만 이들을 처리 확인하기 위해 '프로젝트-위임' 목록을 만들면 좋다. 그런 뒤 이 목록을 정기적으로 검토하여 목록의 모든 프로젝트가 제대로 진행되고 있는지 처리 확인만 하면 될 것이다.

<u>특정 유형의 프로젝트들</u>   어떤 사람들은 같은 유형의 프로젝트들을 여럿 가지고 있는데, 이들을 프로젝트의 하위 목록으로 묶으면 유용하다. 예를 들어 기업의 강사나 기조 연설자라면 프레젠테이션이 필요한 향후의 모든 행사들을 시간순으로 정리한 '프로젝트-프레젠테이션'이라는 별개의 범주를 관리할 수 있다. 이 범주 내의 항목들도 나머지 항목들과 마찬가지로 완료될 때까지 행동을 검토해야 하는 '프로젝트'이지만, 다른 프로젝트들과 따로 하나의 목록에 시간 순서대로 전부 정리되어 있으면 편리할 것이다.

부동산 중개인이거나 컨설팅 서비스를 하는 사람, 혹은 어느 직종이든 비교적 소수의 잠재고객들을 대상으로 제안을 하는 사람이라면 미해결 상태의 '진행 중인 영업 관계'를 전부 한눈에 볼 수 있으면 유용할 것이다. 이런 별개의 목록은 플래너에 만들어도 되고 디지털 애플리케이션에 작성해도 된다. 하지만 최적의 효과를 내기 위해서는 목록이 완벽해야 하고 각 항목의 현재 행동들을 정기적으로 검토해야 한다.

어떤 사람들은 자신이 집중하는 주요 분야별로 프로젝트를 분류하고 싶어 한다. 예를 들어 아이들에 관한 프로젝트들을 나누어 처리 확인하고 싶은 부모도 있을 것이고, 자신이 수행하는 다양한 역할(재무, 영업, 운

| 적당한 복잡함이 최적의 단순함을 만들어낸다. |

영)별로 프로젝트들을 나누고 싶은 기업가도 있을 것이다.

여기에서도 프로젝트들을 어떻게 분류할지보다 목록이 완전하고 최신 내용이며 머릿속에서 떠날 만큼 충분히 평가되었는지 처리 확인하는 것이 더 중요하다. 프로젝트들을 어떻게 정리하든, 시스템을 사용하면서 경험이 쌓이고 직업과 생활에서 포커스의 분야가 바뀌면 그 체계를 바꿀 가능성이 많다.

▶ 하위 프로젝트들은 어떠한가? | 이론적으로 일부 프로젝트들에는 하나의 완전한 프로젝트라고 볼 수도 있는 주요 하위 프로젝트들이 있을 것이다. 예를 들어 새집으로 이사를 가면서 개조공사를 할 경우 '테라스 완성하기' '부엌 수리하기' '재택 사무공간 마련하기' 같은 실행가능한 항목들의 목록이 만들어질 수 있는데, 이들은 모두 그 자체로 별개의 프로젝트로 고려될 수 있다. 이들을 가령 '새집의 개조공사 마무리하기'라는 하나의 항목으로 프로젝트 목록에 전부 올려놓을 것인가, 아니면 각 하위 프로젝트들을 개별적인 항목으로 기록할 것인가?

생산성을 유지하기 위해 필요한 만큼 자주 프로젝트들의 모든 구성요소들을 검토하기만 한다면 실제로 어떤 쪽이든 문제되지 않을 것이다. 어떤 외부 툴이나 정리 형식도 모든 프로젝트들을 수평적, 수직적으로 완벽하게 분류하지는 못한다. 따라서 당신이 전체를 어느 정도 통합된 방식으로 인식해야 할 것이다(주간검토 등을 통해). 대규모 프로젝트를 프로젝트 목록의 한 항목으로 올릴 경우, 하위 프로젝트들의 목록 그리고 프로젝트 계획들은 그 주요 항목을 처리할 때 검토해야 할 '프로젝트 지원' 자료들로 보관할 수 있다. 프로젝트의 주요 부분들을 처리하기 위해 다른 부분을 먼저 마쳐야 하는 경우, 이런 방식을 사용하길 권한다. 이 경우 다음 행동들이 없는 하위 프로젝트들을 가지게 될 것이다. 이 하위 프로젝트들은 다른 일들이 실행되어야 진행할 수 있으므로 어떤 의미에서 항목이기 때문이다. 예를 들어 '집의 전기설비 평가하고 개선하기'를 완료하기 전까지는 '부엌 수리하기'를 시작할 수 없다. 혹은 한 번에 한 가지 공사밖에 할 수 없는 형편이라면 우선순위에 따라 배열하면 될 것이다. 하지만 '테라스 완성하기'는 다른 하위 프로젝트들과 별개로 진행할 수 있다. 따라서 개별적으로 진행할 수 있는 더 중요한 프로젝트의 부분들에 대해서는 다음 행동이 계속 정해져야 할 것이다.

어떤 방법이 최상인지에 너무 신경 쓰지 마라. 확신이 서지 않는다면 중요한 프로젝트들을 프로젝트 목록에 올리고 하위 부분들은 프로젝트 지원자료로 보관하여 주간검토에 포함시키길 권한다. 이렇게 하면 대개 당신의 삶에서 일어나고 있는 더 광범위한 일들을 더욱 상위 관점에서 한눈에 보기 쉬워진다. 하지만 이런 배치가 적절하지 않다고 생각되면 진행 중인 독립적인 하위 프로젝트들을 종합 목록에 별개의 항목으로 포함시켜라.

모든 프로젝트들과 하위 프로젝트들을 동일한 방식으로 처리 확인할 수 있는 완벽한 시스템은 없다. 그저 당신에게 프로젝트들이 있다는 것만 알면 된다. 그리고 그 프로젝트들과 관련한 요소들이 있다면, 이들에 대한 적절한 실행 환기들을 어디에서 찾아야 하는지 알면 된다.*

프로젝트 지원자료들

프로젝트 지원자료는 프로젝트 행동이 아니며 프로젝트 실행 환기도 아니다. 이들은 프로젝트에 관한 행동과 생각을 돕는 자료들이다.

무언가 떠올리기 위한 목적으로 지원자료들을 사용하지 마라 일반적으로 사람들은 서류더미, 내용물이 가득 찬 파일 폴더 그리고 수많은 이메일과 디지털 문서들을 ① 어떤 프로젝트가 있다 ② 그 프로젝트에 관해 무언가를 해야 한다는 걸 알려주는 실행 환기로 사용한다. 본질적으로 지원자료들이 실행 환기 역할을 하게 하는 것이다. 문제는 이런 프로젝트들의 다음 행동과 항목들이 아직 결정되지 않은 채 서류더미와 파일과 이메일 안에 들어 있어 부담감을 준다는 것이다. 그래서 행동을 하도록 유인하는 역할을 하지 못하고 정리가

---

* 이 책을 쓰고 있는 지금, 나는 캘리포니아에서 유럽으로 이주를 한창 준비하고 있다. 몇 달 동안 프로젝트 목록에 '암스테르담으로 이사하기'라는 프로젝트를 유지했다. 그러다 지난주에 여러 가지 면에서 상황이 좀 더 시급해지자 한 프로젝트를 열다섯 개로 나누었다. 이제 나는 '네덜란드 은행 계좌 개설하기'부터 '산타바르바라에 미술품 보관하는 문제 마무리하기'에 이르기까지 이 하위 프로젝트들을 전부 매주 검토해야 한다.

어려운 일거리로만 보인다. 이런 자료들은 당신의 잠재의식에 "나에 대해 뭔가를 | 현재 그와 관련해 무언가를 해야 한다고 계속해서 신경이 쓰이는 것이 있는가?

해! 나에 관해 뭔가를 결정해! 나와 관련된 뭔가를 알아봐!"라고 끊임없이 외친다. 한창 업무에 바쁠 때, 그런 자료들을 집어 들어 정독할 마음은 들지 않을 것이다. 그 파일들과 더미는 무슨 일을 하도록 유도하지 않고 그저 정신적인 소음과 감정적 불안만 일으키기 때문에 실제로 당신은 이들에 무감각해질 것이다.

<u>프로젝트들과 하위 프로젝트들을 어떻게 배치할 것인지는 당신에게 달려 있다. 변화하는 모든 부분들을 어디에서 찾아야 하는지 당신이 알고 있고 이 부분들을 머릿속에서 꺼낼 수 있을 만큼 자주 검토하기만 하면 된다.</u>

이런 상황이라면, 먼저 성취해야 하는 성과가 있다는 걸 알려주는 하나의 실행 환기로 프로젝트 자체를 프로젝트 목록에 추가해야 한다. 그런 뒤 행동단계들과 항목들을 적절한 실행 환기 목록에 올려야 한다. 마지막으로, 프로젝트에 관해 누군가에게 전화를 걸어야 하는 등 실제로 행동을 할 때가 되면 전화 중에 필요할 것 같은 모든 자료들을 꺼낸다.

한 번 더 말하지만, 무엇을 할지 알려주는 주된 실행 환기로 지원 자료들을 이용해서는 안 된다. 그 역할은 행동목록에 넘겨야 한다. 하지만 자료에 임시보관용 정보와 참고정보뿐 아니라 프로젝트 계획과 개요가 담겨 있다면 순전히 참고자료로 파일 캐비닛이나 컴퓨터에 넣어두기보다는 시각적으로 좀 더 접근하기 쉽게 보관하고 싶을 것이다. 주간검토를 할 때마다 파일 서랍을 열어 적절한 파일을 꺼내거나 컴퓨터에서 알맞은 디렉토리를 열어 계획서를 보기만 한다면 지원자료들을 이렇게 보관해도 된다. 하지만 그렇지 않다면 이런 종류의 프로젝트 지원 파일(아마도 컴퓨터 파일들의 출력물도 있을 것이다)들은 세워놓을 수 있는 파일함이나 책상 위에 놓인 별개의 '인큐베이팅' 보관함, 그 외에 시각적으로 눈에 띄는 곳에 보관하는 것이 낫다.

새집에 이사 가는 앞의 예로 돌아가보면, 테라스, 부엌, 업무공간에 관한 모든 계획과 세부사항과 메모를 담은 '개조-핑커튼 플레이스 37번지'라는 폴더를 만들 수 있다. 그리고 주간검토를 할 때 프로젝트 목록의 '새집 개조하기' 항목을 보고 그 프로젝트와 관련된 파일을 꺼내 빠뜨린 다음 행동이 없는지 처리 확인한다. 그러면 그 행동들은 실행되거나 위임되거나 연기될 것이고, 폴더는 다시 철해져 행동 실행을 위해 다음에 필요할 때까지 혹은 다음 주간검토 때까지 보관될 것이다.

현재 고객 및 잠재 고객들과 상호작용하는 많은 사람들은 고객 폴더 혹은 고객관계관리(CRM) 소프트웨어를 '고객관리'에 사용하려 한다. 이때 문제는 일부 자료는 혹시 사용할 필요가 있을 때를 대비해 눈에 띄지 않게 보관해야 하는 단순한 사실이나 내역 데이터이고, 일부 자료는 고객과의 관계 진전에 필요한 행동들이어서 처리 확인해야 한다는 것이다. 후자는 행동목록 시스템에 정리하면 더욱 효과적일 수 있다. 고객 정보는 고객과 관련된 일반참조 파일에 넣거나 고객에 초점을 맞춘 자료실에 보관할 수 있다. 하지만 고객에게 전화를 걸어야 하는 경우 나는 '전화' 목록 외의 다른 곳에 실행 환기를 두고 싶지는 않다.*

▶ **프로젝트에 대한 일회적인 생각들 정리하기** | 프로젝트에 대한 아이디어가 떠올라 보관하고 싶지만 다음 행동이 꼭 필요하지는 않은 경우가 종종 있을 것이라고 3장에서 말했다. 그런 아이디어들은 '프로젝트 지원자료'라는 광범위한 범주에 들어가며, 다음 휴가 때 하고 싶은 일에 관한 생각부터 프로젝트 계획의 주요 요소들의 명료화에 관한 생각에 이르기까지, 무엇이라도 될 수 있다. 이런 생각들은 라디오에서 흘러나오는 뉴스를 들으며 고속도로를 달릴 때나 관련 기사를 읽으면서도 떠오를 수도 있다. 이런 유형의 자료들을 어떻게 할까?

이런 경우 프로젝트나 주제 자체를 어디에서 처리 확인하는지, 이런 형태의 자료에 정보를 어떻게 추가할지, 관련한 더욱 광범위한 데이터를 어디에 보관할지 고려하는 것이 좋다. 대부분의 사회인들에

---

* 소프트웨어 기술은 실행 환기 등이 나타나도록 프로그램이 짜인 CRM과 기타 애플리케이션들로 업무흐름의 자동화를 계속해서 향상시킬 것이다. 그러면 이론적으로는 그런 항목들을 개별적으로 처리 확인할 필요가 줄어들 것이다. 하지만 실제로는 소프트웨어로 생성된 일에 대해 계속 각 책임자가 개입하여 자신의 전체 시스템 내에서 이를 관리해야 한다. 뿐만 아니라 우리 업무의 변수들과 그 작용을 감지하기 어렵고 빠르게 변화하기 때문에, 가까운 장래에는 가장 정교한 기술이 있어도 그런 세부적인 쪽은 완전히 신뢰하지 못할 것이다.

게는 목록의 항목에 붙인 메모를 포함해 지원자료들을 처리하는 방법, 이메일 그리고 데이터베이스에 디지털 정보를 정리하는 방법, 종이 기반의 파일들과 노트의 메모들을 관리하는 방법 등이 여러 가지 있을 것이다.

첨부한 메모 대부분의 정리 소프트웨어들은 목록이나 일정표 항목에 디지털 주석을 첨부할 수 있다. 프로젝트 목록을 소프트웨어에 보관하고 있다면 당신이 떠올린 아이디어와 관련한 프로젝트로 가서 주석을 붙인 뒤 내용을 입력하면 된다. 이것은 '봉투 뒷면에 쓴' 생각들을 수집하는 훌륭한 방법이다. 프로젝트 목록을 종이로 관리하는 경우에는 종합 목록의 항목 옆 혹은 각 항목을 써놓은 종이에 포스트잇을 붙이면 된다. 어떤 방법이든 프로젝트를 검토할 때 첨부한 내용을 봐야 한다는 걸 기억해야 할 것이다.

> 프로젝트, 주제, 관심사에 대한 아이디어를 놓칠 수 없다.

이메일과 소프트웨어 애플리케이션 디지털 세계는 프로젝트에 관한 생각을 처리하는 엄청나게 다양한 방법을 제공한다. 프로젝트와 관련된 유익한 정보를 담은 이메일들은 이메일 참고 폴더에 보관할 수 있다. 한 프로젝트와 관련한 이메일의 양이 방대하다면 '존슨 파트너십-현행' '존슨 파트너십-기록보관' 식으로 폴더를 두 개 만드는 방법을 고려하라. 또한 프로젝트나 주제에 관한 생각들을 정리할 좀 더 강고한 디지털 데이터베이스가 없다면 하나 만들어둘 필요

가 있다. 요즘은 이를 지원하는 툴들이 쏟아져 나오고 있다. 사용자에 맞추어 사용 | 디지털 세계에서는 많은 데이터가 적절한 연결고리 없이 여러 다른 장소에 퍼질 위험이 있다.

법을 조절할 수 있는 클라우드 기반의 간편하고 우수한 필기 및 정리 소프트웨어부터 그룹 공유 파일과 프로젝트 관리 시스템 그리고 자유로운 형태의 마인드맵 작성부터 방대한 기록과 조사 활동의 정리에 이르는 갖가지 기능을 갖춘 개인 프로젝트 정리 애플리케이션에 이르기까지 다양한 툴들이 나와 있다.

그런데 이렇게 디지털 프로젝트 지원 방법들이 엄청나게 다양해지면서 잠재적으로 의미 있는 데이터를 여러 장소와 장치로 보내고 싶은 유혹에 빠지기 쉽다. 그러면 거의 원점으로 되돌아가버릴 수 있다. 그 데이터들이 전부 어디에 있는지 모를뿐더러 필요한 때에 알맞게 살펴보게끔 데이터들이 통합되지 않는 것이다. 또한 어떤 데이터를 어디에 어떻게 두어야 할지도 확신하지 못하게 된다. 그리하여 결국 다시 머릿속에서 그 모두를 조절하려 한다! 자기가 하고 있는 다양한 일들과 관련된 정보를 처리 확인하는 흥미롭고 새로운 방법이 계속해서 발견됨에도 명확하게 기술되고 쉽게 접근할 수 있는 프로젝트 목록을 유지하고 관련 항목들에 대해 시스템의 해당 부분을 주기적으로 살펴보고 있을 때만 그런 방법들을 제대로 판단할 수 있다.

종이 기반의 파일 각 프로젝트에 대해 개별적인 파일 폴더를 만들면 종이로 된 자료들을 축적할 때 많은 도움이 된다. 재래식 기술이긴 하지만 훌륭한 솔루션이다. 단순하고 쉽게 처리할 수 있기 때문에 효과적인 참고자료 파일링시스템이 구축된다. 이 시스템에서는 회의에서 나온 종이들을 처리할 폴더를 편하게 만들 수 있다. 기획회의나 협의를 할 때 때로는 디지털 정보보다 물리적 폴더를 이용하면 프로젝트와 관련한 정보들을 훑어보고 접근하기가 더 편하다. 나는 프로젝트와 관련해 유용한 항목들―스프레드시트, 일정표, 이메일, 웹 페이지 등―을 출력하여 회의나 협의를 할 때 참고자료로 사용하기 위해 가까이 둔다.

노트의 페이지 종이로 된 루스리프 식 노트는 각 프로젝트에 한 페이지 전체 혹은 여러 페이지를 할당할 수 있다는 장점이 있다. 수년간 보통 크기의 노트를 앞쪽은 프로젝트 목록 부분으로, 뒤쪽은 프로젝트 지원 부분으로 나누어 사용했다. 그리고 항상 얼마간의 빈 페이지를 두어 목록의 프로젝트들에 관해 임의로 떠오르는 생각이나 계획, 세부사항들을 수집했다. 종이로 된 개인관리 시스템들이 점차 디지털 방식에 자리를 내주고 있긴 하지만 노트를 활용하는 체계는 유용한 생각들을 더욱 통합적이고 여러 단계로 관리하게 해주는 효과적인 방식이다.

앞에서 설명한 각 방식들은 모두 프로젝트와 관련한 생각을 정리하는 데 효과적일 수 있다. 중요한 건 프로젝트 주석들에 내재된 행동 단계들을 지속적으로 찾고 프로젝트의 성격에 따라 필요할 때마다 자주 검토해야 한다는 것이다.

또한 사용하지 않거나 비현실적이거나 불필요해진 주석들은 시스템 전체가 케케묵은 상태가 되지 않도록 제거해야 한다. 이런 생각들을 수집하는 건 모든 아이디어를 실제로 사용하기 위해서가 아니라 (대부분은 사용하지 않는다!) 내 사고과정에 지속적으로 도움을 주기 위해서라고 생각한다. 하지만 나는 예전에 했던 생각들이 유용하지 않은데도 유용한 척하며 시스템에 너무 오래 남아 있는 것을 막으려고 노력한다.

행동이 필요 없는 데이터 정리하기

흥미롭게도 개인관리 시스템에서 가장 큰 문제점들 중 하나는 대부분의 사람들이 몇가지 실행이 필요한 일들을, 가치는 있으나 행동이 필요 없는 방대한 데이터 및 자료와 섞는다는 것이다. 업무와 개인생활에서 행동이 필요 없는 항목들을 관리할 효과적이고 일관된 체계를 마련하는 것은 행동과 프로젝트 실행 환기 관리만큼 중요하다. 행동이 필요 없는 항목들이 제대로 관리되지 않으면 GTD 실행 과정 전체에 방해가 된다.

행동이 필요 없는 항목들은 크게 참고자료, 지금은 행동이 필요 없지만 나중에는 필요할 수 있는 일들의 실행 환기들, 전혀 필요 없는 일들(쓰레기)의 세 범주로 나뉜다.

참고자료

책상 위와 전반적인 생활에서 마주치는 것들 중에는 참고자료가 많다. 참고자료는 행동은 필요 없지만 다양한 이유로 보관하고 싶은 정보들이다. 참고자료의 경우 주로 얼마나 많이 보관할지, 얼마나 많은 공간을 할당할지, 어디에 어떤 형태로 보관해야 할지 등을 결정해야 한다. 이런 결정들은 대부분 조직이나 개인이 법적 혹은 실행상의 관심사나 개인적 선호에 따라 판단하여 내릴 것이다. 참고자료에 신경을 써야 하는 유일한 경우는 당신의 필요나 선호에 비해 정보가 너무 많거나 적어서 어떤 식으로든 시스템을 바꾸어야 할 때이다.

대부분의 사람들이 자신의 모든 일거리들에 대해 갖는 심적 부담은 그것들이 아직 일거리인 채로 있기 때문에, 즉 행동으로 처리할 일인지, 아닌지 결정하지 않았기 때문에 생긴다. 행동으로 처리할 일거리들을 명확하게 구분 짓고 나면 참고자료로 남은 것들은 영향력도, 완결시킬 필요도 없고 그저 당신의 자료실에 넣어두면 된다. 따라서 각자의 자료실을 얼마나 크게 만들고 싶은지만 결정하면 된다. 이 행동 관리 방법론을 완전히 실행하고 나면, 당신은 공간(물리적, 디지털)이 허락하는 만큼 수집광이 되어도 된다. 나는 컴퓨터 하드디스크의 용량을 늘이고 드라이브와 클라우드의 백업 기능을 거의 무제한으로 추가하면서 내 아카이브에 그만큼 더 많은 이메일과 디지털 사진을 보관하게 되었다. 순수한 참고자료의 양을 늘려도 전혀 심적 부담이 되지 않기 때문에 나는 더 많이 보관할수록 더 즐겁다.

▶ **다양한 참고자료 시스템** | 현재 참고자료들은 다양한 형태(주제와 매체 면에서)로 나타나고 이를 정리하는 방법도 아주 많다. 가장 흔한 방법들을 간략하게 설명하겠다.

- 일반참조 파일링 — 종이, 이메일, 간단한 디지털 저장장소
- 대규모 범주의 파일링
- 연락처 관리자
- 자료실과 아카이브

일반참조 파일링 앞의 장들에서 강조했듯이, 일거리를 처리하고 정리하는 데는 효과적인 파일링시스템이 매우 중요하다. 또한 어떤 이유에서든 당신에게 가치가 있는 종이로 된 자료들과 임시적인 디지털 정보를 처리하려면 파일링시스템이 꼭 필요하며, 이 두 형태의 자료들을 보관할 방법이 모두 필요할 것이다. 수집함을 처리하면서 이미 일반참조 파일링시스템을 구축했다면 가장 좋을 것이다. 나중에 참고하고 싶다면 종이 한 장이나 온라인에서 읽은 기사 하나라도 편하게 보관할 수 있어야 한다. 또한 일반참조 시스템은 무언가를 재빨리 파일링할 수 있을 만큼 격식 없고 접근이 쉬워야 하며, 당신이 업무와 개인적인 일을 하고 검토를 하는 곳 바로 가까이에 있어야 한다. 아직 이런 시스템을 마련하지 않았다면 4장을 다시 읽어보기 바란다.

대부분의 사람들에겐 1~4개의 물리적 파일 서랍, 수십 개의 이메일 참고 폴더, 그 외에 몇 개에서 수백 개에 이르는 디지털 저장장소 및 범주들이 필요하다.* 웹 자체가 하나의 거대한 디지털 파일 캐비닛으로, 당신이 자체적인 디지털 참고자료실을 만들어야 할 필요성을 덜어주고 자신의 시스템 내에 수집하여 정리하고 싶은 방대한 정보를 제공한다. 정보의 양이 계속 증가하고 정보에 접근하고 정리하는 방법들도 늘어나면서, 행동이 필요 없는 인풋들을 행동이 가능한 인풋들과 구별하고 쉽게 사용할 수 있는 참고데이터 보관 시스템을 유지해야 할 필요성이 더 높아진다.

대규모 범주의 파일링 50개 이상의 폴더 혹은 주요 문서들이 필요한 주제에 대해서는 자체적인 보관공간이나 서랍 혹은 디지털 데이터베이스를 할당하고, 알파벳순이나 그 외에 쉽게 검색 가능한 체계를 만들어야 한다. 예를 들어, 당신이 기업 합병 문제를 관리하고 있고 엄청난 서류들을 보관해야 한다면 실사과정 동안 필요한 모든 문서들을 보관할 두세 개의 파일 캐비닛이 필요할 수 있다. 정원 가꾸기나 항해 혹은 요리를 좋아한다면 그 취미들 각각에 대해 적어도 파일 서랍 하나가 통째로 필요할 수도 있다.

참고자료 및 파일링시스템은 행동이나 프로젝트, 우선순위, 예측을 알려주는 실행 환기가 아니라 데이터들을 쉽게 찾을 수 있는 단순한 자료실이 되어야 한다.

---

* 식도락가에 속하는 나는 애용하고 싶은 전 세계의 식당들을 지속적으로 파악하고 관리한다(직접 경험하거나 소개를 받아). 그 내용이 소프트웨어 애플리케이션에 들어 있어서 예를 들면 '지역 – 런던 – 식당' 순으로 찾아 목록을 볼 수 있다. 가고 싶은 식당이라는 하나의 주제가 내 컴퓨터에서 수백 개의 폴더와 하위 폴더를 차지한다.

당신이 관심 있는 한 분야의 지원자료들이 다른 분야들과 겹칠 경우, 정보를 일반참조 파일과 전문참조 파일 중 어디에 보관할지 딜레마에 빠질 수 있다. 나무 울타리에 관한 좋은 기사를 읽고 이를 보관하고 싶다면 '정원' 캐비닛에 넣어야 할까, 아니면 집과 관련한 다른 정보들이 들어 있는 일반참조 시스템에 보관해야 할까? 보통은 아주 제한된 수의 주제들을 제외하면 하나의 일반참조 시스템을 고수하는 편이 좋다.

연락처 관리자 당신이 보관해야 하는 정보들 중에는 인맥 내의 사람들과 직접적으로 관련된 것들이 많다. 당신은 그 사람들과 관련한 갖가지 연락처 정보—휴대폰 번호, 집과 사무실의 전화번호, 이메일 주소 등—들을 처리 확인해야 한다. 또한 필요하다면 생일, 가족들의 이름, 취미, 관심사 등도 관리하고 싶을 수 있다. 직업정신이 좀 더 투철한 사람이라면 직원 발전과 법률적인 용도를 위해 직원들의 채용일, 인사고과 날짜, 목표와 목적, 그 외의 관련된 데이터를 처리 확인해야 하거나 그렇게 하고 싶을 것이다.

이를 위해 가장 흔히 사용해온 도구가 수첩이나 전자수첩의 '연락처' 부분일 것이다. 누구나 전화번호와 이메일 주소는 관리해야 한다. 연락처는 순전히 단순한 참조자료다. 행동이 필요하지는 않다. 연락처는 향후에 당신이 접근해야 하는 정보일 뿐이다. 세계가 디지털화된 것처럼 보이지만 많은 사람들이 여전히 명함들을 쌓아놓고 있다. 그리고 이 명함들은 "나에 관해 결정해! 나에 관해 무언가를 해"라고 소리를 지른다.

하지만 이 인풋들에서 행동이 필요한 항목들을 걸러내고 나면 연락처 정보 정리가 그리 어려운 과제는 아니다. 여기에서도 유일한 문제는 사람들이 연락처 관리도구를 자신이 해야 하는 일을 상기시켜주는 장치로 사용하려 하는 것이다. 그런 시도는 효과가 없다(고객 정보와 함께 적절하게 지정된 행동 트리거를 담은 우수한 CRM 시스템이 아니라면). 당신이 아는 사람들과 관련된 모든 행동이 실행 환기 목록에 정해져서 처리 확인되기만 한다면, 연락처 관리도구는 데이터 저장 장소 외의 다른 역할은 하지 않는다.

따라서 한 가지 문제(혹은 기회)는 필요할 때 접근하기 위해 얼마나 많은 정보를 어디에, 어떤 도구에 보관해야 하는가이다. 이런 면에서 완벽한 도구는 없지만, 인터넷에 연결된 모바일 도구들의 성능이 향상되고 다양한 데이터 저장장소와 연결이 가능해지면서 접근의 편리성이 높아지는 한편 선택의 어려움도 커졌다.

자료실과 아카이브 유용한 정보들은 다양한 차원에서 존재한다. 깊게 파고들 의지가 있다면 거의 뭐든 발견할 수 있다. 당신의 요구 변화, 데이터에 대해 각자 느끼는 편안함, 전 세계의 정보를 더 많이, 더 쉽게 이용할 수 있도록 돕는 기술을 감안하면 얼마나 많이, 얼마나 밀접하게, 어떤 형태로 보관할지는 늘 바뀔 것이다. 모든 프로젝트와 행동이 당신이 정기적으로 접근하는 통제 시스템에 들어 있기만 하면 이 문제는 개인정리 및 생산성에 비해 중요하지 않다. 그러면 어떤 형태의 참고자료도 당신의 성향, 요구, 역량에 따라 수집하고 접근하는 자료 그 이상도, 그 이하도 아니게 된다.

어느 정도의 일관성이 있다면 항상 일이 더 쉬워질 것이다. 당신에게 늘 필요한 정보는 무엇인가? 그런 정보들은 어디서든 이용할 수 있는 모바일 기기나 노트에 들어 있어야 한다. 회의나 외부행사 때 필요한 정보는 무엇인가? 그런 정보는 서류가방이나 가방에 넣어야 한다. 사무실에서 일할 때 필요할 수 있는 정보는 무엇인가? 그런 정보는 개인 파일링시스템이나 네트워크로 연결된 당신의 컴퓨터에 넣어둬야 한다. 업무와 관련해 드물게 일어나는 상황들은? 그런 상황들에 필요한 정보는 부서 파일, 외부 저장소 혹은 디지털 클라우드 깊숙이 보관해도 된다. 필요할 때 웹에서 언제든 찾을 수 있는 정보는? 인터넷 접속이 잘 안 될 때를 제외하고는 그런 정보에 대해서는 아무 일도 할 필요가 없다. 인터넷에 접속할 수 없는 상황이 예상되면 미리 데이터를 인쇄하여 파일에 넣어 들고 가야 한다.

참고자료의 정리가 단지 실행과 목적의 문제라는 걸 이해했는가? 행동 가능한 것들을 행동이 필요 없는 것들과 구별하는 것이 첫 번째 성공요인이다. 두 번째는 정보가 어디에 사용될 수 있을지, 그래서 어디에 어떻게 보관해야 하는지 결정하는 것이다. 일단 이 문제들이 해결되면 원하는 만큼의 참고자료를 완전히 자유롭게 관리하고 정리할 수 있다. '완벽한' 참고자료 보관 시스템은 없다. 이 시스템의 구조와 내용

> 순전히 참고용 자료일 경우에는 오로지 이를 보관하기 위해 시간과 공간을 쓸 가치가 있는가만 따져라.

은 해당 자료를 수집하고 유지하는 데 드는 시간과 노력에 비해 얻을 수 있는 가치가 어느 정도인지에 따라 지극히 개인적으로 판단해야 한다. 일단 정말로 보관하고 싶은 정보부터 시작해서 이 정보를 찾아보려면 어디에 두면 가장 좋을지 판단하고, 이론적으로 시스템을 선택하거나 설계하려 하기보다는 기초부터 만들어나가는 것이 좋다. 시간이 지나면서 당신은 분명 참고자료실을 더 크고 실용적인 체계로 가꾸어나가겠지만, 매일의 현실을 관리하는 법을 개선시켜야 이런 체계가 가장 잘 구축될 것이다. 여기서 이 모든 것을 수행하는 최상의 방법을 파악하는 점에서 다소 모호함이 있다는 것을 수용해야 한다. 중요한 것은 시스템을 정기적으로 살펴보고 재평가하여 필요하다면 대폭적으로 수정하는 것이다.

언젠가/아마도 범주

행동이 필요 없는 항목들을 정리할 때 다루어야 할 두 번째 사항은 향후에 재평가하고 싶은 일들을 어떻게 처리 확인하는가이다. 이런 일은 언젠가 떠나고 싶은 특별한 여행부터 읽고 싶은 책, 다음 회계연도에 실행하고 싶은 프로젝트, 발전시키고 싶은 기량과 재능에 이르기까지 다양하다. 이 모델을 완전히 실행하기 위해서는 '나중으로 미루기' 혹은 '인큐베이팅하기'가 필요하다.

나중에 검토할 일들을 보관하는 데는

> 언젠가/아마도 목록의 항목들은 버리는 일들이 아니다. 이 목록의 항목들은 당신이 하게 될 가장 흥미롭고 창의적인 일들이 될 수도 있다.

몇 가지 방법이 있다. 이 방법들은 모두 당신의 머리를 비워주고 마음의 평화를 가져다줄 것이다. 다양한 버전의 언젠가/아마도 목록에 이 항목들을 올려놓을 수도 있고, 일정표나 디지털 방식 혹은 종이로 된 티클러 시스템에 이 항목들을 상기시켜줄 장치를 포함시킬 수도 있다.

▶ **언젠가/아마도 목록** | 정신적 공간에 있는 것들을 수집하면서 머리를 완전히 비웠다면, 정말로 꼭 해야 되는 것인지 확신이 서지 않는 일들을 발견할 것이다. '스페인어 배우기' '마시에게 말 사주기' '워싱턴 산 오르기' '추리소설 쓰기' '여름 별장 장만하기' 같은 것들이 전형적으로 이 범주에 속하는 프로젝트들이다.

아직 언젠가/아마도 목록이 없다면 하나 만들길 권한다. 그리고 지금까지 생각났던 이런 유형의 항목들을 전부 그 목록에 올린다. 목록을 만들고 채우기 시작하는 것만으로도 온갖 창의적인 아이디어들이 떠오를 것이다.

또한 목록에 올린 일들의 일부는 당신이 의식적인 노력을 그다지 기울이지 않았는데도 실현되는 것을 보고 놀랄 것이다. 인식과 성과에 변화를 일으키는 이러한 상상력의 힘을 처리 확인하면 언젠가/아마도 목록이 삶과 일에 멋진 모험을 많이 더할 수 있다는 걸 쉽게 이해할 수 있다. 이런 일들

> 언젠가/아마도 범주를 활성화하고 유지하면 창의적 사고가 활발해진다. 아직 이와 관련해 뭔가를 해야겠다고 마음먹지 않았어도 멋진 일들을 마음껏 상상할 수 있다.

을 가능성 있는 일로 처리 확인하고 수집해두면 기회가 왔을 때 붙잡기 쉽다. 나 역시 그런 경험을 했다. 나는 플루트 연주와 대양에서 항해하는 법 배우기를 이 범주에서 처음 시작했다. 수집함 외에도 언젠가/아마도 목록을 채울 풍부한 원천은 두 가지가 있다. 바로 당신의 창의적 상상력과 현재 프로젝트 목록이다.

창의적 상상의 목록 만들기   시간, 돈, 뜻이 있으면 언젠가 정말로 하고 싶은 일들이 있는가? 그런 일들을 언젠가/아마도 목록에 기록해두어라. 다음은 여기에 해당하는 전형적인 예들이다.

- 구입하고 싶은 것들이나 집에 하고 싶은 공사
- 시작하고 싶은 취미
- 배우고 싶은 기술
- 공부하고 싶은 창의적 표현방법
- 사고 싶은 옷과 액세서리
- 구하고 싶은 장난감(하이테크 장난감과 그 외의 장난감들)
- 떠나고 싶은 여행
- 참여하고 싶은 단체
- 기여하고 싶은 서비스 프로젝트들
- 보고 싶은 것들과 하고 싶은 일들

현재 프로젝트 재평가하기 이제 당신의 프로젝트 목록을 좀 더 상위 관점(즉 당신의 업무, 목적, 개인적 할 일이라는 관점)에서 검토하여 현재 할 일들 중 일부를 언젠가/아마도 범주로 옮길 수 있을지 고려할 때가 되었다. 이 검토 과정에서 어떤 프로젝트가 다음 몇 달 동안 혹은 그보다 더 오래 당신의 관심을 끌지 않으리라고 판단되면 이를 언젠가/아마도 목록으로 옮겨라.

때로는 언젠가/아마도 프로젝트들을 하위 범주로 나누어도 유용하다. 자원이 생기면 집 주변에서 곧바로 하고 싶은 프로젝트들에 대해 생각하는 것과, 네팔의 산 등정이나 불우아동들을 위한 재단 설립 같은 '버킷 리스트' 식의 상상을 하는 것은 상당한 차이가 있다. 회사에서는 '주차장'에 넣어둘 아이디어("그 문제는 놔뒀다가 다음 분기회의 때 논의합시다")와, 상당한 자본이 확보되면 당신이 활성화시킬 수 있는 프로젝트들을 구별할 수 있다. 여기서 중요한 것은 이러한 옵션들을 실험하면서 목록과 하위 범주들이 당신의 용기를 꺾는지, 아니면 열정을 북돋우는지 살피는 것이다.

▶ **특별한 언젠가/아마도 범주들** | 아마 할 수 있는 관심사들도 있을 것이다. 예를 들면

- 음식―레시피, 식당, 와인
- 아이들―함께할 일

- 읽을 책
- 다운로드 받을 음악
- 볼 영화
- 선물에 대한 아이디어
- 검색해볼 웹 사이트
- 떠나고 싶은 주말여행
- 잡다한 아이디어들(어디에 두어야 할지 모르는 아이디어들)

　이런 유형의 목록들은 참고자료와 언젠가/아마도 범주 사이의 중간쯤에 있다. 좋은 와인이나 식당이나 책을 수집해 필요할 때 참고하도록 목록에 추가하면 되기 때문에 참고자료라 볼 수 있다. 또한 목록의 항목들을 정기적으로 검토하여 어느 시점에서 하나 이상 시도해보도록 떠올리길 원하기 때문에 언젠가/아마도 범주에 들어갈 수도 있다.

　아무튼 언젠가/아마도 범주는 당신의 삶에 가치와 다양성과 흥미를 높일 수 있는 일들을 쉽게 수집하도록 해준다. 또 업무공간이 결정되지 않은 일들, 완료되지 않은 일들로 머릿속이 꽉 막히지 않게 도와줄 정리 시스템을 마련해야 하는 이유이기도 하다.

▶ **'보류 후 검토' 파일·보관함의 위험** | 많은 사람들이 언젠가/아마도 범주에 애매하게 들어가는 '보류 후 검토' 보관함이나 파일(혹은 서랍이나

이메일 폴더 전체)을 만들었다. '시간이 나면 이것들을 보고 싶을지 몰라'라고 생각하는 항목들이 여기에 해당하며, '보류 후 검토' 파일은 이런 것들을 넣어두기에 편리한 장소로 보인다. 나는 개인적으로 이런 유형의 하위 시스템은 권하지 않는다. 내가 아는 거의 대부분의 경우, 사람들은 이런 것들을 보관은 하되 검토는 하지 않기 때문이다. 그리고 그 더미와 내용에 대해 무감각해지고 거부감을 느낀다. 언젠가/아마도 범주는 어느 정도 지속적으로 그 내용을 다시 인식하지 않는다면 가치가 없어질 수 있다.

또한 언젠가/아마도 목록으로 잘 관리된 것과 그저 잡다한 일거리를 담아놓은 통은 큰 차이가 난다. 일반적으로 그러한 일거리들 중에는 버려야 할 것들이 많으며 일부는 읽기/검토 수집함으로 가야 하고 다른 일부는 참고자료로 철해야 한다. 또 다른 일부는 한 달 뒤 혹은 분기가 시작될 때 검토하도록 일정표나 티클러 파일에 넣어야 한다. 그리고 일부 항목들은 실제로 다음 행동이 있다. 코칭 의뢰인의 '보류 후 검토' 서랍이나 파일을 적절하게 처리하고 나자 그 안에 아무것도 남지 않은 적도 많았다!

| 할 수 있는 힘이 있다면 하지 않을 힘도 있으리니.
— 아리스토텔레스 Aristotle

▶ **향후의 선택에 일정표 이용하기** | 일정표는 향후에 검토할지도 모르는 일들의 실행 환기를 담기에 아주 편리한 곳이다. 내가 코치했던 대부분의 사람들은 일정표를 충분히 활용하지 못했다. 그렇지 않았다면

일정표에 기입할 일들을 더 많이 발견했을 것이다.

  일정표의 세 가지 용도 중 하나는 특정 날짜와 관련한 정보를 기입하는 것이다. 이 범주에는 수많은 일들이 포함된다. 하지만 일정표를 활용하는 가장 창의적인 방법들 중 하나는 머릿속에서 꺼내 두었다가 향후 어느 날짜에 재평가하고 싶은 일들을 기입하는 것이다. 일정표에 기입할지 고려해야 할 수많은 일들 중 몇 가지를 들어보겠다.

- 프로젝트를 활성화하기 위한 장치들
- 참여하고 싶은 행사들
- 의사결정의 촉매

프로젝트를 활성화하기 위한 장치들   지금은 생각해볼 필요가 없어도 향후 어느 시점에 관심을 기울일 만한 가치가 있는 프로젝트가 있다면 적절한 날짜를 선택해 일정표에 해당 프로젝트에 대한 실행 환기를 기입할 수 있다. 이 실행 환기는 특정 날짜(특정 시간이 아니라)에 상기하고 싶은 일들을 기록해두는 일정표에 들어가야 한다. 그래서 그날이 오면 그 실행 환기를 보고 프로젝트 목록에 그 항목을 현행 프로젝트로 넣으면 된다. 이렇게 처리할 만한 전형적인 프로젝트들은 다음과 같다.

- 처리하는 데 일정한 시간이 소요되는 특별한 행사(제품 출시, 기

금모금 행사 등).
- 예산 검토, 연례회의, 기획 행사, 혹은 회의 등 당신이 준비해야 하는 정기적인 행사(예: 내년도 '연례 영업회의'나 '아이들에게 새 학년에 올라갈 준비시키기'를 언제 프로젝트 목록에 추가해야 할까?).
- 무언가를 해주고 싶은 의미 있는 사람들과 관련된 중요한 날짜 (생일, 기념일, 축제일 선물 등).

참여하고 싶은 행사들　아마 세미나, 회의, 강연, 사회적·문화적 행사들을 알리는 통지를 계속 받을 것이고, 날짜가 다가오면 참석 여부를 결정해야 할 것이다. 따라서 결정을 내릴 적절한 날짜를 정해 일정표에 표시해두면 좋다. 예를 들어,

'내일 상공회의 조찬에 참석할 것인가?'
'오늘 라이언스 풋볼 티켓 할인행사'
'저녁 8시에 BBC에서 하는 기후변화에 관한 특집 방송'
'다음 토요일의 가든 클럽 다과회'

이처럼 알림이 필요한 일이 생각나면 곧바로 시스템에 넣어라.

의사결정의 촉매　중요한 결정을 해야 하지만 지금 당장은 결정할 수 없는(혹은 결정하고 싶지 않은) 경우가 간혹 있다. 그 결정을 내리는 데 추가적인 외부 정보보다 내면적인 검토가 더 필요하다고 판단되거나(예: '하룻밤 자면서 생각해보자') 마지막 순간까지 결정을 미룰 만한 충분한 이유가 있다면(앞으로 모든 요인들이 어떻게 변화하는지

가능한 한 끝까지 살펴보고 그에 따라 실행방법을 선택하자) 그래도 괜찮다. 하지만 지금 결정을 하지 않아도 괜찮으려면 향후에 당신이 그 문제를 적절하게 다룰 수 있게 해줄 안전망을 설치하는 게 낫다. 일정표의 실행 환기가 그런 역할을 할 수 있다.*

이런 범주에 속하는 전형적인 결정들은 다음과 같다.

- 채용/해고
- 합병/인수/매각/처분
- 직장/경력 변경
- 잠재적 전략 수정

적은 지면에 다루기 어려운 중요한 주제이지만 잠깐 설명하자면, '향후에 기억나게 할 장치만 만들어두면 지금은 마음이 편해질 수 있는 중요한 결정이 있는가?'라고 자문해보라. 만약 있다면 그 문제

| 결정하지 않겠다고 결정하는 건 괜찮다. 결정하지 않겠다는 결정을 체계적으로 내릴 수만 있다면. | 를 나중에 다시 검토할 수 있도록 일정표에 실행 환기를 표시해두어라. |

▶ 티클러 파일 | 지금은 실행할 행동이 없지만 향후에는 행동이 필요할

---

* 여러 사람이 함께 보는 일정표를 사용하고 있다면 이런 종류의 일을 기입하는 건 조심해야 한다. 디지털 일정표들은 대개 '비공개' 설정 기능이 있어 다른 사람들에게 감추고 싶은 내용을 기록하는 데 사용할 수 있다.

수 있는 항목을 관리하는 한 가지 좋은 방법이 티클러 파일이다.* 일정표의 3차원 버전이라 할 수 있는 티클러 파일을 이용하면, 지금이 아니라 나중에 보거나 기억하고 싶은 일들의 물리적 실행 환기를 보관할 수 있다. 티클러 파일은 일종의 우체국을 만들어 자신에게 무언가를 부쳐 미래의 정해진 날짜에 받도록 하는 유용한 시스템이다. 나는 수년간 티클러 파일을 사용해왔다. 기술발달로 이런 종류의 실행 환기들을 소프트웨어와 모바일 기기에 전자화하기가 쉬워졌지만 티클러 파일 같은 재래식 방식으로 더 쉽게 관리되는 일들이 많다. 디지털 방식의 관리기술이 끊임없이 발달하고 있지만, 그래도 내 개인 시스템에는 실행 환기로 물리적 요소들을 사용했을 때 더욱 효과적으로 관리되는 일들이 많이 남아 있다.

본질적으로 티클러 파일은 향후 특정 날짜에 보고 싶은 무언가가 그날 '자동으로' 나타나도록 종이와 그 외의 물리적 실행 환기들을 분류해놓은 간단한 파일 폴더 시스템이다. 이렇게 분류해놓고 매일 그날의 폴더를 꺼내 검토하면 된다.

만약 비서나 조수가 있다면 이런 일의 적어도 일부분은 맡길 수 있다. 다음과 같은 경우가 전형적인 예다.

"회의가 있는 날 아침에 이 안건을 내게 알려주세요."

"수요일 이사회 회의와 관련된 것이니 월요일에 내가 검토할 수

---

* '미결' '이월' '영구' 혹은 '처리 확인' 파일이라고도 불린다.

있도록 다시 주세요."

"홍콩 여행 2주 전에 알려주세요. 그때 구체적인 계획을 세웁시다."

하지만 직원들을 이용해 이런 일의 상당 부분을 처리할 수 있는 (그리고 아마도 그렇게 처리해야 하는) 고위 전문직에 있는 사람이라도, 생활과 접목시켜 자신만의 티클러 파일을 관리하면 좋다. 티클러 파일로 할 수 있는 유용한 일들이 많으며, 그중 적어도 일부는 부하 직원에게 맡기지 않고 직접 관리하고 싶을 것이다. 나는 특정 날짜에 사용해야 하는 여행 문서들, 다가오는 생일과 특별한 행사들(디지털 일정표에 기록하면 시각적으로 너무 많은 자리를 차지할 것이다), 좀 더 시간 여유가 생기는 두 달 뒤에 탐구하고 싶은 흥미로운 일들과 관련된 출력물 등을 관리하는 데 티클러 파일을 이용한다.

요점 일단 티클러 파일을 만들어놓으면 이 시스템을 작동시키기 위해 하루에 잠깐만 시간을 들이면 되지만 그 보상은 어마어마하다. 티클러 파일은 '특정 시점까지 결정하지 않겠다는 결정'을 돕는다.

티클러 파일 만들기 물리적 티클러 파일을 만든다면 마흔세 개의 폴더가 필요하다. 그중 서른한 개의 폴더에는 '1'에서 '31'까지의 라벨을, 나머지 열두 개에는 '1월'부터 '12월'까지 각 달의 라벨을 붙인다. 일별 폴더들을 앞쪽에 배치하는데, 맨 앞에 내일 날짜의 폴더가 있다(오늘이 10월 5일이라면 첫 번째 폴더가 '6'이 될 것이다). 그 뒤의 일별 폴더들은 그 달의 나머지 날들('6'에서 '31'까지)을 나타낸다.

'31' 폴더 뒤에는 다음 달('11월')을 나타내는 월별 폴더가 놓이고 그 뒤에 '1'부터 '5'까지의 일별 폴더를 둔다. 그리고 그 뒤에는 나머지 월별 폴더('12월'부터 '10월'까지)가 놓인다. 매일 그날에 해당하는 폴더의 내용물을 수집함으로 옮긴 뒤 빈 폴더는 일별 폴더들 뒤에 꽂는다(이때는 10월 6일이 아니라 11월 6일을 나타내는 폴더가 된다). 마찬가지로, 다음 달을 나타내는 폴더가 맨 앞에 오면(10월 31일에 그날의 파일을 비우고 나면 '11월' 폴더가 맨 앞에 오고 '1'부터 '31'까지의 일별 폴더들이 그 뒤에 올 것이다) 그 내용물을 수집함에 비운 뒤 폴더는 월별 파일들 뒤에 꽂는다. 이제 이 폴더는 다음해 11월을 나타낸다. 티클러 파일은 어느 때라도 항상 앞으로의 31일과 다음 12개월의 폴더들을 가진 영구적인 파일링시스템이다.

   티클러 시스템에 파일 폴더를 사용하면 실제 문서(특정 날짜에 작성해야 하는 서식, 그날 검토해야 하는 회의 안건, 그날까지 지급을 미룰 송장)를 보관할 수 있다는 큰 장점이 있다.

   이 시스템이 제대로 작동하려면 매일 처리 확인하고 갱신해야 한다. 일별 폴더를 비우는 걸 잊어버리면 중요한 데이터를 처리할 때 이 시스템을 믿지 못하게 되고 그 정보들을 다른 방식으로 관리해야 할 것이다. 출장이나 여행을 갈 때는 (혹은 주말에 파일에 접근하지 못할 때는) 자리를 비우는 동안의 날짜에 해당되는 폴더를 출발 전에 처리 확인한다.

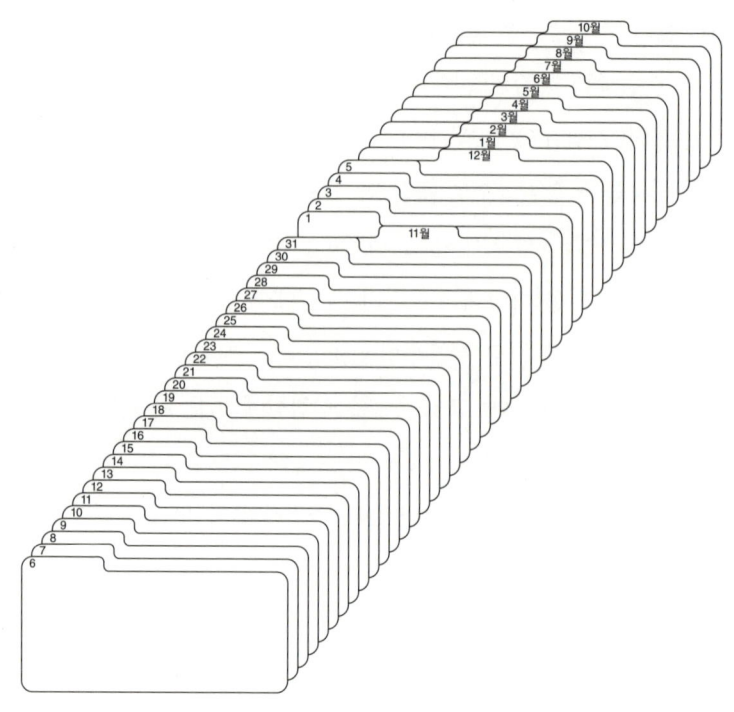

파일 폴더 형태의 티클러 파일(10월 5일)

체크리스트
창의적이고 건설적인 실행 환기

개인정리 시스템에서 주목할 만한 마지막 주제는 체크리스트 작성과 관리이다. 프로젝트, 업무 절차 및 과정, 행사, 중요하거나 흥미롭거나 책임을 맡은 영역들의 '잠재적 구성요소들'을 관리하는 것이다. 우리가 논의했던 모든 목록이나 실행 환기들은 그 영역에서 놓친 것이 없다고 확신하기 위해 처리 확인하거나 검토해야 하는 항목들이 있다는 점에서 본질적으로 체크리스트이다. 그러나 더 일반적인 개념의 체크리스트는 특정 시기에, 혹은 특정 활동에 참여할 때마다 활용할 수 있도록 어떤 주제, 절차 혹은 관심 분야나 활동 분야의 내용들을 나열한 것을 지칭한다. 업무나 생활에서 집중하고 고려해야 할 큰 그림부터 웹 사이트에 사진 올리는 법에 관한 세부적인 설명까지 다양한 것들이 체크리스트가 될 수 있다.

오래전에 앨프리드 노스 화이트헤드 Alfred North Whitehead는 "문명은 우리가 의식적으로 생각하지 않고 수행할 수 있는 중요한 일들의 수를 늘리면서 발전한다"는 설득력 있는 말을 한 적이 있다. 체크리스트는 이 거시적 의견의 미시적 버전이다. 정기적으로 시각을 새롭게 하기 위해("한 해가 끝날 때마다 ~을 해야 해/하고 싶어"), 혹은 쉽게 기억할 수 없는 상세한 내용을 알아야 하는 특정 상황에서("세미나를 하기 전에 ~를 해야 해") 무언가를 떠올려야 할 때마다 당신은 '두뇌 보조도구', 즉 적시에 이용해야 하는 세부사항들을 보관한 관리 시스템에 그 일을 맡겨야 한다.*

직업과 생활 속의 다양한 상황에서 좀 더 편안한 마음으로 통제력

---

* 아툴 가완디 Atul Gawande의 《체크! 체크리스트 The Checklist Manifesto: How to Get Things Right》에는 이런 기능과 그 가치(그리고 여기에 신경을 쓰지 않았을 때의 대가!)에 대해 자세한 설명이 나와 있다.

을 발휘할 수 있게 해주는 체크리스트는 무수히 많다. 저녁을 준비하기 위해 요리책의 한 레시피를 참조했다면 집중력과 생산성을 향상시킬 체크리스트를 사용한 것이다. 올해 이사회에서 세 가지 중요한 기획이나 성과를 맡았을 경우, 이사회 전에 이를 검토하는 것이 체크리스트를 활용하는 것이다.

나는 이 시스템을 설명하기 위해 당신의 머리를 복잡하게 하는 것들을 명확히 하고 정리하는 절차를 다룰 것이다. 체크리스트가 흔히 최적의 솔루션이라고 생각하는 사람들이 이해할 수 있도록 설명하겠다.

당신이 신경 쓰고 싶은 일들

머릿속에 있는 일들을 말끔히 치우는 작업을 할 때 종종 생각나는 일들은 다음과 같다.

- 좀 더 규칙적으로 운동하기
- 아이들과 더 알찬 시간 보내기
- 부서를 위해 좀 더 적극적으로 계획 세우기
- 팀원들의 사기 진작하기
- 기업전략에 맞추어 일하고 있는지 처리 확인하기
- 고객 결제 절차를 최신으로 유지하기
- 정신적 수행에 더 집중하기

- 부하 직원들의 개인적 목표에 더 관심 가지기
- 내 일에 대한 동기부여 계속하기
- 직장의 주요 인물과 대화를 계속하고 진행상황 업데이트하기

이렇게 마음속으로 생각한 '애매한' 할 일과 관심 분야에 대해서는 어떻게 해야 할까?

첫째, 내재된 프로젝트와 행동·처리 확인하기

이런 종류의 일들에 대해서는 대부분 아직 프로젝트 또는 행동이 정의되지 않았다. 많은 사람들에게 '좀 더 규칙적으로 운동하기'는 '규칙적인 운동 프로그램 짜기(프로젝트)'와 '샐리에게 전화해 체육관과 개인 트레이너 추천받기(실제 행동단계)'를 의미한다. 이런 경우 내재된 프로젝트와 행동을 명확히 정의하고 개인 시스템에 정리해야 한다. '팀원들의 사기 진작하기'는 특정 행동단계('인사부장에게 이메일을 보내 이 일에 대한 의견 듣기')를 포함한 프로젝트('우리 부서를 위한 팀 빌딩 과정 알아보기')가 되어야 한다.

하지만 이런 범주에 잘 맞지 않는 일들이 있는데, 이를 해결하려면 종종 적절한 체크리스트가 필요하다.

주요한 일의 영역과 책임 영역의 청사진 그리기

'좋은 신체적 컨디션 유지하기'나 '팀의 동기부여 유지하기' 같은

목표들에 대해서는 정기적으로 검토할 일종의 체크리스트를 만들어야 한다. 어느 시점에라도 당신의 정신과 선택에는 여러 단계의 결과와 기준이 영향을 미치기 때문에 이 목표들을 파악하면 항상 도움이 된다(하지만 이런 습관을 유지하고 충실히 지키기란 쉽지 않다).

앞에서 나는 적어도 여섯 단계의 '일'이 정의될 수 있고 각 단계를 인식하고 평가할 가치가 있다고 말했다. 당신이 중요하게 여기고 각 단계에서 전념하는 것들의 완전한 목록을 만들면 훌륭한 체크리스트가 될 것이다. 여기에는 다음과 같은 것들이 포함된다.

- 경력 목표
- 서비스
- 가족
- 관계
- 공동체
- 건강과 에너지
- 재정적 자원
- 창의적 표현

그 뒤 하위 단계로 내려가면 당신이 맡은 주요 책임영역, 직원들, 가치관 등에 대한 실행 환기가 필요할 것이다. 이런 목록에는 다음과 같은 것들이 포함된다.

- 팀의 사기
- 절차
- 일정
- 직원들과 관련된 문제
- 업무 부하
- 소통
- 기술

배가 균형을 유지하며 순항할 수 있도록 이제 이 모든 항목들을 필요에 따라 개인관리 시스템의 목록에 실행 환기로 추가할 수 있다. 단지 특정 분야에 문제가 없다는 걸 처리 확인하기 위해 이 작업을 해야 할 때도 많다. 어떤 것도 추가하거나 변화시키지 않아도 된다. 하지만 이를 처리 확인하면 좀 더 편안하게 집중할 수 있다.

▶ **새로운 상황일수록 더 많은 통제력이 필요하다** | 체크리스트와 외부적 통제를 어느 정도로 유지해야 하는가는 당신이 맡은 책임 영역에 얼마나 익숙한지 혹은 그렇지 않은지와 직접적으로 관련되어 있다. 지금 하는 일이 오랫동안 해오던 일이라면 그 영역에서 변화에 대한 압박은 없다. 크루즈 컨트롤을 유지하기 위한 최소한의 외부적 개인관리 시스템만 있으면 된다. 언제, 어떻게 일을 실행해야 하는지 알고 시스템이 문제없으면 현상유지만 하면 된다. 이런 일들은 눈 감고도 할

수 있다. 하지만 대개의 경우 우리는 이렇게 익숙한 일만 계속하지는 않는다.

별개의 금융거래를 관리하기 위해, 소프트웨어 애플리케이션에 로그인하고 초기화하기 위해, 혹은 친구의 별장에 체크인하기 위해 정해진 절차들을 밟아본 적이 있는가? 그러면서 '잠깐만. 이제 내가 뭘 해야 하지?'라고 자문한 적이 있는가? 반복하고 싶거나 반복해야 하는 이런 상황들에서 체크리스트가 필요하다. 나는 컴퓨터와 소프트웨어에 대해서는 위험할 정도로 반문맹자인데, 반복해서 일어나는 작은 문제들을 고치는 법에 대해 IT 전문가들에게서 설명을 들을 때마다 그들이 말하는 걸 내가 기억할 것이라고 쉽게 확신한다. 여기에 대한 체크리스트를 만드는 법을 익혔기 때문이다(아주 여러 번 고생을 하면서).

당신이 하는 일에 더 친숙해질 때까지 집중력을 유지하는 데 도움을 줄 체크리스트가 필요한 경우가 많을 것이다. 예를 들어 회사의 CEO가 갑자기 사라져 당신이 급히 그 자리를 채워야 한다면, 그 직무의 모든 중요한 측면들이 처리되고 있는지 처리 확인하기 위해 당분간 업무 개요서가 눈앞에 있어야 할 것이다. 또한 비교적 익숙하지 않은 새로운 일을 해야 하는 직무에 채용되었다면 처음 몇 달 동안이라도 업무를 통제하고 정리하는 틀이 필요할 것이다. 회사에 새로운 조직구조와 운영체계를 마련했다면 익숙해질 정도로 자리 잡을 때까지 중요

> 체크리스트들은 걱정하지 않아도 되는 일들이 무엇인지 아는 데 매우 유용하다.

한 체크리스트들이 많다.

　상황을 통제할 수 있을 때까지 임시로 처리해야 하는 영역들의 목록을 작성해야 할 때도 있었다. 예를 들어 아내와 나는 수년간 관여해온 한 회사의 구조를 완전히 새로 개편하기로 결정한 적이 있었다. 전에는 다루지 않아도 되던 영역들―회계, 컴퓨터, 마케팅, 법무, 행정―을 맡았다. 그래서 몇 달간 내가 모든 공백을 채우고 있는지, 최대한 효과적으로 변화를 관리하고 있는지 처리 확인하기 위해 그 영역들의 체크리스트를 내 앞에 두어야 했다. 회사가 어느 정도 안정 상태에 접어들자 그 목록은 더 이상 필요 없어졌다.

모든 단계의 체크리스트

　어떤 종류든 체크리스트가 필요하다는 생각이 들면 망설이지 말고 만들어라. '삶의 핵심가치'부터 '캠핑 갈 때 들고 갈 것들' '축제날 선물'에 이르기까지 만들 수 있는 체크리스트는 무한하다. 임시 목록 작성은 당신의 생활에 정착시킬 수 있는 가장 효과적이면서도 절묘하고 간단한 절차이다.

　당신의 창의력에 도움이 되도록 내가 수년간 보고 사용해온 체크리스트들을 일부 소개하겠다.

- 업무에서 책임지고 있는 분야(핵심 책임 분야)
- 운동요법(근육 저항 훈련 프로그램)

- 여행 체크리스트(여행 갈 때 들고 갈 모든 준비물과 떠나기 전에 해야 하는 일)
- 주간검토[매주 검토하고 (그리고/혹은) 업데이트해야 하는 모든 것]
- 훈련 프로그램의 구성요소(프로그램을 실시할 때 처리해야 하는 모든 일, 처음부터 끝까지)
- 주요 고객
- 연락을 유지해야 하는 사람들(인맥 내에서 계속 연락하고 싶은 모든 사람들)
- 연말결산 활동(1년을 마무리하기 위한 모든 행동들)
- 개인 개발(개인의 균형 유지와 발전을 처리·확인하기 위해 정기적으로 평가해야 하는 것들)
- 유머

임시적이든 영구적이든 체크리스트들에 익숙해져라. 필요하다면 쉽게 체크리스트들을 만들고 없앨 준비를 하라. 루스리프 식 노트나 간편하게 이용할 수 있는 소프트웨어 애플리케이션 등 새로운 목록을 올릴 곳을 마련해라. 쉽게 접근할 수 있고 이런 작업을 흥미롭고 재미있게 할 수 있는 곳이어야 한다. 체크리스트를 적절하게 사용하면 개인 생산성을 향상시키고 정신적 압박을 줄이는 유익한 자산이 될 수 있다.

생활과 업무의 열린 고리들을 나타내는 모든 항목들을 수집했고,

각 항목이 당신에게 미치는 의미와 필요한 행동이 무엇인지 명확히 정리하고 처리했으며, 크든 작든 현재 그리고 '언젠가' 추진할 모든 프로젝트들의 개요가 완전히 최신으로 보관된 시스템에 그 결과를 정리했다면, 이제 당신은 스트레스 없는 생산성이라는 기술의 다음 실행 단계, 즉 검토 과정으로 나아갈 준비가 되었다.

> 필요할 때 접근하고 이용할 수 있는 체크리스트를 즉시 만들 수 있는 능력과 의지는 훌륭한 자기관리의 핵심 요소이다.

8장

검토하기

항상 기능적이고 최신 정보가 담긴 시스템 유지하기

업무흐름 관리기법 전체의 목적은 집중력을 잃지 않고 더 중요하고 생산적이고 창의적인 활동을 자유롭게 할 수 있도록 하는 것이다. 하지만 그런 자유를 얻으려면 모든 할 일과 행동이 일관성 있게 검토되고 정돈되어야 한다. 지금 하고 있는 일이 정말로 해야 하는 일이고, 하고 있지 않은 일은 지금 하지 않아도 되는 일이라는 확신이 들어야 한다. 그러면 더 쉽게 현재에 충실할 수 있다. 현재에 충실하면 일하기에 가장 좋은 상태가 된다. 자신의 시스템을 정기적으로 검토하고 그 내용을 항상 기능적이고 최신으로 유지하는 작업은 그런 명확함과 안정성을 얻기 위한 전제조건이다.

예를 들어, 걸어야 하는 전화번호 목록이 있다고 하자. 그런데 그 목록의 내용이 최신 정보가 아니라면 당신의 머리는 그 시스템을 믿지 못하게 되어 시스템이 수행하는 낮은 단계의 작업들에 안심하지 못할 것이다. 그래서 기억하고 처리하고 상기하는 일을 다시 시작해야 한다. 그런데 지금쯤은 당신도 알겠지만 두뇌는 이런 일을 그리 효과적으로 해내지 못한다.

따라서 시스템이 정체되면 안 된다. 적절한 행동을 선택하도록 돕기 위해서는 시스템을 최신으로 유지해야 한다. 또한 당신의 생활과 업무를 여러 일에 대한 관점의 다섯 가지 지평선에서 일관되고 적절하게 평가할 수 있도록 유도해야 한다.

이런 점에서 다루어야 하는 두 가지 중요한 문제가 있다.

- 당신은 시스템에서 무엇을, 언제 보는가?
- 당신이 더 높은 수준에서 생각하고 관리할 수 있는 자유를 얻도록 시스템 전체가 일관성 있게 작용하려면 무슨 일을, 얼마나 자주 해야 하는가?

검토 절차에서 당신은 생활과 업무의 중요 영역들에 대해 좀 더 발전적이고 능동적인 새로운 사고를 하게 될 것이다. 그러한 사고는 집중과 우연한 브레인스토밍에서 나오며, 행동과 프로젝트 목록을 지속적으로 검토해야 가능할 것이다.

무엇을, 언제 볼 것인가?

개인관리 시스템과 행위들은 당신이 보아야 하는 모든 행동 대안들을 적시에 볼 수 있도록 구축해야 한다. 이건 상식적인 이야기지만, 실제로 그러한 기능적인 절차들과 체계를 갖추고 활용하는 사람은 드물다.

재량껏 쓸 수 있는 시간이 생겼고 눈앞에 전화가 있을 때 적어도 당신은 걸어야 하는 모든 전화번호 목록을 훑어본 뒤 지금 처리하면 가장 좋을 전화를 정하거나, 그중 어떤 번호에도 신경 쓰지 않아도 된다고 처리 확인해야 한다. 상사나 동료와 협의를 하러 가기 전에는 잠깐 틈을 내서 그 사람과 관련된 미결 안건들을 훑어보아야 한다. 그래야 자신이 그 시간을 효과적으로 쓰고 있는지 알게 된다. 드라이 클리닝을 맡긴 옷을 찾아야 할 때는 세탁소까지 가는 도중에 할 수 있는 다른 볼일들을 재빨리 훑어보는 게 좋다.

사람들은 종종 내게 "시스템을 살펴보는 데 시간을 얼마나 쓰나요?"라고 묻는다. 내 대답은 간단하다. "내가 적절한 일을 하고 있다고 안심이 될 만큼 쓰죠." 실제로 그 시간들은 어떤 부분에 쓴 2초, 다른 부분에 쓴 3초가 모인 것이다. 대부분의 사람들은 내 목록이 어떤 면에서는 내 사무실이라는 것을 모르고 있다. 당신의 사무실에 업무를 표시한 포스트잇과 문서더미들이 있는 것처럼, 내게는 다음 행동목록과 일정표가 있다. 일거리들을 완벽하게 수집하고 처리하고 정리했다면 매일의 실행 환기를 보기 위해 시스템에 접근하는 데는 전부 합해도 잠깐의 시간밖에 들지 않을 것이다.

> 충분한 양의 적절한 정보를 적시에 보고 있다면, 검토하는 데는 보통 하루에 아주 잠깐이면 된다.

일정표를 먼저 보라

'엄연한 현실'을 처리 확인하고 무슨 일을 처리해야 할지 알기 위해 가장 자주 보는 것이 아마 일정표와 일별 티클러 파일일 것이다. 이때 자신에게 주어진 시간적, 공간적 한계를 먼저 알아야 한다. 중간에 30분 정도 점심시간만 빼고 오전 8시에서 오후 6시까지 줄곧 회의가 잡혀 있다는 걸 알면 다른 행동에 대한 결정을 내리기가 쉬워질 것이다.

그다음에 행동목록을 처리 확인한다

특정 날짜와 시간에 할 일들을 전부 검토하고 처리했다면, 그다음으로 가장 자주 검토하는 것이 현재 상황에서 할 수 있을 모든 행동목록일 것이다. 예를 들어, 사무실에 있다면 전화, 컴퓨터 작업, 사무실에서 해야 할 일들의 목록을 살펴볼 것이다. 그 목록의 일들을 꼭 한다는 의미는 아니다. 그저 무슨 일을 할지 최선의 선택을 내리기 위해 다른 업무흐름에 비추어 이 행동들을 평가하는 것이다.

솔직히 말해, 일정표가 신뢰할 만하고 행동목록이 최신 것이라면 이틀 정도마

> 삶을 관리하는 것과 행복을 추구하는 것은 별개의 문제가 아니다.
> — 아인 랜드 Ayn Rand

다 한 번씩 시스템에서 참조해야 할 것은 이 둘뿐일 수 있다. 실제로 나는 여러 날 동안 어떤 목록도 보지 않고 지낼 수도 있는데, 제일 처음 보는 장치―일정표―에서 이미 내가 하지 못할 일을 분명히 알 수 있기 때문이다.

상황에 맞는 적절한 검토

당신은 언제든, 어느 목록에도 접근할 수 있어야 한다. 하루가 끝날 무렵 배우자와 함께 편하게 쉬고 있을 때 집, 가족 그리고 개인생활과 관련해 두 사람에게 공통된 '일'을 처리하고 싶다면 당신은 배우자와 관련해 축적된 안건들을 먼저 살펴보고 싶을 것이다. 한편 상사가 현재 상황과 우선순위에 관해 이야기하자고 갑자기 찾아올 경우 상사와 관련된 최신 프로젝트 목록과 안건 목록이 가까이에 있으면 유용하다. 새로운 잠재 고객에게서 함께 점심을 먹자는 문자 메시지를 받았다고 하자. 계획에 없었지만 전략적으로 매우 중요한 이런 약속이 생겼을 때 당신은 관련한 데이터를 출력하는 등의 준비를 얼마나 빨리 할 수 있는가? 또한 이야기가 잘될 경우 이 만남을 오후까지 연장할 수 있는데 그 시간에 하기로 했던 다른 일들을 얼마나 빨리 재협상할 수 있는가?

시스템 업데이트하기

정리 시스템 전체의 신뢰도를 보장하는 방법은 좀 더 상위 관점에서 정기적으로 당신의 사고와 시스템을 갱신하는 것이다. 하지만 목록들이 현실과 너무 동떨어져 있으면 이렇게 하기가 불가능하다. 이런 문제가 닥치면 우리는 자신을 속이지 못한다. 시스템이 현실에 뒤떨어지면, 두뇌가 다시 본격적으로 역할을 시작하여 일거리를 기억해야 할 것이기 때문이다.

아마 이 문제가 가장 큰 과제일 것이다. 머리를 비운다는 게 어떤 것인지, 진행 중인 모든 일을 통제하고 있다는 느낌이 어떤 것인지 이미 맛보았다면 일할 때 이런 상태를 유지하기 위해 어떻게 해야 할까? 수년간 무수한 사람들과 이 방법론을 연구하고 실행하면서, 나는 이 절차를 유지하기 위한 마법의 열쇠가 주간검토라는 걸 알게 되었다.

주간검토의 힘

나를 비롯한 대부분의 사람들은 아무리 좋은 의도에서라고 해도 자신이 따라잡을 수 있는 정도보다 빠른 속도로 새 일을 만든다. 우리 중 많은 사람들은 천성적으로 감당도 못할 만큼 많은 일에 말려드는 것 같다. 하루 종일 연이어 회의를 잡아놓고, 퇴근

> 지적 생산성을 높이려면 숲과 나무를 둘 다 보고 연결시키는 법을 배워야 할 것이다.
> — 피터 드러커 Peter F.Drucker

뒤에는 처리해야 할 아이디어와 일거리들을 안겨주는 행사에 참석하고, 머리가 빙빙 도는 일과 프로젝트에 휘말린다.

주간검토가 중요한 건 이렇게 정신없이 휘몰아치는 활동들 때문이다. 주간검토는 균형을 유지하기 위해 수집, 재평가, 재처리를 하는 시간이다. 이런 재편성 작업은 꼭 필요한 것이지만, 매일 할 일들을 바쁘게 처리하면서 하기는 어렵다.

또한 주간검토를 하면 일주일 동안 물밀 듯 들이닥치는 새로운 인풋들, 주의를 딴 데로 돌리는 일들을 처리하면서도 중요한 프로젝트들에 더욱 직관적으로 집중하게 될 것이다. 그리고 일이 밀리지 않고 마음이 편안해지기 위해 필요 없는 일들은 거부하는 법―더 빨리, 그리고 더 많은 일들에 대해―도 배울 것이다. 적어도 프로젝트 수준까지 다루는 별도의 검토 시간을 마련하면 많은 도움이 된다.

▶ 주간검토란 무엇인가? | 간단히 말해 주간검토는 머리를 다시 비우고 향후 1~2주 동안 방향성 있게 일하기 위해 해야 하는 작업이다. 주간검토를 할 때는 "지금 하고 있지는 않지만 하기로 결정만 하면 할 수 있는 일들이 무엇인지 이제 완전히 알고 있어"라고 말할 수 있을 때까지 업무흐름 관리의 전 단계들―아직 처리되지 않은 모든 할 일, 의도, 의향을 수집, 명료화, 정리, 검토하기―을 다시 밟는다.

현실적인 관점에서 보면 이런 상태에 이르기 위해서는 비우기, 최신 정보 유지하기, 창의성 획득하기라는 세 부분의 훈련이 필요하다.

'비우기'는 당신이 수집한 모든 일거리들을 모두 처리하는 것이다. '최신 정보 유지하기'는 당신의 모든 방향 '지도'나 목록들을 검토하고 최신 상태로 갱신하는 것이다. '창의성 획득하기'는 앞의 두 부분들이 이루어지면 어느 정도 자동적으로 나타난다. 그래서 업무와 생활에 대해 더 가치 있는 생각을 하게 해줄 아이디어와 관점이 자연히 생겨날 것이다.

▶ 비우기 | 바쁜 주중에 매듭짓지 못한 모든 것들을 모으는 단계이다. 이메일 수신함, 소셜 미디어 같은 일반적인 경로로 들어온 인풋뿐 아니라 회의에서 쓴 메모, 모아둔 영수증과 명함, 아이의 학교에서 온 통지서, 지갑이나 서류가방, 재킷의 작은 주머니나 화장대 위에 자기도 모르는 사이에 잔뜩 처박아둔 잡동사니들, 스마트폰 문자 메시지들.

| 당신은 분명 자신의 시스템이 하루에 처리할 수 있는 것보다 많은 기회들을 받아들일 것이다.

아무렇게나 둔 서류와 자료들 모으기 책상, 옷, 액세서리 틈새로 기어들어간 갖가지 서류, 명함, 영수증 등을 모두 꺼낸 뒤 처리를 위해 수집함에 넣는다.

수집함 비우기 회의록, 노트나 모바일 기기에 휘갈겨 쓴 갖가지 메모들을 검토한다. 그리고 행동 항목들, 프로젝트, 대기 중 항목들, 일정표에 기입할 행사, 언젠가/아마도에 들어갈 항목들을 적절히 판단하여 목록을 만든다. 참고용 쪽지와 자료들은 파일링한다. 이메일,

문자 메시지, 음성 메시지 수신함도 비운다. 상호작용, 프로젝트, 새로운 기획안, 지난번 작업 이후 들어온 인풋과 관련한 모든 기록과 생각들을 철저하게 처리하고 필요 없는 것들은 버린다.

머리 비우기 아직 수집하여 명료화하지 않은 새로운 프로젝트, 행동항목, 대기 중 항목, 언젠가/아마도 항목에 대한 실행 환기를 (적절한 범주에) 넣는다.

▶ 최신 정보 유지하기 | 이제 당신의 시스템에서 오래된 실행 환기들을 제거하여 최신 상태의 완전한 목록을 만들어야 한다. 이를 위한 단계들은 다음과 같다.

'다음 행동' 목록 점검하기 목록에서 완료된 행동들은 표시하고, 추가할 행동단계들의 실행 환기를 검토해 기록한다. 나는 급하게 이동하느라 다음에 할 행동을 파악하는 건 고사하고 완료된 행동들에 표시를 못한 적도 많았다. 주간검토 시간에 이런 일을 하면 좋다.

지나간 일정표 검토하기 일정표에서 지난 2~3주의 기록들을 검토하여 남아 있거나 새로 나타난 행동항목, 참고정보 등이 있는지 처리 확인하고 그 데이터를 현행 시스템에 옮긴다. '아, 그러고 보니 생각났어!'에 해당하는 모든 항목을 관련된 행동과 함께 수집한다. 지난 일정표를 검토하면 참석했던 회의와 행사들을 알 수 있고, 그러면 그 내용에 관해 다음에 무엇을 해야 할지 생각하게 될 것이다. 지난 일정표는 이를 모두 수집한 뒤에 보관하라.

앞으로의 일정표 살펴보기 일정표에서 이후 날짜들에 기입된 내용들(장기적, 단기적)을 살펴보고 프로젝트 관련 행동들과 다가오는 행사들에 필요한 준비사항들을 수집한다. 일정표는 정기적으로 검토하여 마지막 순간에 스트레스를 받는 사태를 방지하며, 초기부터 창의적인 사고를 불러일으키기 위한 가장 좋은 체크리스트들 중 하나이다.* 곧 있을 여행들, 회의들, 만남, 휴일 등에 대해 '프로젝트' 목록에 추가할 프로젝트가 있는지, 이미 당신의 레이더에 수집은 되었지만 아직 크루즈 컨트롤 상태가 아닌 상황들에 대해 '다음 행동' 목록에 추가할 행동이 있는지 처리 확인한다.

'대기 중' 목록 점검하기 처리 확인해야 할 항목이 있는가? 그 항목의 진행 상태를 처리 확인하기 위해 이메일을 보내야 하는가? 누군가의 '안건' 목록에 추가할 항목이 있는가? 새로운 다음 행동들을 모두 기록하고, 이미 결과를 받은 항목은 체크 표시를 한다.

프로젝트(그리고 '중요한 결과') 목록 점검하기 프로젝트들의 상태, 목표, 결과를 하나하나 평가하여 각 프로젝트에 대해 바로 시작할 수 있는 하나의 행동을 확인한다. 관련된 현행 프로젝트 계획, 지원자료, 그 외의 자료들을 훑어보고 새 실행, 완결된 것, 대기 중 등등에 올릴 새로운 항목이 있는지 처리 확인한다.

---

* 다른 사람이 당신의 일정표에 기록할 권한이 있다면 특히 이렇게 해야 한다. 이런 경우 다른 사람이 잡아놓은 회의를 갑작스럽게 알게 되어 당황하기 쉽다.

관련된 체크리스트들 검토하기 다양한 약속, 관심사, 책임을 고려했을 때 그 외에 아직 하지 못했거나, 해야 하거나, 하고 싶은 일이 있는가?

▶ **창의성 획득하기** | 이 방법론은 단순히 일들을 정리하여 해치우기 위한 것이 아니다. 분명 그런 부분들도 명확성과 집중을 위해 활용하는 중요한 요소들이다. 하지만 궁극적으로 내가 이 분야를 탐구하는 주된 이유는, 새롭고 창의적이며 가치 있는 사고와 방향을 촉진하고 이용할 여유를 얻기 위해서였다. 당신이 이 방법론을 이 단계까지 실행해왔다면 많은 힘을 들이지 않아도 그런 여유를 얻을 수 있다. 우리는 본질적으로 창의적인 존재들이다. 그렇게 살아가고 성장하고 표현하고 발전할 능력을 갖추고 있다. 창의적이 되는 게 어려운 건 아니다. 우리가 지닌 자연스러운 창의적 에너지의 흐름을 방해하는 요소들을 제거하면 된다. 현실적으로 말하자면, 행동들을 한데 모으고 자연스러운 아이디어들이 떠오르게 하여 수집하고 그 가치를 이용하면 된다. 이 기법들 중 무엇이라도 읽고 적용하는 중에 '아, 그러고 보니 생각나네'라든가 '음, ~를 하고 싶은데' 같은 생각이 들었다면, 이는 사고를 외면화하고 그에 대해 검토했기 때문에 일어난 현상이다. 그러면 당신은 이 자연스러운 과정을 이미 보여주고 있는 셈이다.

앞에서 말했듯이, 아마 당신의 창의적 생각이 대부분 이미 나타나 이 과정에 통합되었을 것이기 때문에 이 시점에서 중점적으로 해야 할 부분은 없을 수 있다. 하지만 추가로 실행하면 도움이 될 수 있는 두 가지 과정이 있다.

<u>언젠가/아마도 목록 검토하기</u>   흥미롭거나 실행할 만한 가치가 있는 프로젝트들을 처리 확인하여 '프로젝트' 목록으로 옮겨라. 필요 이상 오래 목록에 올라와 있기만 한 프로젝트는 삭제하라. 상황과 관심사가 변하면 그런 프로젝트는 이 비공식적인 레이더에서 없애도 된다. 대신 최근에 생각하기 시작한 새로운 기회들을 추가하라

<u>창의적이 되고 용감해져라</u>   수집해서 시스템, 즉 '두뇌 보조 도구'에 추가할 만한 새롭고 멋지고 기대되고 창의적이고 암시적이고 위험 부담이 있는 아이디어들이 있는가?

이런 일들을 검토하는 건 당연한 일이지만, 효과적으로 혹은 꾸준하게 하는 사람은 드물다. 즉, 머리를 비우고 편안한 마음으로 통제력을 발휘할 수 있을 만큼 정기적으로 이런 작업을 하는 사람은 별로 없다. 그 범위가 엄청나다는 건 인정한다. 특히 최신의 완전한 정보를 보유하도록 개인관리 시스템을 구성하고 내용을 채우지 않은 사람이라면 이 작업이 더 버겁게 느껴질 것이다. 또한 괜찮은 통제센터를 갖추었다 해도 매일매일 주어지는 압박과 요구들을 감안하면 이런 검토와 재조정 작업을 하기란 쉽지 않다.

> '관점'은 정보 과부하에 대한 철저히 인간적인 해결책이며 일들을 적절하고 관리 가능한 최소의 본질로 축소시키는 직관적인 과정이다. 정보 과다의 세계에서 관점은 가장 희귀한 자원이 될 것이다.
> — 폴 사포 Paul Saffo

▶ **주간검토에 적절한 시간과 장소** | 주간검토는 매우 중요하기 때문에 이를 위한 환경과 도구를 갖추고 습관을 들여야 한다. GTD 방법론이 추구하는 편안한 통제력을 얻기 위한 과정에 일단 익숙해지고 편안해지면 주간검토 절차를 실천하느라 너무 신경 쓰지 않아도 될 것이다. 당신의 개인관리 기준을 지키려면 주간검토를 해야만 할 것이기 때문이다.

그때까지는 일주일에 한 번, 두 시간 동안 일상적인 일들에서 잠시 물러날 수 있는 기회를 최선을 다해 마련하라. 그냥 멍하니 있기 위해서가 아니라 모든 프로젝트의 범위와 상황을 짚어보고 당신의 관심을 끌고 있는 일과 관련된 그 외의 것들을 전부 파악하기 위해서다.

사람들과 일상적인 일들에서 좀 떨어져 있을 수 있는 사무실이나 업무공간이 있고 전형적인 주 5일 근무를 한다면, 일주일의 마지막 근무일 오후의 두 시간을 주간검토 시간으로 빼놓으면 좋다. 그 이유로는 다음 세 가지를 들 수 있다.

- 일주일 동안 일어났던 일들이 아직 기억에 또렷이 남아 있기 때문에 완벽한 검토가 가능하다("아, 맞아, 그녀에게 ~에 관해 다시 연락해야 해").
- 또한 직장의 다른 사람에게 연락해야 하는 일들을 알게 될 경우, 아직 그 사람이 퇴근하기 전에 그 일을 처리할 수 있다. 안

그러면 주말이 지날 때까지 기다려야 한다.
- 쓸데없이 신경 쓰이는 일 없이 휴식과 충전을 하며 주말을 보낼 수 있도록 머리를 비우기에 좋다.

그러나 주말에 정상근무를 하는 사람들도 있다. 예를 들어 나는 종종 주말에 주중만큼 많은 일을 한다. 하지만 나는 장거리 비행기 여행을 자주 하는 호사(?)를 누리는데, 그 시간은 일거리들을 파악하기에 더할 나위 없이 좋은 기회다. 많은 사람들이 자신의 생활방식에 맞추어 주간검토를 하는 습관을 들인다. 매주 토요일 아침에 가장 좋아하는 카페에서 이런 시간을 가지는 사람도 있고, 일요일에 딸이 성가대 연습을 하는 동안 교회 뒷자리에 앉아 있을 때 주간검토를 하는 사람도 있다.

당신의 생활방식이 어떻든 간에, 매주 정례적인 재정비 작업이 필요하다. 이런 (혹은 이와 비슷한) 습관을 이미 가진 사람도 있을 것이다. 그렇다면 이 습관을 활용하되 좀 더 상위 관점의 검토 과정을 추가하라.

직장과 집에서 다른 사람들의 요구나 상황에 대처해 끊임없이 일을 해야 하는 사람들의 경우, 재정비를 위한 이런 검토 시간과 공간을 고정적으로 마련하기 힘들다. 내가 만난 직업인들 중 가장 스트레

> 가끔은 일을 떠나 휴식을 취하라. 쉬지 않고 계속 일에 매달려 있으면 판단력이 흐려질 것이다. 좀 멀리로 떠나라. 그러면 더 넓은 시각에서 일을 볼 수 있고 조화가 맞지 않는 부분이 더 쉽게 눈에 띌 것이다.
> — 레오나르도 다빈치 Leonardo da vinci

스를 받는 사람들은 직장에서 끊임없이 상황에 대처해야 하는 중요한 업무를 하다가(이를테면 증권 거래인, 참모총장) 열 살 미만의 아이들 둘과 역시 직장에서 힘든 하루를 보낸 배우자가 있는 집으로 퇴근하는 이들이었다. 다행히 그중에는 한 시간 동안 기차로 통근을 해서 그 시간에 검토작업을 할 수 있는 사람들도 있었다.

당신이 이런 상황이라면, 가장 큰 과제는 지속적으로 재정비를 할 수 있는 시간을 고정적으로 확보하는 것이다. 이 시간에는 업무와 개인적인 일들이 눈앞에 들이닥치지 않아야 한다. 금요일 밤 근무시간 뒤 사무실 책상에서 이 작업을 하거나 집에서 느긋하게 일할 수 있는 공간과 시간을 만들 수도 있다.

경영진의 운영 검토 시간 나는 많은 경영자들에게 주중의 마지막 날에 두 시간을 빼놓으라고 권한다. 이들에게 가장 큰 문제는 양질의 사고를 해야 하는 필요성과 중요한 관계들에서 발생하는 긴급한 요구들을 처리할 시간의 균형을 맞추는 것이다. 이건 만만찮은 일이다. 그러나 아주 경험이 풍부한 최고위 경영자들은 정말 중요한 일들을 위해 겉보기에 긴급한 일을 희생할 때의 가치를 알고 있고 검토 절차를 위한 별도의 시간을 만들어낸다. 내 고객인, 세계 유수의 기업의 경영자 육성 프로그램 책임자는 직관적인 의사결정을 신뢰하기 위한 검토 및 재정비 시간 확보가 자사의 경영진에게 꼭 필요하면서도 부

업무와 관련된 최상의 아이디어가 꼭 직장에서 떠오르는 건 아니다.

족한 점이라고 지적했다.

하지만 지속적인 검토 시간을 가지는 임원들이라도 자신의 일을 정의하는 지평선 1(프로젝트) 수준의 일상적인 검토와 처리 확인 절차에는 종종 소홀해 보인다. 계속되는 회의를 하다가 해 질 녘에 와인 한 잔을 들고 해변을 느긋하게 걸을 때는 일의 통제와 집중을 위한 검토의 단계가 약간 더 높아지기 마련이다. 또한 모든 열린 고리들을 완전히 정의, 명료화, 평가하고 행동을 정했다고 생각하면 안이해질 수 있다.

'큰 그림' 검토하기

어느 시점이 되면, 궁극적으로 당신의 결정을 이끌고 테스트하고 우선순위를 정할 더 광범위한 결과, 장기적 목표, 비전, 원칙을 명확히 해야 한다.

일에 있어 당신의 핵심 목표와 목적은 무엇인가? 지금부터 1년 혹은 3년 뒤에 어떤 자리에 있고 싶은가? 어떤 방향으로 경력이 발전하길 바라는가? 지금의 생활 방식에 만족하는가? 더 심오하고 장기적인 관점에서 볼 때 정말로 원하는 일이나

> 생각은 업무와 생활의 정수이면서도 가장 하기 어려운 일이다. 세력 확장에 주력하는 사람들은 다른 사람들이 흥청망청 노는 동안에 매시간을 정신 노동으로 보낸다. 자기 주도적이고 통합된 사고를 하기 위한 노력을 의식적으로 기울이지 않으면 나태함에 굴복하게 될 것이고 더 이상 자신의 삶을 통제하지 못할 것이다.
> — 데이비드 케키치 David Kekich

| 일상을 통제할 수 있다는 확신이 들기 전에 목표를 세우려 하면 대개 동기부여와 에너지가 강화되기보다는 약해진다. | 해야 하는 일을 하고 있는가?

이 책은 지평선 3~5단계들의 관점에서 일을 정의하고 검토하라고 강요하지는 않는다. 하지만 더 상위 관점에서 시스템을 운영하라고 강력히 권고하는 것도 이 책의 숨은 목적 중 하나다. 생활에서 실현하는 모든 일들이 좀 더 만족스럽고 당신이 중시하는 더 큰 게임과 효과적으로 연계되도록 돕기 위해서다. 생활과 업무의 기초 단계 및 지평선 1단계를 더욱 신속하고 명민하게 처리할 수 있게 되면, 필요에 따라 다른 수준들도 재검토하여 맑은 머리를 유지하도록 하라.

이런 유형의 광범위한 검토를 얼마나 자주 해야 하는지는 오로지 당신만 알 수 있다. 나는 여기에 대해 다음과 같은 원칙들을 제시한다.

정말로 머리가 맑아지려면 생활과 업무를 적절한 지평선에서 평가하여 알맞은 간격으로 적절한 결정을 내려야 한다. 꼭 해야 하는데 끝내지 못했거나 의도한 일을 성취하려면 평생 동안 이렇게 하는 것이 좋고 또 이렇게 해야 한다.

수년간 나 자신의 경험뿐 아니라 수많은 사람들의 일상에 밀접하게 관여하면서, 나는 궁극적으로 생활의 일상적인 측면들에 기반을 두고 통제하면 더 상위 단계의 일거리들에 대해 풍부하고 자연스러운 영감을 얻을 수 있다는 걸 알게 되었다. 우리가 복잡한 상황과 할 일들에 스스로 휘말려들어 종종 혼란과 압도당하는 느낌을 받게 되는 건 충동이 좀 더 강한 성향 때문이다. 당신은 아이가 꼭 있어야겠다고 느껴서 아이들을 낳았고, 그리하여 아이 모두를 적어도 20년은 돌봐야 하는 중요한 임무가 생겼다. 창의적이 되어야 하고 세상에서 인정받는 (그리고 돈을 벌 수 있는) 가치를 만들어내야 한다고 느껴서 기업을 설립하거나 직업적으로 뛰어난 경력을 쌓으려 노력했다. 그리하여 이제 당신은 자신이 처리할 수 있다고 느끼는 것보다 더 많은 일들에 파묻혀 있다. 지금 당신에게는 더 많은 목표가 필요하지 않다. 당신에게 필요한 건 이미 추진하고 있는 일들은 편하게 느끼고 새로운 일들은 잘 해낼 수 있다는 자신감이다.

실제로 우리는 항상 자신의 비전, 가치, 목적을 새로운 관점으로 볼 수 있다. 하지만 내 경험에 따르면, 이미 스스로 구축한 세계를 아주 잘 처리하고 있다고 생각하지 않으면 자신과의 이런 대화를 하지 않으려 든다. 목표나 당신이 원하는 그림을 바꾸는 데 얼마나 걸리는가? 그리 많은 시간이 필요하지는 않다. 당신이 이루고자 하는 성과를 얻을 수 있다는 자신이 생기기까지 얼마나 걸릴까? 내 경험에 따르면, 그만한 자신감을 얻으려면 적어도 이 방법론을 2년 실행하고 습관화해야 할 것이다. 아주 오래 걸린다는 말은 아니다. 그저 그 정도의 시간이 필요할 것이란 이야기다. 다행인 것은, 이 최상의 실천 방법들을 적용하기 시작하면 곧 생활과 업무에서 더 일상적이고 운영적인 수준의 일들을 더욱 잘 통제할 수 있게 된다. 그러면 이 방법론이 없었으면

> 세상을 이해하기 위해서는 가끔 세상을 외면해야 한다.
> — 알베르 카뮈 Albert Camus

| 세계 자체는 압도당하거나 혼란스러 | 인식하거나 활용하지 못했을 더 광범위
워하지 않는다. 세계와 우리가 관계 | 한 게임의 진짜 측면들이 나타날 것이다.
를 맺는 방식 때문에 압도당하거나 |
혼란스러운 것이다. |

뿐만 아니라 이렇게 미래를 생각하는 동적인 사고를 하면 목표를 설정할 때 항상 매우 유연하고 격식에 얽매이지 않는다는 이점이 있다. '애자일 프로그래밍 agile programming(변화에 민첩하고 유연하게 대응하는 개발 방법론—옮긴이)'이 성공한 신생 기업들의 표준이 되면서 소프트웨어 업계는 이 분야에 상당한 변화를 일구어왔다. 비전을 정하고 그 비전이 어떤 모습일지 최선을 다해 그려본 뒤 비전을 실현할 초기 방법을 만들어라. 그런 뒤 현실 세계에서의 피드백을 바탕으로 비전 그리고 비전의 실현 방법 모두를 발전시키며 "역동적으로 조정해나가라." 내가 전하고 싶은 메시지는, 미래에 대한 긍정적인 생각을 하는 것도 대단히 중요하고 멋지지만, 실세계에서 실행되리라는 믿음이 있고 적절한 대응과 궤도 수정이 이루어져야 이런 생각들이 가장 효과적으로 실현될 수 있다는 것이다.

이제 수집, 명료화, 정리, 검토 방법론의 궁극적인 지점과 과제에 이르렀다. 지금이 수요일 아침 9시 22분이라고 하자. 당신은 무엇을 할 것인가?

9장

실행하기

최선의 행동 선택하기

실제로 상황을 헤쳐나가야 하고 일을 해치워야 하는 현실세계에서 당신은 주어진 시점에 무엇을 할지 어떻게 결정하는가?

앞서 말했듯이, 내 대답은 간단하다. 당신의 마음을 믿어라. 아니면 당신의 정신을 믿어라. 이런 단어들에 닭살이 돋는 사람이라면 본능, 직관, 육감 등 그 무엇이든 한 걸음 물러나 자신의 내면적 지혜의 원천이라 생각되는 것에 접근하도록 하는 기준점 역할을 하는 것을 믿어라. 자동적, 반사적인 선택이 아니라 사려 깊은 선택을 내린 적이 있는 사람이라면 내 말뜻을 알 것이다.

당신의 삶을 바람 부는 대로 날려버리라는 뜻이 아니다. 나는 실제로 인생의 한 시점에서 이 길을 치열하게 걸어갔기 때문에 이 교훈이 꼭 필요하지는 않더라도 가치 있는 것임을 입증할 수 있다.*

당신은 궁극적으로, 그리고 항상 자신의 직관을 믿어야 한다. 그러나 그런 믿음을 향상시키기 위해 할 수 있는 일들이 많다.

2장에서 개략적으로 설명한 것처럼 나는 행동을 결정할 때 다음 세 가지 중요한 틀이 매우 유용하다는 것을 발견했다.

- 주어진 순간의 행동 선택을 위한 네 가지 기준 모델
- 일과를 처리 확인하기 위한 3중 모델
- 일을 검토하기 위한 여섯 단계 모델

이 모델들은 일의 계층으로 보면 역순으로 제시되어 있다. 즉 전형적인 하향식 관점과 반대되는 접근법이다. GTD 방법론의 본질에 맞게 나는 아래에서 위 단계로 올라가는 방법이 유용하다는 것을 발견했다. 따라서 가장 일상적인 수준들부터 설명하도록 하겠다.

---

* 모든 걸 포기해버릴 방법은 무수히 많다. 물리적 세계와 현실을 무시하고 우주를 믿을 수도 있다. 나도 한때 내 나름의 방식대로 그렇게 했다. 아주 강렬한 경험이었고, 누구라도 이런 경험을 하지 않길 나는 바란다. 삶을 끝내겠다는 선택을 하지는 않았지만(하지만 아슬아슬한 상황이긴 했다) 내 현실의 관계들에서 벗어나려 했다. 나는 내가 활동하기로 선택한 세계와 협력하기 위해 배울 것이 많았다. 하지만 내면의 인식, 당신이 살고 있는 세계에 대한 내면의 지성과 조언에 굴복하는 것이 더 유리하다. 당신 자신 그리고 당신 지성의 원천을 믿는 것이 자유를 얻고 개인의 생산성을 실현하는 가장 훌륭한 방법이다.

주어진 순간의 행동 선택을 위한
네 가지 기준 모델

다음 네 기준에 따라 순서대로 행동을 선택할 수 있다.

- 상황
- 이용할 수 있는 시간
- 쓸 수 있는 에너지
- 우선순위

어떻게 하면 당신의 시스템과 행위들을 가장 잘 정리하여 그 역학을 활용할 수 있을지의 관점에서 이 기준들을 차례로 살펴보자.

상황

주어진 시점에서 가장 먼저 고려해야 할 것은 당신이 무엇을 할 수 있을지, 어디에 있는지, 어떤 도구를 가지고 있는지이다. 지금 전화기가 있는가? 직접 대면하여 이야기를 나누어야 하는 안건이 세 가지 있는 사람이 지금 앞에 있는가? 필요한 걸 사려고 상점에 있는가? 적절한 장소에 있지 않거나 적절한 도구가 없어서 행동을 할 수 없다면 그 행동에 대해서는 걱정하지 마라.

앞에서 말했듯이, '전화' '집에서' '컴퓨터' '심부름' '조와 관련된

> 자신의 의무들을 편하게 느끼면 자유를 얻는다.
> ― 로버트 프로스트 Robert Frost

사항들' '직원회의 안건' 등, 상황에 따라 실행 환기들을 정리하면 종종 도움이 된다. 상황은 가장 적절한 행동을 선택하기 위해 적용하는 첫 번째 기준이기 때문에 상황에 따라 분류된 목록이 있으면 무엇을 할지 쓸데없이 다시 평가해야 하는 수고를 덜어준다. 할 일 목록 하나에 올려진 다수의 일들 중에서 동일한 상황에서 할 수 없는 일들이 많다면 그 일들을 전부 다시 재고해야 할 것이다.

고객을 만나러 갔는데 도착해보니 약속이 15분 연기되었다면, 그 시간을 생산적으로 쓰기 위해 '전화' 목록을 참조하고 싶을 것이다. 언제라도 당신이 할 수 있는 일들에 따라 행동목록들을 열거나 닫아야 한다.

상황에 따라 실행 환기들을 정리할 때의 두 번째 이점은, 이를 위해 일거리들의 다음 물리적 행동이 무엇일지 판단을 내려야 한다는 것이다. 나는 모든 행동목록을 이런 방식으로 만들기 때문에, 한 항목을 어떤 목록에 올려야 할지 알려면 그 항목의 다음 물리적 행동을 먼저 판단해야 한다(이 항목은 컴퓨터가 필요한 일인가? 전화가 필요한 일인가? 상점에 가야 하는 일인가? 아내와 이야기를 나누어야 하는 일인가?). '잡동사니' 행동목록(특정 상황에 해당하지 않는 행동)을 만든 사람들도 종종 자기도 모르는 사이에 다음 행동을 판단하곤 한다.

나는 함께 일한 사람들에게 수집함을 처리할 때 초기에 목록 카테고리들을 만들라고 자주 권한다. 그러면 프로젝트들을 진행하기 위해 해야 하는 실제 일들과 프로젝트들이 자동으로 연결되기 때문이다.

▶ **상황을 창의적으로 분류하기** | 이 방법론을 지속적으로 실행하기 시작하면 상황 카테고리들을 자신에게 맞게 조절하는 창의적인 방식들을 발견할 것이다. 필요한 도구나 물리적 장소에 따라 분류하는 방식이 가장 일반적이지만, 그 외에도 실행 환기들을 걸러내는 자신만의 유용한 방식들이 종종 있다.

나는 장기여행을 떠나야 할 때면 '여행 전에'라는 임시 카테고리를 만들어 내 행동목록들에서 출발 전에 처리해야 하는 항목들은 전부 이곳으로 옮긴다. 그러면 이 목록만 검토하여 출발 전에 해야 하는 행동들을 다 처리할 수 있다. 또한 나는 '창의적 집필' 모드에 있어야 하는 다음 행동들이 많다. 이 행동들은 '컴퓨터에서' 목록에도 해당하지만, 랩톱에서 해야 하는 나머지 일들과는 다른 시간과 마음가짐이 필요하다. 이런 일들을 '창의적 집필'이라는 행동목록으로 분류하면 훨씬 더 편안하고 생산적으로 집중력을 관리할 수 있다. 또한 현재 나는 컴퓨터가 필요한 행동들을 인터넷 접속이 필요 없는 행동들과 필요한 행동들 그리고 서핑만 하면 되는 행동들(웹에서 조사할 재미있거나 흥미로운 일들)로 나누었다.

수년간 나는 '단순노동(머리를 쓸 필요 없는 단순한 행동들)' '5분 이하(재빨리 해치워야 하는 일들)'라는 카테고리를 효과적으로 이용하는 사람들을 보았다. 생활과 업무에서 '재무' '가족' '행정' 등 초점에 맞춰 분야별로 실행 환기를 정리하면 편리하다고 느끼는 사람들도 있다. 최근에 어떤 사람은 다른 사람들 돕기, 생활의 안정, 부의 축적 등, 어떤 행동을 했을 때 즉각적으로 얻는 감정적 보상에 따라 행동들을 분류하니 효과적이었다고 이야기했다. '다음 행동목록'을 어떻게 구성하느냐에는 '정답'이 없다. 단, 당신에게 가장 잘 맞는 구성이어야 하고, 생활이 변화하면 시스템의 그 부분도 변화해야 할 것이다.*

이 과정의 초보자라면 이런 세분화와 구별이 불필요하거나 어렵게 느껴질 수 있다. 그러나 생활과 업무에서 해야만 하는 실행 다음 목록은 실제로 전부 처리해서 확인해보면 1백 개도 훨씬 넘을 것이라는 점을 명심하라. 효과적인 '외부 두뇌'를 구현하고 그 놀라운 효과를 얻기 위해 기초단계의 일들을 이렇게 정교하게 관리하면 엄청난 보상을 얻을 것이다.

---

* 이상적으로는 모든 다음 실행 환기들, 이를테면 필요한 시간이나 지력이나 장소나 도구, 감정적 보상, 해당하는 삶의 분야, 목표와 지원되는 프로젝트 등, 당신이 원하는 어떤 방식으로든 다 볼 수 있으면 좋다. 하지만 문제는 얻을 수 있는 가치와 비교했을 때 어느 정도로 세분화해도 괜찮을 것인가이다. 내용을 시스템에 입력하기 위해 너무 많은 생각과 수고가 필요하다면, 그 작업을 하지 않게 될 것이다. 목록 및 카테고리 관리 애플리케이션이 여러 새로운 방식으로 정보를 분류할 기회를 점점 더 많이 제공하지만, '한창 치열하게 일하는 와중에' 시스템을 활용하는 데 에너지를 쓸 가치가 있는지 항상 주의 깊게 평가해야 한다(스프레드시트 프로그램이 나온 뒤로는 열들을 적절히 구성하고 정렬sorting 매크로를 사용해 상황에 따른 분류 기능을 만들 수 있다. 하지만 단지 '형에게 전화하기'를 실행 환기로 삽입하려고 이 모두를 살펴봐야 할까?).

이용할 수 있는 시간

행동을 선택할 때 두 번째 요소는 다른 일을 해야 할 때까지 시간이 얼마나 남아 있는가이다. 10분 뒤에 시작하는 회의에 참석해야 한다면 앞으로 두 시간 동안 스케줄이 없을 때와는 다른 행동을 할 것이다.

당연한 말이지만, 당신에게 주어진 시간이 얼마인지 아는 것이 좋다(따라서 일정표와 시계를 바로 이용할 수 있으면 좋다). 전체 생활의 실행 환기 목록은, 해야 하는 일에 대해 최대의 정보를 제공하고 당신이 가진 시간에 알맞은 행동을 더 쉽게 찾도록 도와줄 것이다. 다음 회의까지 10분이 남아 있다면 10분 안에 처리할 수 있는 일을 찾아라. 목록에 규모가 크거나 중요한 일들만 있다면 10분 안에 처리할 수 있는 항목이 없을 수도 있다. 특히 다음 실행 환기가 빠져 있다면 더욱 그러하다. 아무튼 그중에서 시간이 좀 덜 걸리는 행동을 해야만 한다면 하루 중 뜻밖에 생긴 짬을 활용하는 게 가장 좋다.

또한 두 시간 정도 정신적으로 매우 집중하며 일을 하다 보면 관심을 돌려 좀 쉬운 일을 하고 싶을 때도 많다. 그럴 때는 쉽게 빨리 해치울 수 있는 단순한 일에 대한 행동목록들을 가볍게 훑어보면 좋다. 식당 예약을 변경하거나 친구에게 전화를 걸어 생일축하를 하거나 새 모이를 주문하거나 그저 '심부름' 목록에 있는 무언가를 위해 근방의 상점이나 약국에 다녀와도 된다.

쓸 수 있는 에너지

상황을 바꾸고 초점을 다른 곳으로 옮기면 때때로 새로운 기운이 생기기도 하지만 그것도 한계가 있다. 하루 종일 기나긴 예산편성 회의를 하고 난 뒤는 잠재 고객에게 전화를 걸거나 실적 검토 정책의 초안을 작성하거나 배우자에게 민감한 이야기를 꺼내기에 적절한 타이밍이 아니다. 이럴 때는 항공사에 전화를 걸어 예약을 변경하거나 비용 영수증을 처리하거나 테라스로 나가 일몰을 보거나 여행 잡지를 훑어보거나 서랍을 정리하는 게 더 낫다.

> 보다 효율적으로 생각할 때가 있고 생각을 전혀 하지 말아야 하는 때도 있다.
> — 다니엘 코언 Daniel Cohen

할 수 있는 모든 다음 행동들의 목록을 가지고 있으면 다양한 시간을 활용할 수 있는 것처럼, 언젠가 처리하고 실행해야 하는 모든 일을 알고 있으면 지금 몸의 컨디션에 맞춰 알맞은 활동을 선택할 수 있다.

나는 정신력이나 창의력이 그다지 요구되지 않는 일들의 목록을 항상 유지하라고 권한다. 그래서 에너지가 떨어졌을 때 이런 일들을 해라. 편하게 읽을거리(잡지, 기사, 카탈로그, 웹 서핑), 입력해야 하는 연락처 정보, 파일 정리, 컴퓨터 백업, 심지어 식물에 물을 주거나 스테이플러에 심 채워 넣기 등 어쨌거나 언젠가 해야 하거나 하고 싶은 일들은 무수히 많다.

개인관리 시스템의 경계들이 뚜렷해야 하는 이유 중 하나가 이것이다. 이렇게 하면 컨디션이 최상의 상태가 아닐 때도 생산적인 활동

을 계속 이어가기 쉽다. 기운이 떨어졌는 | 최상의 상태가 아닐 때도 생산성이
데 읽을거리가 정리되어 있지 않고 영수 | 높지 않으리라는 법은 없다.
증들은 여기저기 흩어져 있는 데다 파일링시스템은 엉망이고 수집함은 제대로 기능을 하지 않으면, 해야 할 작업들을 발견하고 정리하는 것만도 너무 버겁게 느껴져서 아무 일도 하지 않게 되고 기분이 더 나빠진다. 에너지를 높이는 가장 좋은 방법 중 하나는 해결되지 않은 일을 일부 처리하는 것이다. 그러니 처리하기 쉬운 일을 항상 바로 가까이에 두어야 한다.*

행동 선택을 위한 이 세 기준들(상황, 시간, 에너지)은 완벽한 다음 실행 환기 시스템의 필요성을 보여준다. 다음 행동 선택을 위해 조화롭고 정리된 생각을 할 만한 상태가 아닌 때가 많다. 이런 생각은 미리 해두어야 한다. 그래야 '현재 상태에서' 더 많은 일을 할 수 있고 상황에 맞는 행동들을 선택할 수 있다.

우선순위

상황, 보유한 시간, 에너지를 고려했다면, 행동 선택의 다음 기준은 상대적 우선순위이다. '남아 있는 대안들 중에서 가장 중요한 게 무엇일까?'

나는 사람들에게서 '우선순위를 어떻게 정하나요?'라는 질문을 자

---

* 에너지가 별로 들지 않는 일을 하는 이유가, 그 순간에 할 수 있는 가장 생산적인 일이어서인지, 꼭 해야 하는 힘든 일을 하기 싫어서인지 구별하기 힘든 건 인정한다.

당신의 일이 정말로 무엇인지 명확하게 알지 못하면 자신이 내린 선택에 안심할 수 없다.

주 듣는다. 해야 할 일들이 감당하기 힘들 정도로 많았던 경험에서 우러나오는 질문이다. 이 사람들은 어려운 선택을 내려야 한다는 것과 어떤 일들은 전혀 하지 못할 수 있다는 걸 알고 있다.

하루가 끝날 무렵, 그날 처리하지 않은 일 때문에 찝찝하지 않으려면 자신의 책임, 목표, 가치관에 대해 어느 정도 의식적으로 판단을 해야 한다. 이 과정에서는 목표, 가치관, 정리의 방향, 당신의 삶에서 의미 있는 사람들 그리고 그 관계가 당신에게 지니는 중요성들이 종종 복잡하게 상호작용한다. 이 기준은 앞에서 잠깐 설명했고 곧 자세히 다룰 일을 정의하는 6단계 지평선 모델을 활용하면 해결된다.

일과를 처리 확인하기 위한 3중 모델

우선순위 설정은 어떤 것들이 다른 것들보다 더 중요하다고 가정하는 것이다. 하지만 무엇에 관해 중요하다는 걸까? 여기에서는 당신의 일, 즉 자신에게서 그리고 다른 사람에게서 받아들인 일을 가리킨다. 이 부분은 일을 정의하는 작업과 관련된 다음 두 가지 틀을 이용해 생각해야 한다. 이 방법론은 주로 당신이 업무적으로 초점을 두는 영역에 적용되지만, 나는 '일'을 업무뿐 아니라 개인적으로 해야 한다고 생각하는 모든 것을 가리키는 보편적인 의미로 사용하고 있다.

오늘날에는 일상 업무 자체가 많은 직장인들에게 비교적 새로운 유형의 과제를 안겨준다. 생산적인 시스템을 구축하기 위해 노력하면 이 과제를 이해하는 데 도움이 된다. 앞에서 설명한 것처럼, 근무일에 당신은 어느 시점에서든 다음 세 가지 유형의 활동 중 하나를 하고 있을 것이다.

- 미리 정해진 일을 한다.
- 예상하지 못했지만 즉석에서 생긴 일을 한다.
- 일을 정의한다.

당신은 행동목록에 올라 있는 일들을 하거나, 갑자기 생긴 일들을 하거나, 수집된 것들을 분류하여 지금 혹은 나중에 해야 하는 일을 결정하고 있을 것이다.

이건 누구나 아는 이야기다. 하지만 많은 사람들이 두 번째 행동—계획에 없이 뜻밖에 나타난 일들 처리하기—에 너무 쉽게 휘말려 나머지 둘을 제대로 하지 못한다.

월요일 오전 10시 26분, 당신은 사무실에 있다. 지금 당신은 잠재 고객에게서 걸려온 뜻밖의 전화를 받아 30분간의 전화를 막 끝낸 참이다. 당신은 전화 중에 세 페이지에 걸쳐 메모를 휘갈겨 썼다. 지금부터 약 30분 뒤인 11시에 직원들과의 회의가 잡혀 있다. 전날 밤

늦게까지 장인, 장모와 밖에 있어서 아직도 좀 피곤하다(장인에게 전화를 걸겠다고 했는데, 무슨 일로 건다고 했더라?). 비서가 국제우편물 두 개를 책상에 올려놓으며 세 건의 긴급회의 요청이 들어왔는데 어떻게 하면 좋을지 이야기해달라고 한다. 이틀 뒤에 중요한 전략기획 회의가 잡혀 있는데 당신은 아직 아이디어들을 명확하게 정리하지 못했다. 오늘 아침에 출근할 때 차의 연료표시등에 불이 들어왔다. 게다가 아까 복도에서 만난 상사가 어젯밤에 보낸 이메일에 대한 당신의 생각을 오늘 오후 3시 회의 전에 듣고 싶다고 넌지시 이야기했다.

당신의 시스템은 월요일 아침 10시 26분의 이 모든 현실을 충분히 뒷받침할 수 있도록 구축되었는가? 아직도 머릿속에 일들이 들어 있고 목록에서 '중요한' 일거리만 수집하려고 애쓰고 있다면 그 대답은 '아니요'일 것이다.

나는 사람들이 애매한 일들을 처리, 정리, 검토, 평가하는 것보다 갑자기 생긴 일들과 위급한 일들을 처리하는 걸 더 편하게 느낀다는 걸 발견했다. 사람들은 '바쁘고' '긴박한' 모드에 말려들기 쉽다. 특히 책상 위와 이메일, 머릿속에 처리되지 않고 비교적 통제할 수 없는 일들이 잔뜩 있을 때 더욱 그러하다.

실제로 우리의 생활과 업무의 많은 일들이 갑자기 생긴다. 그리고 그런 일이 나타나면 종종 그 일을 우선적으로 하게 된다. 대부분의 사회인들(그리고 어린아이들의 부모들도!)은 다양한 형태로 나타나는 새로운 일들을

수집함, 이메일, 그 외의 열린 고리들을 처리하기보다 그 순간의 급한 요구들을 마무리하려 들기 쉽다.

즉각 처리할 수밖에 없는 입장이다. 예를 들어, 상사가 갑자기 당신의 사무실에 와서 몇 분 시간을 내달라고 하면 당신은 하던 일을 놔두고 상사에게 주목해야 한다. 상사에게서 어떤 요청을 받으면 그날 당신이 해야 한다고 생각했던 다른 어떤 일보다 그 요청이 갑자기 1순위가 된다. 중요한 고객의 주문을 처리하는 데 심각한 문제를 발견하면 그 일을 곧바로 처리해야 한다. 혹은 아기가 갑자기 심한 감기에 걸리면 아기에게 매달려야 한다.

모두 그 일을 먼저 하겠다는 판단을 내릴 만한 상황이다. 하지만 목록의 다른 행동들이 당신 혹은 당신과 다른 사람들 사이에 재검토되거나 재협상되지 않으면 불안이 쌓이기 시작한다. 목록에 정해놓은 일들을 하지 못해도 견딜 수 있으려면 당신이 어떤 일을 하지 않고 있는지 파악하고 있어야 한다. 그러려면 수집함을 정기적으로 처리하고(일 정의하기) 미리 정해놓은 모든 일들의 목록을 지속적으로 검토해야 한다.

미리 정해놓은 일 대신 갑자기 나타난 일을 하기로 결정하는 것이 최선의 판단에 따른 의식적인 선택이라면 당신은 할 수 있는 가장 효과적인 방법으로 경기에 참여하고 있는 것이다. 그러나 대부분의 사람들은 전체 프로젝트와 행동목록을 명료화하고 관리하고 재협상하는 방법에서 중요하게 개선해야 할 점들을 갖고 있다. 당신이 정해놓은 어떤 일을 하지 못해 마음이 불편한 채로 긴급한 일들을 처리한다면 불안과 걱정이 찾아올 것이다. 그러면 이런 스트레스와 능률

> 성공하려면 제2안을 처리하는 법을 배워야 한다.
> —미상

감소가 갑자기 들이닥친 일들 때문이라고 탓하는 경우가 많다. 그러나 당신이 하고 있는 일과 하지 않고 있는 일을 파악하기만 하면, 갑자기 일어나는 일들은 유연하고 창의적이며 탁월하게 일할 수 있는 또 다른 기회이다.

느닷없는 요구나 요청을 부정적으로 생각하는 또 다른 이유는, 당신의 시스템이 그 요구와 관련해서 해야 하는 행동이나 그때 하고 있던 일을 표시하여 상기시킬 수 있을지 믿지 못하기 때문이다. 사람들은 갑자기 생긴 새로운 일에 관해 뭔가를 해야 한다는 건 안다. 하지만 시스템에 단순한 메모 하나 넣어두는 것만으로 적절한 타이밍에 그 일을 할 수 있을 것이라 믿지 않는다. 그래서 원래 하던 일을 멈추고 자신의 생활을 어지럽히는 방해꾼이라 불평하면서도 지금 막 요청받은 일을 바로 실행한다. 하지만 사실 방해는 없다. 인풋이 관리되지 않는 것뿐이다.

게다가 수집함과 행동목록을 오랫동안 처리하지 않고 놔두면 나중에 그 안의 일들이 긴급사항으로 떠올라서 불난 집에 부채질을 하게 된다.

불가피하게 거의 끝도 없이 이어지는 갑작스런 일들을, 자신의 일을 정의하고 전체 목록을 관리해야 하는 책임을 피하는 방법으로 이용하는 사람들도 많다. 우리는 그리 중요하지 않아도 당장 눈앞에 던져진 일거리

> 방해는 없다. 인풋이 관리되지 않는 것뿐이다.

에 솔깃해지기 쉽다. 특히 수집함과 개인관리 체계를 통제하지 못하고 있는 경우 더욱 그러하다. '여기저기 오가며 관리한다'는 말은, 비정형적으로 쌓인 일거리들에서 도망치기 위한 변명이기 쉽다.

바로 이런 상황에서 GTD 방법론이 필요해진다. 대부분의 사람들은 일의 경계를 정의하고 엄청난 수의 열린 고리들을 관리해야 하는 세계에서 자라지 않았다. 하지만 엄격하게 정의된 시스템에 인풋을 빠른 속도로 처리하는 기술과 습관을 발달시키면 무엇을 해야 할지, 어떤 일을 중단해야 할지, 그 대신 어떤 일을 해야 할지에 관한 자신의 선택을 더 잘 믿을 수 있다.

순간순간의 균형 맞추기

무술 고수가 되면 번개 같은 속도로 몸무게를 한쪽 다리에서 다른 쪽으로 옮겼다가 다시 원 상태로 되돌릴 수 있다. 예를 들어 수집함을 처리하고 있는데 비서가 들어와 즉각 관심이 필요한 상황에 관해 보고했다고 하자. 그래도 걱정할 것 없다. 수집함과 이메일은 여전히 그 자리에 있고, 균형 잡힌 시각으로 처리해야 하는 일들도 당신이 돌아와 다시 집어들 때까지 전부 그대로 있다. 전화기를 붙들고 있는 동안 행동목록을 검토하여 전화를 끊었을 때 무엇을 할지 알 수도 있다. 갑작스런 일들에 적절히 대응하는 데 익숙해지면 아기가 거실에서 기어 다니고 있을 때 '컴퓨터에서' 목록에 있는 간단한 웹 서핑을 할 수 있다. 회의가 시작되길 기다리는 동안 들고 온 읽기/검토

자료들을 처리할 수 있다. 예상치 못하게 상사와 대화하느라 다음 회의까지 남은 시간이 12분뿐이라고 해도 그 시간을 잘 활용할 방법을 쉽게 찾을 수 있다.

당신은 이런 행동들을 한 번에 하나씩만 할 수 있다. 누군가의 사무실에 멈춰 서서 이야기를 나누고 있다면, 당신은 자신의 목록에 있는 일들을 실행하거나 들어오는 일거리들을 처리하지 않고 있는 셈이다. 문제는 당신이 하기로 결정했던 일들에 대해 자신감을 갖는 것이다.

그렇다면 이를 어떻게 판단할까? 여기에도 당신의 직관적 판단이 개입할 것이다. 뜻밖에 생긴 일을 나머지 일들과 비교하면 얼마나 중요한가? 얼마나 오래 수집함을 처리하지 않고 모든 일거리들을 검토하지 않고 놔두어도 무슨 일을 할지 자신이 제대로 결정을 내리고 있다고 믿을 수 있을까?

사람들은 갑자기 생긴 일 때문에 방해를 받아 자기 일을 하지 못한다고 종종 불평한다. 하지만 삶에서 방해를 피할 도리는 없다. 들어오는 일들을 신속하게 해치우는 데 능하고 갑자기 생긴 틈새시간을 이용할 수 있을 만큼 정리된 사람이라면 한 가지 일에서 다른 일로 신속하게 옮겨갈 수 있다. 가령 전화회의를 기다리면서 이메일을 처리할 수 있다. 연구에 따르면, 실제로 멀티태스킹을 할 수는 없다고 입증되었다. 즉, 한 번에

> 뜻밖의 일들(가능한 일들인데도)을 무시하면 기회, 자율성, 삶의 풍요로운 순간들을 누리지 못하고 살아야 할 것이다.
> ─ 스티븐 코비 Stephen Covey

한 가지 일 이상에 의식적으로 주의를 집중할 수 없다. 그리고 멀티태스킹을 하려 들면 성과에 상당한 하자가 생긴다. 일들이 전부 머릿속에만 들어 있는 사람은 머리에서 멀티태스킹을 하려고 시도할 것이다. 하지만 그건 정신적으로 불가능하며 많은 사람들에게 엄청난 스트레스가 된다. 그러나 아직 완료되지 않은 항목들을 적절한 곳에 보관하는 습관을 가지면 무술의 고수처럼 정확하게 한 가지 일에서 다음 일로, 그리고 다시 원래의 일로 깔끔하게 오갈 수 있다. 무술의 고수는 4대 1로 싸울 때 겉으로는 한 번에 네 사람을 상대하는 것처럼 보이지만, 사실은 그저 주의를 이리저리 신속하게 전환하고 있는 것이다.

   하지만 진행되고 있는 일들을 수집하고 나중에 기억하도록 표시하는 데 '유단자'급인 사람일지라도 수많은 일들 중에서 신속하고 적절하게 선택을 내리는 법을 익혀 업무흐름에 건전한 균형을 유지해야 한다. 일의 성격과 목표에 대한 스스로의 명확한 인식을 바탕으로 선택을 내려야 할 것이다.

   갑작스런 일들을 처리하는 능력은 경쟁력이며, 자신의 라이프스타일에서 분별력과 지속성을 유지하는 열쇠이다. 하지만 특정 시점에서 일들을 따라잡지 못하고 통제하지 못한 채 눈앞의 일들만 처리하느라 바쁘면 능률이 떨어질 것이다. 그리고 지금 하고 있는 일을 중단하고 다른 무언가를 해

> 예상치 못한 일들이 나타났을 때 그 일을 한다면, 그건 가장 쉽게 할 수 있는 일이어서가 아니라 다른 일보다 먼저 해야 하는 일이기 때문이어야 한다.

야 할지 판단하려면, 궁극적으로 당신의 모든 역할들을 알아야 하며 더 넓은 맥락에서 그 역할들이 어떻게 어우러질지 잘 알아야 한다. 이를 위한 유일한 방법은 생활과 업무를 여러 일 관점 지평선에서 적절하게 평가하는 것이다.

일을 검토하기 위한 여섯 단계 모델

2장에서 살펴본 일의 여섯 단계는 건물의 각 층처럼 고도에 따른 사고를 뜻한다.

- 지평선 5: 삶
- 지평선 4: 장기적 비전
- 지평선 3: 1~2년간의 목표
- 지평선 2: 포커스의 영역과 책임
- 지평선 1: 현재 프로젝트들
- 기초: 현재 행동들

각 단계가 상위 단계들을 강화하고 연계해야 한다는 말도 일리가 있다. 즉, 우선순위는 위에서 아래로 향할 것이다. 당신이 걸기로 한 전화가 삶의 목적이나 가치와 충돌한다면 그 전화를 걸지 않을 것이다. 당신의 현재 업무구조가 1년 뒤 자신이 있어야 하는 자리와 맞지 않을 경우, 당신이 향하는 곳에 효과적으로 도착하려면

> 당신이 할 일은 자신의 일을 발견하고 진심을 다해 그 일에 몰두하는 것이다.
> — 붓다 Buddha

포커스의 영역과 자신의 역할을 어떻게 짜야 할지 재고해야 한다.

위의 첫 번째 예를 상향식 접근방식으로 살펴보자. 걸어야 하는 전화(행동)는 당신이 추진하고 있는 거래(프로젝트)와 관련된 것으로, 거래가 성사되면 매출이 늘어날 것이다(책임). 이 특별한 거래는 당신이 영업팀에서 승진할(목표) 수 있는 기회를 제공할 것이다. 당신의 회사가 진출하고 싶어 하는 새로운 시장에서의 거래이기 때문이다(조직의 비전). 그리고 재정적으로나 직업적으로 당신이 원하는 생활에 더 가까이 다가가도록 해줄 것이다(삶).

이제 위에서부터 아래로 살펴보자. 당신은 독립해서 자신과 정말 잘 맞는 특정 분야에 자산과 재능을 쓰기로 결정했다(삶). 그래서 회사를 설립했고(비전) 단기적인 핵심 운영 목적(목표)들을 설정했다. 그러자 회사가 굴러가기 위해 당신이 해야 하는 중요한 역할들과(책임) 성취해야 하는 즉시적 성과(프로젝트)들이 생겼다. 그리고 각 프로젝트에 대해 여건이 되면 곧바로 해야 하는 일들이 만들어질 것이다(다음 행동).

편안하게 통제력을 발휘하고 생산성을 향상시키기 위한 가장 효과적인 접근방식은 모든 단계들을 균형 있게 관리하는 것이다. 어느 단계에서든 모든 열린 고리들, 완료되지 않은 모든 일들, 지금 당장

해야 하는 모든 할 일들을 최선을 다해 처리 확인해야 한다. 의식적이든 아니든 이것들은 모두 이 여러 단계들에 대한 당신의 생각에서 영향을 받는다. 현재의 일들을 받아들이고 객관적으로 평가하지 않으면, 그리고 자신이 생성한 것들을 잘 관리할 수 있다는 자신감이 없으면 새로운 해안을 향해 출항하는 일은 늘 어렵다. 이메일 시스템 내에 무엇이 있는가? 아이들과 함께 시작하거나 마쳐야 하는 프로젝트들은 무엇인가? 사무실에서의 현재 역할들을 처리하기 위해 해야 하는 일은 무엇인가? 다음 몇 달 혹은 몇 년 동안 변화시켜야 하거나 만들어내고 싶은 건 무엇인가? 이 모두가 당신 머릿속에 있는 열린 고리들이다. 하지만 더 큰 목표와 미묘한 성향을 처리 확인하기 위해서는 종종 좀 더 심오한 성찰의 과정들이 필요하다.

현재의 삶에 충실하면 마법이 일어난다. 나는 지금 무엇이 일어나고 있는지, 무엇이 사실인지 명확하게 관찰하는 것만으로도 큰 효과를 얻는 것에 항상 놀란다. 자신의 재무상황을 세부적으로 정확히 파악하거나, 매입하려는 회사의 과거 데이터를 분명히 처리 확인하는 일, 분쟁이 일어났을 때 누가 누군가에게 무슨 말을 했는지 정확한 사실을 입수하는 일은 꼭 필요하거나 즉각 문제가 해결되지는 않더라도 도움이 될 수 있다.

> 성공을 위한 가장 좋은 장소는 당신이 지금 서 있는 곳이다.
> — 찰스 슈워브 Charles Schwab

일들을 처리하고 여기에 만족하려면 당신의 의식 내에 있는 모든 일들을 인식하고, 처리 확인하고, 적절하게 실행하려는 의지가 있어야 한다. 최소의 스트레스로 생산성을 실현하는 기술을 터득하는 데도 이런 의지가 필요하다.

▶ **상향식 접근방식** | 삶의 각 단계들을 생산적으로 연계하기 위해 위의 단계부터 아래로 나아가며 명료화를 시작해도 괜찮다. 먼저 당신이 이 세상에 있는 이유를 생각하여 결론을 내린다. 그리고 그 이유를 가장 잘 충족시킬 수 있는 생활과 업무의 유형, 생활방식이 무엇인지 파악한다. 어떤 직업과 인간관계가 그 방향을 지원할까? 지금 당장 실행해야 할 중요한 일들은 무엇이고 각각을 시작하기 위해 가능한 한 빨리 실제로 할 수 있는 행동은 무엇인가?

사실 당신은 언제든 어느 단계에서든, 우선순위들을 다룰 수 있다. 나는 각 단계에 대한 인식과 초점을 강화하기 위해 건설적으로 할 수 있는 것을 항상 가지고 있다. 내게는 늘 다듬어야 할 비전, 재평가해야 할 목표, 처리 확인하거나 만들어야 할 프로젝트, 결정해야 할 행동이 있었다. 무엇이든 당신이 하고 있는 일을 명확히 알고 충실히 수행하기 위해 필요한 단계들에 적시에 집중하는 방법을 배우는 것이 요령이다.

모든 일은 궁극적으로 그보다 상위 단계인 우선순위들에 의해 움직이기 때문에 우선순위 설정은 꼭대기에서 시작하는 게 가장 효과적이다. 예를 들어 일의 우선순위를 정하느라 시간을

> 어떤 단계이든 우선순위들을 명확히 할 기회는 있다. 어떤 지평선이 적절할지 주의를 기울여라.

맨 아래 단계를 통제할 수 없는데 하향식으로 관리하려 하는 것은 가장 비효율적인 접근방식일 수 있다.

썼는데 나중에 그 일을 안 해도 된다는 걸 알게 되었다면 정말로 원하는 다음 작업을 정의하는 데 쓰면 좋았을 시간과 에너지를 낭비한 것이다. 문제는, 실행단계를 통제하지 못하고 자신이 이 단계들을 제대로 관리할 수 있다는 믿음이 없다면 하향식 관리방식이 종종 좌절을 안겨준다는 것이다.

실용적인 관점에서 나는 아래 단계에서 위로 올라가라고 권한다. 사람들에게 두 방향을 모두 가르쳐본 경험에 따르면, 그리고 지속적인 가치라는 측면에서 보면, 현재의 물리적 세계의 세부사항을 통제하도록 한 뒤 여기서부터 초점을 상승시키면 실패한 적이 없었다.

상향식으로 일하는 주된 이유는 일단 머리를 깨끗이 비워 좀 더 의미 있지만 파악하기 어려운 비전들을 처리 확인하는 데 창의력을 집중할 수 있다는 것이다. 또한 이 특별한 방식은 매우 유연하고 자유로우며, 무엇에 초점을 맞추든 보편적이고 효과적인 사고와 정리 작업을 할 수 있다. 따라서 당신이 현재 처리하고 있는 실제 내용이 무엇이든 간에, 이 방식을 배워둘 만한 가치가 있다. 당신이 생각을 바꾸면, 이 절차는 당신이 최대한 빨리 적응하도록 도와줄 것이다. 비전이나 목표를 재설정하는 데는 시간이 걸리지 않는다. 하지만 능률적이고 조화로우며 스트레스 없이 이를 객관화하고 실행하는 법은 배우고 연습해야 하는 기술이다. 자신이 이렇게 할 수 있다는 걸 알면 더 큰 게임에서 활약할 수 있을 것이다. 이건 정말 큰 힘이다.

수년간의 경험을 통해 나는 처리해야 하는 가장 중요한 일이 주로 당신의 머릿속에 있다는 걸 발견했다. 당신이 그렇게 생각하지 않는다고 해도 상관없다. 그 일은 머릿속에 있고, 여기에는 이유가 있다. '고양이 먹이 사기'는 분명 이론적인 우선순위 목록의 상위에 있 지는 않을 것이다. 하지만 그 순간 그 행동에 가장 끌린다면 어떤 식으로든 그 일을 처리하는 것이 우선이다. 당신의 주의를 끄는 일을 일단 해결하면 여기에서 자유로워져서 진짜로 당신의 주의를 끄는 일이 무엇인지 알 수 있다. 내가 함께 일한 임원들은 거의 예외 없이 근무환경의 핵심 요소들―이메일, 회의, 출장, 선로를 이탈한 프로젝트들 등―을 관리하는 데 가장 큰 어려움을 겪었다. 이 모든 것들을 통제하기 시작하면 이들은 항상 가족, 경력, 삶의 질 같은 더 높은 관점의 초점과 관심 분야로 시선을 돌린다. 따라서 어떤 지평선 혹은 삶의 어떤 내용에 가장 우선순위를 두어야 할지 너무 신경 쓰지 않아도 된다. 그러면 당신에게 정말로 해당하는 것, 의미 있는 것을 더 효과적으로 발견하고 해결할 것이다.*

> 당신의 주의를 끄는 일을 처리하고 나면, 정말로 당신의 주의를 끄는 일을 발견하게 될 것이다.

지평선 5(목적과 원칙)가 우선순위를 정하는 가장 중요한 영역임은 분명하지만, 경험에 따르면 우리가 관여하는 모든 단계의 일들, 특히

---

* 이러한 점 때문에 GTD 방법론을 받아들이고 실행하길 거부하는 사람도 있을 것이다. 이 방식을 실행한 결과 표면화될 수 있는 상위 지평선의 일부 문제들에 직면하기 싫기 때문이다. 역설적이게도, 정신없을 정도로 바쁜 것이 적어도 임시적이나마 편안함을 유지하는 효과적인 방법이 될 수 있다.

기초단계와 지평선 1단계를 이해하고 구현하면 더 중요한 일을 할 수 있는 여유와 자원을 얻는다. 배가 가라앉고 있는데 배가 어느 방향을 향하고 있는지 신경 쓰지는 않을 것이다. 상향식 접근방식은 개념적으로 생각하면 우위가 아니지만, 실용적인 관점에서 보면 균형 잡히고 생산적이며 안락한 생활을 꾸리기 위한 중요한 요소다.

기초 맨 먼저 당신의 행동목록이 완전한지 처리 확인해야 하는데, 이는 그 자체로 꽤 힘든 작업이다. 모든 항목들을 수집하고 객관화하는 데 집중하다 보면 잊어버리거나 잘못 배치거나 아예 인식하지 못한 것이 많다는 걸(종종 중요한 항목들 중에서도) 발견한다.

일정표를 제외하고, 사람과 회의와 관련한 모든 안건들을 포함해 다음 행동과 항목이 적어도 50개가 되지 않는 사람은 정말로 모든 항목을 수집했는지 의심해보아야 한다. 2부에서 설명한 단계들과 제안들을 엄격하게 따라왔다면 다음 행동들이 이미 생성되었을 것이다. 그렇게 하지 않아 이 단계를 갱신하고 싶다면 얼마간 시간을 내서 진정한 실행 모드로 4~6장의 내용을 구현해보기 바란다.

이 단계에 대한 통제력을 갖추었다면 자연히 좀 더 현실에 기반을 두고 당면한 우선순위들을 판단할 것이다. 이 단계에 대한 통제력이 없으면 이렇게 하기가 거의 불가능하다.

지평선 1 프로젝트 목록을 마무리한다. 하나 이상의 행동이 필요한 할 일들이 정말로 목록에 모두 수집되었는가? 프로젝트 목록이 있으면 주 단위로 할 일들의 경계를 정의하고 좀 더 긴 시간 느긋하게 생각해도 될 것이다.

이 단계에서 하고 싶은 생활과 업무의 모든 일에 대해 완전한 목록을 작성하면, 해야 하는데 알아차리지 못한 행동들이 있다는 걸 알게 될 것이다. 이런 객관적인 목록을 만들어두기만 해도 재량껏 쓸 수 있는 시간이 났을 때 무엇을 할지 결정하는 데 탄탄한 토대가 될 것이다. 프로젝트 목록을 최신으로 갱신하면 관심 있는 일들을 쉽게 진행하기 위해 할 수 있는 몇 가지 일들이 있다는 걸 알게 된다.

이런 명확한 데이터를 정리하고 객관적으로 이용할 수 있게 만드는 사람은 극히 드물다. 오늘 오후에 무엇을 해야 할지 검토하기 전에 먼저 이 정보를 가지고 있어야 한다.

다시 한 번 말하지만, GTD 방법론을 실천하면 적절한 프로젝트 목록들이 만들어질 것이다. 우리가 코치한 대부분의 사람들은 자신의 목록이 철저하다고 믿을 정도로 수집, 명료화, 정리 작업을 하는 데 10~15시간이 걸렸다.

그리고 '물과 같은 마음'이라는 가장 순연한 상태(그 순간에 하는 일 외에 다른 건 머리에 없는 상태)에 이르기 위한 가장 흥미로운 과제들을 안고 있는 것 같은 단계가 지평선 1이다. 누구에게나 성가시거나 흥미롭거나 주의를 딴 데로 돌리는 상황이 나타나지만, 여기에 대응하는 방법을 곧바로 분명하게 알 수 있는 건 아니다. 아들이 수학 교사와 문제가 생길 수도 있고, 회사에서 어떤 절차를 실행하는 데 시간이 오래 걸려 답답할 수도 있다. 기금모금위원회 운영자와 관련해 문제가 있을 수도 있고, 그림 그리는 일에 관심을 가져야 한다는 생각이 계속 들 수도 있다. 그렇게 미묘하게 속삭이는 내면의 소리들은 당신에게 각각(프로젝트)에 대해 객관적인 결과를 정의하고 그에 따르는 다음 행동들을 신뢰할 만한 시스템에 넣으라고 요구한다. 스트레스 없는 생산성 게임의 이 단계를 지속적으로 실행해야 이 게임을 장악할 수 있다.

지평선 2 이는 '현재의 직무 책임'과 '적절한 수준으로 유지해야 하는 삶의 영역들'의 단계이다. 당신의 직함과 역할은 무엇인가? 직업적으로는 현재의 직책과 일을 가리킬 것이고, 개인적으로는 가족과 공동체 내에서, 그리고 자기 자신에 대해 맡은 책임 분야들이 포함될 것이다.

당신은 이 역할들 중 일부를 이미 정의하고 글로 작성했을 수도 있다. 최근에 새 직책을 맡았고 당신의 책임 분야와 관련한 합의 혹은 약정이 있을 경우, 이것이 좋은 출발점이 될 것이다. 예전에 개인적인 목표를 설정하고 가치관을 명확히 하는 작업을 한 적이 있고 그때 만든 자료들이 아직 남아 있다면 이들도 포함시킨다.

그런 다음 '집중 분야'라는 목록을 만들어 유지하면 좋다. 이 목록을 '직업적'과 '개인적'이라는 하위 목록으로 나누고 둘 모두를 지속적으로 검토할 수도 있다. 이것은 자기관리를 위해 만들 수 있는 가장 유용한 체크리스트들 중 하나이며, 프로젝트 목록과 달리 일주일

에 한 번 재조정하지 않아도 된다. 프로젝트 목록보다 순환주기가 좀 더 길기 때문이다. 이 목록은 생활과 업무의 좀 더 중 | 모든 단계에서 자신이 현재 가진 일들의 목록을 만들면 자연히 초점을 맞추고 일들을 연계시키기가 훨씬 편해지고 우선순위를 더 잘 알 수 있다.

요한 분야에서의 변화속도에 따라 1~3개월에 한 번씩 잠재적인 새로운 프로젝트를 유발시키는 계기로 사용해야 한다.

아마도 당신에게는 업무적으로 그리고 개인적으로 각각 4~7개의 핵심 책임 영역들이 있을 것이다. 당신의 직무에는 직원 개발, 시스템 설계, 장기적 계획 수립, 행정 지원, 고객 서비스, 마케팅 같은 일들 혹은 설비, 실행, 품질관리, 자산관리 등에 대한 책임이 포함될 수 있다. 자기 사업을 하는 사람이라면 대규모 조직에서 매우 전문적인 하나의 역할을 수행할 때보다 더 많은 영역들에 관심이 갈 것이다. 직업 외적인 초점 분야들에는 육아, 부부생활, 종교단체, 건강, 자원봉사, 가정관리, 개인 재무, 자기계발, 창의적 표현 등이 있다. 그리고 이 영역들 각각은 유용한 하위 범주들로 나눌 수 있다. '육아'에 대해서 각 아이에 대한 개별적인 체크리스트를 만들 수 있고, '마케팅'에는 '프로그램 설계' '조사' '소셜 미디어' 등이 포함될 수 있다.

'집중 분야'의 목적은 자신이 맡은 책임들을 적절히 관리할 수 있도록 프로젝트와 다음 행동이 모두 정의되도록 하는 것이다. 당신이 무엇을 하고 있고 무엇을 해야 하는지의
측면에서 책임들을 정의하고 객관적으로 평가해보면, 분명 프로젝트 목록에 추가 | 당신의 일이 무엇인지 완전히 알지 못하면 항상 압도당하는 느낌을 받을 것이다.

해야 하는 프로젝트들이 발견될 것이다. 목록을 검토하다 보면 일부 영역들은 괜찮고 잘 관리되고 있다고 생각되지만, 어떤 분야에는 당신을 괴롭히거나 흥미를 끄는 뭔가가 있어서 이를 처리할 프로젝트를 추가해야 한다는 걸 알 수 있다. 실제로 '집중 분야'는 우리가 앞에서 다루었던 트리거 목록의 더 요약적이고 정교해진 버전이라 할 수 있다.

지난 30년간 함께 일했던 모든 사람들은 이 단계에서 적어도 두세 개의 중요한 갭을 발견했다. 예를 들어, 관리자나 임원들의 공통적인 역할이 직원 관리이다. 곰곰이 생각해보면 대부분 이 영역에 '지원 부서의 절차 업그레이드' '직원 책임자 채용 관련 조사' 혹은 '업무평가 절차 개선' 같은 한두 개의 프로젝트를 추가해야 한다는 것을 알게 된다. 혹은 개인생활에서의 책임들을 객관화해보면 '요가 수업 조사'와 '아이들을 위한 여름 활동 정하기' 같은 프로젝트가 종종 나타난다.

우선순위를 검토할 때는 현재 당신이 다른 사람들과 맺고 있는 이 단계의 합의를 모두 포함해야 한다. 당신이 이 전문적인 '직무 기술서' 체크리스트를 활용하고 최신으로 유지한다면 대부분의 사람들보다 더 많은 편안함과 통제력을 얻을 것이다. 채용될 때 하기로 했던 일만 딱 하고 있는 사람은 드물고, 항상 상황에 뒤처지지 않게 대화하려면 새롭게 변화하는 기대를 명확히 파악해야 한다. 또한 빈틈을 메우기 위해 균형 잡힌 생활—가족, 오락 혹은 재무—의 모든 분야들을 지속적이고 객관적으로 검토하는 사람 역시 드물다. 이 단계들에서 당신의 사고와 시스템을 구동한다면 무엇을 해야 할지에 대해 적절한 선택을 내리고 있다는 믿음을 얻는 데 많은 도움이 될 것이다.

당신이 어디를 향하고 있는지 혹은 자신에게 정말로 중요한 게 무엇인지 확실히 알지 못할 경우, 그 정도면 충분한 때가 언제인지도 알지 못할 것이다.

지평선 3~5 아래 3단계들이 일의 현재 상태―행동, 프로젝트, 책임 분야―와 주로 관련되어 있다면 지평선 3부터는 미래, 방향성, 의도의 요소들이 주를 이룬다. 이 상위 단계들에도 여전히 목록이 있지만(특히 꼭대기의 목적과 원칙 단계에서 그러하다. 이 단계는 행동과 행위들을 모니터하고 수정하기 위한 지속적인 기준이 된다), 그 목록은 '내가 가기로 결정한 곳 그리고 그곳에 가기 위한 방법으로 지금 현재 맞는 것은 무엇인가?'와 더 관련이 있다. 이는 1년간의 업무 목표(지평선 3)부터 경력과 개인 순자산에 대한 3개년 비전(지평선 4), 삶의 목표와 이를 최대한 실현하는 방법(지평선 5)에 이르기까지 다양할 수 있다.

나는 이 맨 위의 세 단계들을 함께 다루겠다. 상황에 따라 이 범주들 중 하나로 정확히 분류하기가 쉽지 않기 때문이다. 또한 GTD는 목표와 비전을 어떻게 정의할지가 아니라 이들을 구현하고 실행하는 기술에 더 가깝기 때문에 여기서 이 부분을 자세하게 설명하지는 않겠다. 하지만 이 단계에 대한 논의는 그 특성상 사업 전략, 조직 개발, 경력 계획, 삶의 방향 및 가치관 같은 심오하고 복잡한 영역들을 끄집어낼 수 있다.

우리의 목적에 맞게, 당신이 실제로 일들을 결정하는 현실의 동기 유발 요인들이 무엇인지 수집하는 데 초점을 맞추겠다(실제 일들 중 일부는 상위 단계의 할 일과 의도에서 생겨났을 수 있다). 방향성과 목적을 바꾸거나 명확히 해야 할지는—더 깊은 사고와 분석, 직관에 따라—또 다른 논의거리이다. 그렇다 하더라도 당신의 일들과 그중 중요한 것에 관해 현 상황에 맞게 생각하도록 도울 수 있는 무언가를 지금 바로 찾을 수 있을 것이다.

지금부터 12~18개월 뒤에 무엇을 하고 있을지, 혹은 그 시점에 당신의 직무가 무엇일지 그려봤다면 그 그림을 그리게 된 계기는 무엇인가? 좀 더 미묘한 이 단계에는 개인적으로 당신이 놓아주어야 하는 일들, 변화를 위해 발달시켜야 하는 인간관계와 시스템들이 있을 수 있다. 그리고 오늘날 직업세계가 종잡을 수 없는 상황이라는 점을 감안하면, 직무 자체가 움직이는 표적이기 때문에 자신이 맡은 영역에서 실현 가능한 결과물을 내기 위한 프로젝트들이 정의되어야 한다.

개인적인 영역에서는 이 단계에서 다음과 같은 것들을 검토할 것이다. '내 목표를 좀 더 구체적으로 상사(혹은 상사의 상사)에게 밝히지 않으면 내 경력이 정체될 거야' 혹은 '앞으로 2년 동안 아이들이 하게 될 새로운 일은 무엇이고, 그 때문에 내가 새로

> 중요하다고 할 수 있을 만큼 큰 싸움이면서 승산이 있을 정도로 작은 싸움을 골라라.
> —조너선 코졸 Jonathan Kozol

어떤 일을 해야 할까?' 혹은 '지금 막 발견한 이 건강문제를 해결하기 위해 어떤 준비를 해야 할까?'

또한 더 장기적으로 내다보고 다음과 같은 것들을 평가할 수 있다. 내 경력이 어떻게 발전될까? 개인생활이 어떻게 흘러갈까? 환경변화와 관련하여 우리 회사가 어떤 일을 하고 있고 그로 인해 내가 받는 영향은 무엇일까? 1~5년을 내다보는 이런 질문들을 던져보면 모든 사람에게서 서로 다른 중요한 답들이 나온다.

한번은 대형 국제은행에서 근무하는 사람을 코치한 적이 있다. 그는 몇 달 동안 이 방법론을 실행하여 매일의 업무목록을 통제할 수 있게 되자 지금이 첨단기술 회사를 직접 설립하기에 적기라고 판단했다. 그와 같은 생각이 원래는 너무 버겁게 여겨졌지만 기초단계부터 위 단계들로 올라가며 일하다 보니 이 지평선적 사고를 통해 훨씬 더 자연스럽게 이런 결론이 나왔다. 최근에 나는 그가 이 새로운 시도에서 눈부신 성공을 거두었다는 이야기를 들었다.

1년 이상 걸리는 일들(결혼, 자녀, 경력, 회사, 예술 행위, 평생 열중하는 취미 등)이 있다면, 이 궤도에 따라 일들을 관리하기 위해 무엇을 해야 하는지 생각하는 것이 좋다. 이를 위해 필요한 질문들은 다음과 같다.

- 내 조직의 장기 목표와 목적이 무엇인가? 그리고 내가 맡은 책임을 다하기 위해 조직의 목표, 목적과 관련해 준비해야 할 프

로젝트는 무엇인가?
- 나 자신을 위해 세운 장기 목표와 목적은 무엇인가? 그리고 이를 성취하기 위해 준비해야 할 프로젝트는 무엇인가?
- 무엇을 할 것인지 선택하는 데 영향을 미칠 그 외의 중요한 요소들은 무엇인가?

여기서 나는 새로운 목표를 설정하거나 기준을 높이라는 것이 아님을 강조해야겠다. 내 말은 당신의 현실에서 본질적으로 이런 상황에 해당하는 일들에 초점을 맞추라는 것이다. 명확하든 모호하든, 이런 일들이 있다면 적절히 처리하는 것이 중요하다.

이 단계의 논의에서 등장하는 사안에 대해 몇 가지 예를 들어보겠다.

회사의 변화하는 우선순위들을 감안했을 때 바뀌는 당신의 직무 성격 교육 프로그램 개발을 사내에서 관리하지 않고 외부에 위탁한다.

당신의 경력에서 변화해야 한다고 생각되는 방향 당신은 지금부터 1년 뒤에는 다른 유형의 일을 하고 있을 것이라고 생각한다. 그래서 전임이나 승진 기회를 알아보면서 지금의 일에서 옮겨가야 한다.

세계화와 확장을 감안한 조직의 방향성 앞으로 중요한 해외출장들이 많을 것으로 예상된다. 그래서 당신이 선호하는 생활방식을 고려하여 경력 계획을 어떻게 재조정할지 생각해야 한다.

선호하는 생활방식과 변화하는 요구 아이들이 자라면서 당신이 아이들과 함께 집에 있어야 할 필요성이 줄어들고 있다. 또한 투자와 은퇴 계획에 대한 관심이 높아지고 있다.

최상위 단계의 사고에서 당신은 몇 가지 궁극적인 질문을 던져야 할 것이다. 당신의 회사는 왜 존재하는가? 당신은 왜 존재하는가? 개인적으로 그리고 조직에서 당신의 선택을 이끄는 핵심적이고 기본적인 요소는 무엇인가? 이것이 수백 권의 책과 수많은 전문가 및 모델들이 당신을 돕기 위해 심혈을 기울여 그린 큰 그림이다.

왜냐하면, 이것은 우리 모두가 씨름하고 있는 중요한 문제이기 때문이다.

당신은 다른 모든 단계들의 생활과 업무를 자로 잰 듯 정확하게 정돈하고 정의하고 정리할 수 있다. 하지만 가장 깊은 수준에서 당신이 원하거나 해야 하는 일에서 약간이라도 선로를 이탈하면 불편해질 것이다.

우선순위에 대한 생각을 머리에서 꺼내기

당신이 이미 이렇게 해오고 있지 않았다면 몇 분 정도 시간을 내서 이 장을 읽고 있는 동안 떠오른 생각들을 적어보라. 내면의 레이더가 더 높은 이 단계에 맞춰져 있을 때 떠오른 일들을 적고 머릿속에서 꺼내라.

> 중립은 너무 급하게 나아가거나 너무 천천히 움직이지 않는 상태다. 중립은 소극적이거나 현실에 안주하거나 수동적이라는 뜻이 아니며, 더 이상의 행동을 취하기 전에 새로운 정보와 가능성들이 등장할 수 있게 하는 침착한 태도를 말한다. 중립적일 때는 실제로 민감성과 직관적 지성이 높아진다. 중립은 새로운 가능성들이 커질 수 있는 비옥한 토양이다.
> ─닥 칠드리

그런 뒤 그 메모를 처리하라. 당신이 쓴 일이 정말로 추진하고 싶은 것인지 아닌지 판단하라. 추진하고 싶은 일이 아니라면 메모를 버리거나 언젠가/아마도 목록 혹은 '언젠가 관심을 가질 수 있는 꿈과 목표'라는 폴더에 넣어라. 아마 당신은 이러한 미래에 대한 생각은 계속 축적해두고 방법론을 실행하는 연습은 좀 더 공식적인 일들로 하고 싶을 것이다. 가령 동료와 새로운 사업계획의 초안을 잡거나, 배우자와 함께 이상적인 삶을 설계하고 아이디어들을 적어두거나, 향후 3년 동안의 좀 더 구체적인 경력 지도를 그려보거나, 이러한 논의와 사고 과정들을 도와줄 수 있는 개인 코치를 구하는 등의 일을 예로 들 수 있다. 그렇다면 그 결과를 프로젝트 목록에 올려놓고 다음 행동을 결정하라. 그리고 그 행동을 실행하거나 위임하거나 적절한 목록에 실행 환기를 올려두어라.

이렇게 하고 나면, 알고는 있지만 만족할 만큼 충분히 구체화하지 않았던 특정 프로젝트들을 발달시키기 위한 사고로 초점을 돌리고 싶을 것이다. 그리고 자신이 그러한 수직적 처리를 할 준비가 되었다고 확신할 것이다.

10장

프로젝트 통제하기

4장에서 9장까지는 머리를 비우고 무슨 일을 언제 할지에 대해 직관적인 선택을 내리는 모든 요령과 기법들을 소개했다. 지금까지는 수평적 단계들, 삶의 수평적 지평들에 걸쳐 당신의 관심과 행동이 필요한 것이 무엇인지 다루었다. 이제 남은 퍼즐의 마지막 조각은 수직적 단계이다. 지금부터는 깊이 파고들기와 당신의 창의력을 활용할 수 있는 이상향적인 사고에 대해 다루겠다. 자신이 관여한 다양한 프로젝트 및 상황들의 결과와 다음 행동단계들을 명확히 정의해놓았지만, 좀 더 창의적으로 사고하고 자세한 실행방법을 개발하여 이들을 더 잘 관리해야 한다는 생각이 들 때가 있다.

프로젝트 계획 수립을 개선하고 활성화하는 문제로 돌아가보자.

형식에 얽매이지 않는
계획 수립의 필요성

업무의 최전선에서 활약하는 수천 명의 전문가들과 일한 수년간의 경험을 통해, 나는 거의 모든 사람이 자신의 프로젝트와 생활에 대해 공식적, 비공식적으로 더 자주 계획을 수립해야 한다고 분명하게 말할 수 있다. 그렇게 하면 정신적 압박이 완화되고 최소의 노력으로 엄청난 양의 창조적인 결과물이 나온다고 확신한다.

나는 전문적인 프로젝트 관리자들이 때때로 사용하는 정교하고 복잡한 프로젝트 조직화 기법(갠트 차트처럼)들이 계획 수립을 개선시키는 가장 효과적인 방법은 아니라는 것을 알게 되었다. 그런 기법들이 필요한 사람들은 이미 그것을 알고 있거나 적어도 이 기법들을 배우기 위해 필요한 훈련이나 소프트웨어를 이용할 수 있다. 정말로 필요한 것은 우리가 하는 혹은 할 수 있는 창의적이고 주도적인 생각들을 더 수집하고 활용하는 것이다.

우리가 이렇게 효율적이고 부가가치가 있는 사고를 못하게 되는 주된 이유는, 그러한 사고의 결과로 나타날 수 있는 무한한 세부사항들을 관리할 수 있는 편리한 시스템이 없기 때문이다. 내가 상향식 접근방식을 취하는 것은 이 때문이다. 현재 행동 가능한 일들을 통제하지 못한다고 느끼면 집중적인 계획 수립에 거부감

> 모든 성공한 프로젝트는 그 중간 과정에서는 꼭 완전한 실패처럼 보인다.
> — 로사베스 모스 캔터 Rosabeth Moss Kanter

이 생겨 무의식적으로 미루게 된다. 그러나 이 기법들을 적용하기 시작하면 창의적이고 건설적인 사고를 할 여유가 생기

> 자신의 프로젝트와 상황을 좀 더 자주, 더 쉽게, 더 깊이 생각하도록 해주는 시스템을 구축하고 요령을 익혀야 한다.

는 것을 알게 될 것이다. 아이디어들을 활용할 시스템을 마련하고 습관을 들이면 생산성이 기하급수적으로 향상될 수 있다.

3장에서 나는 아이디어 단계의 무언가를 실현시키는 프로젝트 계획 수립의 5단계를 상세히 다루었다.

다음은 자연스럽고 형식에 얽매이지 않은 계획 수립 절차들을 촉진하기 위해 내가 추천한 실질적인 요령과 기법들을 모은 것이다. 이 제안들은 전부 상식적인 내용이지만, 대부분의 사람들이 충분히 자주 활용하지 않고 있다. 중요한 공식회의에서만 쓰려고 사고력을 아껴두지 말고 할 수 있을 때마다 자주 이 기법들을 이용하라.

어떤 프로젝트에 대해서 계획을 세워야 하는가?

당신이 프로젝트 목록에 정의한 결과들은 초기 계획 수립이 필요 없을 것이다. 그 대부분은 '다음 행동'을 떠올리기 위해 머릿속에서 빠르고 자연스럽게 수행하는 분류 작업일 뿐이다. 예를 들어 '차량 검사 받기'에 대한 계획은 가장 가까운 검사소를 인터넷에서 찾아 예약해야겠다고 결정하는 것이 유일한 것이다.

그러나 적어도 어떤 계획 수립 활동을 할 만한 가치가 있는 프로젝트에는 두 종류가 있다. ① 다음 행동을 결정했는데도 관심을 끄는 프로젝트들 ② 갑자기 나타난 유용할 수 있는 아이디어들과 도움이 될 만한 세부사항과 관련된 프로젝트들.

첫 번째 유형의 프로젝트―이와 관련해 정하고 정리해야 하는 다른 일들이 있다는 걸 당신이 알고 있는 프로젝트―는 그저 다음 행동을 정하는 것에 그치지 않고 좀 더 세부적인 접근방식이 필요할 것이다. 이런 프로젝트들에는 자연스러운 계획 수립 모델의 네 단계인 목적과 원칙, 비전/결과, 브레인스토밍, 정리 중 하나 이상을 더욱 명확하게 적용해야 할 것이다.

두 번째 유형의 프로젝트―예를 들어 당신이 해변이나 자동차 안이나 회의실에 있는데 관련 아이디어가 갑자기 떠오른 프로젝트―는 이 아이디어들을 수집해둘 수 있는 적절한 장소가 필요하다. 그러면 필요에 따라 다음에 쓸 수 있도록 그곳에 보관할 수 있다.

계획 수립에 관해 다음 행동들이 필요한 프로젝트

좀 더 객관화하고 구체화하고 통제하고 싶은 프로젝트가 있는지 생각해보면 지금 당장 몇 가지가 떠오를 것이다. 중요한 회의가 다가오고 있어 그와 관련한 안건과 자료를 준비해야 할 수 있다. 혹은 지금 막 제휴사 연례회의 준비를 맡아서 가능한 한 빨리 관련 업무를 정리하여 중요한 부분들을 위임해야 할 수도 있다. 혹은 다가오는 휴일을 가족과 함께 보낼 계획을 세우고 처리해야 할 수도 있다. 아직 이 일들을 하지 않았다면, 각 프로젝트에 대해 계획 수립을 시작하게 할 다음 행동을 지금 정해서 적절한 행동목록에 올려라. 그런 뒤 계획 수립단계들을 밟아나가라.

▶ **전형적인 계획 수립단계들** | 계획 수립을 위해 하는 가장 흔한 행동 유형은 브레인스토밍과 정리, 회의 잡기, 정보 수집이다.

<u>브레인스토밍</u> 지금 당신의 관심을 끄는 일부 프로젝트들은 자유로운 사고가 필요할 것이다. 특히 다음 행동이 무엇일지 확신하지 못한 채 결정을 내린 프로젝트의 경우 더욱 그러하다. 이런 프로젝트들은 모두 'X에 관한 아이디어들의 초안 작성하기' 같은 다음 행동이 필요하다.

또한 어떤 행동목록에 넣을지 판단하려면 그 행동을 어디에서, 어떻게 할지도 알아야 한다. 컴퓨터 앞에 앉아 있을 때 브레인스토밍이 가장 잘되는가? 아니면 종이에 쓰면서 할 때가 더 효과적인가? 나는 그때그때 직관적 판단에 따라 둘 중 하나를 선택할 수 있다. 그래서 이 다음 행동을 '컴퓨터' 목록이나 '어디서나' 목록에 올릴 것이다(나는 어디에 있든 펜과 종이만 있으면 마인드맵을 그리거나 대충 메모를 할 수 있기 때문이다).

<u>정리</u> 이미 메모들과 갖가지 지원자료들을 모았기 때문에 이들을

분류하고 좀 더 체계적인 형태로 만들기만 하면 되는 프로젝트들도 있다. 이런 경우 다음 행동은 '프로젝트 X와 관련된 메모들 정리하기'가 될 것이다. 사무실에 있어야 그 일을 할 수 있다면(사무실에 파일이 있고 파일들을 들고 다니고 싶지 않아서) 그 행동은 '사무실' 행동목록으로 가야 한다. 프로젝트 메모들을 폴더나 디지털 기기에 담아 들고 다닌다면, '~정리하기' 행동은 손으로 그 일을 할 경우, '어디서나' 행동목록으로, 워드 프로세서나 개요작성 프로그램, 프레젠테이션/마인드맵/프로젝트 기획 소프트웨어를 사용할 경우는 '컴퓨터에서'에 올릴 것이다.

회의 일정 잡기 프로젝트에 대해 다음에 해야 하는 일이 종종 브레인스토밍 혹은 의사결정에 관여시키고 싶은 사람들과 회의를 잡는 것이다. 보통 회의 참석자 전체에게 이메일을 보내거나 일정에 넣어달라고 비서에게 메일을 보내거나 중요 인물에게 전화를 걸어 날짜와 시간을 정한다.

정보 수집 다음 과제가 더 많은 자료를 모으는 것일 수도 있다. 누군가에게 인풋을 달라고 이야기해야 할 수도 있고(빌에게 전화를 걸어 관리자 회의에 관한 생각 듣기) 전년도 회의에서 받은 파일들을 검토해야 할 수도 있다(사원 회의 기록 파일 검토하기). 혹은 당신이 조사하고 있는 새로운 주제에 대해 바깥세상에서 무슨 일이 일어나고 있는지 알기 위해 웹 서핑을 하

조직(그리고 가족)의 생산성을 저해하는 가장 큰 요인들 중 하나는 어떤 일을 진전시키기 위해 회의가 필요하고, 그 회의에 누가 참석해야 하는지 판단하지 못하는 것이다.

고 싶을 수도 있다(대학 장학기금 조사하기).

프로젝트에 대한 무작위적인 생각

프로젝트에 관해 유용할 수 있는 생각이라면 어떤 것이라도 놓치지 마라. 프로젝트와 관련해 아무 일도 할 수 없는 곳에 있는데 놓치고 싶지 않은 아이디어가 생각나는 때가 많을 것이다. 예를 들어 차를 몰고 상점에 가는 도중에 다음 직원회의를 진행할 좋은 방법이 생각날 수 있다. 아니면 주방에서 스파게티 소스를 젓고 있다가 다음 세미나 참석자들에게 멋진 손가방을 선물하면 좋겠다는 생각이 떠오를 수도 있다. 저녁 뉴스를 보고 있다가 지금 당신이 결성하고 있는 자문위원회에 포함시키면 좋을 사람이 갑작스레 기억날 수도 있다.

이런 아이디어들이 구체적인 다음 행동이 아니라서 바로 행동목록에 올릴 수 없다면 적절한 어딘가에 수집하고 정리해야 할 것이다. 물론 어떤 아이디어도 놓치지 않기 위한 가장 중요한 도구는 수집 시스템—수집함, 펜과 종이, 혹은 스마트폰—이다. 이 아이디어들과 관련해 무엇을 할지 나중에 결정할 때까지 전부 보관해두어야 한다.

프로젝트에 대한 생각을
지원하는 도구와 구조

어떤 단계든 프로젝트의 아이디어가 떠오르면 바로 수집할 수 있는 편리한 도구를 늘 가까이에 두는 게 좋다. 일단 수집해놓으면 필요할 때 이용하기 편리하다.

생각을 돕는 도구들

아이디어를 떠올리고 생산성을 향상시키는 유용한 비결 중 하나는 '기능이 형태를 따르는' 현상을 활용하는 것이다. 즉, 좋은 도구가 좋은 생각을 불러일으킬 수 있다(나는 흥미롭고 재미있는 방식으로 데이터를 생성하고 수집할 수 있는 새 소프트웨어 애플리케이션을 이리저리 살펴보면서 생산적인 생각들을 떠올릴 때가 꽤 있다).

아무것도 적지 않거나 디지털 기기에 입력하지 않으면서 어떤 일에 몇 분 이상 집중하기는 극히 어렵다. 특히 혼자 있을 때는 더욱 그렇다. 하지만 생각을 붙잡아두고 저장하는 물리적 도구를 활용하면 몇 시간 동안 생산적으로 몰두할 수 있다.

> 행운은 만사에 영향을 미친다. 항상 낚싯대를 던져라. 전혀 기대하지 않았던 강에 물고기가 있을 것이다.
> — 오비디우스 Ovid

필기구

아이디어를 수집할 수 있는 적절한 도구가 없어서 무의식적으로 생각을 꺼리는 일이 없도록 좋은 필기도구들을 항상 가까이에 두어라. 나는 손으로 쓰든 입력하든 필기구가 없으면 프로젝트와 상황에 대한 생산적인 생각을 맘껏 펼치지 못한다는 걸 알고 있다. 반대로, 그저 필기감이 좋은 만년필이나 수성펜을 쓰고 싶은 마음에 멋진 생각과 계획이 떠오를 때도 있다! 나처럼 이렇게 좋은 도구에서 영감을 얻는 사람이라면 품질 좋은 필기구에 투자하라.

| 때로는 기능이 형태를 따른다. 생각들을 수집할 장치를 마련하면 그 전에 생각하지 못했던 아이디어들이 떠오를 것이다.

또한 당신이 메모를 하고 싶다는 생각이 들 수 있는 곳―책상, 부엌, 서류가방, 가방, 배낭 등―마다 좋은 펜을 놔두면 좋다.

▶ **종이와 메모지** | 필기구뿐 아니라 그와 한짝인―종이―도 항상 가까이 있어야 한다. 절취선이 있는 종이가 그냥 노트보다 낫다. 아이디어와 메모를 쓴 페이지를 찢어서 수집함에 넣어두었다가 나중에 가능할 때 처리하기 편하기 때문이다. 또한 비공식적으로 기록한 마인드맵이나 메모(원본 혹은 스캔한 것)를 적절한 파일에 넣어두어도 유용하다. 손으로 쓴 흔적들을 살펴보면 종종 유용한 기억들이 많이 되살아난다.

| 필기용지가 얼마만큼 가까이 있는가? 좀 더 가까이 두어라.

▶ **이젤과 화이트보드** | 세워둘 공간만 있다면 이젤과 화이트보드는 생각을 돕는 매우 효과적인 도구들이다. 아이디어들을 기록할 넉넉한 공간을 제공할 뿐 아니라 하나의 주제를 구체화하는 동안 그 아이디

어들을 눈앞에 두고 계속 볼 수 있다. 화이트보드는 사무실이나 회의실의 벽에 설치하면 편리하며, 크기가 클수록 좋다. 아예 내부 벽 전체를 글을 쓰고 지울 수 있는 면으로 디자인해서 브레인스토밍과 시각적 소통을 촉진하는 회사들도 있다. 아이들 침실에도 화이트보드를 놔두면 좋다(내가 어린 시절에 되도록 많은 아이디어를 떠올리라고 격려받으며 자랐으면 좋았을 텐데!). 새 마커를 충분히 준비해두는 것도 잊지 마라. 필기구의 잉크가 말라서 잘 써지지 않을 때만큼 창의적인 생각을 급속도로 억눌러버리는 것도 없다.

두 명 이상이 모여 회의를 할 때면 항상 누군가가 다른 사람들이 볼 수 있는 곳에 기록을 시작한다. 몇 분 뒤에 지워버리더라도 아이디어들을 적는 것만으로 다른 무엇으로도 흉내 낼 수 없는 건설적인 사고 절차가 촉진된다(나는 메모지가 없으면 종이 식탁보, 접시받침, 심지어 냅킨에 비공식적인 다이어그램을 그리고 메모를 해두면 때때로 엄청난 도움이 된다는 걸 발견했다).

> 말로 표현하지 않으면 내 생각을 내가 어떻게 알겠는가?
> ─ E. M. 포스터 Forster

▶ **디지털 도구들을 이용해 생각하기** | 나는 랩톱 컴퓨터(그리고 빈도는 덜하지만 태블릿 컴퓨터)의 워드 프로세서, 마인드맵/개요 작성/프레젠테이션 프로그램, 스프레드시트 프로그램을 열어놓고 생각하는 걸 좋아한다. 내가 떠올린 아이디어와 관련해 나중에 하고 싶은 일들이 많은데, 향후 편집하고 다양한 다른 애플리케이션들로 붙여 넣을 수 있

도록 이 아이디어들을 디지털 형태로 만들어놓으면 기분이 좋다. 우선 컴퓨터를 켜서 입력 화면이 내 앞에 나타나면 자동적으로 생각이 떠오르기 시작한다. 따라서 컴퓨터를 가지고 놀 정도는 아니어도 최소한 편하게 사용할 수 있을 만큼 타이핑과 키보드 기술을 익혀놓는 게 좋다.

화이트보드가 클수록 창의적인 연상을 더 많이 촉진시키고 사고의 지평선을 확장하는 것처럼, 나는 컴퓨터 화면이 크고 여러 개면 비슷한 효과가 있다는 걸 발견했다. 세계가 급속하게 디지털화, 모바일화됨에 따라 사람들이 점점 더 소형화된 기기들을 이용해 접근성과 능률성이 크게 향상된 것은 분명하다. 하지만 나는 스마트폰 같은 기기의 가치는 창의적인 생각을 생성하는 것이 아니라 생각의 결과를 실행하는 데 있다고 생각한다.* 그 때문에 나는 더 큰 공간을 원한다.

지원 구조

언제든 이용 가능한 좋은 도구뿐 아니라 프로젝트에 관한 생각을 수집할 수 있는 편리한 형식이 있으면 생산성 향상에 도움이 된다. 좋은 펜과 종이가 앞에 있으면 브레인스토밍에 편리한 것처럼, 프로

---

* 스마트폰의 카메라 기능을 활용한 좋은 방법 중 하나는 화이트보드와 이젤에 기록한 내용을 곧바로 찍어두는 것이다. 그런 뒤 화이트보드에서 그 내용을 지우고 다른 브레인스토밍을 계속할 수 있고 필요한 참석자들에게 결과를 보내기도 편리하다.

젝트 세부사항을 정리할 좋은 도구와 장소를 마련하면 많은 프로젝트에서 필요한 선형적인 계획 수립이 촉진된다.

▶ **필요에 따라 파일 폴더를 만들거나 루스리프 식 노트에 새 페이지 끼워 넣기** | 사용하기 편하고 효과적인 일반참조 파일링시스템을 가까이에 두는 건 전체적인 업무흐름 관리에만 중요한 게 아니라 프로젝트와 관련해 생각하는 데도 큰 도움이 된다. 프로젝트는 종종 관련 데이터, 메모, 갖가지 자료들에 의해 나타난다. 따라서 어떤 주제에 대해 보관할 무언가가 생기면 당신은 바로 해당 폴더를 만들고 싶을 것이다. 그런데 파일링시스템이 너무 형식적이면(혹은 아예 존재하지 않으면) 그 프로젝트의 본거지를 충분히 서둘러 만들 수 있는 기회를 놓칠 것이다. 이제 막 표면에 떠오른 어떤 주제에 관해 첫 회의가 열렸다고 하자. 여기에서 쓴 메모들은 회의가 끝나 자리에 돌아오자마자 해당 파일을 만들어 보관하라(물론 다음 행동들을 수집한 뒤).

고객들을 코치하면서 나는 어떤 주제에 대한 두서없는 메모들과 잠재적인 관련 자료들을 넣어둘 수 있는 파일을 만들기만 해도 통제력이 상당히 높아진다는 걸 발견했다. 이것은 물리적, 시각적, 심적으로 그 주제를 파악하는 한 방법이다.

> 좋지 않은 아이디어들을 보관하는 효과적인 시스템이 없다면 좋은 아이디어를 보관할 시스템도 없을 것이다.

루스리프 식 노트나 플래너를 사용해서 일하는 쪽이 편하다면, 새로 나타난 주제나 프로젝트에 대한 페이지를 만들 수 있도록 속지를 항상 준비해두는 게 좋다. 어떤 프로젝트들은 나중에 한 섹션 전체나 노트 한 권을 다 차지하기도 하지만 처음에는 그렇지 않다. 대부분의 프로젝트들은 당신이 처리 확인해야 할 아이디어를 보관하는 데 1~2페이지밖에 필요하지 않을 것이다.

▶ 종이 VS 디지털 | 디지털 방식을 지향하는 사람들은 점점 더 종이를 전부 없애버리고 싶은 유혹이 커질 것이다. 갖가지 디지털 필기/스캐닝/문자 인식 도구들이 나와 있기 때문에, 이론적으로는 그래도 문제없다. 하지만 현실에서 종이는 우리 대부분에게 여전히 높은 가치를 제공한다. 여러 가지 이유들로 손으로 하는 메모는 사라지지 않고 있다. 특히 어디서든 쉽게 필기도구를 구할 수 있고 다양한 시각적 표현이 가능하다는 이점이 있다. 우리는 도구가 달라지면 생각하는 방식도 달라지는 경향이 있다. 손으로 쓰고 그리면 더 광범위한 아이디어들을 떠올리는 사람이 많다.

또한 종이로 된 자료들을 보면 컴퓨터 화면을 볼 때보다 정보, 관계, 관점을 더 쉽게 기억할 수 있다. 개인적으로 나는 디지털 기기에 능숙하면서도 종이로 된 플래너 노트로 돌아간 사람들을 많이 알고 있다. 종이를 사용하면 생각과 실행 환기들을 조절하기가 더 쉽다는 걸 발견했기 때문이다. 나 같은 경우, 사람이나 프로젝트나 주제와 관련한 문서들을 출력한 뒤 물리적 파일 폴더에 넣어두고 회의나 집필, 연구에 사용할 때가 많다. 그중 많은 종이들이 재활용함에 들어가고 업데이트된 내용은 다시 디지털 기기에 입력하겠지만, 그 중간과정에서 물리적 자료들이 컴퓨터가 하지 못하는 역할을 한다.

디지털 기술은 분명 계속 발전하여 재래식 자료나 도구로는 불가능한 방식으로 사고, 계획 수립, 의사결정에 크게 기여할 것이다. 하지만 펜, 메모지, 포스트잇, 물리적 폴더, 출력된 문서는 더 나은 어떤 도구로 완전히 교체되기 전까지는 조화로운 개인관리 시스템에서 여전히 일정 역할을 해야 할 것이다.*

▶ **소프트웨어 도구들** | 나는 완벽한 프로젝트 관리 도구를 아직 발견하지 못했다. 프로젝트 관리 기능을 지원한다고 주장하는 수많은 애플리케이션은 우리들 대부분이 관리해야 하는 것들에 비해 너무 고성능이거나 너무 단순하다. 그리고 앞서 언급한 것처럼, 나는 어떤 두 개의 프로젝트를 관리하는 데 정확히 똑같은 정도의 세부사항과 구조가 필요한 경우를 본 적이 없다. 따라서 대다수의 사람들을 만족시킬 하나의 애플리케이션을 만들기는 어려울 것이다. 우리는 보통 더 비형식적이고 사용하기 쉬운 이런저런 애플리케이션들을 찾는다.

그렇기는 하지만 아주 유용하게 쓸 수 있는 여러 종류의 다양한 디지털 도구들이 있다. 대부분의 사회인들은 워드프로세서, 스프레

---

* 종이가 지금 막 개발되었다면 사람들의 반응이 어떨까? "세상에! 디지털 정보들의 시각적 지도를 그릴 수 있는 도구가 나타났어! 이 도구는 눈에 딱 보이게 물리적으로 조작하고 전달할 수 있어! 게다가 배터리나 전기 없이도 창의적인 생각들을 수집하고 촉진하고 공유할 수 있잖아! 오!"라고 생각하지 않을까?

드시트, 프레젠테이션 프로그램에 친숙할 것이다. 이중 어떤 것이라도 프로젝트 계획서나 그 일부분을 정리할 최적의 방법이 될 수 있다. 특히 일단 목적과 비전 설정, 브레인스토밍 단계가 진행되었다면 더욱 효과적으로 사용할 수 있다.

비공식적 계획 수립과 브레인스토밍에 더욱 유용한 두 유형의 소프트웨어는 마인드맵과 개요 작성 애플리케이션이다. 나는 집중적인 브레인스토밍을 하고 프로젝트에 관해 무작위로 떠오르는 생각들을 즉시 수집하기 위한 방법으로 내 프로젝트들에 대해 디지털 마인드맵 툴을 사용한다. 대부분의 경우, 최종적인 마인드맵만 만들어도 내가 프로젝트를 통제하고 있다고 안심하기에 충분하다.

브레인스토밍에 유용한 또 다른 도구가 주제와 하부 주제들을 대략적으로 혹은 상세하게 정할 수 있는 개요 작성 프로그램이다. 대부분의 우수한 워드프로세서 역시 이 기능을 제공한다. 이 프로그램들의 장점은 파티 준비와 관련한 간단한 몇 가지 항목들부터 집필하고 있는 책 전체의 구성에 이르기까지, 다양하고 복잡한 일들을 처리할 수 있다는 것이다. 디지털 세계에서는 본문을 잘라서 붙이고 재배치하기 편하기 때문에 개요작성 프로그램 및 워드프로세서를 사용하면 좀 더 조직화된 사고를 하는 데 도움이 되는 한편 창의적인 사고도 풍부하게 발달시킨다.

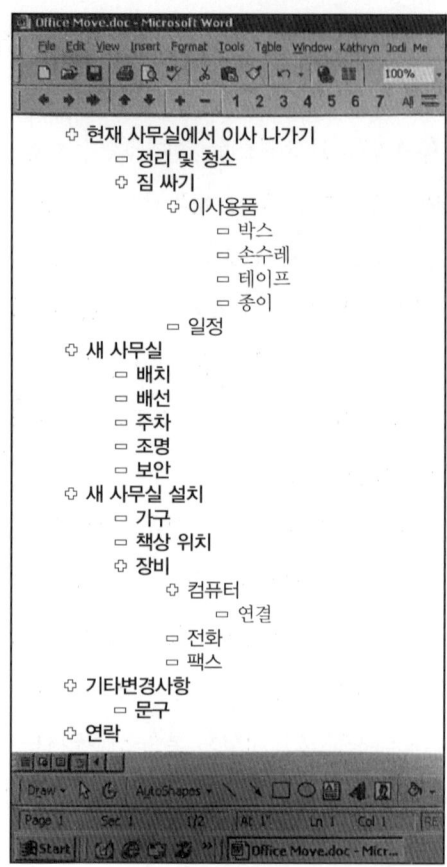

디지털 기기를 이용한 개요 작성

이 도구들의 맨 위에 복잡한 프로젝트 관리 소프트웨어가 있다. 이 애플리케이션들이 제공하는 엄격하고 세부적인 관리가 특히 필요한 전문가들과 조직들은 보통 이런 도구를 이미 마련하여 사용하고 있을 것이다. 이 애플리케이션들은 대개 기업 특유의 프로젝트들에 맞추어 설정하여 사용된다. 화성 탐사선을 발사시키고 건축 구조를 조정하고 비행기와 약품을 전달하는 데 사용하는 소프트웨어가 이런 애플리케이션이다.

디지털 프로젝트 관리의 맨 아래 단계는 프로젝트들 중 하나를 나타낸 '작업' 항목의 '주석'에 아이디어를 쓰거나 일반 메모 작성 및 정리 소프트웨어로 프로젝트에 관한 생각들을 기록하는 것이다.

컴퓨터에 능숙한 사람이라면 분명 프로젝트 계획서와 부차적 자료들을 만들고 수집하기 위해 이런 방식들을 여러 가지 사용하고 있을 것이다. 애플리케이션들을 편하게 사용할 수 있도록 익혀서 소프트웨어보다 생각에 더 집중할 수 있도록 해야 한다. 또한 그 내용이 무엇이든 정기적으로 검토하고 갱신해서 버릴 건 버리고 재구성하는 작업을 지속적으로 하여 최신 정보로 유지해야 한다. 컴퓨터는 어떤 면에서 마치 블랙홀 같다. 기억 및 저장 용량이 계속해서 늘어나고 이런 기능들을 제공하는 멋진 애플리케이션들이 계속 나오는데, 갖가지 정보들을 보관만 해두고는 당면한 일거리들을 조화롭게 관리하지 못할 수 있음을 명심해야 한다.

이 모두를 내 세계에 어떻게 적용할까?

제대로 된 준비와 환경을 갖추고 프로젝트에 관해 창의적으로 생각하라. 그러면 대부분의 사람들보다 앞서나갈 것이다.

다음 행동목록과 마찬가지로 프로젝트 목록도 최신으로 유지해야 한다. 그리고 각 프로젝트에 대한 수직적인 생각들을 가능한 한 많이 처리할 시간(1~3시간 정도가 좋다)을 따로 마련하라.

당장 혹은 가능한 한 빨리, 최소한 지금 가장 관심이 가거나 흥미로운 프로젝트 몇 개를 택해 어떤 도구라도 가장 적당해 보이는 것을 이용하여 생각, 수집, 정리 작업을 하라.

이때 위에서부터 아래로 한 번에 하나씩 각 프로젝트에 초점을 맞추어라. 그러면서 '이 프로젝트에 대해 뭘 알거나 수집하거나 기억하고 싶은가?'라고 자문하라.

그저 종이에 마인드맵을 그린 뒤 파일을 만들어 집어넣고 싶을 수도 있다. 혹은 간단한 주요 표제들을 떠올려 디지털/모바일 관리도구에 주석으로 첨부하고 싶을 수도 있다. 아니면 워드프로세서 문서를 만들어 개요를 작성할 수도 있다.

핵심은 아이디어를 떠올리고 이용하는 데 익숙해지는 것이다. 그리고 의도한 결과와 열린 고리들에 미리부터 건설적으로 에너지를 집중하는 습관을 들이는 것이다.

걱정이 앞선다면 미리 생각하고 계획을 세우라.
— 윈스턴 처칠 Winston Churchill

III GTD 핵심 원칙들의 힘

11장

수집 습관의 힘

 이 간단한 기법들과 모델들은 언뜻 보이는 것보다 더 많은 효과가 있다. 이들은 집중을 방해받지 않는 체계적인 방법을 제공해 매우 효과적이고 능률적으로 일할 수 있도록 도와준다. 그것만으로도 이 방법들을 실천할 이유는 충분하다.
 하지만 이 방법론의 기본원칙들은 더 큰 의미를 지닌다. 다음 세 장에서는 이 기본원칙들을 실행했을 때 나타나는 좀 더 미묘하고 심오한 효과들에 대하여 지난 30년간 내가 경험한 것들을 이야기하겠다. 이 방법론은 장기적으로 개인에게 중요한 영향을 미치는 결과를 불러왔다. 또한 더 넓은 범위의 조직문화에도 긍정적인 효과를 주었다.
 당신이 모든 상호작용과 합의를 항상 철저하게 받아들이고 처리하고 정리한다는 것을 사람들이 알면 당신을 믿기 시작한다. 더 중요한 점은 자신감을 가지고 자신의 세계에 참여할 수 있다는 것인데, 이는 돈으로도 살 수 없는 효과다. 이는 당신의 생활에서 완료하지 못하거나 처리하지 못한 모든 일을 수집하는 데서 나오는 효과다. 그러면 개인적으로도 직업적으로도 정신적 행복이 눈에 띄게 높아지고 소통과 관계의 질이 향상된다.

조직들 역시 어떤 일도 소통상의 문제로 누락되지 않도록 하고 결과적으로 나타나는 행동들에 대해 모든 사람들이 책임을 지는 이 최상의 실천방법을 기대하고 강화하면, 그리고 할 일들을 명확히 하고, 적임자들이 이를 처리 확인하면 생산성이 많이 증가하고 스트레스가 감소할 것이다.

> 자신과 다른 사람들과의 합의를 충실히 관리하면 모든 관계를 최적으로 이용할 수 있다.

개인적 이점

행동을 수집하고 처리하면서 어떤 느낌이 들었는가? 대부분의 사람들은 기분이 나쁘면서도 좋았다고 대답한다. 어떻게 그럴 수 있을까?

당신이 수집단계를 충실히 밟은 대부분의 사람들과 같다면 아마 일정 형태의 불안감을 느꼈을 것이다. 세미나에서 축소된 형태로 이 과정을 밟아본 사람들에게 어떤 느낌이 들었는지 말해보라고 하면 으레 "압도당했다, 당황했다. 좌절했다, 피곤하다, 싫증난다" 등등의 표현이 나온다. 쌓아놓은 채 미루어왔다고 생각한 일이 있는지, 만약 그렇다면 그 때문에 죄책감이 드는지 물어보면 "이 일을 그 전에 할 수 있었고, 해야만 했어요"라는 답이 나온다.

또한 이 훈련을 받으면서 해방감이나 안도감, 통제력을 느꼈는지 물어보면 대부분의 사람들이 그렇다고 대답한다. 어떻게 그럴까? 한 가지 연습을 하는데 불안과 안도감, 압도당하는 느낌과 통제하는 느낌이라는 서로 상반된 감정이 거의 동시에 나타나다니, 도대체 여기서 무슨 일이 벌어지고 있는 걸까?

내가 그랬던 것처럼, 모든 일거리에 관한 부정적인 감정이 어디에서 나오는지 이해하면 그런 감정들을 없애는 방법도 알게 될 것이다. 일거리를 모으면서 긍정적인 감정을 느꼈다면 실제로 부정적 감정을 없애는 과정이 시작된 것이다.

부정적 감정의 원인

부정적 감정은 왜 생기는 걸까? 할 일이 너무 많아서? 할 일은 항상 많기 때문에 그건 아니다. 단순히 자신이 할 수 있는 것보다 더 많은 일이 있어서 기분이 안 좋다면 이런 감정을 절대 없애지 못할 것이다. 할 일이 너무 많아서 부정적인 감정이 드는 게 아니다. 원인은 다른 곳에 있다.

누군가가 약속을 깼다면, 가령 화요일 오후 4시에 만나기로 해놓고 나타나지도 않고 전화도 없다면 어떤 기분이 들까? 몹시 불만스러울 것이다. 약속을 깨면 신뢰가 무너지는 대가를 치러야 한다. 이것은 자동적으로 나타나는 부정적인 결과이다.

그렇다면 당신의 수집함에 있는 모든 일거리들은 어떤가? 그 일거리들은 당신 자신과 맺은, 혹은 최소한 암묵적으로라도 받아들인 약속—어떤 식으로든 처리하겠다고 생각한 일들—이다. 부정적인 감정들은 그 약속을 깨뜨리는 데서 나온 결과이며, 자신에 대한 신뢰가 무너져서 나타나는 증상이다. 전략기획서의 초안을 작성하겠다고 생각했는데 하지 않으면 기분이 나빠진다. 체계적으로 일하겠다고 마음먹었는데 실패하면 죄책감과 좌절감이 든다. 아이들과 더 많은 시간을 보내겠다고 결심했는데 지키지 못하면 불안하고 짓눌리는 느낌에 시달리게 된다.

> 할 일이 너무 많아서 불안감과 죄책감이 드는 게 아니다. 이런 감정들은 자기 자신과의 합의를 깨뜨렸을 때 자동적으로 나타나는 결과다.

자신과의 약속을 깨지 않으려면 어떻게 해야 할까?

약속을 지키지 않아 부정적인 감정이 든다면, 약속들을 처리하고 부정적인 결과를 방지하기 위한 세 가지 옵션이 있다.

- 약속을 하지 않는다
- 약속을 완수한다

• 약속을 재협상한다

이 세 방법 모두 부정적 감정들을 없애는 데 도움이 될 수 있다.

▶ 약속을 하지 않는다 | 오래된 일거리들을 꺼내 여기에 관해 어떤 일도 하지 않겠다고 판단한 뒤 파쇄기에 넣거나 재활용함에 던지거나 쓰레기통에 버리면 기분이 상쾌해질 것이다. 끝내지 않은 일거리들을 처리하는 한 가지 방법은 '하지 않겠다'고 생각하는 것이다!

기준을 낮추는 것만으로도 기분이 많이 가벼워진다. 일들—육아, 학교 시스템, 팀의 사기, 소프트웨어 코드 등—이 일정 수준에 이르지 않아도 그리 신경이 쓰이지 않는다면 해야 하는 일이나 관심을 두어야 하는 일이 줄어들 것이다.*

과연 당신이 기준을 낮출지는 의심스럽다. 하지만 일단 그 효과를 알게 되면 아마 약속을 덜 하게 될 것이다. 나 역시 그랬다. 나는 그저 사람들의 호의를 얻기 위해 많은 약속을 만들곤 했다. 그러다 그 약속을 지키지 않았을 때 결국 치러야 하는 대가를 알게 되자 약속을 할 때 더 깊이 생각하게 되었다. 내가 함께 일한 보험회사 임원은

---

* 자신의 가치관에 초점을 맞추면 삶이 단순해질 것이라는 개념이 자기계발서 분야에서 인기를 얻고 있다. 내 주장은 그 반대이다. 사람들이 해야 하는 어마어마한 양의 일들이 바로 그들의 가치관에서 나오기 때문이다. 물론 가치관은 의미, 방향성, 의사 결정에 필수적인 요소이다. 하나 착각하지 말지어다. 가치관에 초점을 맞출수록 그와 관련해 조치를 취해야 한다는 책임감은 더 자주 느낄 것이다. 가치관은 선택이 더 쉬워지도록 돕지만, 일들을 더 단순하게 만들어주는 건 아니다.

이 시스템을 실행하여 얻은 주된 이점을 이렇게 설명했다. "예전에는 모든 사람에게 '좋아요, 제가 할게요'라고 말했어요. 제가 실제로 해야 하는 일이 얼마나 많은지 몰랐기 때문이죠. 그런데 명확하고 완벽한 목록이 생기자 단지 제 성실성을 지키기 위해서라도 '아뇨, 그 일은 할 수 없어요. 죄송합니다'라고 말하게 되었어요. 놀라운 점은, 사람들이 제가 거절한다고 해서 화를 내기는커녕 오히려 제 절제력에 좋은 인상을 받는다는 거예요."

개인 코칭 업체를 운영하는 한 고객은 최근 내게 일들의 목록을 만들자 걱정과 스트레스가 엄청나게 줄었다고 말했다. 관심이 가는 모든 일을 수집함에 넣는 훈련 덕분에 자신이 정말로 하고 싶은 무언가를 재검토할 수 있었다. 그 일에 관한 메모를 수집함에 넣지 않았다면 그냥 놓쳐버렸을 것이다!

나는 이런 생각이 매우 성숙하다고 본다. 이 방법의 가장 큰 장점들 중 하나는, 머릿속에 있는 일들을 수집하고 처리 확인해야 한다는 책임감이 생기면 꼭 필요하지 않거나 원하지 않는 약속을 할 때 마음속으로 두 번 생각하게 된다는 것이다. 나는 수년간 많은 사람들을 도와 명확한 최신 프로젝트 목록을 만드는 작업을 했는데, 누구나 그 전에 해야겠다고 생각했던 어떤 일이 실제로는 할 가치가 없는 일이었다고 판단하곤 했다. 자신이 해야 하는 일을 전부 파악하지 못하는 건 신용카드의 잔고나 한도를 모른 채 사용하는 것과 같다. 그러면 약속한 일들에 부주의해지기 쉽다.

▶ **약속을 완수한다** | 물론 일거리에 대한 부정적 감정을 없애는 또 다른 방법은 그 일을 끝낸 뒤 완료했다고 표시하는 것이다. 어떤 일을 완료했다는 뿌듯함을 느낄 수 있다면 실제로 당신은 일하는 걸 즐기게 된다. 2분 내에 처리할 수 있는 행동이 나타났을 때 바로 실행하기 시작하면 심리적인 이점이 있다. 내가 함께 일한 대부분의 사람들은 딱 두 시간만 파일을 처리해도 2분 규칙을 이용해 많은 일들을 해치울 수 있어서 엄청나게 가뿐한 기분을 느꼈다.

잔뜩 쌓인 집안일이나 개인적인 사소한 볼일과 과제들을 처리하면서 한 주 주말을 보람 있게 보낼 수 있다. 크든 작든 모든 열린 고리들을 수집해서 목록에 올려놓고 살펴보면 이 일들을 해치워 목록에서 없애고 싶다는 자극을 받을 것이다(혹은 지긋지긋하거나 겁이 나서 얼른 해버리고 싶은 마음이 들 것이다).

우리 모두는 성취감을 갈망하는 것 같다. 쉽게 시작해서 끝낼 수 있는 일을 스스로에게 주어 그런 갈망을 만족시키는 것도 좋다. 원래는 목록에 없었던 일을 기록하고 해치운 뒤 완수했다고 표시한 적이 있는 사람이라면 내 말을 이해할 것이다.

그러나 여기에는 또 다른 문제가 있다. 목록과 쌓인 일거리들을 전부 성공적으로 해치우고 나면 어떤 기분이 들까? 아마 창조적 에너지가 넘치고 날아갈 듯 기분이 좋을 것이다. 그런데 사흘이 지나지 않아(3분은 아니라도!) 어떻게 될까? 맞다. 아마 더 벅

자신이 해야 하는 일들의 객관적이고 완전한 목록을 유지하고 정기적으로 검토하면 부탁을 거절하고 성실성을 지키기가 훨씬 쉬워진다.

찬 일들이 포진한 더 긴 목록이 생길 것이다. 일을 전부 끝내는 게 너무 기분 좋은 나머지 당신은 더 크고 야심 찬 일들을 떠맡을 것이다.

그뿐만이 아니다. 만약 상사(혹은 이사회)가 당신이 매우 유능하고 생산성이 높은 사람이란 걸 알게 되면 어떨까? 뻔하다. 당신에게 더 많은 일을 줄 것이다! 이것이 전문성 신장의 역설이다. 당신은 우수해질수록 더 우수해져야 할 것이다.

따라서 기준을 낮추지 않거나 할 일을 계속 더 많이 만들어내겠다는 사람은 스트레스에 짓눌리지 않으려면 세 번째 옵션에 익숙해지는 게 낫다.

▶ **약속을 재협상한다** | 내가 당신에게 화요일 오후 4시에 만나자고 했다고 하자. 그런데 이렇게 약속을 한 뒤 내 상황이 바뀌었다. 이제 나는 새로운 우선순위를 고려해 화요일 오후 4시에 당신을 만나지 않기로 결정했다. 하지만 관계의 성실성을 유지하려면 그냥 그 시간에 모습을 드러내지 않는 대신 어떻게 해야 할까? 맞다. 전화를 걸어 약속을 변경하는 게 좋다. 재협상된 약속은 깨진 약속이 아니다.

모든 일거리를 머리에서 꺼내 당신 앞에 두면 왜 기분이 좋아지는지 이제 이해되었는가? 일거리들을 보면서 생각하고 바로 행동을 취하거나 "아냐, 지금은 못해"라고 말하는 것이 곧 자신과의 약속을 재협상하는 것이기 때문이다. 그런데 여기에는 문제가

> 일의 부담에서 벗어나 다 했을 때의 평화로 들어가라.
> — 줄리아 루이스 우드러프
> Julia Louise Woodruff

있다. 기억하지 못하는 약속을 재협상하기는 불가능하다!

자신과 한 약속을 기억하지 못한다고 해서 그 일에 대한 책임까지 없어지는 건 아니다. 심리학자에게 당신의 정신에서 과거와 미래에 대한 인식영역 중 당신이 넣어둔 목록을 저장하는 부분이 얼마나 되는지 물어보면 "없다"고 대답할 것이다. 머릿속에서 그 일들은 모두 현재진행형이다. 즉, 어떤 일을 해야겠다고 생각하고 단기적인 기억 속에만 넣어두면, 곧바로 그 부분은 당신이 그 일을 해야 한다고 계속 생각한다. 또한 자신에게 할 일을 두 가지 주고 머릿속에만 넣어두면 당신은 곧 스트레스를 받고 실패를 맞게 된다. 동시에 두 일을 할 수 없는 데다 당신 정신의 그 부분(겉보기에는 중요한)이 계속해서 당신에게 책임을 묻기 때문이다.

대부분의 사람들에게는 아마 청소하고 정리해야겠다고 언젠가 (아마 10년 전에라도!) 생각한 지하실 같은 공간이 있을 것이다. 그렇다면 당신 정신의 일부분은 지난 10년간 하루 24시간 동안 지하실을 청소해야 한다는 생각을 했을 것이다! 이러니 사람들이 그토록 피곤한 것도 놀라운 일이 아니다. 지하실을 지나갈 때마다 머릿속에서 속삭이는 작은 소리를 듣지 못했는가? '왜 지하실을 그냥 지나치는 거야? 청소를 하기로 한 거 아니었어?' 당신은 그 칭얼거리는 소리, 끊임없는 잔소리를 참지 못해 가능하면 지하실 근처에 얼씬도 하지 않을 것이다. 그 목소리를 멈추게 하고 싶다면 자신과의 약속을 처리하는 세 가지 방법이 있다.

나는 이 문제를 아주 진지하게 생각한다. 우리 의식의 일부분은 지하실을 청소한다는 약속과 기업을 인수하거나 개인 재정을 개선하겠다는 약속의 차이를 모르는 것 같다. 의식에서 이들 전부는 지키거나 깨진 약속일 뿐이다. 어떤 일을 마음속으로만 생각하고 바로 실행하지 않는다면 깨진 약속이 될 것이다.

> 미래에 대해 창조적으로 생각하는 유일한 방법은 용서하는 것이다.
> — 데즈먼드 윌슨 신부
> Father Desmond Wilson

전통적인 시간관리 기법의 급격한 변화

이 기법은 전통적인 시간관리 훈련과는 상당한 차이가 있다. 그런 모델들 대부분은 해야겠다고 생각한 어떤 일이 그리 중요하지 않으면 처리 확인하거나 관리하거나 처리할 필요가 없다는 인상을 준다. 내 경험에 따르면, 적어도 우리의 무의식이 어떻게 작용하는지의 측면에서 보면 그런 생각은 잘못되었다. 하지만 우리의 의식도 마찬가지로 작용하기 때문에 모든 약속은 의식적으로 해야 한다. 그 약속을 자기관리 영역의 적절한 곳에 두기 위해서는 완전히 의식하면서 정기적, 객관적으로 수집, 명료화, 검토해야 한다. 이렇게 하지 않으면 그 약속이 당신의 내면적 에너지를 필요 이상으로 많이 잡아먹을 것이다.

내 경험에 의하면, 머릿속에만 있는 일들이 필요 이상으로 많은 관심이나 적은 관심을 받는다. 모든 일을 수집하는 이유는 모든 일이 다 중요해서가 아니다. 모든 일이 똑같이 중요한 것도 아니다. 그러나 수집되지 않은 미완의 일들이 압박감을 주고 관심을 차지한다는 의미에서는 어느 정도 비슷하다.

얼마나 많이 수집해야 할까?

아직 수집하지 않은 어떤 일을 수집하면 마음이 한결 가벼워질 것이다. '아, 맞아, 다음에 식품점에 들렀을 때 버터를 사야 해'라고 생각하고 '식품점' 목록에 써놓으면 좀 더 안심이 된다. '투자자문에게 전화를 걸어 신탁자금에 대해서 알아봐야 해'라는 생각이 났다면, 시간이 나고 전화기가 앞에 있을 때 할 수 있도록 잘 보이는 곳에 적어두면 마음이 놓일 것이다. 그러나 이런 한두 가지 일을 수집했을 때와 모든 일을 수집해두었다는 걸 알 때 느끼는 기분은 천지차이이다.

수집할 것이 머릿속에 얼마나 남았는지 알 수 있는 때가 언제일까? 머릿속에 아무것도 남지 않았을 때뿐이다. 모든 걸 다 수집하지 않았다고 의식의 일부분이 막연하게라도 인식하면 몇 퍼센트를 수집했는지 알 수 없다. 그렇다면 아무것도 남지 않았다는 걸 어떻게 알 수 있을까? 실행 환기로 수집해야 할 것이 머릿속에 더 이상 나타나지 않을 때이다.

그렇다고 머리가 완전히 비워졌단 뜻은 아니다. 당신이 의식하면 머리는 항상 무언가에 초점을 맞추고 있을 것이다. 하지만 주의가 흐트러지지 않고 한 번에 하나의 일에만 집중하여 할 수 있는 자신만의 '존$_{zone}$'에 들어갈 수 있을 것이다.

나는 일들을 떠올리는 것보다 일들에 관해 생각하는 데 머리를 사용하라고 권한다. 어떤 프로젝트들과 상황들이 존재한다는 것 그리고 그와 관련해 뭔가를 해야 한다는 것을 떠올리느라 스트레스를 받는 대신, 이들에 관해 생각하여 가치를 더해야 한다. 머리가 그렇게 더 생산적인 역할을 하려면 모든 일을 수집해야 할 것이다. 자신과의 아주 작은 약속이라도 머릿속에 처음 나타났을 때 인식하고 수집하도록 훈련하려면, 집중과 습관의 변화가 필요하다. 되도록 완벽하게 수집 절차를 수행하고 그 뒤 새로운 일들이 나타났을 때 모두 수집하는 습관을 들이면 당신이 생각하는 것보다 더 큰 힘이 생기고 생산성이 높아질 것이다.

| 머릿속에 한 가지 일만 있으면 일과 놀이의 구별 없이 자신의 '존zone'에서 '현재에 충실할' 수 있을 것이다.

관계를 맺고 있는 사람들과 조직들이 수집 과정을 습관화할 때

한 팀—부부, 부서, 직원, 가족, 회사—의 모든 관련자가 어떤 일도 놓치지 않고 수집할 것이라 믿을 수 있다면 어떨까? 일단 그렇게 되면 더 이상 다른 사람들이 실수를 할까 봐 그리 신경 쓰지 않아도 될 것이다. 그리고 더 중요하고 좋은 일들이 당신의 관심을 차지할 것이다.

하지만 소통문제가 있으면 인간관계나 조직의 문화에 불만과 전반적인 불안이 나타날 것이다. 대부분의 사람들은 일들을 끊임없이 붙들고 있지 않으면 시스템에서 그 일들이 사라졌다가 언제라도 터질 수 있다고 느낀다. 이런 느낌이 드는 이유는 언제나 이런 상황에 있었기 때문이다. 사람들은 자신들이 일들을 붙들고 있는 걸 중력 같은 영구법칙으로 받아들이기 때문이란 걸 알지 못한다. 하지만 반드시 그래야 하는 건 아니다.

나는 이 점에 수년간 주목해왔다. 수집행위를 실행하지 않는 사람들이 내 환경에 들어오면 금방 눈에 띈다. 나는 30년 넘게 맑은 머리와 엄격하고 명확한 경계를 지닌 수집함을 표준으로 삼고 살아왔다. 누군가의 수집함에 메모지가 처리되지 않은 채 뒹굴거나 누군가가 "예, 제가 할게요"라고 말해놓고 그 일을 어떤 식으로든 수집하지 않으면, 내게 "어, 이러면 안 되는데"라는 경고벨이 울린다. 이는 내 세계에서는 받아들여지지 않는 행위이다. 시스템의 구멍을 걱정할 시간에 해야 할 더 중요한 일들이 많다.

나는 이메일, 음성 메시지, 대화나 메모로 전달한 요청이나 관련 정보들이 다른 사람의 시스템에 들어가 곧 처리, 정리되고 행동의 한 옵션으로 검토되어야 한다고 생각한다. 상대방이 음성 메일은 관리하지만 이메일과 종이는 관리하지 않는다면, 그가 신뢰하는 매체만 사용해야 하는 제약이 생긴다. 최소한의 노력으로 일들을 실행할 수 있는지에 신

구멍 난 배 안에서 물을 퍼내야 한다면, 배의 방향을 잡고 나아가게 하기 힘들다.

경을 쓰는 조직에서는 용납되지 않는 상황이다.

　변화가 필요하면, 그 변화를 위한 새로운 계획들이 제대로 처리될 것이라는 믿음이 있어야 한다. 변하지 않는 시스템은 결국 가장 큰 약점이 될 뿐이다. 또한 중요 인물이 시스템 내의 소통에 무디게 반응하면 종종 조직의 아킬레스건이 된다.

　수집함이 아예 없거나 누가 봐도 오래 처리되지 않아 넘치도록 놔둔 조직을 보면 특히 이런 현상이 눈에 띈다. 이런 조직들은 시스템을 이용한 소통을 믿지 못하기 때문에 대개 업무를 하면서 심각한 '방해'를 받는다. 내가 만난 어떤 임원들은 정신없을 정도로 일정이 차고 넘쳤지만 적시에 이메일을 대응하기 시작하면서 그런 압박이 극적으로 완화되었다. 이들의 부하직원이나 동료들이 이메일 같은 가상매체를 통해 적절한 피드백과 의사결정에 필요한 정보들을 얻는다면 예전처럼 회의를 열어 직접 얼굴을 보며 이야기하는 시간이 더 이상 필요하지 않을 것이다.

　서면 전달 같은 낮은 기술단계에 이르기까지 탄탄한 시스템을 갖춘 조직문화에서는 명확성을 뚜렷하게 느낄 수 있다. 의식적인 우려도 거의 없고, 모든 사람이 꼭 해야 할 일을 집중해서 일한다. 수집함을 마련한 가족 역시 마찬가지이다. 부모, 아이들, 유모, 가사도우미 혹은 가족이 자주 상호작용하는 누구라도 마찬가지다. 우리 부부는 가까이 앉아 있을 때도 서로의 수집함에 일거리를 집어넣는다는 말을 하면 사람들은 얼굴을 찡그린다. 그 사람들에게는 이런 행동이 냉정하고 기계적으로 보일 수 있다. 하지만 이런 행동에는 서로의 일을 방해하지 않겠다는 예의가 담겨 있을 뿐 아니라 실제로 우리 사이에 더 따뜻한 정과 자유가 생긴다. 기계적인 일들이 우리의 관심을 관계에 묶어놓지 않고 시스템으로 처리하도록 돕기 때문이다.

유감스럽게도 당신은 개인 시스템들을 일괄적으로 규정해줄 수는 없다. 모든 사람에게는 일을 처리하는 각자의 방식이 있기 때문이다. 하지만 사람들이 일처리 결과는 물론, 자신의 일들을 처리 확인하고 관리하는 책임을 지게 할 수는 있다. 그리고 이 책에 나와 있는 정보를 알려줄 수 있다. 그러면 적어도 무언가를 놓친 데 대해 변명하지 못할 것이다.

그렇다고 모든 사람이 모든 일을 다 해야 한다는 뜻은 아니다. 나는 현재의 지식기반 사회에서는 모든 사람이 실제로 할 수 있는 것보다 해야 할 일이 더 많아질 여지가 있다는 것과 관련지어 설명하고 싶었다. 중요한 건, 사람들이 자신이 지금 하고 있지 않은 일들에 안심할 수 있도록 모든 관련자들 간에 쉽고도 지속적으로 재협상이 이뤄져야 한다는 것이다. 이것이야말로 더욱 정교한 단계에서의 진짜 지식근로이다. 하지만 빈틈없는 수집 시스템이 작동하지 않으면 이렇게 될 희망이 없다. 기억하지 못하는 자신과의 약속을 재협상할 수는 없다. 또한 다른 사람과 한 약속도 당신과 상대가 잊어버리면 재협상하지 못한다.

한 집단의 모든 사람들이 수집 작업의 기준을 1백 퍼센트 적용한다면 잘 정비된 배에 타고 있는 셈이다. 이들이 올바른 방향으로 항해하고 있다는 말은 아니며, 심지어 타야 하는 정확한 배에 올라탔다는 뜻도 아니다. 그저 그들이 탄 배가 지금 가고 있는 방향으로 최대한 효과적인 에너지로 항해하고 있다는 뜻이다.

> 조직들은 모든 사람에게 자신이 할 수 있는 정도보다 더 많은 일이 있다는 것 그리고 하지 않는 일들에 관한 약속은 재협상해야 한다는 것을 받아들이는 문화를 만들어야 한다.

12장

다음 행동 결정의 힘

나는 '다음 행동이 무엇인가'를 세계인들의 일상활동이나 사고과정에 주입시키겠다는 사명이 있다. 나는 행동이 필요한지 아닌지 그리고 필요하다면 무슨 행동이 필요한지, 혹은 적어도 누가 여기에 책임이 있는지 명확하게 정하지 못한 상태에서는 어떤 회의나 논의도 끝나지 않고 어떤 상호작용도 중단되지 않는 세상을 꿈꾼다. 또한 누군가의 인식 영역에 어떤 일이 들어온다면 행동이 필요한지 평가하고 그 결과 도출된 결정들을 적절히 관리하는 것을 표준으로 삼는 조직들을 꿈꾼다. 이렇게 하면 사람들과 조직들이 더 중요한 문제와 기회에 초점을 맞출 여유가 생긴다.

수년의 과정을 거쳐 나는 개인과 집단들이 '다음 행동이 무엇인가'에 대해 기본적으로 꾸준히 질문하게 되면 언제나 에너지와 생산성에 엄청난 변화가 생긴다는 걸 알게 되었다. 단순한 질문처럼 보이지만, 필요한 곳에서 이런 질문이 완전히 정착된 경우는 다소 찾기 드물다.

당신이 맞닥뜨릴 수 있는 가장 큰 과제 중 하나는 일단 당신과 주변 사람들이 '다음 행동이 무엇인가'에 익숙해지면 이런 질문을 던지지 않는 사람들을 상대할 때 불만스러워질 수 있다는 것이다. 이 질문을 던지면 상황이 금세 명확해지기 때문에 그러지 않는 사람과 환경을 상대하는 것이 악몽처럼 느껴질 수 있다.

우리 모두는 다른 사람 및 자기 자신과 관계를 맺으면서 실행하기로 한 일이 있으면 이를 정의해야 하는 책임이 있다. 그리고 완수하겠다고 마음먹은 어떤 결과에 대해 어느 시점이 되면 다음의 물리적인 행동을 결정해야 한다. 그러나 일들이 생겼을 때 결정을 내리는 것과 문제가 터졌을 때 결정하는 것 사이에는 큰 차이가 있다.

> 한 조직이 '다음 행동이 무엇인가'를 운영상의 표준 질문으로 삼으면 자동적으로 에너지, 생산성, 명확성, 집중력이 높아진다.

이 기법의 시작

나는 이 간단하지만 비범한 '다음 행동' 기법을 30년도 훨씬 전에 오랜 친구이자 개인관리 컨설턴트 멘토인 딘 애치슨 Dean Acheson (전 미국무부장관과는 상관없는 인물이다)에게서 배웠다. 당시 딘은 수년 전부터 임원들에게 컨설팅을 하면서 이들이 관여한 프로젝트 및 상황에서 정체된 부분들을 풀기 위해 무엇이 필요한지 연구해왔다. 어느 날, 딘은 한 임원의 책상에 있는 서류들을 하나하나 집어 들고 각 항목을 진전시키기 위해 다음에 해야 하는 일이 무엇인지 판단하게 했다. 그러자 즉각적으로 엄청난 효과가 나타났다. 그래서 딘은 같은 질문을 던져 수집함을 처리하는 방법론을 수년에 걸쳐 계속 다듬었다. 내가 딘의 통찰력을 바탕으로 발달시킨 부분까지 넣으면 그 이후 수십만 명의 사람들이 이 핵심 개념에 대해 훈련과 코치를 받았다. 그리고 이 기법은 누구나 사용할 수 있다.

다음 행동을 생각하는 이러한 사고 절차는 타고난 것은 아니며 자연스럽게 일어나지도 않는 것처럼 보인다. 태어났을 때 어머니에게 "자, 지금 우리가 여기에서 무엇을 하고 있고 다음 행동은 무엇이며 책임자는 누구입니까?"라고 묻는 사람은 없을 것이다. 이 절차는 생각하고 결정을 내리고 의식적으로 초점을 맞추도록 학습되는 기법이다. 위기처럼 상황적으로 반드시 필요한 때나 괴로운 결과를 피하려면 다음 행동을 결정해야 한다는 압력(상사, 고객, 어린아이 혹은 뜻밖의 상황)을 받을 때는 이런 사고 절차가 자동적으로 생길 것이다. 하지만 명백히 필요한 상황이 닥치거나 즉각적인 행동이 필요하기 전에 미리 이 절차를 주도적

> 시작과 끝이 있는 간단하고 명확한 일을 하면 종종 평생 나를 괴롭히는 끝이 없는 복잡함과의 균형이 맞춰진다. 성스러운 단순함이여!
> — 로버트 풀검 Robert Fulghum

으로 실행하는 것은 후천적으로 익히는 습관이다.* 이 절차를 개인생활과 조직생활의 한 부분으로 체화하면 생산성이 향상되고 마음의 평화가 찾아온다.

행동의 옵션 만들기

'다음 행동이 무엇인가?'라는 이 간단한 질문이 어떻게 그렇게 큰 효과를 낼 수 있을까?

이 질문에 대한 답을 얻기 위해, 머리를 비울 때 검토하는 목록을 다시 살펴보거나 적어도 머릿속에 웅크리고 있을 모든 프로젝트들에 대해 생각해보길 권한다. 그중에서 지속적이고 생산적으로 진행되지 않는다고 느껴지는 게 있는가? 아마 당신은 몇 가지가 약간 정체되어 있다는 걸 인정할 것이다.

바로 다음에 해야 하는 행동이 전화를 거는 것인지, 이메일을 보내는 것인지, 누군가에게 이야기하는 것인지, 웹을 찾아보는 것인지, 혹은 상점에서 물건을 사는 것인지 확실히 모르면 그 일은 처리되지

---

* 나는 여기에서 '기술 skill'이라는 단어를 쓰고 싶지만 망설여진다. 우리 모두에게는 이미 다음 행동을 결정할 능력이 있다. 우리는 하루에 수천 번 결정을 내리지만 대부분 무의식적으로 그렇게 한다. 하지만 결정을 내리지 않으면 안 되는 시점이 닥치기 전에 미리 결정을 내리는 것은 학습되고 연습되고 통합될 수 있는 효과적이고 훌륭한 인지행위 유형이며 '지식근로 경기 knowledge-work athletics'의 핵심요소이다. 대부분의 사람들은 자신의 삶에서 가장 중요한 일에 대해서조차 이런 식으로 처리하지 않는다.

않고 있는 것이다. 역설적인 것은, 목록에 있는 거의 모든 일들의 다음 행동이 무엇인지 파악하는 데 10초 정도만 들이면 된다는 것이다. 하지만 대부분의 사람들은 목록에 있는 대부분의 일들에 대해 그 10초도 쓰지 않는다.

예를 들어 어떤 사람의 목록에 '타이어'가 있다고 하자.

내가 "이건 무엇에 대한 겁니까?"라고 물어보면 그는 "음, 내 차에 새 타이어가 필요해서요"라고 대답한다. "그럼 다음 행동은 무엇입니까?" 이 시점에서 그는 이마를 찌푸리며 잠깐 곰곰이 생각한 뒤 결론을 내린다. "음, 인터넷으로 타이어 가게와 가격을 알아봐야 합니다."

거의 모든 일들은 무엇을 해야 할지 판단하는 데 이 정도의 시간과 인지만 있으면 된다. 아직 끝내지 않은 대부분의 일거리에 대해 대다수의 사람들이 투자하지 않는 것은 집중해서 생각하는 단 몇 초의 시간이다.

차에 새 타이어가 필요하다는 사실은 아마 한참 전부터 그의 레이더에 걸려 있었을 것이다. 또한 타이어 구입과 관련한 행동을 취할 만한 충분한 시간과 에너지가 있을 때 컴퓨터를 사용한 적도 수백 번일 것이다. 그런데 왜 그 행동을 하지 않았을까? 그때는 타이어 구입을 포함해 모든 프로젝트들과 다음 행동을 검토하고 싶은 마음 상태가 아니었기 때문이다. 그 순간들에 그는 그 생각을 하고 싶은 마음이 전혀 없었다.

그에게는 다음 행동들이 미리 파악되어 있어야 했다. 다음 행동을 생각해두었는데 회의 전에 15분의 여유가 생겼다 치자. 그리고 컴퓨터가 앞에 있는 데다 에너지가 10점 만점에 4.2 정도된다면 '할 일 목록'을 살펴보다가 '새 타이어 조사하기'를 발견하고 기뻤을 것이다. '지금 당장 할 수 있고 성공적으로 끝낼 수 있는 일이네!'라는 생각이 들었을 것이고, 현재 가진 시간과 에너지로 유용한 어떤 일을 완료하는 '성취감'을 맛보기 위해서라도 실제로 이 항목과 관련해 웹을 검색하고 싶은 의욕이 생겼을 것이다. 이런 상황에서 고객에게 전달할 방대한 제안서 초안 작성을 시작할 수는 없지만 인터넷을 검색하여 간단한 정보를 신속하게 얻을 만한 자원은 충분하다. 아마 얼마 후 그는 차의 새 타이어를 보고 세상을 다 얻은 듯한 기분이 들 것이다.

실제로 할 일이 무엇인지 가장 기초적인 수준에서 정의하고 각자 신뢰할 수 있는 실행 환기들을 정리하는 것이 생산성 향상과 내면의 편안함을 얻는 마스터키이다.

몹시 단순한 일인데 우리가 다음 행동을 최종적으로 결정하지 않는 바람에 진행이 되지 않는 경우가 종종 있다. 예를 들어, 내 세미나에 참석한 사람들은 대개 목록에 '자동차를 정비한다' 같은 일들이 있다. '자동차를 정비한다'가 다음 행동일까? 작업복을 입고 직접 손에 스패너를 들고 자동차로 가지 않는 한, 이건 다음 행동이 아니다.

"그럼 다음 행동이 뭐죠?"

"음, 차를 정비소에 가져가야 합니다. 아, 맞다, 정비소에 자리가 있는지부터 알아야겠네요. 정비소에 전화를 걸어 약속을 잡아야 할 것 같아요."

"정비소 전화번호 알아요?"

"제기랄, 없어요…… 정비소 이름도, 전화번호도 몰라요. 프레드가 그 정비소를 소개해줬는데, 내게는 정보가 없어요. 뭔가를 빠뜨렸다는 생각은 들었었는데."

많은 사람들이 종종 숱하게 겪는 일들이다. 프로젝트들을 훑어볼 때면 '여기에서 저기까지 조각들이 다 있지는 않네'라는 생각이 든다. 뭔가가 빠져 있다는 건 알지만 그게 뭔지는 확실히 모른다. 그래서 생각을 그만둬버린다.

"그럼, 다음 행동은 무엇일까요?"

"정비소 이름과 전화번호를 알아봐야 해요. 프레드에게 물어보면 알 수 있을 거예요."

"어떻게 물어보죠?"

"프레드에게 이메일을 보낼 수 있어요!"

그리하여 실제 다음 행동은 '프레드에게 이메일을 보내 정비소와 관련한 정보를 문의한다'가 된다.

이 프로젝트에 대한 실제 다음 행동을 도출하기까지 얼마나 많은 단계를 처리 확인해야 했는지 알아차렸는가? 이 정도

> 성공의 비결은 시작하는 것이다. 시작하는 비결은 복잡하고 압도적인 과제들을 관리 가능한 작은 과제들로 나누고 첫 번째 과제부터 시작하는 것이다.
> ─ 마크 트웨인 Mark Twain

가 일반적이다. 대부분의 사람들은 목록과 머릿속에 이런 일들을 많이 가지고 있다.

| 다음 행동을 정하지 않으면, 해야 하는 일과 그 일을 실현하는 것 사이에는 무한한 틈이 벌어지게 된다.

왜 똑똑한 사람들이 일을 가장 많이 미룰까?

아주 똑똑하고 예민한 사람들이 생활과 목록에 결정하지 않은 채 일을 남겨놓는 경우가 많다. 왜 그럴까? 머리에 담고 있는 이미지들에 대해 우리 몸이 어떻게 반응하는지 생각해보자. 신경계는 생생한 상상과 실제를 구별하지 못하는 것처럼 보인다.

식료품점에 들어가 환한 조명이 비치는 과일과 야채 코너로 다가가는 상상을 해보라. 자, 이제 오렌지, 포도, 레몬 등이 담긴 바구니들 쪽으로 간다. 잔뜩 쌓여 있는 노란 레몬들이 보일 것이다. 그 옆에 도마와 칼이 놓여 있다. 커다란 노란 레몬 하나를 집어 들어 반으로 자른다. 그리고 그 냄새를 맡아보아라! 즙이 많은 레몬이어서 도마에는 신선한 즙이 줄줄 흘러내릴 것이다. 이제 반으로 자른 레몬을 다시 반으로 잘라 4분의 1 조각을 손에 쥔다. 좋다, 이제―어릴 때 어떻게 했는지 기억날 것이다―그 레몬 조각을 입에 넣고 깨문다! 아삭!

나와 함께 이 상상을 했다면 아마 입 안에 침이 좀 더 많이 고였을 것이다. 당신의 몸은 머릿속에만 존재하는 이 구연산을 실제로 처리하려 하고 있

| 똑똑한 사람들은 그 누구보다 빠르고 극적으로 겁을 먹는다.

다! 몸이 상상에 이렇게 반응한다면, 가령 세금정산에 대해 생각할 때는 신체적으로 어떤 느낌이 들까? "별거 아니야, 얼른 시작하자, 완료, 성공, 해냈어!"라는 상상을 할까? 아마 아닐 것이다. 그렇다면 논리적으로 세금정산 같은 프로젝트를 떠올리기 가장 싫어하는 건 어떤 사람들일까? 즉, 그 일을 가장 늦게까지 미루는 사람은 누구일까? 당연히 가장 창의적이고 예민하고 지적인 사람들이다. 이들은 예민하고 창의적이어서 이 프로젝트를 할 때 생길 수 있는 끔찍한 악몽 같은 시나리오와 완벽하게 처리하지 못했을 때 나타날 온갖 부정적인 결과들을 머릿속에서 그릴 수 있기 때문이다! 그래서 금방 질겁하고는 포기한다!

그러면 일을 미루지 않는 사람은 누구일까? 대개 어떤 일을 있는 그대로 받아들이고 잘못될 수 있는 요소들을 생각하지 않은 채 묵묵히 하기 시작하는 무딘 미련퉁이들이다. 그 외의 사람들은 갖가지 것들에 신경 쓰는 경향이 있다.

'세금정산을 해야 한다고? 안 돼! 분명 골치 아프겠지. 이번 해는 작년과 또 다를 거야. 분명해. 양식을 봤는데 달라 보이더라고. 아마 새로운 규칙들을 이해해야 할 거야. 빌어먹을 온갖 자료들도 읽어봐야 하고. 긴 양식, 짧은 양식, 중간 정도의 양식까지 있어. 동업자와 함께 신고해야 하나? 아님 따로따로? 새로운 공제 항목을 청구하고 싶지만 그러려면 증빙자료가 있어야 해. 영수증이 전부 다 있어야 한다는 뜻이지. 맙소사. 필요한 영수증들이 다 있는지 모르겠네. 영수증이 다 없는데 공제를 청구하면 감사를 받게 되는 건가? 감사라니? 맙소사. 세금 사기로 감옥 가는 거 아냐?'

> 나는 나이가 많아서 아주 많은 문제들을 알고 있지만, 그중 대부분은 일어나지 않았다.
> — 마크 트웨인

많은 사람들이 그냥 납세 신고서를 훑어보는 것만으로도 마음속으로 자신을 감옥에 집어넣는다. 너무 똑똑하고 예민하고 창의적이기 때문이다. 코칭을 해온 수년 동안 나는 이런 유형의 사람들을 헤아릴 수 없이 많이 보았다. 사무실, 집, 이메일, 머릿속에 정체된 일 무더기를 가장 많이 쌓아놓은 사람은 보통 가장 똑똑하고 교양 있는 부류들이다. 내가 함께 일한 대부분의 임원들은 적어도 몇 개의 크고 복잡하고 비정형적인 프로젝트들을 파일 캐비닛이나 머리의 선반에 쌓아두었다. 그리고 그들 안에는 '프로젝트들을 아예 보거나 생각하지 않으면 아무 일 없겠지'라는 생각이 항상 도사리고 있는 것처럼 보인다.

그러면 해결책이 무엇일까? 술을 한잔 걸쳤을 때처럼 머리를 무감각하게 만들고 침묵시키는 방법이 있다. 술을 좀 마셨을 때 많은 사람들에게 어떤 일이 일어나는가? 알코올은 신체기능을 저하시키기 때문에 곧 에너지가 떨어져야 한다. 하지만 종종 적어도 처음에는 에너지가 상승한다. 왜 그럴까? 알코올이 무언가를 억제했기 때문이다. 사람들의 머릿속에서 진행되고 있는 부정적인 혼잣말과 불편한 상상을 중단시킨 것이다. 어떤 일을 성공적으로 처리하지 못할 것이라는 당황스러운 상상으로 스스로를 낙담시키지 않으면 당연히 에너지가 증가할 것이다. 하지만 무감각해지게 만드는 해결책은 기껏해야 한순간뿐이다. 그렇게 한다고 일거리가 사라지지는 않는다. 일거리에 대해서만 무감각해지게 할 수도 없다. 그래서 영감과 열정, 개인적 에너지의 원천까지 무감각해지는 듯 보인다.

지적인 방법으로 침묵시키기

또 다른 해결책이 있다. 다음 행동을 파악하는 지적인 방법으로 머리를 침묵시키는 것이다. 바꾸거나 해야 할 일이 있을 때 이를 진행하는 데 필요한 물리적 다음 행동을 판단하고 나면 어김없이 압박감이 완화될 것이다. 본질적으로 실제세계에서 바뀐 건 없다. 하지만 실행할 수 있는 과제라고 당신의 머리가 인식하는 무언가로 초점을 옮기면 긍정적인 에너지가 높아지고 방향성이 생기며 동기부여가 될 것이다. 머리를 비우는 과정에서 당신의 주의를 끄는 일들을 정말로 모두 수집했다면 이제 그 목록을 다시 살펴보며 각각에 실행하기 위한 다음 행동을 하나씩 결정하라. 그리고 당신의 에너지에 어떤 변화가 생기는지 살펴보라.

당신은 목록의 항목들에 끌리거나 거부감을 느낀다. 중립지대는 없다. 행동을 완료하고 싶어 긍정적으로 이끌리거나, 아니면 그게 뭔지 생각하기 싫어 연루되지 않으려 하거나 둘 중 하나이다. 이 두 극단의 차이를 만들어내는 것이 대개 '다음 행동'이다.

> 문제가 아무리 크고 심각하다 해도 해결할 작은 조치를 취해 혼란을 없애라. 무언가를 하라.
> — 조지 F. 노든홀트 George F. Nordenholt

생각하고 판단하려면 에너지가 필요하다. 자신의 세계에서 완료되지 않은 무언가가 있는데 아직 다음 행동을 판단하지 않았다는 걸 알게 되면 당신은 새삼 피곤해지고 압도당하는 느낌을 받기 쉽다. 따라서 자신의 목록과 개인관리 도구들에 대해 대부분의 사람은 부정적인 반응을 나타낸다. 그 안의 내용 때문이 아니라 아직 충분하고 적절한 사고가 적용되지 않았기 때문이다.

이 방법론을 실행하기 시작한 사람들을 처리 확인해보니 많은 사람들이 슬그머니 궤도에서 벗어나는 이유 중 하나가 행동목록을 개별적인 다음 행동들로 구성하는 대신 과제나 하위 프로젝트 목록이 되도록 놔두었기 때문이다. 이 사람들은 일들을 기록은 하고 있기 때문에 다른 대부분의 사람들보다는 낫지만 종종 일을 정체시키고 미루었다. 행동목록에 '연회준비위원회와 회의' '조니의 생일' '접수 담당자' '슬라이드 프레젠테이션' 같은 항목들이 오르도록 놔두었기 때문이다.

즉, 일들이 행동단계부터 출발하지 못하고 다시 '일거리'로 되돌아간 것이다. 이런 항목들에는 분명한 다음 행동이 없다. 목록을 이런 항목들로 채운 사람은 목록을 볼 때마다 머리에 과부하가 걸릴 것이다.

할 일들에 대한 다음 행동을 파악하는 것이 가외의 일인가? 쓸데없는 노력을 더 들이는 것인가? 당연히 그렇지 않다. 예를 들어 차를 정비해야 한다면 아무튼 어느 시점에는 다음 행동을 판단해야 할 것

목록과 보관함에 있는 것들은 구미가 당기거나 싫거나 둘 중 하나다. 일거리에 있어서는 중립지대가 없다.

이다. 문제는, 대부분의 사람들이 다음 행동이 '견인차를 부른다!'가 될 때까지 움직이지 않고 실행 판단을 미룬다는 것이다.

당신은 대부분의 사람들이 자신의 일거리에 대해 실제로 다음 행동을 정하는 것이 언제라고 생각하는가? 일거리가 생겼을 때? 아니면 문제가 터졌을 때? 그리고 이 작업을 나중까지 미루지 않고 처음에 하면 삶의 질에 차이가 생길 수 있다고 생각하는가? 프로젝트가 당신의 레이더에 처음 걸렸을 때 다음 행동들을 결정한 뒤 동일한 상황에서 처리할 수 있는 행동들을 같은 범주로 효과적으로 분류하는 것, 혹은 무엇을 해야 할지에 대한 생각을 발등에 불이 떨어지기 전까지 가급적 피하다가 나중에 급한 불을 끄려고 급하게 행동들을 생각하는 것, 둘 중에서 삶을 헤쳐나가기에 더 효과적인 방법이 무엇이라고 생각하는가?

과장된 이야기처럼 들리겠지만, 내가 한 집단의 사람들에게 회사에서 행동에 대한 결정이 대부분 언제 이루어지는지 물어보면 거의 예외 없이 "일이 터졌을 때"라는 답이 나온다. 한 글로벌 기업이 직원들에게 기업 문화에서 스트레스를 받는 원인이 무엇인지 조사했을 때 가장 많이 나온 답이 팀 리더들이 사전에 적절한 결정을 내리지 않아 마지막 순간에 위기가 들이닥치는 데 대한 불만이었다.

소매(작은 문제들)는 해결만 해도 되지만 도매(큰 문제들)는 예방해야 한다.
— 브록 치섬 Brock Chisholm

다음 행동 결정을 표준으로 삼을 때의 이점

나는 몇몇 고위 임원들에게 '다음 행동이 무엇인가'라는 질문을 조직의 운영 표준으로 정착시키자, 측정 가능한 성과라는 측면에서 엄청난 변화가 일어났다는 이야기를 들었다. 이 표준은 조직의 문화를 더 나은 쪽으로 영구적으로 현저하게 변화시켰다.

왜 그럴까? '다음 행동이 무엇인가'라는 질문이 명확성, 책임성, 생산성을 강화하고 힘을 북돋아주기 때문이다.

명확성

우리는 결정 내용과 앞으로 할 일을 사람들이 알고 있다고 막연히 생각하며 회의를 끝내는 경우가 많다. 하지만 다음 행동이 무엇이고 누구에게 책임이 있는지는 고사하고 다음 행동이 있는지조차 명확하게 결론을 내지 않은 채 회의가 끝나는 바람에 대개 많은 일거리들이 미정인 상태로 남는다.

나는 종종 회의의 진행을 맡아달라는 요청을 받는데, 회의 종료 20분 전에 논의가 어느 정도까지 진행되었는지에 상관없이 "자, 그럼 여기에서 다음 행동은 무엇입니까?"라는 질문을 던져야 한다는 걸 알게 되었다. 내 경험에 따르면, 대답을 찾는 데 보통 20분 정도의 명료화(그리고 때로는 어려운 결정)가 필요하다.

> 마지막 순간까지 행동 결정을 피하면 엄청난 비능률과 불필요한 스트레스를 불러온다.

이건 근본적인 상식이다. 근본적이라고 말하는 이유는, 사람들이 편하게 느끼는 수준보다 종종 더 깊은 논의를 해야 하기 때문이다. "우리가 이 일을 진지하게 대하고 있는가?" "우리가 여기에서 무엇을 하고 있는지 정말로 파악하고 있는가?" "귀중한 시간과 자원을 여기에 쏟을 준비가 되었는가?" 사람들은 이와 같은 좀 더 적정한 수준의 사고를 피하려 하기 쉽다. 이런 문제들이 슬그머니 비정형적인 일거리가 되는 걸 막는 방법은 다음 행동을 결정하도록 하는 것이다. 한 주제를 완료하려면 종종 더 많은 논의, 탐구, 협상이 필요하다. 오늘날의 세계는 너무 변화무쌍해서 결과를 가정하기 힘들다. 우리가 일들을 명확히 해야 한다.

내 말을 이해하려면 실제로 경험을 해봐야 한다. 그러면 아마 "옳거니!"라는 생각이 들 것이다. 내가 말하고 있는 것을 확실히 이해하지 못하겠으면 다음에 누군가와 회의를 할 때 마지막에 "그럼 여기에서 다음 행동은 무엇인가요?"라고 물어보라. 그리고 무슨 일이 일어나는지 주목하라.

책임감

협동적인 조직문화의 단점은 누군가에게 책임을 지우는 데 과민하게 반응한다는 것이다. "내 일인가? 아니면 당신 일인가?"라는 말은 유감스럽게도 이런 조직들에서 잘 듣기 힘들다. 책임 소재를 분명히 하면 무례하다는 느낌도 든다. "우리는 한 배를 탔어요"는 가치 있는 감정이지만, 냉철한 일상 업무세계 의 현실은 그렇지 않다. 회의 참석자들이 무언가를 실행해야 한다는 막연한 느낌을 받지만 그것이 자기 일이 아니길 바라며 끝나는 경우가 너무 많다.

> 입으로 밥을 지을 수는 없다.
> ㅡ 중국 속담

내 생각에는, 정말로 무례한 건 명확하게 결론이 나지 않은 회의에서 사람들이 빠져나가는 것이다. 실제 할 일들을 정의하고 담당자를 지정하는 작업을 모든 사람이 책임져서 아직 결정하지 않은 행동들에 대해 불안해하는 사람이 없도록 하는 데서 한 집단의 진짜 일체감이 나타난다.

이런 경험을 해본 적이 있으면 내 말뜻을 이해할 것이다. 하지만 그런 적이 없다면 한번 테스트해보길. 다음 직원회의나 저녁 식탁에서 가족들과 대화하다가 한 주제에 대한 논의가 끝날 무렵, 약간의 위험을 무릅쓰고 "그러면 이 문제에 대한 다음 행동이 무엇입니까?"라는 질문을 던져보라.

생산성

조직들이 다음 행동을 미리 결정하는 모델을 만들고 훈련하면 자연히 생산성이 높아진다. 앞에서 언급한 모든 이유들로 보건대, 원하는 결과를 명확하게 정하자마자 실행에 필요한 자원들의 물리적 배치를 결정하면 더 적은 노력으로 더 빨리, 더 많은 성과를 얻을 것이다.

정교하고 창의적인 사고를 방해하고 행동을 막는 장애물들—즉 우리가 만드는 뒤엉킨 정신적 거미줄—을 돌파하는 법을 익히면 탁월한 기술을 갖추게 된다. 수십 년 동안 '생산성'은 조직에서 향상시켜야 하는 바람직한 요소로 치켜세워졌다. 생산량을 최대화하는 데 도움이 되는 것이라면 뭐든 생산성을 향상시킬 것이라 여겨졌다. 그러나 지식근로의 세계에서는 온갖 컴퓨터와 통신기술이 발달하고 지구 곳곳에서 리더십 세미나가 열려도 개인들이 업무적 반응성 operational responsiveness(변화하는 상황과 고객과의 상호작용에 대응할 수 있는 업무 절차와 시스템의 능력—옮긴이)을 향상시키지 않으면 이런 면에서 아무 차이가 나타나지 않을 것이다. 그리고 반응성을 향상시키려면 당신의 세계에 들어온 어떤 일에 대해 하지 않으면 안 될 때가 오기 전에 생각하는 습관이 필요하다.*

> 행동에는 위험과 대가가 따르지만, 편안하게 아무 행동도 하지 않을 때의 장기적인 위험과 대가에 비하면 아무것도 아니다.
> — 존 F. 케네디 John F. Kennedy

생산성은 각 개인들이 업무적 반응성을 향상시킬 때만 높아질 것이다. 그리고 지식근로에서 이는 나중이 아니라 미리 행동들을 명확히 하는 것을 의미한다.

---

* 많은 조직들에서 본 생산성의 가장 큰 빈틈 중 하나는 장기적인 프로젝트에 대해 '다음 행동'들을 정하지 않는 것이다. 장기적이라는 것이 '언젠가/아마도'을 뜻하는 건 아니다. 결승선이 먼 프로젝트들도 가능한 한 빨리 처리해야 한다. 장기적이라는 것은 "심판의 날이 아주 많이 남았으니 다음 행동을 결정할 필요가 없다"가 아니라 "실행하려면 더 많은 행동단계가 필요하다"는 뜻이다. 한 조직의 모든 프로젝트와 열린 고리들이 처리 확인되면 완전히 새로운 상황이 열린다.

힘 북돋아주기

아마 다음 행동 접근방식을 채택했을 때의 가장 큰 이점은 일을 실행하는 능력이 향상되고 그에 따라 자긍심이 높아지고 건설적인 시야가 넓어지는 점일 것이다.

사람들은 끊임없이 일을 하지만, 대개는 그 일을 하지 않으면 안 되거나, 스스로나 다른 사람들에게 비난을 받을 때가 되어서야 한다. 성취감이나 일들을 통제하고 있다는 느낌, 혹은 사람들 및 세상과 협조한다는 느낌은 받지 못한다.

미완의 일들과 이들을 완료하기 위해 필요한 조치를 정하는 일상의 방식을 변화시켜야 한다. 외부의 압력과 내면적 스트레스 때문에 어쩔 수 없이 해야 하기 전에 스스로 일들을 진행시키면 탄탄한 자긍심의 토대가 마련되고 삶의 모든 측면으로 확산될 것이다. 당신은 자신이라는 배의 선장이다. 이런 관점에서 행동할수록 일이 더 잘될 것이다.

'다음 행동이 무엇인가'라고 자문하면 피해의식이 줄어든다. 이 질문에는 변화의 가능성이 있고 그 변화를 일으키기 위해 당신이 할 수 있는 무언가가 있다는 전제가 깔려 있다. 그리고 이런 식의 처리 확인은 "나는 그 일들을 해낼 수 있는 강하고 유능한 사람이야!"라고 수천 번 되뇌는 것보다 긍정적인 자아상 구축에 근본적으로 더 효과적이다.

당신의 조직에는 불평 불만이 팽배해 있는가? 다음에 누군가가 무언가에 대해 불평하면 "그럼 다음 행동은 무엇입니까?"라고 물어보라. 사람들은 지금 상태보다 더 나아질 수 있다고 생각하는 것에 관해서만 불평한다. 행동에 대한 질문은 빠른 결정을 재촉한다. 변화시킬 수 있는 일이라면 그 변화를 불러올 행동이 있을 것이다. 변화시키지 못하는 일이라면 전략과 전술의 지평선에서 검토해야 한다. 불평을 한다는 것은 변화 가능한 일을 추진할 위험을 감수하지 않거나 계획을 세울 때 바꿀 수 없는 상황을 고려하지 않는다는 표시다. 불평은 임시적이고 공허한 자기타당화의 한 형태이다.

나와 동료들이 이런 식으로 우리 일을 홍보하는 경우는 드물지만, 나는 우리가 다음 행동기법을 적용하라고 코치하면 사람들이 매일 스스로에게 힘을 북돋는다는 것을 알게 되었다. 그러면 시야가 더 밝아지고 발걸음이 가벼워지며 사고와 태도에 생기가 돈다. 우리 모두는 이미 힘을 지니고 있다. 일들을 진행하기 위해 물리적 행동들을 효과적으로 판단하고 관리하면 우리 본성의 좀 더 긍정적인 측면들을 불러내도록 힘이 발휘되는 것처럼 보인다.

일들을 실행하기 시작하면 당신은 자신이 그 일들을 할 수 있다고 믿기 시작한다. 그리고 그런 믿음이 일들을 실행시킨다.

> 꼭 해야 하는 일을 먼저 하라. 그런 뒤 할 수 있는 일을 하라. 그러면 어느새 불가능하다고 생각한 일을 하고 있을 것이다.
> — 아시시의 성 프란치스코
> Saint Francis of Assisi

> 사람들은 자신의 처지에 대해 항상 환경을 탓한다. 나는 환경을 믿지 않는다. 이 세상에서 성공한 사람들은 자리에서 일어나 자신이 원하는 환경을 찾는 사람들이다. 그리고 찾지 못하면 자신이 원하는 환경을 만드는 사람들이다.
> — 조지 버나드 쇼 George Bernard Show

13장

결과에 초점을 맞출 때의 힘

우리의 정신적, 창의적 과정들을 변화 창조에 맞출 때의 위력은 '긍정적 사고'를 주장하는 초기 서적들에서 최근의 신경생리학에 이르기까지 수없이 연구되고 장려되어왔다.

내 관심사는 이 원칙을 실제현실에 적용하는 것이다. 이 원칙이 일들을 해내는 데 도움이 되는가? 그렇다면 우리 생활의 일들을 관리하기 위해 이 원칙을 가장 잘 활용하는 방법은 무엇일까? 노력을 덜 들이고 우리가 원하는 일을 하는 데 이 정보를 이용할 수 있을까? 그 대답은 확실히 "그렇다"이다.

초점과 빠른 길

나는 이 책에서 소개한 기법을 적용한 사람들이 일상에서 지대한 성과를 내는 모습을 수년간 목격했다. 갖가지 상황—이메일 처리부터 주택 구입, 회의 편성, 아이들과의 대화에 이르기까지—들을 처리하는 주된 방법으로 이 기법을 습관적으로 사용하기 시작하면 개인 생산성이 크게 향상될 수 있다.

나와 함께 이 기법을 적용한 많은 직업인들은 훨씬 발전하거나 심지어 새로워진 업무, 경력, 생활 방식을 경험한다. 이 절차들은 우리가 매일 다루어야 하는 일상적인 일들—일거리들—에 매우 효과적이다. 업무 '최전선에서'의 일처리 능력이 높아진 걸 자신과 다른 사람들에게 입증하면 아마 그 최전선에 그리 오래 머물지 않게 될 것이다. 물론 GTD 방법론에 이끌린 사람들은 대개 자기계발의 길에 이미 들어선 이들이고, 1년 뒤에 지금과 같은 일을 하고 있을 것이라고 가정하지 않는다. 하지만 이들은 이 기법을 이용하면 그 목표를 더 빨리, 더 쉽게 달성할 수 있다는 점을 좋아한다. 이 방법론이 가장 필요 없는 사람들이 이 기법을 가장 빠르고 효과적으로 사용한다는 점이 흥미롭다. GTD 방법론을 실행할 때의 가장 중요한 결과 중 하나가 저항력('항력'처럼)을 완화시키는 것임을 알기 전까지는 나도 이런 점에 어리둥절했다. 이 방법론에 가장 관심을 보이는 사람이 누구일까? 바로 자신을 신속하고 쉽게 발전시키는 데 가장 많이 투자하는 사람들이다.

나는 이 방법론의 진가가 발휘되는 현장인 우리의 직접적인 현실을 처리하는 법 그리고 긍정적인 이미지의 힘을 일상생활의 실제 경험과 연결시키는 법을 배우고 코치하면서 느끼는 바가 컸다.

여기에서 '빠른 길'이라는 용어를 쓴 건 좀 부적절하다. 어떤 사람에게는 좀 더 느긋해지고 헛되이 되풀이하는 일에서 벗어나 자신을 돌보는 것이 이 방법론으로 촉진되는 주요한 변화일 수도 있기 때문이다.* 결론은, 이 방법론은 무엇이든 당신이 원하는 변화와 결과에 더욱 의식하고 집중할 수 있게 하여 실행능력을 높인다는 것이다.

'더 많은 시간을 딸과 보낼 방법을 마련한다'는 프로젝트는 여느 프로젝트 못지않게 구체적이면서 다음 행동 결정이 필요한 프로젝트다. 딸과의 관계를 위해 무언가를 '해야 한다'고 막연하게 느끼고 계속 신경을 쓰면서도 실제로 아무 일도 하지 않는다면 괴로울 것이다. 나는 이런 수준의 현실적인 일들을 '미완의 일'로 인식하여 기록하고 정의한 뒤 실행할 때까지 다음 행동을 판단하려는 사람들을 종종 만난다. 이것이야말로 가장 멋지게 발현된 진짜 생산성이다.

---

* 내가 여러 차례 보게 된 흥미로운 현상은 아주 에너지가 넘치는 사람이 GTD 사고방식을 도입하자 지나칠 정도로 바쁘고 창의적인 생활로 새로운 수준의 불편이 나타났다는 것이다("이제 나는 훨씬 더 많은 일을 더 빨리 해치울 수 있어!"). 그러자 이들은 더 많은 일들을 더 빨리 하는 것의 중요성 대비 생활의 질을 높이는 성과들에 대해 자가 진단해보는 유익한 기회를 얻었다.

결과 위주 사고의 중요성

여기에서 내가 강조하고 싶은 점은 이 명확하고 지속적인 시스템으로 업무와 생활의 세부사항들을 처리하는 법을 배우면 예상치 못한 방식으로 자신과 타인들에게 영향을 미칠 수 있다는 것이다.

앞서 말했듯이, 다음 행동 결정은 명확성, 책임성, 생산성을 강화하고 힘을 북돋아준다. 당신이 원하는 실제 결과들, 그리고 더 구체적으로 그 결과들을 얻기 위해 정의해야 하는 프로젝트들을 처리 확인한다는 원칙을 고수하면 정확히 이런 효과가 나타난다.

모든 것은 연결되어 있다. 원하는 결과를 알 때까지 적절한 행동을 정의할 수 없고, 그 결과를 실현하기 위해 실제로 해야 하는 일을 명확하게 모르면 결과는 현실과 동떨어지게 된다. 양방향으로 접근함으로써 그 일을 할 수 있고, 또 그래야 한다.

전뇌학습의 전문가이자 내 친구인 스티븐 스나이더Steven Snyder의 말처럼 "삶의 문제는 두 가지밖에 없다. ①원하는 건 알고 있는데 어떻게 이루는지 모른다. 그리고 ②당신이 무엇을 원하는지 모른다. 이 말이 옳다면(나는 옳다고 생각한다) 해결책은 두 가지뿐이다.

- 일을 만들어낸다.
- 일을 실행한다.

이것은 음/양, 우뇌/좌뇌, 창조자/파괴자, 몽상가/실행가 모델 혹은 무엇이든 당신에게 가장 잘 맞는 프레임워크에 따라 이해될 수 있다. 사실 인간의 에너지는 이원적이고 목적론적인 실체가 있는 것 같다. 우리는 자신이 경험하는 모든 수준에서 아직 현실이 아닌 일들을 만들어내고 정의한다. 그리고 그렇게 하면서 우리의 현재 세계를 새로운 세계로 변화시키기 위해 어떻게 재조직할지 인식하고 그렇게 하고 싶은 자극을 받는다.

| 생활의 질과 관련한 실제 문제들을 해결하는 구체적인 프로젝트와 다음 행동을 정의하는 것이 최상의 생산성이다.

당신의 주의를 끄는 일들에는 당신의 의사가 개입되어야 한다. '이 일이 내게 무슨 의미지?' '왜 이것이 여기에 있지?' '이 일이 어떻게 되길 바라지?(원하는 결과가 무엇이지?)' 완료되지 않았다고 생각되는 모든 일들에는 '완료'의 기준점이 있어야 한다.

바꾸어야 할 무언가와 채워야 할 틀이 있다고 일단 판단하면 '어떻게 이걸 실행할 수 있을까?' 그리고/혹은 '이걸 실행하기 위해 어떤 자원들을 할당해야 할까?(다음 행동이 무엇인가?)'를 자문한다.

이 지점에서 당신은 GTD가 새로운 기술이나 발명품이 아니란 걸 알아차렸을 것이다. GTD는 단지 우리 모두가 하는 일들에 암묵적으로 작용하는 원칙들을 명확하게 짚어준다. 하지만 이런 원칙들을 인식하면 좀 더 나은 결과를 만들기 위해 의식적으로 활용할 수 있다.

정도의 차이는 있겠지만 당신의 업무와 생활은 당신이 의식적으로 관여하는 결과와 행동들로 이루어진 | 우리는 끊임없이 창조하고 실행한다.

어려움을 극복하고, 하나의 성공단계에서 다음 단계로 옮겨가고, 새로운 희망을 품고 그 희망이 충족되는 걸 보는 것만큼 삶에서 큰 기쁨은 없다.
— 새뮤얼 존슨 박사 Dr. Samuel Johnson

지혜는 최종적으로 무엇을 할지 아는 게 아니라 다음에 무엇을 할지 아는 것이다.
— 허버트 후버 Herbert Hoover

다. 상황에 대한 별다른 의식 없이 나온 반응인지, 혹은 의식적으로 초점을 맞춘 결과인지는 당신의 선택이다. 자신에게 닥친 상황에 그저 휘둘리지 않고 경험을 확장하고 싶다면 일을 해치우는 기술을 인식하고 발전시키고 숙달하면 도움이 된다. 과제는 이 기술의 두 가지 본질적인 구성요소들을 계속적으로 적용하는 것이다. 그렇게 하기가 항상 쉬운 건 아니다. 특히 좀 더 미묘하고 고결한 삶의 영역들 중 일부를 다룰 때 더욱 그러하다. 하지만 이런 어려움이 없다면 당신은 배우거나 성장하지 못할 것이다.

좋은 소식은, 당신에게 닥치는 모든 수준의 일에 대해 이 역학 관계를 바탕으로 개입하면 일들이 서로 연계되고 놀라운 결과가 나타난다는 것이다. 생산성이 매우 높아지며, 일들을 만들고 실행할 수 있다.

일상적인 일들을 지배할 때의 마법

사람들은 자신이 서랍을 비우고 이메일들을 처리하고 머릿속, 물리적 공간, 가상의 공간에 쌓아둔 자질구레한 일거리들을 힘들게 살펴보는 동안 내가 어떻게 몇 시간이고 함께 앉아 있는지 놀라곤 한다. 내가 그들이 지금껏 무책임하게 다루어온 세세한 일들의 방대한 분량에 당황할 뿐 아니라 하품이 나도록 지겨워하리라 생각하는 것이다. 하지만 정반대이다. 나 자신도 놀랄 정도로 나는 사람들과 함께하는 일들 중에서 이 일이 가장 흥미롭다. 나는 이 일들을 효과적으로 처리했을 때의 해방감, 안도감, 자유를 잘 알고 있다. 또한 일들에 적절하게 개입하는 데 필요한 고유의 기준과 방식이 생길 때까지 우리 모두에게 연습과 지원, 강력하고 명확한 초점이 필요하다는 것도 알고 있다. 고객이 자신의 환경이나 머릿속에서 신경을 거슬리는 무언가를 처리 확인한 뒤 처리하여 잠재우는 걸 볼 때마다 나는 그가 결정적으로 중요한 행동 유형을 심화시키고 있다는 걸 안다. 또한 이 사람들이 다음 몇 시간 동안, 그리고 (바라건대) 며칠, 몇 년 동안 상사, 동료, 배우자, 아이들 그리고 자기 자신과의 관계에서 상당한 변화를 경험하리란 것도 안다.

이 일은 전혀 지루하지 않다. 내가 하는 최고의 일들 중 하나이다.

다층적인 결과 관리

내가 하는 일은 초점을 맞추도록 돕는 것이다. 컨설턴트, 코치, 교육자로서 나는 간단한 질문들을 던져 다른 사람들로부터(그리고 나 자신으로부터도!) 종종 매우 창의적이고 지적인 대답들을 끌어낸다. 그리고 이 대답들이 당면 상황과 일들에 가치를 더한다. 사람들이 이런 교육을 받은 뒤에 그전보다 더 똑똑해지는 건 아니다. 단지 더 생산적으로 지력을 집중하고 활용하게 될 뿐이다.

GTD가 지닌 실용적인 초점의 특징은 이 방법론이 불러올 수 있는 효과와 능률성을 현실의 모든 단계에 결합시킨다는 점이다. '목적, 가치관, 비전' 같은 높은 단계의 사고에 영감을 불러일으키는 정보들도 많고, 전화번호, 약속, 식료품 목록 같은 사소한 세부사항들을 관리하기 위한 일상의 도구들은 더 많다. 하지만 두 단계들을 동일하게 다루고 연결시키는 실천방법은 별로 없었다.

'이것이 내게 무슨 의미인가?' '이 일이 어떻게 되길 바라는가?' '이를 실현하기 위해 필요한 다음 단계는 무엇인가?'는 모든 일에 대해 우리가 언젠가 답해야 하는 기본적인 질문들이다. 이러한 사고와 이를 지원하는 도구들은 미처 상상하지 못한 방식으로 당신을 도와줄 것이다.

> 높은 단계의 이상주의적 초점과 생활의 일상적 활동을 결합시키는 것이 과제이다. 이 둘은 결국 같은 사고를 요구한다.
>
> 이상주의자는 단기적인 일들은 중요하지 않다고 생각한다. 냉소주의자는 장기적인 일들을 무시한다. 현실주의자는 단기적으로 끝낸 일과 끝내지 못한 일이 장기적인 결과를 결정짓는다고 믿는다.
> — 시드니 J. 해리스 Sydney J.Harris

자연스러운 계획 수립의 힘

자연스러운 프로젝트 계획 수립은 어떤 상황에서도 통합되고 유연하며 조화롭게 생각할 방법을 준다는 데 가치가 있다. '수집, 명료화, 정리, 검토, 실행'이라는 기본 5단계가 삶 전반에 걸쳐 안정을 얻는 일관된 방법이라면, 자연스러운 계획 수립 절차는 좀 더 구체적인 영역에서 편안하고 집중된 통제력을 가져다준다.

무엇이든 당신이 하고 있는 일의 목적에 의문을 제기하는 건 건전하고 성숙한 일이며, 방법들이 명확해지기 전에 성공의 모습을 그려 보는 것은 강화해야 하는 좋은 특성이다. 또한 좋든 나쁘든 아이디어들을 떠올리려 하고 그 아이디어들에 대해 평가를 내리지 않고 전부 표현하고 수집하려는 의지는 창의적 지성을 충분히 이용하는 데 중요하다. 그리고 여러 아이디어들과 정보 유형들을 특정 결과에 맞춰 구성요소들, 순서, 우선순위로 정리하는 것은 꼭 필요한 정신적 훈련이며, 실제 다음 행동들을 판단하고 실행하는 것―물리적 세계에서 실제로 무언가를 진행하는 것―은 생산성의 핵심이다.

이 모든 요소들을 적시에 균형 있게 결합할 수 있는 능력이 새로운 시대에 필요한 역량의 핵심이다. 하지만 이런 절차가 아직 직업적, 개인적 행위의 표준이 되지 않고 있다. 오히려 그 반대다. 이런 인식을 생활의 모든 측면에 적용하는 건 여전히 힘든 일이다. 자연스러운 계획 수립 모델은 순리에 맞긴 하지만 대개의 경우 저절로 이루어지는 건 아니다.

하지만 이 모델의 일부분만 적용해도 엄청난 이점이 있다. 내가 이 모델에 관해 수년간 받은 피드백들은 자연스러운 계획 수립 모델의 이용을 조금만 늘려도 상당한 개선을 가져올 수 있다는 점을 계속 처리 확인해주었다.

많은 사람들의 생활에서 거의 모든 측면에 브레인스토밍이 표준으로 자리 잡는 모습을 보는 건 기분 좋은 일이다. 주요 회의와 논의의 틀을 짜는 데 이 모델을 사용해서 큰 효과를 얻었다는 임원들의 이야기를 들으면 기쁘다. 이런 현상들은 실제세계에서 어떤 일이 실현되게 하려면 우리 정신의 자연스러운 작용방식에 집중해야 한다는 점을 처리 확인시켜준다.

이 모델의 기본 원리는 우리가 자신의 일이라고 생각하는 모든 것에 대해 결과와 행동들을 결정하는 것이다. 이 두 핵심 초점들이 우리 일상생활에서 표준으로 자리 잡으면 생산성의 기준이 다른 차원으로 바뀐다. 여기에 브레인스토밍—프로젝트에 대한 아이디어, 관점, 세부사항을 표현하고 수집하는 가장 창의적인 수단—을 추가하면 편안함을 유지하고 일들을 완수하기 위한 더 명쾌한 행동들이 이어진다.

> 나는 자신이 무엇을 원하는지 분명히 아는 사람을 존경한다. 세상의 모든 해악은 대부분의 사람들이 자신의 목적을 충분히 이해하지 못하기 때문에 생긴다. 이들은 탑을 세우기 시작하지만 그 토대를 쌓기 위해서는 오두막을 짓는 데 필요한 것보다 힘을 들이지 않는다.
>
> — 괴테 Johann Wolfgang Von Goethe

긍정적인 조직 문화로의 이행

한 조직의 생산성 기준을 높이기 위해 큰 변화가 필요한 건 아니다. 나는 조직의 몇몇 핵심인물들이 이 과정을 조금만 실행해도 곧 일들이 더 빠르고 쉽게 이루어진다는 피드백을 계속 받는다. 목표와 의도한 결과에 비추어 행동, 자산 분배, 소통, 정책, 절차를 건설적으로 평가하는 일이 내가 아는 모든 조직에서 점점 중요해지고 있다. 세계화, 경쟁, 기술, 변화하는 시장, 불안정한 경제 변동, 성과와 생산에 대한 기준 상승으로 기업들에게 계속해서 더 많은 과제들이 주어짐에 따라 21세기에는 결과/행동에 대한 생각이 꼭 필요해졌다.

'이 회의에서 무엇을 하길 원합니까?' '이 서식의 목적은 무엇입니까?' '어떤 일을 할 수 있어야 이 직무의 적임자일까요?' '이 소프트웨어로 하고 싶은 일이 무엇입니까?' 여전히 많은 곳에서 이런 식의 질문들을 던지지 않고 있다. 대규모 회의에서는 그럴싸하게 들리는 소리들이 많이 오가는데, '왜 우리가 이걸 하고 있나요?' '이 일을 성공적으로 수행하지 못하면 어떻게 될까요?' 같은 질문들을 던지고 그 대답을 일상의 업무 수준에 적용하는 법을 배우면 엄청난 효과가 나타날 것이다.

우리가 함께 일한 기업들의 고위급 임원들에게 생산성 문제는 일반적으로 메일과 회의가 중심에 있었다. 이들은 전략적으로 중요해 보이지 않는 일거리들을 다루느라 너무 많은 메일과 회의에 시달리고 많은 시간을 써야 했다. 그래서 이런 매체들이 비생산적인 혼란의 장으로 변해 에너지를 고갈시키기 쉽다. 초점이 맞지 않은 회의를 하면 불필요한 이메일들이 오가게 되고, 그러면 회의의 초점을 명확히 해야 해서 이를 위해 또 이메일들을 보내야 한다. 이메일과 회의는 둘 다 조직생활에 중요하지만 필요악이 되어버리는 경우가 흔한데, 목적과 원하는 결과를 엄격하게 정하지 않은 것이 주된 원인이다.

불평불만과 피해자 입장에서 벗어나 방향성을 알려줄 결과와 행동을 정의하면 개개인에게 자연히 권한이 부여된다. 이런 습관이 집단의 표준이 되면 결과물뿐 아니라 분위기도 상당히 개선된다. 관심을 기울여야 할 다른 문제들과 기회들도 많다. 부정적 성향과 소극적 저항을 버리고 적절한 지평선에서 원하는 결과에 계속 초점을 맞추어야 한다.

사람들이 수집함, 이메일, 타인들과의 대화를 처리하는 방식이라는 작은 세계는 문화와 조직이라는 더 거시적인 실체에 반영될 것이다. 개인들이 실수를 한다면, 무엇을 해야 할지 미리 결정내리기를 거부한다면, 모든 열린 고리들이 책임감 있게 관리되지 않는다면, 이런 행태가 집단 내에서 확대될 것이고 조직 문화에는 스트레스가 많은 피포위 심리(항상 적들에게 둘러싸여 있다고 믿는 강박관념—옮긴이)가 유지될 것이다. 반면 개인들이 GTD의 원칙들을 실행하면 조직 문화는 높은 성과라는 새로운 기준을 기대하고 경험할 것이다. 그렇다고 문제와 갈등이 사라지지는 않는다. 당신이 이 세계에서 무언가를 변화시키려(혹은 유지하려) 하면 문제와 갈등은 계속 존재하기 마련이다. 그러나 이 책에서 제시하는 실천방법들은 이

> 과업 없는 비전은 꿈일 뿐이다. 비전이 없는 과업은 고역이나 다를 바 없다. 비전과 과업이 세상의 희망이다.
> ―영국 서섹스 주의 한 교회, 1730년

들을 가장 생산적으로 해결할 수 있는 초점과 틀을 제공할 것이다.

나는 "이 방법론이 조직을 어떻게 개선시킬 수 있나요?"라는 질문을 자주 받는다. 실제로 내가 제시한 모든 원칙들은 개인에게와 마찬가지로 기업에도 적용할 수 있다. 한 집단의 관심을 끄는 것을 수집하기, 원하는 결과와 필요한 행동 명확히 하기, 정기적으로 상태를 검토하고 새로운 현실 포함시키기, 지속적으로 자원들을 재조정, 재할당하기, 이 모두는 어떤 팀이나 회사에도 중요한 최상의 실무방식이다. 그러나 한 조직에게 읽는 법을 가르칠 수 없듯이 GTD로 '조직 자체가 개선되길' 기대할 수는 없다. 지식 경제에서 제 기능을 하려면 대부분의 조직들은 글을 읽을 줄 아는 사람들이 필요한데, 문화가 이를 위한 훈련과 지원을 제공할 수 있다. 또한 21세기에 요구되는 새로운 수준의 역량을 갖추려면 모든 조직에는 일들을 효과적으로 해치우는 기술을 습득한 사람들이 필요할 것이다. 이런 기술이 기대, 훈련, 모델링을 통해 하향식으로 기업에 실현되면 조직의 성과에 지대한 효과가 나타날 수 있다.

14장

GTD와 인지과학

《쏟아지는 일 완벽하게 해내는 법》의 초판이 출간된 이후 사회심리학과 인지심리학 분야의 많은 연구들이 이 방법론의 기저를 이루는 원칙들의 효과를 입증하고 처리 확인해주었다. GTD 실천방법들은 최근까지 경험과 일화에 의해서만 효과를 처리 확인할 수 있었다. GTD의 수집, 명료화, 정리, 검토 기법을 적용해본 사람은 누구라도 명확성, 통제력, 집중력 향상이라는 효과와 그로 인해 개인과 조직에 나타난 모든 이점들을 인정했다. 내가 지금까지 제시한 실천방법들을 어느 정도 실행하기 시작했다면 분명 자신의 태도에 긍정적인 변화가 생기는 걸 알아차릴 것이다.

인지과학 분야의 전문가들이 개인적 측면부터 조직적 측면에 이르기까지 다양한 영역에서 수행한 정밀한 연구들이 이 방법론과 어떻게, 왜 그러한 효과가 나타나는지 근본적으로 뒷받침하는 데이터를 제공하기 시작했다. 어떤 의미에서 보면, 이런 증명은 우리가 중력을 의식적으로 경험하고 다룬 뒤 중력의 존재를 증명하는 것처럼 보일 수 있다. 하지만 다른 측면에서 보면, 내가 여기에서 제시한 업무흐름을 숙달하기 위한 조언들과 이 책에서 설명한 간단해 보이는 절차와 행위들이 어떻게 그런 강력한 효과를 불러오는지에 신빙성을 부여한다.

GTD를 뒷받침하는 연구들은 몇 가지 틀과 범주 내에서 나온다.

- 긍정심리학
- 분산인지: 두뇌 보조도구가 지닌 가치
- 미완의 일들에 대한 인지 부담감 완화
- 몰입이론
- 자율적 리더십 이론
- 실행 의도를 통한 목표 성취
- 심리자본

긍정심리학

마틴 셀리그먼 Martin Seligman 은 2000년 미국심리학회 American Psychological Association 회장을 맡는 취임 연설에서, 심리학자들이 마음의 부정적인 측면들을 설명하고 연구하고 진단하던 데서 초점을 돌려 긍정적인 측면들에 더 관심을 쏟기 시작하자고 제안했다. 물론 셀리그먼의 메시지는 자아실현이 심리학의 가장 풍요로운 영역이던 20세기 중반에 에이브러햄 매슬로 Abraham Maslow 가 주장한 개념들을 좀 더 주류로 구현한 것이다. 하지만 셀리그먼의 호소 이후 긍정심리학이 이 분야의 어엿한 구성요소로 꽃피게 되었다.

이러한 관점의 변화로 이루어진 연구들은 기초적 수준과 응용 수준, 양쪽으로 수행되었다. 이 연구들은 무수한 심리적 개념에 대한 우리의 이해를 높였고 많은 사람들의 삶을 개선하는 데 이용되었다. 긍정심리학은 광범위한 학문이지만, 행복, 정신적 안녕, 몰입/최적 경험, 의미, 열정, 목적, 진성 리더십, 강점, 가치, 성격, 미덕 등이 관련된다. 이 분야의 대학원 교육과정이 전 세계에서 생겨났고 계속 퍼져 나가고 있다.

긍정심리학은 GTD와 무슨 관련이 있을까? GTD는 단순히 과제와 프로젝트를 관리하는 방법, 그 이상이다. 많은 면에서 GTD는 단순히 좀 더 능률적이거나 생산적인 기법을 제공하는 수준을 넘어 의미 있는 일, 의식적인 삶, 정신적 안녕이라는 근본적인 문제들과 더 관련되어 있다. 우리가 좀 더 명확하게 생각할 수 있도록 수집, 명료화, 정리, 결과를 평가하는 효과적인 방법을 제시할 뿐 아니라 우리가 접하는 일거리들의 결과를 생각하라고 강조(그리고 요구)하여 생활의 실제 경험들을 개선시키는 중요한 실천방식들을 설명한다.

그렇긴 하지만 우리의 정신, 행복, 성과—모두 GTD의 원칙 및 실천과 밀접한 상관관계가 있다—간의 관계에서 더욱 구체적인 측면들에 관한 다양한 이론과 연구들을 검토하는 것은 여전히 흥미롭다.

분산인지

두뇌 보조도구가 지닌 가치

2008년, 한 전문 저널에 〈GTD: 스트레스 없는 생산성을 뒷받침하는 과학〉이라는 흥미로운 논문이 실렸다. 벨기에의 두 연구자가 작성한 이 논문은 입증 가능한 데이터와 인지과학 이론의 관점에서 내 방법론을 구체적으로 분석했다.* 이들의 뛰어나고 상세한 평가와 결론은 내가 여기서 다룰 수 있는 정도를 훨씬 넘어서지만(이 논문은 여러 번 읽어볼 가치가 있다), 그 논지가 매우 심오하다는 말로도 충분할 것이다. 당신의 머리는 패턴 탐지에 근거해 생각을 하도록 설계되

---

* Francis Heylighen and Clément Vidal, "Getting Things Done: The Science Behind Stress-Free Productivity," *Long Range Planning 41*, no. 6(2008), pp. 585~605.

었지, 많은 것을 기억하도록 설계되지 않았다!

우리의 머리는 그 발달방식 때문에 인식에는 뛰어나지만 기억에는 젬병이다. 일정표를 보면 몇 초 동안은 날짜와 그 내용과 맥락을 일관되게 인식하지만, 2주 동안의 내용을 순전히 기억에만 의존해 떠올리려면 힘들 것이다.

대니얼 레비틴Daniel Levitin은 저서 《정리하는 뇌The Organized Mind》에서 정보화 시대 관련 데이터들에 대한 인지를 관리하고 유지하는 우리의 능력이 제한적이라는 점과 '외부의 뇌'를 구축하고 활용할 필요성에 관한 인지과학의 새로운 발견들을 훌륭하게 설명하였다.*

결론은, 당신의 기억력을 정리 체계(세계의 대부분 사람들이 자신의 생활을 관리하기 위해 하는 대부분의 일이 그러하듯이)로 사용하면 머리는 압도당하고 무능해진다는 것이다. 수행할 준비가 갖추어지지 않은 벅찬 일을 머리에 요구하기 때문이다.

하지만 나중에 그 일을 생각하고 행동하도록 상기시켜줄 최적의 장치를 만드는 데(이메일을 읽은 뒤 해당 문제나 기회를 처리하기 위한 회의 일정을 잡아 일정표에 기록하기 등) 적절하고 효과적으로 관심을 기울일 수 있다면, 머리는 편안해져서 상황에 따라 집중해야 할 구체적인 일들이 나타났을 때 자동적이고 효과적으로 생각을 하게 된다. 당신은 회의가 있다는 사실을 일정표에서 충분히 일찍 처리 확인해, 필

---

* Daniel J. Levitin, *The Organized Mind: Thinking Straight in the Age of Information Overload*, New York: Dutton, 2014.

요한 준비를 할 수 있을 것이라 믿는다.

GTD는 주의를 집중해야 하는 일들을 처리 확인하고 처음부터 효과적으로 처리하여 적시에 적절한 생각을 할 수 있는 장치를 마련하는 방법론을 제공한다. 벨기에의 두 연구원은 우리의 머리가 잘하는 일과 그렇지 않은 일들을 효과적으로 극대화하고 최소의 생각으로 지대한 큰 성과를 낳을 수 있는 틀을 만드는 방법론을 과학적으로 훌륭하게 설명했다.*

미완의 일들에 대한 인지 부담감 완화

21세기 초에 로이 바우마이스터 박사 외의 연구자들은 하기로 마음먹었지만 아직 완료하지 않은 항목들—목표, 프로젝트, 결과 등—이 의식에 미치는 영향을 판단하는 연구를 하여 큰 결실을 맺었다. 바우마이스터 박사의 결론은 내가 수십 년 동안 경험했던 것, 즉 완료되지 않은 일들이 머릿속에서 자리를 차지하여 명확성과 집중을 억누른다는 점을 처리 확인해주었다.**

---

* 헤이라이언Heylighen은 곤충의 행위를 분석한 경험과 전문지식이 있다. 그는 비교적 지능이 낮은 생물체가 얼마나 경탄할 정도로 효과적인 성과를 내는지 연구했고, GTD를 핵심 기반으로 이용해 우리 인간이 비슷하게 행동하는 흥미로운 사례를 만들었다.

** Roy F. Baumeister and E. J. Masicampo, "Unfulfilled Goals Interfere with Tasks That Require Executive Functions," *Journal of Experimental Social Psychology 47*, no 2(2011), pp.300~311.

하지만 흥미롭게도 바우마이스터 박사는 그런 정신적 부담을 덜기 위해 꼭 그 일들을 완료해야 하는 건 아니라는 점을 증명했는데, 이 역시 GTD의 실천방식과 동일선상에 있다. 필요한 건, 향후에 이 항목에 개입할 것이라고 보장해주는 신뢰할 만한 계획이다.*

바우마이스터의 모델에서는 적당한 시간 내에 틀림없이 살펴볼 곳에 그 일을 상기시킬 장치를 만들어놓기만 하면 할 일을 완수하기 위한 다음 행동을 결정하는 것만으로도 '계획 수립'의 최종 결과로 충분하다. 바우마이스터의 훌륭한 저서인《의지력 Willpower》에 내 생각과 모델이 많이 인용되었다. 이 책에서는 특히 지식근로에서 우리가 계속 이용해야 하는 정신적 '근육'을 관리하는 여러 상황에 이 생각들과 모델을 배치했다.**

몰입이론

이 분야에서 GTD와 흔히 관련되어온 더욱 인기 있는 개념들 중 하나가 '몰입' 개념이다. 몰입은 하고 있는 일에 빠져들고 최적의 성

---

* Roy F. Baumeister and E. J. Masicampo, "Consider It Done! Plan Making Can Eliminate the Cognitive Effects of Unfulfilled Goals," *Journal of Personality and Social Psychology* 101, no. 4(2011), pp.667~683.
** Roy F. Baumeister and John Tierney, *Willpower: Discovering the Greatest Human* Strength, New York: Penguin Press, 2011.

취를 이루는 상태를 가리킨다. 운동선수들이 "존에 들어간다"고 말하는 상태이며 1장에서 소개한 '물과 같은 마음 상태' 개념과 밀접하게 연결된다.

몰입 경험은 다양하고 개별적인 구성요소들로 특징지어지며, 그중 일부는 GTD의 접근방식에 의해 이미 실현되고 있다. 몰입을 경험하려면 주어진 작업에 대한 당신의 기술과 과제의 난이도가 대등해야 한다. 과제가 필요한 기술 수준을 넘어서면 불안에 시달릴 것이고, 기술이 과제보다 높으면 활동을 하면서 지루함을 느낄 것이다.* 몰입을 하면 보통 주어진 과제에 대해 완전한 집중이 동반되며, 통솔력을 느끼고 명확한 목표가 보인다. 몰입을 하면 일반적으로 다음에 무엇이 일어날지 알고 작업을 하는 내내 즉각적인 피드백을 받는다. 또한 행동과 인식이 합쳐지는 경험을 하며, 자신에 대한 인식과 시간 감각도 없어진다. 보통 본질적으로 동기부여가 되어 외부적인 보상 때문이 아니라 그 자체의 즐거움을 위해 행동을 한다. 몰입상태에 이른 사람들은 대개 최적의 수준으로 활동하며 자신이 하고 있는 일에 완전히 빠져든다. 일단 몰입을 경험해본 사람들은 이 상태에 이를 수 있는 활동을 종종 반복하게 된다.

몰입은 원래 여가활동(예: 암벽 등반, 그림)을 연구하면서 개념화되었지만, 칙센트미하이 Csikszentmihalyi 와 르 페브르 LeFevre 는 사람들이 여

---

* Mihaly Csikszentmihalyi, *Flow: The Psychology of Optimal Experience*, New York: Harper Perennial, 1990.

가활동(18퍼센트)보다 업무(54퍼센트)를 할 때 높은 기술이 요구되는 어려운 활동에 몰두하는 경우가 더 많다는 걸 발견했다.* 칙센트미하이는 일하면서 몰입을 경험할 수 있는 목표와 피드백 구조가 많은 직무들에 본질적으로 포함되어 있으며, 몰입현상은 더 높은 수준의 주관적 행복과 관련된다고 설명했다.**

 GTD 방법론에는 몰입 경험의 몇 가지 조건들, 즉 명확한 목표를 정하고 피드백을 받는 것이 포함되어 있다. GTD가 한 번에 한 가지 작업에 초점을 맞추라고 강조하는 것은, 몰입 경험의 가장 중요한 부분과 밀접한 관련이 있다. 몰입을 할 때는 하나의 활동에 완전히 빠져들고 개인의 자극 영역은 제한된다. GTD를 적용하면 업무와 개인생활에서 몰입상태에 더 쉽게 이를 수 있다. 머리에서 작업들을 꺼내 외부의 시스템에 넣음으로써 진행 상황을 더 쉽게 보고 처리 확인할 수 있는데, 이것은 피드백의 한 형태다. 업무와 개인생활의 할 일들을 완전히 파악하면 주어진 순간에 무엇에 주의를 기울여야 할지 더 나은 결정을 내릴 수 있고, 그러면 당면 과제들에 더 충실히 참여할 수 있어 몰입상태에 이를 가능성이 더 높아진다.

> 당신은 한 번에 한 가지 일에만 의식적으로 관심을 가질 수 있다. 그 일이 관심을 전부 차지했다면 당신은 몰입상태에 있는 것이다.

---

* M. Csikszentmihalyi and J. LeFevre, "Optimal Experience in Work and Leisure," *Journal of Personality and Social Psychology* 56, no. 5(1989), pp.815~822.

** Clive Fullagar and E. Kevin Kelloway, "Work-Related Flow," in *A Day in the Life of a Happy Worker*, ed. Arnold B. Bakker and Kevin Daniels, New York: Psychology Press, 2013, pp.41~57.

자율적 리더십 이론

자율적 리더십은 자기관리의 확장된 개념으로, 그 기원은 1980년대 중반까지 거슬러올라갈 수 있다. 넥Neck과 만츠Manz에 따르면,* 자율적 리더십은 개인들이 자신의 행위를 통제하고 특정 행위전략과 인지전략을 사용해 스스로에게 영향을 주는 과정이다. 자율적 리더십은 수많은 실무 서적들, 이론 학술지들, 실증적 학술지들, 관리 및 리더십 교재들과 자율적 리더십 교육 프로그램이 쏟아져 나오면서 인기가 치솟았다.

자율적 리더십을 구성하는 전략은 일반적으로 행동 중심, 자연적 보상, 건설적 사고 패턴으로 나뉜다.

행동 중심 전략은 행동 관리를 용이하게 하는 것을 목표로 개인의 자아인식 증진에 중점을 둔다. 일에 있어서는, 일반적으로 해야 하지만 하기 싫은 과제들을 하는 것을 강조한다. 이 전략들에는 자기 관찰, 자기 목표 설정, 자기 보상, 자기 징벌, 자기 단서가 포함된다.

자연적 보상전략은 개인이 행동 자체에 의해 동기부여가 되거나 보상 받는 상황을 만드는 게 목적이다. 이 전략들은 하기 싫은 과제나 활동들을 좀 더 즐길 수 있도록 재조정하는 데 중점을 두며, 이 행동들을 함으로써 자신에게서 나오는 내재적 보상에 의도적으로 초

---

* Christopher P. Neck and Charles C. Manz, *Mastering Self-Leadership: Empowering Yourself for Personal Excellence*, 6th ed. Upper Saddle River, NJ: Pearson Prentice-Hall, 2012, p.192.

점을 맞춘다.

건설적 사고 패턴 전략은 성과에 긍정적인 영향을 줄 수 있는 사고방식을 형성하는 것이다. 여기에는 자신과의 대화, 성공에 대한 상상, 부정적인 믿음과 가정 바꾸기 등이 포함된다.

GTD에는 자율적 리더십의 이 세 가지 유형 각각과 연결되는 측면들이 있다. 가장 분명한 것들 중 하나가 자기 단서 개념이다. 잘 구축된 GTD 시스템은 미래의 행동에 원동력이 될 물적 결과물을 제공한다. 또한 GTD 방법론은 자연적 보상전략의 요소들을 실현한다. 사소하지만 신경을 거슬리는 과제들을 처리 확인하면 만족감을 느끼기 때문이다. 철저한 정신적 RAM 덤프(RAM 같은 내부기억장치에서 프린터 같은 외부장치로 기억된 내용을 출력시키는 것—옮긴이)가 가능해지고 얼마간의 여유시간이 생긴다. 마지막으로, GTD의 핵심요소는 일을 일련의 대규모 프로젝트가 아니라 좀 더 직접적이고 구체적인 다음 행동들로 생각하는 것이다. 이렇게 패배주의적/압도당한 태도에서 벗어나 실제로 작업들을 진행시킬 수 있는 동기부여가 된 상태로 옮겨가는 것은 긍정적으로 사고방식을 변화시키는 좋은 예다.

자율적 리더십 전략들을 사용하면 자기효능감이 높아지는 것으로 나타났다. 자기효능감은 조직심리학에서 많이 연구되어온 개념 중 하나이며, 직무 만족, 직무 성과, 그 외에 고용인과 기업가들 모두의 긍정적인 조직 행동과 연결된다.

적절한 일들에 대해 적시에 알아차릴 적절한 단서를 자신에게 주는 것, 이것이 스트레스 없는 생산성을 얻기 위한 핵심적인 실천방법이다.

실행 의도를 통해 목표 성취

목표(원하는 결과)는 삶의 필수적인 부분이며, GTD는 개인과 조직의 목표를 촉진하는 데 도움이 될 수 있다. 골비처Gollwitzer와 웨팅겐Oetingen은 '실행의도'라는 개념을 채택해 목표 성취에 관한 중요한 연구를 수행했다.* 간단히 설명하면, 두 사람은 목표를 위해 노력하는 (정해진 목표를 달성할 행동을 취하는) 가장 좋은 방법은 목표와 관련한 특정 행동들을 언제 취할지에 대해 머릿속에 인과관계를 만드는 것이라고 했다. 사전에 실행계획을 세우고(실행 의도) 어떤 상황에서 어떤 행동을 할 것이라고 결정해놓으면 의지가 약해 휘둘리는 대신 거의 자동적으로 적절한 행동이 나올 것이다. 다시 말해, 자신이 거의 자동적으로 하게 될 어떤 행동이 원하는 결과를 얻기에 충분한 방향성과 힘을 제공한다는 믿음이 있으면 당신은 필요할 때 그 힘을 발휘하게 될 것이다. 어떤 일을 언제 해야 할지 계속 걱정하거나 생각해도 그 힘은 줄어들지 않을 것이다.

GTD와 실행 의도는 원하는 결과에 맞는 행동을 취하기 위해 시스템을 알림장치로 사용한다는 면에서 연결된다. 예를 들어, '사무실에 있는데 한 시간 이상의 자유시간이 주어진다면 과제목록을 훑어

---

* Peter M. Gollwitzer and Gabrielle Oettingen, "Planning Promotes Goal Striving," in Kathleen D. Vohs and Roy F. Baumeister, eds., *Handbook of Self-Regulation: Research, Theory, and Applications*, 2nd ed., New York: Guilford, 2011, 162~185.

보면서 어렵고 중요한 어떤 일을 선택할 거야' '일요일 오후에는 주간검토를 할 거야' '당황스럽거나 압박 받는 느낌이 들면 정신적 덤프를 할 거야' 같은 실행 의도를 정할 수 있다. 그런 실행 의도의 수는 무한하다.

심리자본

심리자본은 전체적으로 지략이 풍부한 상태와 그 효과를 평가하기 위해 조직심리학자들이 사용하기 시작한 비교적 새로운 프레임워크다. 심리자본은 '자기효능감, 낙관주의, 회복탄력성, 희망'이라는 네 측면들로 구성된다.

- 자기효능감은 도전적인 과제들을 성공시키는 데 필요한 노력을 실행해 몰두하는 자신감이다.
- 낙관주의는 현재와 미래의 성공에 대한 긍정적인 속성들을 만들어내는 것이다.
- 희망은 목표를 향해 인내하고, 필요하면 그 목표로 향하는 경로를 바꾸는 것을 의미한다.
- 회복탄력성은 역경과 문제에 부딪힌 다음에도 원래의—혹은 더 나은—상태로 되돌아가는 힘이다.

이 변수들 각각 다양한 결과들을 어느 정도 예측할 수 있다. 예를 들어, 어떤 사람이 지닌 낙관성의 정도는 특정 결과 혹은 성과와 통계적으로 연관성이 있다. 하지만 심리학자들이 현재 심리자본이라 부르는 개념으로 이 네 구성요소들을 함께 검토하면 단지 각각의 효과를 합친 것보다 더 많은 것을 예측할 수 있다. 비교적 역사가 짧은 심리자본은 업무성과* ** 정신적 행복 같은 수많은 긍정적인 개인 및 조직의 성과와 연결된다.***

심리자본은 하나의 특성이라기보다 상태에 대한 설명에 가깝다. 즉, 사람의 기분처럼 거의 매 순간 바꾸거나 바뀌거나 발달하거나 약화될 수 있는 것이다. 기분이 좋은 날과 나쁜 날의 경험 차이를 생각하면 이해가 빠를 것이다. 당신은 일들을 지배하고 있다고 느끼는가? 아니면 일에 억눌린다고 느끼는가? 다행인 건 이 상태들은 유연성이 있다는 것이다. 자신의 본질적인 측면을 바꾸지 않아도 이 상태들을 바꾸거나 개선하는 일들을 할 수 있다.

GTD는 높은 심리자본의 네 구성요소 그리고 이들이 의도하는 효

---

* F. Luthans, B. J. Avolio, J. B. Avey, and S. M. Norman, "Positive Psychological Capital: Measurement and Relationship with Performance and Satisfaction," Personnel Psychology 60, no. 3(2007), pp. 541~572.

** T. Sun, X. W. Zhao, L. B. Yang, and L. H. Fan, "The Impact of Psychological Capital on Job Embeddedness and Job Performance Among Nurses: A Structural Equation Approach," *Journal of Advanced Nursing 68,* no. 1(2012), pp.69~79, doi:10.1111/ j.1365-.2648.2011.05715.x.

*** J. B. Avey, F. Luthans, R. M. Smith, and N. F. Palmer, "Impact of Positive Psychological Capital on Employee Well-being Over Time," *Journal of Occupational Health Psychology 15,* no. 1(2010), pp.17~28, doi:10.1037/a0016998

과와 직접적으로 연결된다. GTD는 사람들이 자신 및 다른 사람들과 맺은 약속들을 완전히 파악하고 유지하여 주어진 순간에 무엇을 할지(혹은 하지 않을지)에 대해 적절한 판단을 내리게 함으로써 자연히 자신감과 통제감(자기효능감)을 증진시킨다. 모든 열린 고리들을 처리 확인하고 두뇌 보조도구로 옮기면서 구체적이고 실행 가능한 다음 행동들을 체계적으로 정의하는 것은 자제력과 지향성을 높이는 연습이 된다. GTD를 활용하는 사람은 이용할 수 있는 시간과 에너지, 상황의 제약을 고려해 무엇을 해야 하는지, 그리고 이를 위해 취할 수 있는 행동이 무엇인지 정확하게 안다.

GTD를 도입한 사람들은 목적의식을 가지고 목표를 향해 노력하면 프로젝트를 성공적으로 완료할 수 있다는 걸 알게 되기 때문에 낙관주의가 강화된다. 사람들은 의미 있는 프로젝트들을 처리 확인하고 이를 완료하기 위해 필요한 다음 행동단계들을 명확하게 정한 뒤 프로젝트가 완료될 때까지 적절한 절차를 밟는다. 각 프로젝트를 성공적으로 완수하면, 더욱 긍정적으로 몰두할 수 있는 힘이 높아진다.

또한 GTD에서 초기의 의사결정에 집중해야 할 것—'일을 정의하는 작업' 수행—은 희망의 두 측면(목표 설정과 그 목표를 향한 경로 처리 확인)에 대한 연습으로 볼 수 있다. 사람들은 초기 의사결정 과정에서 목표를 설정하고('완료했을 때' 어떤 모습일까?) 그 목표를 성취하는 데 필요한 과제들을 처리 확인한다(다음 행동은 무엇인가?).

GTD를 활용하는 사람들이 실패를 더 잘 딛고 일어선다는(회복탄력성) 실증적 증거는 없지만, 나는 수많은 똑똑한 사람들의 일화들에서 그 효과를 처리 확인했다. 가족의 심각한 위기나 직무와 경력의 갑작스런 큰 변화에 대처할 때 GTD를 활용해 분별력, 안정성, 생산성을 유지했다는 증언이 많이 나왔다. 이 방법론은 당면 과제들을 해결하고 필요에 따라 즉시 여러 궤도를 재조정하는 데 머리를 쓸 수 있도록 침착성과 힘든 상황에 대한 통제력을 제공한다. 스트레스를 받거나 그 외의 어려움을 겪을 때 좀 더 명확하게 생각하고 결과를 더욱 효과적으로 처리할 수 있는 사람들은 그렇지 않은 사람보다 스트레스에서 좀 더 잘 벗어날 것이다.

또한 심리자본 모형은 GTD를 문화적 표준으로 통합한 조직들이 대응, 상호작용, 결과 창출 방식에서 상당한 발전을 이루는 이유를 이해할 프레임워크를 제공한다. 심리자본이 조직심리학에서 정의 가능하고 증명할 수 있으며 발전적인 분야로 더욱 발달하든 그렇지 않든, 심리자본은 GTD를 이용할 때의 정신적, 감정적, 사색적, 심지어 심리적 혜택까지 설명하는 훌륭한 방법이다.

내가 이 모델을 사용하면서 알게 되었고 수많은 사람들이 공유했던 효과들을 처리 확인해줄 새로운 과학적 데이터들이 향후 수년 동안 분명 계속 나올 것이다. 잠재적으로 의미 있는 모든 일들을 수집, 명료화, 정리, 검토하면 우리의 더 성숙하고 뛰어나고 지적인 부분들이 발휘될 수 있다. 그러면 최고의 경험과 결과들을 얻게 된다.

15장

GTD 숙달 경로

GTD는 평생 실천해야 하는 습관이며 여러 숙달 단계가 있다. GTD는 바이올린 같은 악기 연주나 테니스 같은 스포츠, 체스 같은 게임과 비슷하며, 수학, 도예, 미술사 혹은 심지어 육아와도 비슷하다. 이 모든 활동들을 하려면 특정 동작과 기법을 배우고 적용해야 한다. 또한 기량에 한계가 없으며 탐구해야 할 미묘하고 세부적인 요소들도 끝없이 많다.

GTD는 우리 생활에서 끊임없이 이어지는 일과 약속들을 처리하는 기술이다. 어느 지위에 있든 나이가 얼마든, 일과 약속들 자체가 끊임없이 변한다. 할 일들과 관심사들을 자신감 있고 몰입된 상태에서 처리 확인하고 다루는 것이 GTD이다. 당신의 일과 초점은 시간이 지나면서 종종 극적으로 변한다. 하지만 그 모두를 능숙하게 처리하기 위한 잘 정의된 실천방식을 평생에 걸쳐 배우고 갈고 닦을 수 있다.

숙달이 선禪과 같은 평온함이나 깨달음 같은 최종적 상태를 가리키는 건 아니다(이런 개념들도 숙달을 나타내는 좋은 표현이 될 수 있지만). 더 정확히 말하면, 숙달이란 과제가 무엇이든 원하거나 필요할 때 명확성, 안정성, 집중력을 얻기 위해 생산적인 행위들에 계속 참여할 수 있는 입증된 능력을 말한다.

당신에게 이런 능력이 얼마나 잘 발달되었는지는 불명확하고 불안정하며 주의를 빼앗는 일들에 부딪쳤을 때 알 수 있다. 당신의 세계에서 일어나는 변화들은 대개 불명확하고 불안정하기 마련이다. '물과 같은 마음' 개념이 물을 항상 평온하다고 가정하는 건 아니다. 동요는 일어나지만 물은 이와 싸우는 대신 적절히 대응한다. 살면서 그런 동요는 초등학교 6학년 때 숙제부터 새로 맡은 직무에서 요구되는 것들, 은퇴하면 무엇을 할지에 대한 막연한 불안에 이르기까지 다양하다.

GTD에 숙달하려면 다양한 실천방법들을 배우고 도입한 뒤 포괄적으로 통합해서 단지 부분들의 합이 아니라 훨씬 더 동적인 경험을 할 수 있어야 한다. 테니스를 배울 때 우리는 백핸드, 포핸드, 로브, 서브 등 동작의 특정 구성요소들에 초점을 맞춘다. 그러나 실제 테니스를 칠 때는 이 모든 요소들이 합쳐진다. 그리고 테니스에 숙달될수록 전체적인 전략을 완수하는 데 초점을 맞추게 된다. 마찬가지로,

GTD에 숙달된다는 것은 처음에는 그 구성요소들, 기법들, 도구들을 익힌 뒤 생활과 일 전체에 이들을 통합한다는 의미다. GTD에 얼마나 숙달했는지는 최적으로 통합된 시스템과 접근방식을 별다른 의식 없이 자연스럽게 이용하는지 보면 알 수 있다.

숙달의 세 단계

GTD 방법론을 채택한 사람들과 수년간 관계를 맺으면서 나는 이 모델을 사용할 때 일반적으로 세 단계의 성장과정을 보이는 걸 알게 되었다.

1. 업무흐름 관리의 기본요소들 이용하기.
2. 좀 더 높은 수준의 통합된 전체 생활관리 체계 실행하기.
3. 더 넓은 영역에서의 실현을 위해 방해물들을 제거하고 일들을 해치우는 기술들 활용하기.

이 과정을 운전을 배울 때에 비유하면 이해가 빠를 것이다. 첫 번째 단계는 자신과 다른 사람들이 다치지 않도록 차를 조작하는 기본적인 기술들을 습득한다. 이때는 움직임이 어색하고 종종 직관에 어긋나는 것처럼 느껴진다. 하지만 면허증을 딸 정도로 운전에 능숙해지면 당신의 세계가 급격한 발전을 이룰 것이다. 이제 어느 곳이든 갈 수 있고 예전에는 할 수 없던 일들을 할 수 있기 때문이다. 그 뒤 자신이 운전을 하고 있다는 의식 없이 차를 몰 수 있는 시기가 온다. 이제 운전은 당신 생활에서 거의 반사적으로 행하는 부분이 된다. 그러다 마침내 아주 성능이 좋은 차로 바꾸기로 마음먹는다. 그러면 이제 당신이 얼마나 집중해서 차와 하나가 되고 운전에서 높은 수준의 만족감과 성취감을 느끼는지가 주된 과제와 기회가 된다.

이 단계들 각각은 당신이 초점을 맞추고 특정 기법들을 적용하는 범위로 나타낼 수 있다. 처음에는 조금씩 덜컥거리며 움직이는 것처럼 보이지만 실제로는 아주 짧은 범위에 초점을 맞추어 순조롭게 움직이고 있다. 그런 뒤 이 과정이 편하고 익숙해지면 거리 모퉁이나 고속도로 출구까지 초점을 확장한다. 그러다 여러 범위들로 의식적인 초점을 맞추어 상황을 완전히 파악하면서 도시를 가로지를 수 있다. 마찬가지로, GTD 기법들이 제2의 천성이 될 정도로 자연스러워지고 익숙해지면 시스템을 작동하는 데서 그 효과들로 초점을 돌리게 된다.

기본 요소들 숙달하기

처음에는 간단해 보여도 GTD의 기본 구성요소들에 능숙해지려면 시간이 좀 걸릴 수 있다. GTD의 개념과 원칙들을 이해하고 동의하기는 쉬워도 이들을 실행하는 과정이 꼭 원활하고 자연스럽게 이루어지는 건 아니다. 어떤 정교한 기술—운전, 가라테의 치기 동작, 플루트 연주 등—도 처음에는 동작이 익숙하거나 편하지 않을 것이다. 그러나 수천 번 하다 보면 연습하지 않았을 때는 결코 얻을 수 없는 우아함과 힘, 유연성을 얻는다. GTD를 배우는 것도 마찬가지다.

예를 들어, 잠재적으로 중요한 모든 것을 신뢰할 만한 외부의 시스템에 수집해두어 머릿속에 남아 뒹구는 것이 없게 한다는 건 수동 기어를 능숙하게 조작하는 법을 배우는 것만큼 벅차게 느껴져 선뜻 시작하지 못할 수 있다. GTD 모델 대부분의 측면들과 마찬가지로, 일들을 기록하는 것 자체는 새로운 기술이 아니다. 오히려 직관에 완전히 어긋나지는 않아도 ("당장 중요한 일이 아닌데 왜 신경을 써야 하지?") 노력을 들일 만한 가치가 없는 작업처럼 보일 수도 있다. 따라서 필요한 행동들을 실행하는 습관을 들이는 것뿐 아니라, 떠오른 생각들을 어디서나 쓸 수 있는 도구로 예외 없이 외부적으로 표현해야 할 필요성을 절감하는 것도 중요한 과제다.

그 외에 처음에는 실천해도 쉽게 불완전해지고 최신으로 유지되지 않아 제 기능을 못하게 되기 일쑤인 기본 실천방법들은 다음과 같다.

- '할 일'에 대한 다음 행동을 결정한다.

- '대기 중' 범주를 충분히 활용하여 다른 사람들에게서 기대되는 모든 산출물들을 적시에 처리 확인할 수 있도록 목록으로 만들고 검토한다.
- 안건 목록을 사용해 다른 사람들과의 소통을 수집하고 관리한다.
- 단순하고 쉽게 접근할 수 있는 파일링시스템과 참고자료 시스템을 유지한다.
- 일정표에 관련 없는 것들을 기록하여 신뢰성을 떨어뜨리지 말고 특정 날짜, 특정 시간에 꼭 해야 하는 것들만 있는 곳으로 유지한다.
- 주간검토를 실시하여 시스템이 제대로 기능하고 최신으로 유지되도록 한다.

궤도에서 벗어나기 쉽다

이 책의 앞부분에서 확신한 것처럼, 진지하게 GTD를 실행해볼 생각이 있는 사람이라면 시작하기는 실제로 그렇게 어렵지 않다. 그러나 어느 시점에 이르면 나머지 현실적인 문제들이 밀어닥치기 마련이고, 그럴 때 이 새로운 실천방법들이 아직 당신의 행동 패턴에 자리를 잡지 못하면 비교적 수월하게 궤도에서 벗어나버린다.

대부분의 사람들은 머릿속에 일들을 보관하는 데 익숙하기 때문에 원래 익숙하던 행동 패턴으로 슬그머니 돌아가기 쉽다. 다음 행동을 결정하려면 인지적 노력이 필요한데, 위급한 상황이 아니라면 이런 노력을 피하고 싶은 마음이 생긴다. 주간검토가 습관화되지 않으면 이를 위해 시간을 내는 것이 벅찬 과제가 될 수 있다. 이 모든 요소들이 개인관리 시스템을 불완전하고 구닥다리로 만들기 시작한다. 당신은 더 이상 목록들이 전체 그림을 보여줄 것이라 믿지 못하게 된다. 그리고 시스템이 부담을 덜어주지 않으니 더 이상 유지해야 할 가치가 없고 다시 머리에 의존하는 게 낫겠다는 결론을 내릴 것이다. 이런 상황에서는 금세 궤도를 벗어나버리는 일이 흔하다.

그리고 궤도로 돌아오기도 쉽다

다행인 건, 이 생산적인 궤도에서 나가떨어지기 쉬운 만큼 되돌아가기도 쉽다는 것이다. 그냥 기본요소들을 다시 시작하기만 하면 된다. 펜과 종이를 마련해 머릿속을 다시 비운다. 행동과 프로젝트 목록을 정리한다. 새로운 프로젝트와 행동들을 파악하고 추가하여 목록을 최신 정보로 유지한다. 시스템 밖으로 빠져나간 항목들을 파악하여 정리한다.

거의 모든 사람이 이렇게 궤도를 벗어났다가 되돌아오는 경험을 한다. 특히 기본요소들을 숙달하는 첫 단계에서 이런 경우가 많다. 내 경험에 따르면, 이 숙달단계가 마침내 생활과 업무방식에 완전히 자리 잡고 지속적으로 관리되기까지 2년 정도도 걸린다.

또 다른 좋은 소식은 몇 가지 개념들만 배우거나 시스템을 정기적으로 실행하지 않아도 뚜렷하게 개선시킬 수 있다는 것이다. 2분 규칙만 터득해도 꽤 유용할 것이며, 머릿속에 있는 일들을 예전보다 몇 가지 더 기록하기만 해도 더 편안히 잠들게 될 것이다. 적어도 가끔씩이라도 수신함에 이메일이 하나도 없도록 비운다면 축하하고도 남을 일이다. 또한 그저 자신이나 다른 사람에게 "다음 행동이 무엇인가?"라고 물어보아도 스트레스 없는 생산성에 도움이 될 것이다.

물론 이 기법들 전체가 체계적이고 일관적으로 함께 작용하기 시작하면 편안하고 집중된 통제력이 더욱 극적으로 향상될 것이다. 기본요소들을 숙달한 대부분의 사람들은 큰 변화를 경험한다. 이 단계에 이르면 더 많은 일들을 더욱 빠르고 쉽게 해치우고 생활의 세부적인 일들을 처리하는 데 대한 자신감도 크게 향상될 것이다. 이 GTD 숙달 1단계를 달성하면 전반적으로 매일, 매시간 통제력과 집중력을 유지할 것이다.

졸업 수준
통합적 생활관리

이 지점에 이르면 이제 매주, 매달(혹은 더 장기간) 단위로 삶을 지휘하는 다음 단계로 옮겨갈 준비가 되었다. 여기에는 좀 더 세심한 수준의 인식과 연습이 필요하다. 앞에서 언급했듯이, 운전 실력이 늘수록 시야를 넓힐 수 있다. 그래서 차가 더 매끄럽게 움직이며, 목적지에 어떻게 갈지보다 목적지 자체에 더 초점을 맞출 수 있다. 마찬가지로, GTD 절차에 어느 정도 숙달하면 시스템 자체나 시스템을 어떻게 사용할지에 초점을 맞추지 않고 더 장기적이고 넓은 범위에 걸쳐 통제력과 집중력을 촉진시킬 신뢰성 있는 도구로 더욱 유연하고 자신에게 맞게 활용할 것이다.

첫 번째 숙달단계에 수집함, 회의, 이메일, 전화, 안건, 참고자료 시스템, 목록 관리, 적절한 도구 마련 등이 포함되는 반면, 다음 단계에서는 기본단계의 내용들을 이끄는 더 큰 문제들을 엄격하게 다룬다. 구체적인 행동과 정보들이 존재하는 건 그보다 큰일들―완료해야 하는 프로젝트, 풀어야 하는 문제들, 우리의 복잡한 삶에서 집중해야 하는 분야와 관심 분야들―과 관련되어 있기 때문이다. '왜 그 이메일을 받았는가?' '그 회의의 목적은 무엇이고 왜 당신이 참석해야 하는가?' '지금 다루기 시작해야 하는 다음 분기의 일은 무엇인가?' '언젠가/아마도 목록에 넣어야 할 프로젝트는 무엇인가?' 그리고 '좀 더 넓은 범위의 변화가 진행되고 있어 언젠가/아마도 목록에서 나와 지금 다루어야 하는 프로젝트는 무엇인가?'

기본 요소들에 숙달되면 효과적이고 능률적으로 GTD를 실행할 토대를 얻는다. 또한 더 높은 수준의 통제력과 집중력이 필요한 것, 즉 이 프로젝트들을 서로의 관계와 더 광범위한 운영의 틀 안에서 처리 확인하고 관리하고 이해하는 방법을 다룰 능력과 여유가 생긴다. 두뇌 보조도구에 익숙해지면 우리의 인지능력을 활용할 수 있어

통합된 자기관리 시스템을 더욱 창의적이고 효과적으로 사용할 길이 마련된다.

GTD 숙달 2단계의 특징은 다음과 같다.

- 완전하고 명확한 최신 프로젝트 목록.
- 개인적, 직업적 역할, 책임, 관심사에 대한 워킹 맵.
- 현재의 요구와 방향성에 맞춰 조절하고 일상을 넘어 동적으로 움직이도록 활용할 수 있는 통합적인 종합 생활관리 시스템.
- 이 방법론을 포기하지 않고 활용하도록 유도하는 과제들과 뜻밖의 일들.

프로젝트들이 운영 시스템의 핵심이 될 때

이 방법론을 숙달하는 길을 더 밟아가다 보면 프로젝트 목록이 다음 행동목록을 반영하기보다 주도하게 되고, 프로젝트 자체가 당신의 역할, 초점 분야, 관심 분야를 더 잘 나타내는 단계에 이를 것이다. 이 지점에서 자기 관리 시스템의 무게중심이 기초단계에서 지평선 1과 2로 옮겨간다.

완전한 프로젝트 목록을 유지하고, 객관적·정기적으로 검토하는 것이 스트레스 없는 생산성을 지속적으로 경험하는 데 중심이긴 하지만, 이를 실제로 실천하는 사람은 매우 드물다(수년간 GTD를 사용한 사람이라도). 그러나 이 단계에 도달하고 그 효과를 알게 된 사람들은 이를 원칙으로 삼는다.

내가 내린 프로젝트에 대한 정의(하나 이상의 행동단계가 필요하고 1년 내에 완수할 수 있는 어떤 원하는 결과)가 광범위하다는 점을 감안하면, 당신은 명확한 프로젝트('새 타이어 구입하기' '프린터 수리하기' '새 베이비시터 구하기' 등)라 해도 이들 모두를 정확히 기술하기 어려울 수 있다. 하지만 이 숙달단계에 이르면 좀 더 모호한 결과들도 실행 가능한 일들로('팀에서 프랭크의 새 역할 명확히 정하기' '베티나의 수학성적 올릴 방법 조사하기' '이웃과 소유지 경계 문제 해결하기' 등) 정의할 수 있다. GTD를 이 단계까지 숙달했는지(실로 삶의 대가라 할 수 있다!) 알 수 있는 지표는 무엇이든 관심이 가는 것(근심, 걱정, 문제, 이슈, 긴장)을 인식하고 이를 구체적인 '다음 행동'들로 달성 가능한 결과(프로젝트)로 바꿀 수 있는가이다. 대부분의 사람들은 문제와 기회가 나타났을 때 이를 성공적으로 처리할 수 있다는 생각이 들기 전까지는 인식하길 거부한다. 그리고 이런 문제와 기회를 탐구하거나, 주의 깊게 살펴보거나, 어떤 식으로든 받아들이거나, 해결책이 없을 때는 잠재우는 것 자체가 적절한 결과(프로젝트)임을 알지 못한다. 각각을 성취하는 실제 방법이 아무리 애매하고 불분명하다 해도 내재된 프로젝트를 처리 확인하고 이를 성취하기 위한 행동들을 취하여 이웃과의 소유지 경계 문제, 딸의 수학 성적 혹은 새 팀원의 역할 등에 적절하게 개입할 수 있다면 아주 뛰어나고 성숙한 자기관리 기량을 갖춘 셈이다.

프로젝트 목록을 소중한 것 위주로 평가하고 채우기

우리가 하는 모든 일은 각자 맡은 역할과 책임, 삶에서 관심을 갖고 개입하는 어떤 측면들에 도움이 된다. 그러니까 형에게 안부전화를 거는 것은 '가족관계'가 나에게 의미가 있기 때문이다. 야채를 사는 건 내가 '건강과 활력'을 중요하게 생각하기 때문이다. 이사회에 안건을 내는 건 회사에서의 내 역할에 '기업 관리감독'을 유지하고 싶기 때문이다.

사람들은 이 지평선—직업적, 개인적으로 처리 확인할 수 있는 초점 분야들—의 체크리스트를 만들 때마다 항상 추가해야 할 프로젝트가 더 있다는 걸 알게 된다. 또한 업무나 개인생활, 혹은 양쪽 모두의 어떤 측면들에 적절한 관심을 기울이지 않았다는 걸 깨닫고 프로젝트 목록을 더 균형 있고 완전하게 만들고 싶은 자극을 받는다.

종합 생활관리 시스템 통합

세 번째 숙달단계는 시스템이 단지 다양한 목록, 정보, 애플리케이션, 툴 들을 모아놓은 곳이 아니라 어떤 상황이 발생해도 효과적으로 처리하기 위해 구성요소들이 서로 협력하는 응집성 있는 '통제실'이 되는 것이다. 이 숙달단계에 이르면 당신은 상황 변화에 맞추어 그리고 가능성들을 더 잘 파악하여 목록과 범주들, 이들의 이용방법을 조절할 수 있게 된다.

이 숙달단계는 GTD를 기능적으로 인식하고 있음을 나타낸다. 이 모델의 본질을 이해하고 다양한 부분들의 가치를 인식하기 때문에 자신의 요구에 가장 잘 부합하도록 실행방식들을 조절할 여유가 생기는 것이다. 필요하다면 자신이 보유한 도구들로 GTD 시스템의 응용 방법을 처음부터 만들 수도 있다. 이 단계에서 당신은 주어진 상황에 따라 적절하게 초점을 맞추도록 도와주는 방향성 '지도'를 만들고 활용한다는 원칙을 따른다.

점심모임에서 받은 명함들, 시작하고 싶은 프로젝트에 대해 오늘 아침 일어나면서 떠오른 말도 안 되는 아이디어, 주요 경축행사에 오라는 뜻밖의 개인적 초대, 혹은 최근 받은 건강검진의 혈액검사 결과서 등 어떤 것에 대해서도 무엇을 해야 할지 당황하지 않는다. 또한 잠재적으로 중요한 어떤 유형의 데이터도 적절하게 나타낼 장치를 마련할 수 있다. 다가오는 여행을 위해 가장 먼저 해야 할 일들을 쉽게 파악하고, 다음에 주최할 온라인 회의를 위해 필요한 모든 자료를 보유한다. 최소한의 노력만 들이고도 은행에 제출할 기업자료를 모을 수 있고, 앞으로 2년간의 계획에 관한 가족과의 대화에서 다양한 제안들을 쉽게 할 수 있다. 당신은 집에서든 사무실에서든 이동 중이든, 거의 어떤 상황에 대해서도 방향성을 알려주는 동적이고 효과적인 계기판을 갖춘 셈이다.

어느 시점에 GTD 절차를 도입했지만 특별히 진전을 이루지 못한 사람들에게 흔히 듣는 이야기들 중 하나는, 출장이 꼬리에 꼬리를 물고 이어지거

> 압박이 심해지면 GTD 실천방법들을 줄이는 게 아니라 더 많이 활용하게 된다.

나 독감이 빨리 낫지 않거나 주요 고객과 뜻밖의 위기가 생기거나 정규업무에 부가해 주요 프로젝트를 맡게 되는 등등의 사태로 GTD의 궤도에서 벗어났다는 것이다.

그리고 숙달될 정도로 이 방법론을 적용하고 경험해본 사람들에게서 가장 흔히 듣는 말은, GTD가 바로 이런 긴장된 상황들을 훨씬 더 효과적이고 스트레스를 덜 받으며 극복하는 데 안성맞춤이라는 이야기였다.

따라서 이 숙달단계로 나아가는 중요한 특징은 문제와 기회가 생겼을 때 GTD를 포기하는 게 아니라 실천하도록 촉진하는 전환점이 있다는 것이다. 업무에서 새로운 문제가 터졌을 때 모든 걸 머릿속으로 다시 집어넣는 대신 머리 비우기를 실행하면 신속하게 통제력을 되찾을 수 있다. 어떤 일이 벌어질지 걱정하고만 있을 게 아니라 이 상황에 대해 원하는 결과, 프로젝트, 다음 행동을 되도록 빨리 처리 확인한다. 또한 가장 최근에 일어난 가장 시끄러운 일을 우선순위의 기준으로 삼는 관행으로 되돌아가지 않고 초점을 높여 일을 재조정해야 하기 때문에 주중에 주간검토를 실시한다.

이런 수준으로 GTD를 숙달하여 일하는 것이 가능하고 매우 효과적이다. 이 수준을 이루면 번창할 조건들 중 하나를 확립하는 것이다. 24세의 음악가와, 아이 셋을 둔 54세의 변호사에게 '번창한다'는 말의 의미는 매우 다를 것이다. 하지만 GTD를 이용해 그 지점까지 이르는 경험과 과정은 동일하다.

대학원 과정
초점, 방향성, 창의성

GTD의 기본요소들을 체화하고 생활과 업무에서 해야 하는 일들의 좀 더 고차원적인 측면들을 각자에게 맞는 신뢰성 있는 체계적 접근방식으로 통합하고 나면 이제 다음 개척지가 열린다. 바로 깨끗이 비워진 내면 공간을 이용해 경험을 무한정 최적화하는 것이다.

이 숙달단계의 핵심 측면은 다음 두 가지이다.

- 할 일과 가치의 좀 더 고차원적인 측면들을 탐험하는 데 초점을 맞춘다.
- 새로운 가치를 만드는 데 두뇌 보조도구를 활용한다.

가장 의미 있는 일들에 개입할 여유

수집함에 들어간 모든 것을 효과적으로 처리할 수 있고 처리할 것이라고 믿게 되면, 말도 안 되는 아이디어든, 연구하고 싶은 가능성 있는 신기술이든, 쓰고 싶은 책이든, 돕고 싶은 NGO의 웹 사이트든 무엇이라도 수집함에 던져 넣을 여유가 생길 것이다. 무언가를 만들어낼 수 있는 능력은 강력한 가능성들을 낳는다.*

그리고 내가 이 책 전반에 걸쳐 분명히 하고 싶었던 것처럼, 생활과 일의 좀 더 미묘하고 고차원적인 수준에 많은 관심을 기울일 수 있으려면, 당신의 적절한 개입 없이는 창의적 초점을 흩뜨리고 소진시키기 쉬운 일상적이고 평범하지만 다루긴 해야 하는 측면들을 '잠재울' 수 있어야 한다.

나는 답장을 쓰지 않은 이메일, 고장 난 컴퓨터, 신고해야 하는 세금, 결혼식에 대한 장모의 불만, 은행 신용한도 증액 등의 온갖 일거리들이 산적한 상황에서 영화대본 초고를 작성하거나 NGO의 비전선언문을 만들거나 결혼식 때 낭독할 아름다운 시를 쓸 수 있을 정도로 의식을 구획할 수 있는 사람들에게 박수를 보낸다. 나는 GTD의 관점으로 적절하게 개입하여 그 모든 일들을 잠재우면 좀 더 창의적인 행동을 할 수 있는 여지와 영감이 엄청나게 커진다는 걸 알고 있다. 이런 열린 고리들에 대한 인지 부담감이 집중과 성과에 부정적인 영향을 미친다는 것이 증명되어왔다. 자신은 직장에 일거리를 놔두고 다른 모든 일에 손을 뗀 채 관심 가는 창의적인 일에 집중할 수 있다고 장담하는 사람들이 많다. 하지만 내 경험에 따르면, 이 사람들은 애초에 일상의 일에 대한 부담이 없었다면 자신의 삶이 어떠했을지에 대한 참고기준이 없기에 그렇게 느끼는 것뿐이다. 일상생활의 세세한 부분들에 대한 불안이 없다면 정말로 중요한 경험의 방향성과 질로 관심을 옮기기가 훨씬 쉬워진다. 2장에서 언급한 것

---

* "당신은 우수해질수록 더 우수해져야 할 것이다"는 내가 가장 좋아하는 말 중 하나다. 필요한 모든 지식과 자원을 얻기 전에 일들을 실현할 수 있다는 자신감이 클수록 자신이 지닌 가능성들로 스스로를 더 강하게 압도할 수 있다. 따라서 GTD로 명확성과 자신감을 얻을 수 있지만 이를 위해서는 이 실천방식들을 계속해서 활용해야 한다.

처럼, 우선순위를 정하는 기준은 일 관점의 지평선의 상위 단계들—목표, 비전, 목적, 원칙—이다. 하지만 대부분의 사람들은 이 지평선의 요소들에 집중하고 효과적으로 실행하기가, 좋게 말하면 힘들고, 나쁘게 말하면 피한다(그래서 죄책감이 생긴다!). 주의가 흐트러지지 않게 되었다고 해서 저절로 향후 5년간의 성공 시나리오에 대해 생각하게 되는 건 아니다. 하지만 그런 활동에 생산적으로 참여하기가 훨씬 쉽다.

두뇌 보조도구 활용하기

일단 이 숙달단계에 안착하면 이제 GTD 활동을 추진하는 힘이 일상의 인풋과 요구들을 처리하는 가장 효과적인 방법을 실행하는 것에서 보통은 나오지 않는 창의적인 아이디어, 관점, 행동을 생성하기 위해 스스로 만든 상황들과 유발 장치들을 최적으로 활용하는 것으로 옮겨간다.

예를 들어 연락처 관리도구를 정리하고 갱신해야 할 경우, 이제 오래되어 관련이 없는 사람들과 업체들 정보를 훑어보다가 '아, 지금 내가 하고 있는 일과 관련해서 이 사람에게 연락해야겠구나'라고 생각되는 항목을 만나기 마련이다. 이렇게 촉진된 생각이 어떤 식으로든 가치 있는 무언가로 변하면 GTD의 무한한 활용 가능성 중 작은 부분을 맛본 것이다. 일어날 수 있는 일을 수집하는 능력을 갖춰 적절한 일들만 우리의 의식적 초점 안에 넣는다면, 관계, 일, 창 의적

실현의 일부 측면들에 가치를 더할 아이디어들을 얼마나 더 많이 떠올릴 수 있겠는가? | 무엇에 관해 생각해야 할지 너무 힘들게 떠올릴 필요가 없으면 좋지 않을까?

이런 매우 창의적이고 생산적인 검토활동은 과거와 현재의 일정표 항목들을 살펴보고("아, 이걸 보니 생각나네!") 프로젝트 목록과 다음 행동목록을 갱신하는("아, 이제 ~를 해야 해!") 주간검토 등에서 자동적으로 일어난다. 언젠가/아마도 목록의 내용을 정기적으로 재평가하면 활동범위가 넓어질 수 있다("그림 수업을 꼭 들을 거야!"). 하지만 우리의 경험과 관계에서 이러한 검토장치로 개선될 수 있는 다른 측면들이 얼마나 있을까? 일관성 있게 검토하면 가치 있는 아이디어들을 드러낼 수 있는 다른 내용들은 무엇이 있을까? 정기적으로 처리 확인 작업을 하는 건 힘들지만 여기에서 얻을 수 있는 가능성은 무한하다.

GTD 숙달경로의 이 단계에서는 체크리스트의 간단한 아이디어가 대단한 중요하다. 인지과학자들이 증명한 것처럼, 우리의 머리는 갑자기 어떤 일을 기억하는 데는 형편없지만, 바로 앞에 놓인 일을 평가하기 위해 창의적인 생각을 하는 데는 뛰어나다. 무엇에 관해 생각해야 할지 힘들게 떠올릴 필요가 없도록 '문 앞에' 일을 놓아두면 기억 기능에서 해방된 머리는 굉장한 기능을 발휘한다.

가족들에 관해 생각해야 한다고 얼마나 자주 떠올리길 원하는가? 구체적으로 배우자, 아들, 여동생에 관해 생각할 때 무엇을 떠올리면 좋을까? 직업적 인맥에서 A급 목록(당신에게 가장 중요한 영향을 미치고 유용한 상호작용을 하는 사람)에 올릴 사람은 누구인가? 그 목록을 얼마나 자주 검토해야 하는가? 이들과 연결이 끊어지지 않으려면 어떤 알림장치를 얼마 간격으로 해두면 좋을까?

우리 정신이 잘하지 못하는 일은 없애고 잘할 수 있는 일은 활용하도록 만들어진 적절한 체계가 있으면, 우리의 세계에 가치를 더하기 위해 이용할 수 있는 기회가 분명 무수히 많다. 하지만 저절로 그렇게 되지는 않는다. 이 역학을 인식하고 당신의 지력 자체를 활용하기 위해 머리를 쓰는 것이 이 GTD 숙달 상급단계의 특징이다. 이제 머리는 아이디어들을 제약 없이 생성하고 발달시킨 뒤 그 생각들을 적절하게 처리하고 정리하는 습관을 활용할 여유가 생긴다. 가장 현명한 사람은 자신의 지능과 영감이 그저 임의적이라는 걸 아는 사람들이다. 이들은 우리가 사는 조야한 세계를 처리하는 데 필요한 둔함 뒤에 잠들어 있는 총명함을 활용하도록 시스템과 절차를 현명하게 구축한 사람들이다.

이 GTD 숙달단계들—기본요소들 체화하기, 높은 수준의 통합된 시스템 활용하기, 창의적이고 방향성 있는 초점 활용하기—이 실제로 내가 제시한 순서대로만 나타나는 건 아니다. 대부분의 사람들은 GTD를 실천하면서 이 모든 단계들의 측면들과 부분들을 나타낸다. 그리고 초보자인데도 이례적으로 빠른 진전을 보이는 사람들도 종종 만난다. 하지만 내 경험상, 스트레스 없는 생산성을 전체적으로 고려하면 지름길을 택하기보다 이 단계들을 차근차근 충실히 밟아 나가야 한다. 이메일이 혼란 상태면 매주 자신의 일을 통제하고 있다는 느낌을 유지할 수 없다. 75개의 프로젝트들로 이루어진 목록의 실태를 파악하지 못하면 자유롭게 장기적 계획이나 비전을 수립하지 못할 것이다.

당신은 의식적이든 무의식적이든 혹은 명시적이든 암시적이든, 이 단계들 모두에 계속 관여한다. 당신에게는 약속, 프로젝트, 행동, 목표, 가치관이 있으며, 직업인으로서의 당신 업무에는 일련의 할 일들이 있다는 걸 알게 될 것이다. GTD에 대한 숙달 정도는 당신이 그 모든 것들에 얼마나 침착하게 관여하는지를 나타낼 것이다. 중요한 문제를 알리는 뜻밖의 이메일, 이번 주에 있는 이모의 생신, 회사의 전략 변화 가능성, 구입하고 싶은 요리기구, 이 모든 일들이 각각 빠르고 원활하게 그리고 적절한 상황에서 처리되어 머릿속에 현재 있는 일 외에는 아무것도 남지 않도록 해야 한다.

결론

나는 이 책이 독자들에게 도움이 되길 바란다. 이 책을 읽은 사람들이 노력을 덜 들이고 스트레스를 덜 받으면서 더 많은 일들을 해내는 보상을 얻었으면 좋겠다. 그리고 이 기법들을 적용했을 때 얻을 수 있는 '물과 같은 마음'이라는 자유를 맛보고 창의적 에너지를 발휘하길 기대한다. 이 기법들을 실행해본 사람들은 어김없이 GTD에는 눈에 보이는 것 이상이 존재한다는 걸 깨달았는데, 아마도 당신도 이미 그런 경험을 시작했을 수도 있다.

장담하건대, 이 책은 당신이 이미 알고 있고 개인생활과 업무에서 어느 정도 쭉 해오던 많은 일들을 처리 확인시켜주었을 것이다. 하지만 이 책은 점점 더 치열하고 복잡해지는 혼란스러운 세상에서 그 상식들을 더욱 체계적으로 적용하기 쉽도록 도와줄 것이다.

넘쳐나는 현대의 성공이론과 모델들에 또 하나를 더 보태려고 이 방법론을 개발한 건 아니다. 그 반대로 나는 특정 유행에 따라 변하지 않고 적용하면 언제나 효과를 발휘하는 핵심적인 기법들을 정의하려 시도하였다. 중력과 마찬가지로, GTD의 기본적인 원칙을 이해하면 무슨 일을 하든 훨씬 더 효과적으로 할 수 있다. 아마 GTD는 '기본으로 돌아가기'의 선두주자일 것이다.

이 책은 가장 생산적인 상태의 특징인 긍정적이고 편안한 집중력을 얻기 위한 로드맵이다. 필요할 때마다 그런 상태로 돌아가는 데 이 책을 로드맵처럼 참조하길 권한다.

다음은 GTD를 진행하기 위한 몇 가지 최종 요령이다.

- 물적 정리 장비들을 마련한다.
- 업무공간을 정리한다.
- 수집함을 마련한다.
- 효과적이고 쉽게 접근할 수 있는 개인 참고 시스템을 직장과 집에 마련한다.
- 기꺼이 사용하고 싶은 마음이 드는 좋은 목록관리 도구를 장만한다.
- 업무환경을 개선하기 위해 지금까지 생각해오던 변화를 실행한다. 그림을 걸고, 펜을 구입하고, 쓸모없는 것들을 버리고, 업무공간을 재배치한다. 새로운 출발을 스스로 지원하라.

- 사무실 전 구역과 집의 각 구역을 차례로 처리할 수 있는 시간을 따로 마련한다. 모든 것을 시스템에 수집하고 GTD 단계들을 밟는다.
- 이 과정에서 알게 된 도움이 될 만한 점들을 다른 사람과 나눈다(GTD를 배우는 가장 빠른 방법이다).
- 3~6개월 뒤에 이 책을 복습한다. 그러면 처음 읽었을 때 놓쳤던 것들을 알아차릴 것이다. 장담하건대, 완전히 새 책처럼 느껴질 것이다.
- 이 방식들과 기준을 널리 알리고 연구하는 사람들과 꾸준히 연락하라.*

남은 생을 멋지게 보내길!

---

* 우리 웹 사이트를 이용할 수도 있다. 언제든 www.gettingthingsdone.com을 방문하면 다수의 무료 지원자료들, 대화, 당신과 같은 입장에 놓인 사람들의 우수 사례, 지원 제품과 서비스에 관한 최신 정보를 얻을 수 있고, 이 방법론을 공유하는 전 세계의 사람들과 연결할 수 있다.

| 역자 후기 |

　우리 두 사람은 지난 22년 동안 리더십을 강의하고 코칭하였고, 그 과정에서 스티븐 코비의 《소중한 것을 먼저 하라FTF, First Things First》가 한국 사회 구성원들에게 많은 도움이 되었지만, 부족한 점도 상당하다는 것을 알게 되었다. 우리가 만난 팀장급 이하 조직원들 대부분에게 필요한 것은 시간관리와 더불어 생산성과 스트레스 관리였다. 권위적이고 동양적인 조직문화에서 상사나 동료, 가족들의 요청은 대부분 중요하고 우선순위가 높아 무시할 수가 없다. 결국 개인 생산성은 낮아지고 끝도 없이 쏟아지는 일들로 스트레스가 쌓여서 불안, 짜증, 무기력함으로 우울증까지 생기는 현실이다.

　우리는 10여 년 전부터 세계적인 경영 컨설턴트이며 코치인 데이비드 앨런의 생산성 향상에 관한 GTD 프로그램을 잘 알고 있었고, 한국 직장인들에게 꼭 필요한 교육임을 확신하였다. 하지만 코비 박사의 FTF 교육을 우선으로 하여 GTD 도입을 다소 연기하였다. 그런데 한국 조직의 구성원들의 낮은 생산성이 사회문제가 되었고, 이런 와중에 《Gtting Things Done》의 최신 개정증보판이 발간되어 우리는 이 책을 발행하기로 큰 결심을 하였다.

한국 지식근로자들의 업무 간 구분이 모호해지고 업무의 규모는 자꾸만 방대해지고 있다. 경계를 넘어 일이 쏟아지는 오늘날의 업무 환경에서 GTD 프로그램은 최소의 노력으로 최대의 성과를 얻는 방법을 알려준다. 또 직장인들에게 에너지를 소모하지 않고 체계적으로 일을 처리하면서 집중할 수 있게 도와주는 스킬과 다양한 도구들을 제공한다. 이는 우리를 스트레스로 지치지 않게 하여 마음의 평화를 가져다준다.

GTD 프로그램은 매일 지속되는 일상의 업무들을 효율적으로 관리하는 행동습관을 탁월하게 다루어, 매일 매 순간 쏟아지는 일상의 업무들을 명확한 의사결정 기준(2분 법칙)에 따라 효과적으로 관리함으로써 스트레스를 줄이고 보다 생산적이고 창의적인 일에 몰두할 수 있게 도와준다. GTD 프로그램의 궁극적 목적은 '물과 같은 마음', 스트레스 제로인 마음의 평화와 생산성의 향상이기에, 초등학생에서 대학생, 가정주부에서 자영업자, 일반 사원에서 최고경영자까지 모두의 필요를 충족시켜줄 것이다.

이 책은 세계적으로 유명해진 GTD 워크숍 프로그램을 그대로 풀어 쓴 것이기에 일을 쌓아 두지 않고 성공적으로 처리하는 방법을 제시한다. 이 책의 한국어판 제목인 《쏟아지는 일 완벽하게 해내는 법》대로 다음과 같은 것들이 가능해질 것이다.

- 다양한 곳에 존재하는 '일거리 Stuff'들을 효과적으로 한곳에 수집하기
- 지속적으로 '미결함'을 완전히 비우기
- '2분 규칙'에 따라 즉각적으로 일을 처리하기
- 하고 있는 일들과 쏟아지는 일들에 대해 올바른 의사결정하기
- 실행 가능한 '행동목록 Action-list'와 나중 실행할 '해야 할 일 To-do-list' 구분하기
- 이메일함을 최적으로 비우고 관리하기
- 위임할 수 있는 일의 최대한 위임과 실행 확인하기
- 필요에 따른 기능별 참고자료 시스템 만들기
- 일을 미루는 버릇 없애기, 몇 년 동안 미루어온 책상, 방, 옷장, 서랍, 지갑 정리정돈하기
- 효과적으로 일의 우선순위를 관리하기

많은 독자들이 이 책을 통하여 GTD 프로그램의 궁극적 목적, 즉 스트레스 제로인 마음의 평화와 생산성 향상을 이루기를 기대하며, 혼자서 책의 내용을 실행하기 어렵다면 워크숍이나 코칭을 통하여 도움 받기를 권한다.

2016년 여름

김경섭, 김선준

| GTD 용어 해설 |

- Getting Things Done(GTD): '마리아는 GTD 실행의 초보자이다'에서처럼, 이 책에서 설명한 방법론을 지칭하는 데 주로 사용한다.
- GTD 숙달의 길 path of GTD mastery: 생활과 업무관리 방법을 평생에 걸쳐 배우고 발달시키고 변경하는 과정. 어떤 상황에서든 최적의 방향성을 제공하고 동적으로 조정되는 완전히 통합된 생활관리 시스템을 개발하고 활용하는 것.
- GTD: Getting Things Done의 약어.
- 검토 reflect: 어떤 지평선이나 범주의 항목이라도 그 내용을 더 넓은 관점에서 평가하는 것.
- 리뷰 review: 명확성과 초점을 얻기 위해 지속적으로 혹은 필요에 따라 적절한 지도들을 분석하는 것.
- 결과 outcome: 어떤 단계에서든 최종적인 결과. 보통 '원하는 결과', 즉 성공적인 결과의 세부사항을 가리킨다.
- 관점 perspective: 자기관리와 조직관리의 두 가지 핵심 요소들 중 하나(다른 하나는 통제다). 견해, 초점, 지평선의 고도를 가리킨다.
- 다음 행동 next action: 어떤 일이 현재 상태에서 완료 쪽으로 진전되도록 다음에 실행하는 물리적, 가시적 행동. 다음 행동은 어디에서, 무슨 도구(필요할 경우)로 실행해야 하는지 알 수 있을 정도로 구체적이다. '행위'와 비슷하다.
- 대기 중 waiting for: 다른 기회를 기다리는 항목들의 범주.
- 명료화 clarify: 수집단계에서 당신의 환경에 등장하거나 들어온 무언가의 의미를 정확히 판단하기(예: '이것에 대해 지금 내가 해야 하는 행동이 있는가, 그렇다면 그게 무엇인가? 아니면 이것은 참고자료인가? 쓰레기인가? 아니면 보류 후 나중에 검토해야 하는 것인가?').
- 미리 정의된 일 predefined work: 일련의 목록과 실행 환기로 나타낸 미리 정해진 행동과 프로젝트. 계획되지 않은 뜻밖의 일들과 비교해 검토하고 평가한다.
- 미해결 과제 open loop: 완료되지 않았다고 생각하는 일. 적절하게 관리하지 않으면 계속해서 신경이 쓰인다.
- 밀린 일 backlog: 머릿속과 물리적 환경에 쌓인 아직 처리되지 않은 일거리들.
- 방향성 지도 orientation maps: 상황에 적절하게 개입하도록 돕는 맞춤화된 목록이나 참고

문서(예: 회의 안건, 일정표, 체크리스트, 행동목록과 프로젝트 목록).
- **범주**categories: 비슷한 내용의 항목들끼리 하나의 목록이나 폴더나 파일, 개별적인 물리적 장소에 분류한 것.
- **상황**context: 실행 환기와 정보들을 쉽게 이용할 수 있도록 분류해놓은 물리적 혹은 심리적 환경(예: 집에 있을 때, 직원회의 중일 때, 볼일을 보러 외출할 때, 컴퓨터를 사용할 때, 창의력이 샘솟을 때, 전화기 근처에 있을 때, 배우자와 대화할 때 등).
- **생산적 경험**productive experience: 통제력과 편안함을 느끼고 집중하며 일에 의미 있게 개입하고 현재에 충실한 상태. 성과와 경험을 위한 최적의 상태.
- **생산적 생태계**productivity ecosystem: 당신의 관심을 끌고 초점을 맞출 방향에 영향을 미칠 수 있는 잠재적으로 중요한 모든 정보, 관계, 인풋.
- **수직적 사고**vertical thinking: 하나의 특정 영역 내에서 여러 단계의 내용을 검토하고 만들기(예: 의도한 목적에 따라 다음 행동들로 프로젝트 계획하기).
- **수집**capture: 잠재적으로 중요하다고 처리 확인되고 여기에 관해 무언가를 판단하거나 실행할 수 있을지 관심이 가는 항목과 아이디어들을 수집하기(때로는 생성하기).
- **모으기**collect: 평가나 판단이나 행동이 필요한 항목들과 아이디어들을 한데 모으기.
- **수집함**in-tray: 아직 처리되지 않은 항목들을 담는 물리적 보관함 혹은 디지털 보관함.
- **수평적 사고**horizontal thinking: 동등한 수준의 내용들 평가하고 관리하기(예: 당신이 개인적, 직업적으로 가진 모든 프로젝트 검토하기).
- **실행 가능한**actionable: 당신이 행동을 취하겠다고 생각한 어떤 것.
- **실행 도우미 자료**action support: '다음 행동'과 관련된 물질적 혹은 디지털 보조 자료들. 행동의 실행 환기라기보다는 행동을 할 때 참조용으로 사용한다.
- **언젠가/아마도**someday/maybe: 행동이 필요할지 나중에 검토하기로 한 프로젝트와 행동들을 정리하는 일반적인 범주.
- **업무흐름**workflow: 시작부터 완료까지 인풋과 할 일들을 처리하는 행동들의 순서.
- **인큐베이트**incubate: 아직 행동을 취하지는 않았지만 나중에 재평가하기 위해 어떤 일을 시스템에 남겨두는 것. 여기에 대한 실행 환기들은 보통 언젠가/아마도 목록, 티클러 파일에 보관하거나 나중에 상기할 수 있도록 일정표에 기록한다.
- **일**work: 완수하기로 마음먹었는데 아직 끝내지 못한 것.
- **일거리**stuff: 당신의 물리적, 심리적 환경에 등장하여 판단이나 행동이 필요하지만 아직 판단을 내리거나 정리시키지 않은 것.
- **일의 세 가지 유형**threefold nature of work: 하루에 우리가 하는 일의 범주. ① 이전에 정한 일

(미리 정해진 행동) ② 계획하지 않은 행동 ③ 일 정의하기(인풋 처리하기).
- **자연스러운 계획 수립 모델**natural planning model: 원하는 결과를 실행할 때 우리의 머리가 따라가는 본능적 5단계의 사고 절차.
- **적절한 개입**appropriate engagement: 무언가가 당신의 관심을 끌지 않는 상태가 되도록 하는 것.
- **정리된**organized: 어떤 일이 당신에게 지니는 의미와 맞는 곳에 있는 것.
- **정리하기**organizing: 비슷한 의미를 지닌 항목들을 물리적, 시각적, 디지털 방식으로 별개의 범주와 위치로 분류하기(예: 걸어야 할 전화번호 목록, 읽어야 할 책을 놔두는 선반, 완료해야 하는 프로젝트 목록).
- **종합적 생활 생태계**total life ecosystem: 당신의 인식 범위 내의 내용, 당신이 인식하는 세계, 신체적 생존부터 정신적 충만에 이르기까지 단계들에 어느 정도 영향을 미칠 수 있는 당신의 상황 인식 및 상관 관계가 있는 행위들.
- **주간검토**weekly review: 매주 운영 수준에서의 재정비를 위해 추천하는 최상의 방법. 정리하고 명확히 하고 최신 정보를 유지하고 창의성을 발휘하여 매주 통제력과 초점을 유지하도록 '후방에서 지원하는' 역할을 하는 작업이다.
- **지도**map: 무엇이든 적절한 초점과 방향성을 찾기 위한 도구(예: 일정표 행동목록과 프로젝트 목록, 회의 안건, 전략계획서, 업무 기술서, 여행 체크리스트, 주간검토 체크리스트).
- **처리**process: 수집하거나 수집한 항목들의 정확한 의미, 그 파생물들의 성격 그리고 그 결과들로 당신이 하고자 하는 일들 판단하기.
- **체크리스트**checklist: 선택적 단계들, 따라야 하는 절차들, 그리고 행동의 구성요소들을 떠올리거나 평가하기 위해 사용하는 목록(예: 여행 체크리스트, 컴퓨터 백업 절차, 아이를 학교에 보내기 전에 해야 할 준비 등).
- **통제**control: 자기관리와 조직관리의 두 가지 핵심 요소들 중 하나(다른 하나는 관점이다). 조작을 시도하는 것보다는 무언가를 안정시키고 '잘 제어하고' 있는 상태를 가리키는 데 사용한다(예: 자동차나 회의나 주방 통제하기).
- **통합된 생활 관리 시스템**integrated life-management system: 당신의 세계에 계속 적절하게 참여하기 위해 사용하는 도구, 구조, 내용, 실천방법들이 결합된 것. 일과 생활의 모든 측면이 포함된 업무흐름, 정리, 검토 절차로, 언제 어디서나 최적의 통제력과 집중을 위해 할 일, 실행 환경, 정보 목록이 완전하고 최신으로 유지되도록 한다.
- **틈새 시간**weird time: 하루 중 무작위로 나타나는 빈 시간으로 대개 매우 짧다. 실행 환기와 적절한 자료들을 활용하여 이 시간도 생산적으로 보낼 수 있다.

- **티클러 파일** tickler file: 미래의 특정 날짜 혹은 그 이후에만 접근할 수 있도록 날짜와 관련된 실행 환기를 제공하는 물리적 혹은 디지털 정리 도구('영구 파일' '이월파일' '처리 확인 파일' '미결 파일'이라고도 불린다).
- **초점의 지평선** Horizons of Focus: 개인적 혹은 조직적으로 우리의 할 일과 생각들의 개별적인 단계들.
  - **기초**: 다음 행동—이메일, 전화, 대화, 심부름, 회의 등, 물리적이고 가시적인 수준의 행동으로 처리해야 하는 일들.
  - **지평선 1**: 프로젝트—하나 이상의 개별적인 행동단계가 필요하고 1년 내에 완수하기로 한 일. '브레이크 등 교체하기' 같은 단기적인 결과와 '서부 지역 개편하기' 같은 더 넓은 범위의 프로젝트들이 포함된다. 주간검토 때 살펴보는 주요 목록이다.
  - **지평선 2**: 집중할 영역과 책임—우리 자신과 우리가 하는 일의 안정성과 건전성을 보장받기 위해 유지해야 하는 생활과 업무의 부분들(예: 건강, 재정, 고객 서비스, 전략 기획, 가족, 경력).
  - **지평선 3**: 목표와 목적—성취하고 싶은 중장기적 결과(보통 3~24개월 내, 예: '아크메 컨설팅의 인수 마무리하기' '수익성 있는 온라인 리더십 훈련과정 개발하기' '마리아의 대학 계획 마무리하기').
  - **지평선 4**: 비전—장기적으로 바라는 결과, 큰 성공의 이상적 시나리오(예: '비망록 발간' '회사 상장하기' '프로방스에 별장 마련하기').
  - **지평선 5**: 목적, 원칙—사람이나 기업의 궁극적 의도, 존재 이유, 핵심 가치(예: '최대한 많은 시민들에게 지속적으로 최대의 도움을 주도록 우리 공동체의 발전에 기여한다.').
- **프로젝트** project: 1년 내에 완료할 수 있고 여러 단계가 필요한 결과. 이 기간 동안 적어도 매주 검토해야 하는 할 일.
- **프로젝트 지원자료**: 특정 프로젝트와 관련한 부차적 자료와 정보. 프로젝트 계획서, 관련이 있을 수 있는 참고 내용도 포함한다. 프로젝트나 주제별로 정리하면 가장 좋다.

| GTD 프로그램 교육 안내 |

GTD란

GTD Getting Things Done 는 세계적인 경영 컨설턴트이며 작가, 강연가인 데이비드 앨런의 생산성 향상에 관한 20여 년의 노력의 결실을 담은 프로그램입니다. GTD는 업무 간 구분이 모호해지고 업무의 규모는 자꾸만 방대해져가는 오늘날의 업무환경에서 최소의 노력으로 최대의 성과를 얻는 방법을 제시합니다. 좀 더 체계적으로 일을 처리하려면 우리의 에너지를 소모하지 않으면서 집중할 수 있게 도와주는 확실한 도구와 스트레스로 지쳐버리지 않게 하는 작업환경과 스킬이 필요합니다. GTD는 이와 관련한 업무흐름 관리와 생산성의 역동성을 실현하게 하는 핵심 스킬입니다.

GTD 워크숍의 목적

GTD 프로그램의 탁월함은 매일 지속되는 일상의 업무들을 효율적으로 관리하는 행동 습관을 다루는 데 있습니다. 매일 매 순간 쏟아지는 일상의 업무들을 '2분 법칙'이라는 명확한 의사결정 기준에 따라 효과적으로 관리함으로써, 스트레스를 줄이고 보다 생산적이고 창의적인 일에 몰두할 수 있게 도와줍니다. GTD 프로그램의 궁극적 목적은 '물과 같은 마음', 스트레스 제로인 마음의 평화와 생산성의 향상이기에, 일반 사원에서 최고경영자까지 모두의 필요를 충족시켜줄 것입니다.

GTD 워크숍의 기대성과

- 다양한 곳에 존재하는 '일거리'들을 효과적으로 한곳에 수집하기
- 지속적으로 '미결함'을 완전히 비우기
- '2분 규칙'에 따라 즉각적으로 일을 처리하기
- 하고 있는 일들과 쏟아지는 일들에 대해 올바른 의사결정하기
- 실행 가능한 '행동목록'와 나중 실행할 '해야 할 일' 구분하기
- 이메일함을 최적으로 비우고 관리하기
- 위임할 수 있는 일의 최대한 위임과 실행 확인하기
- 필요에 따른 기능별 참고자료 시스템 만들기
- 일을 미루는 버릇 없애기
- 효과적으로 일의 우선순위를 관리하기

GTD 워크숍 프로세스

GTD 워크숍은 1회성의 교육이 아니라 실행가이드에 따라 GTD 시스템을 구축하고 지속적으로 실행해서 라이프 스타일을 바꾸도록

코칭해주는 것이 그 목적입니다.

GTD 워크숍 참가

GTD 워크숍은 '퍼블릭 Public 과정'과 '온사이트 On-site 과정'으로 나뉘며, 고객의 목적과 니즈에 따라 다양한 방식으로 설계, 운영할 수 있습니다. GTD 워크숍 세부정보에 대한 자세한 문의는 한국리더십센터 사이트, 이메일 또는 전화를 통해 할 수 있습니다.

- 한국리더십센터(www.eklc.co.kr)
- 전화 (02)2106-4000, 이메일 pcg@eklc.co.kr